UTB **3062**

T0107675

Eine Arbeitsgemeinschaft der Verlage

Böhlau Verlag Köln · Weimar · Wien
Verlag Barbara Budrich Opladen · Farmington Hills
facultas.wuv Wien
Wilhelm Fink München
A. Francke Verlag Tübingen und Basel
Haupt Verlag Bern · Stuttgart · Wien
Julius Klinkhardt Verlagsbuchhandlung Bad Heilbrunn
Lucius & Lucius Verlagsgesellschaft Stuttgart
Mohr Siebeck Tübingen
C. F. Müller Verlag Heidelberg
Orell Füssli Verlag Zürich
Verlag Recht und Wirtschaft Frankfurt am Main
Ernst Reinhardt Verlag München · Basel
Ferdinand Schöningh Paderborn · München · Wien · Zürich
Eugen Ulmer Verlag Stuttgart
UVK Verlagsgesellschaft Konstanz
Vandenhoeck & Ruprecht Göttingen
vdf Hochschulverlag AG an der ETH Zürich

Anna-Katharina Höpflinger / Ann Jeffers
Daria Pezzoli-Olgiati (Hg.)

Handbuch
Gender und Religion

mit 38 Abbildungen

Vandenhoeck & Ruprecht

Anna-Katharina Höpflinger ist wissenschaftliche Assistentin in Religionswissenschaft an der Universität Zürich. Zurzeit untersucht sie das Verhältnis zwischen Bild und Text in griechischen und altorientalischen Traditionen. Darüber hinaus bildet das Thema des Körpers und der Bekleidung einen Schwerpunkt in ihrer Forschungstätigkeit.

Dr. Ann Jeffers ist Senior Lecturer für biblische Studien am Heythrop College, University of London. Ihre Forschungsarbeit ist im Alten Testament und in der frühjüdischen Religionsgeschichte angesiedelt. Insbesondere setzt sie sich mit Magie und Divination im antiken Palästina, mit Schöpfungsgeschichten und mit dem Verhältnis zwischen Gender und Raum in den pseudepigraphischen und apokryphen Traditionen auseinander. Ein weiterer Schwerpunkt liegt in der Rezeption der Bibel in der zeitgenössischen Literatur für Jugendliche.

Dr. Daria Pezzoli-Olgiati ist Professorin für Religionswissenschaft an der Universität Zürich. Ihre aktuellen Forschungsschwerpunkte fokussieren das Verhältnis zwischen Medien und Religion, mit besonderem Interesse für visuelle und textliche Traditionen, das Verhältnis zwischen Film und Religion, zwischen Medien, Religion und Gender. Neben der Auseinandersetzung mit religiösen Traditionen des Alten Orients und Griechenlands interessiert sie sich für die antike apokalyptische Literatur.

Bibliografische Information der Deutschen Nationalbibliothek

Die Deutsche Nationalbibliothek verzeichnet diese Publikation in
der Deutschen Nationalbibliografie; detaillierte bibliografische Daten
sind im Internet über http://dnb.d-nb.de abrufbar.

ISBN 978-3-8252-3062-3 (UTB)
ISBN 978-3-525-03623-5 (Vandenhoeck & Ruprecht)

Umschlagabbildung: © Max Rüedi, 1996.

Umschlaggestaltung: Atelier Reichert, Stuttgart
Satz: ⊕ Hubert & Co., Göttingen
Druck und Bindung: Ebner & Spiegel, Ulm

ISBN 978-3-8252-3062-3 (**UTB-Bestellnummer**)

Inhalt

Teil IV
Gender und Medien der religiösen Kommunikation

Vorwort

Das vorliegende Handbuch bietet eine Einführung in das umfassende Themenfeld Gender und Religion aus religionswissenschaftlicher Sicht. Es war von Beginn an ein vielschichtiges und spannendes Projekt, das in dieser Form nicht realisierbar gewesen wäre ohne die Hilfe engagierter Leute vor und hinter den Kulissen.

Wir möchten uns bei Prof. Dr. Maya Burger, die uns mit Rat und Tat zur Seite gestanden ist, für die anregende Zusammenarbeit und bei den Autorinnen und Autoren für ihr großes Engagement ganz herzlich bedanken.

Zu würdigen gilt des Weiteren die Übersetzungsleistung von Fabian Perlini und von Marcia Bodenmann sowie die Revision einiger Artikel durch Monika Glavac. Besondere Anerkennung gebührt Luise Oehrli, die Unmengen von Stunden in das Buch investiert und in akribischer Arbeit die Korrekturen vorgenommen hat.

Für die finanzielle Unterstützung des Projektes bedanken wir uns bei den Universitäten Lausanne und Zürich. Zu guter Letzt möchten wir dem Verlag Vandenhoeck & Ruprecht, besonders Jörg Persch und Tina Bruns, unseren Dank aussprechen für die Aufnahme ins Verlagsprogramm und für die Hilfe bei der Vorbereitung der Veröffentlichung.

Zürich und London, Mai 2007

Anna-Katharina Höpflinger, Ann Jeffers, Daria Pezzoli-Olgiati

Einführung

Daria Pezzoli-Olgiati

Die Schnittstelle zwischen gender-orientierten Fragen und den religionswissenschaftlichen Annäherungen an Kultur und Religion erweist sich sowohl aus der historischen als auch aus der gegenwartsbezogenen Perspektive als ausgesprochen aufschlussreich. Dennoch fällt auf, dass dieses breite Feld in der Religionswissenschaft
noch nicht intensiv erforscht ist. Vor allem im deutschsprachigen Umfeld ist
die Aufmerksamkeit für diesen Zugang zu religiösen Traditionen nicht besonders
verbreitet; nur allmählich wird der gender-zentrierte Blick in Einführungen und
Nachschlagewerke der Religionswissenschaft aufgenommen und als mögliche Forschungsrichtung aufgezeigt.[1] Diese Vernachlässigung widerspiegelt sich auch in der
Rezeption der Religionswissenschaft im Kontext etablierter Gender-Studies, wo die
Erforschung religiöser Traditionen meistens nur der Theologie zugeschrieben wird.[2]

1 Ausgangspunkt

Die Idee des vorliegenden Handbuches entstammte aus diesem Forschungs- und Ver-
öffentlichungskontext. Zunächst stand nicht nur die Frage im Mittelpunkt, wie eine
so breite und vielfältige Materie in einem Überblick bewältigt werden kann, sondern
auch jene nach der möglichen Bedeutung der Vernachlässigung eines Feldes, das in
anderen akademischen Disziplinen wie beispielsweise der Ethnologie, der Geschichte
oder der Literaturwissenschaft, vor allem in den angelsächsischen Ländern, als selbstverständlich gilt. Das Projekt wurde in zwei Phasen entwickelt. Zuerst wurde in einer
Tagung mit dem Titel »Konstruktion von Geschlecht in religiösen Symbolsystemen«,
die vom 18.–20. Mai 2006 auf Initiative der religionswissenschaftlichen Institutionen
der Universitäten Lausanne und Zürich stattfand, über die Relevanz eines gender-orientierten Zugangs zu religiösen Symbolsystemen debattiert. Danach ließ sich angesichts der regen Diskussionen während des Symposiums und in den Lehrveranstal-
tungen, die parallel dazu durchgeführt wurden, ein starkes Bedürfnis nach einem
Handbuch festmachen, das Interessierten den Einstieg ins Thema erleichtern sollte.
In dieser zweiten Phase des Projektes ist der vorliegende Band entstanden.
  Die Annäherung an das Thema Gender und Religion aus religionswissenschaftli-

---

1 Vgl. Kippenberg/von Stuckrad (2003), 81–93;
Grieser (2000).

2 Vgl. als Beispiel von Braun/Stephan (2006);
siehe dazu auch King (2005), 3297.

cher Perspektive bringt die Auseinandersetzung mit einer Vielfalt von Fachtraditionen, theoretischen Zugängen, methodischen Vorgehensweisen und inhaltlichen Fragen mit sich. Aus diesem Grund ist es weder möglich noch sinnvoll, den Anspruch auf eine nach Vollständigkeit strebende Übersicht zu erheben. Dennoch, um die Einführung ins Thema nicht bloß bei der Fragmentarität von Fallstudien zu belassen, wurden wesentliche Fragerichtungen in den Mittelpunkt gerückt, die nun den Aufbau des vorliegenden Buches bestimmen.

So fokussiert der erste Teil die hermeneutischen Aspekte in der Erforschung von religiösen Symbolsystemen aus einer gender-orientierten Perspektive. Der zweite Teil verbindet die hermeneutischen Fragen mit einer fachgeschichtlichen Perspektive. An dieser Stelle werden dominierende und marginalisierte, implizite und explizite Forschungskonzepte und Disziplindefinitionen am Beispiel ausgewählter Forscherinnen aufgezeigt. Im dritten und vierten Teil verschiebt sich der Blick von den Voraussetzungen einer gender-orientierten Erforschung von Religionen zu ausgewählten historischen und zeitgenössischen Fallbeispielen. Hier wurden zwei Fragerichtungen besonders privilegiert: Die eine fokussiert Religionen als Traditionen, die sich auf einer diachronen Zeitachse artikulieren, die andere nähert sich den religiösen Symbolsystemen aus einer synchronen, medienorientierten Perspektive. Die Verbindung der Fragen nach Tradierung einerseits und Kommunikationsvorgängen andererseits versteht sich als mögliche Strategie, aus einer gender-orientierten Perspektive mit der Komplexität von religiösen Symbolsystemen umzugehen. Diese werden als komplexe Netzwerke betrachtet, in denen vielfältige Kommunikationsprozesse auf der diachronen und synchronen Ebene stattfinden. Die Verbindung von Tradierungs- und Vermittlungsvorgehen stützt sich jedoch nicht auf die Annahme einer solchen Polarität in den Systemen selbst. Diese Unterscheidung zwischen sich ergänzenden Aspekten wird bewusst von außen an die Untersuchungsfelder als Klassifikations- und Analysestrategie herangetragen.

Die vier Teile werden jeweils durch eine kurze Einleitung eröffnet, in der die Fragerichtung, der methodisch-theoretische Hintergrund und die Leistung der einzelnen Beiträge sowie ihre Verbindung untereinander näher erörtert werden. Deswegen werden an dieser Stelle nur wenige Linien hervorgehoben, die das Gesamtkonzept des Handbuches charakterisieren.

2   Schnittstellen zwischen Religionswissenschaft und Gender-Studies

Wie oben bereits erwähnt, wurde die Gender-Perspektive erst seit der Jahrtausendwende und zunächst vor allem in englischsprachigen Veröffentlichungen zu den Themen gezählt, die standardmäßig in eine Einführung in die Religionswissenschaft gehören.[3] Diese Rezeption wird häufig von den jeweiligen Autorinnen und Autoren

---

3 Taylor (1998); Braun/McCutcheon (2000); Antes/Geertz/Warne (2004); Hinnells (2005). Siehe auch Anmerkung 1.

als eine wichtige und innovative Wende hervorgehoben, als nötiger Bruch mit einer Wissenschaftstradition, die für die unterschiedlichen Rollen und Definitionen von Geschlechtern in den religiösen Symbolsystemen blind war. Randi R. Warne beschreibt die vorangehende Art, Religionswissenschaft zu betreiben, mit folgenden, entschlossenen Worten: »Twenty years ago the curriculum of the study of religion reflected a reality best described as androcentric. It was other things as well – monocultural, with Euro-North American hegemony so intact as to be invisible, racist and, despite rather colourful upheavals at Berkeley and elsewhere, class-defined and elitist«.[4] Die mangelnde Sensibilität für gender-spezifische Fragen in der Erforschung von Religionen wurde somit mit einer radikalen, elitären, eurozentrischen Haltung erklärt, die tendenziell alle Blickwinkel ausblendete, die nicht zu ihrem eigenen Selbstverständnis passten. Dieser blinde Fleck wurde unterdessen erkannt, man begann sich kritisch mit dem Problem auseinander zu setzen und korrigierte es mit einer intensiven Reflexion über den Standort und die Ausrichtung der wissenschaftlichen Erforschung von Religion. Auch in der europäischen Religionswissenschaft wurde die Kritik des Eurozentrismus und des Androzentrismus stark aufgenommen. Darüber hinaus spielt hier der zunehmende Austausch zwischen den historisch und den soziologisch-empirisch ausgerichteten Zugängen eine signifikante Rolle: In der Auseinandersetzung zwischen unterschiedlichen Vorgehensweisen wurde das Problem der subjektiven Verankerung jeder Beschreibung religiöser Konstellationen explizit und aufgrund unterschiedlicher Erfahrungsbereiche diskutiert.[5]

Die Rezeption von Forschungsergebnissen aus den Gender-Studies in der Religionswissenschaft hat nicht nur zur Erweiterung der Zugänge zu den religiösen Traditionen, sondern auch zu einer differenzierteren Sicht von Gender geführt. Die Vielfalt an Betrachtungen, Konzepten, Rollen, Definitionen und Konstruktionen des Geschlechts, die nur schon in den Beiträgen des vorliegenden Bandes auftauchen, lassen erkennen, dass die Polarität zwischen Mann und Frau, zwischen biologischen Prozessen und gesellschaftlicher Dimension kaum ausreichen kann, die Komplexität der emischen Diskurse wiederzugeben. Das folgende Zitat von Liz Bodin und Joyce Davidson (2003) bringt dies folgendermaßen auf den Punkt: »(...) we illustrate how gender is always bound up with other dimensions of human experience and subjectivity including those described by such terms as class, race, sexuality, age and so on. That gender is inseparable from these contributes to its elusiveness: the meaning(s) of gender cannot be isolated from the specificities of class, race and so on. Moreover, although the categories ›men‹ and ›women‹ seem readily distinguishable from one another, on closer inspection it turns out to be impossible to locate the source of this distinction unambiguously. Gender therefore poses us with puzzles. It is a profoundly influential concept through wich our lives are marked and lived, but

---

4 Warne (2001), 147.
5 Vgl. Knott (1995); Pezzoli-Olgiati/Lüddeckens
(2006).

if we scratch the surface of its meaning perplexig questions and confusions are revealed«.[6]

Im Vergleich zum Begriff »Geschlecht« übernimmt das englische *gender* auch auf Deutsch einen breiteren Bedeutungsgehalt und weist – im Gegensatz zu *sex* – stärker auf die gesellschaftliche Prägungen und Interpretationen hin. Deswegen steht hier dieses Fremdwort im Mittelpunkt. Die Spannung zwischen *gender* und *sex* kann nicht mit einer deutlichen Polarität aufgelöst werden, denn diese Begriffe bedingen sich gegenseitig und können beide nur als kulturell vermittelte Kategorien in bestimmten Kontexten sinnvoll eingesetzt werden.[7] Dennoch markiert der Begriff *gender* eine Differenz, die in der Religionswissenschaft nicht nur im Hinblick auf weibliche und männliche Bilder, Zuweisungen, Rollen und Funktionen bedeutsam ist, sondern die Aufmerksamkeit vor allem auf unterschiedliche Möglichkeiten der Ausdifferenzierung zwischen unterschiedlichen Geschlechtern lenkt.[8] Dabei erweisen sich die Fragen nach den Machtstrukturen, die das Umreißen von geschlechtlichen Identitäten diachron und synchron vermitteln und regulieren, als besonders aufschlussreich für die Erforschung von religiösen Symbolsystemen.[9]

Wie wir gesehen haben, erfolgte die Aufnahme von gender-orientierten Fragen innerhalb der Religionswissenschaft sehr spät im Vergleich zu anderen Disziplinen. Dies fällt insbesondere in der Auseinandersetzung mit der Theologie auf, wo die Rezeption feministischer Theorien und Forschungsmethoden von Anfang an mit politischen und/oder ekklesiologischen Programmen eng verbunden war.[10] Vielleicht lässt sich die religionswissenschaftliche Skepsis gegenüber gender-orientierten Fragestellungen auch als deutliche Abgrenzung gegenüber der Tendenz erklären, wissenschaftliche Beschreibungen mit der Forderung nach Änderungen in den Machtstrukturen, in den Weltbildern und in der religiösen Praxis zu verbinden. Dennoch lässt sich eine absolute Entkoppelung zwischen Forschung und politischen Ansichten auch in einer Disziplin, die sich wie die Religionswissenschaft um eine möglichst distanzierte, beobachtende und beschreibende Haltung bemüht, nicht realisieren.[11]

Die Fragen nach der Gestaltung von Geschlechtsunterschieden in vergangenen und zeitgenössischen Kulturen und nach dem Beitrag der religiösen Symbolsysteme dazu werden selbstkritisch auch im wissenschaftlichen Betrieb gestellt. Schließlich spiegelt das akademische Arbeitsumfeld kulturelle Werte und Normen wider, weil es durch die jeweiligen Denk-, Orientierungs- und Machtsysteme stark geprägt ist. Denn trotz aller notwendigen Kritik am Eurozentrismus kann man nicht verkennen, dass die Religionswissenschaft, zumindest in unserem Breitengrad, die westliche aufklärerische Wissenschaftstradition nicht so schnell hinter sich lassen kann.[12] Der Blick auf ausgewählte Positionen in marginalisierten Forschungstraditionen zielt in diesem Handbuch somit darauf, die Dichte dieser Art von Wechselwirkungen her-

---

6 Dazu siehe als zentrale und nachhaltig wirkende Position Butler (1991).

7 Dazu Butler (1991), 25–37.

8 Vgl. Mikaelsson (2004), 295.

9 Vgl. Hewitt (1999), 51 f.

10 Siehe für eine Übersicht Morgan (1999), vgl. auch Juschka (2005), 236 f.

11 Siehe als Beispiel Hewitt (1999) und Mikaelsson (2004), 310 f.

12 Dazu Beyer (1998).

vorzuheben. Die deskriptiven Zugänge und die mitfließenden, manchmal sogar explizit thematisierten normativen Ansprüche in Bezug auf die erforschten religiösen Traditionen und/oder auf die Stellung der Forscherin in der Akademie und der Gesellschaft bilden nämlich ein enges, in die jeweiligen Bedingungen eingebettetes Beziehungsgeflecht.

3 Pluralität der religiösen Tradierung und Vielfalt der Netzwerke

Der dritte und vierte Teil des Handbuches bilden dessen Kern. In unterschiedlichen Fallstudien werden Möglichkeiten aufgezeigt, historische und gegenwärtige Konstellationen aus einer gender-orientierten Perspektive zu untersuchen. Dabei können die Akzente entweder auf der theoretischen Einbettung, auf dem methodischen Zugang oder auf der inhaltlichen Ebene liegen. Gemeinsam ist allen Beiträgen das Interesse für die Konstruktion von Geschlechterrollen innerhalb von religiösen Symbolsystemen oder in gesellschaftlichen und kulturellen Kontexten, in denen religiöse Weltbilder und Normen eine Rolle spielen.

Im dritten Teil werden Fälle aus ganz unterschiedlichen Zeiten und Kulturräumen auf einer diachronen Achse untersucht. Die hier vorgestellten Ansätze unterscheiden sich erheblich voneinander. Dennoch ist diesen Beiträgen gemeinsam, dass sie durch die gender-orientierte Perspektive eine große Pluralität innerhalb der betrachteten Traditionen an den Tag legen. Der retrospektive Blick auf zum Teil sehr lange Tradierungsprozesse erlaubt Inkonsistenzen und Widersprüche zu erkennen und sie zu problematisieren. Darüber hinaus wird aus diesen Zugängen ersichtlich, wie komplex die religiösen Symbolsysteme selbst sind, vor allem dort, wo sie nicht nur aufgrund sorgfältig tradierter und systematisierter theologischer Konzepte rekonstruiert werden.

Die Spannung zwischen unterschiedlichen Arten von religiöser Praxis und den Systematisierungen innerhalb einer gegebenen Tradition erscheint in Zusammenhang mit der Gender-Frage als besonders aufschlussreich. So präsentiert sich ein androzentrischer Zugang, der häufig pauschal an die religiösen Traditionen herangetragen wird, tendenziell als ungeeignet, um die Vielfalt der möglichen Identitäts- und Rollenbildungen in bestimmten, genau nachgezeichneten Konstellationen zu erklären. Neben Dichotomien und Polaritäten finden sich nämlich häufig Brüche dualer Aufteilungen; marginalisierte Positionen erscheinen als solche oft nur im Spiegel dominanter theologischer Konzeptionen, nicht innerhalb der alltäglichen Praxis oder in Rekonstruktionen, die andere Medien als die Schriftlichkeit fokussieren. Im Anschluss daran muss bei der diachronen Perspektive betont werden, wie zentral die Rolle unterschiedlicher Medien in der Rekonstruktion bestimmter Auffassungen und Bilder der Geschlechter ist.

Ein weiterer aufschlussreicher Aspekt bei der diachronen Annäherung lässt sich in der Wandelbarkeit geschlechterspezifischer Zuweisungen innerhalb einer Tradition orten: »Männliche« und »weibliche« Attribute sind nicht immer konstant, sondern können abwechselnd mit dem einen oder dem anderen Geschlecht verbunden werden; dies gilt sowohl auf der Ebene der Menschen- als auch auf jener der Götterbilder. Angesichts dieses Befunds erscheint es aufschlussreich, den Akzent nicht nur auf die jeweiligen Geschlechtszuweisungen zu legen, sondern auf die Art und Weise, wie in religiösen Weltbildern und Praktiken, Institutionen und Lehren die Geschlechtsdifferenz artikuliert wird.

Obwohl die meisten Beiträge im dritten Teil klar abgegrenzte Traditionen unter die Lupe nehmen, lässt die diachrone Anlage der Beschreibung eine große Durchlässigkeit in diesen Systemen erkennen. Bestimmte Konstellationen von Motiven scheinen nicht strikte an das religiöse Symbolsystem gebunden zu sein und können in ganz unterschiedlichen Zusammenhängen eruiert werden. Diese Tendenz taucht besonders in der Rezeption bestimmter Gender-Konnotationen und -Zuweisungen in der gegenwärtigen, säkularen Gesellschaft auf: Typisch religiöse Unterscheidungen und Charakterisierungen des Geschlechts werden in ganz anderen Umfeldern rezipiert und neu gestaltet. Insbesondere werden weibliche Muster radikal umgewandelt und polemisch umbesetzt.

Bereits in diesem ersten religionsgeschichtlichen Teil sind das breite Spektrum an Geschlechtskonstruktionen in religiösen Symbolsystemen, ihre Wandelbarkeit und ihre Dynamiken deutlich ersichtlich. Die Vielfalt religiöser Netzwerke wird noch stärker in der anschließenden Sektion in den Mittelpunkt gerückt, in der die Medien der religiösen Kommunikation untersucht werden: Das Visuelle, die Literatur, die Bekleidung, der Körper und der Tanz, der Film und schließlich der Unterricht werden hier im Hinblick auf ihre Vermittlungsleistung untersucht. Als Arbeitshypothese zum vierten Teil dient die Frage nach den Wechselwirkungen zwischen den Medien und der Vermittlung von bestimmten Geschlechtszuweisungen und -rollen. Auch hier erscheinen pauschale Polaritäten recht problematisch. Der Blick auf die Vielfalt der Medien korreliert meiner Meinung nach im Grossen und Ganzen mit einer Vielfalt von Dynamiken in der emischen Definition und Charakterisierung von Geschlechtsdifferenzen. Wie im vorangehenden Teil sind die Beiträge sehr unterschiedlich nicht nur in ihrer thematischen Anlage, sondern auch aufgrund der vorausgesetzten Theoriebildung und der angewandten Methoden: Auf die Pluralität der hier vertretenen religionswissenschaftlichen Positionen soll nun abschließend eingegangen werden.

4   Vielfalt der Perspektiven und Pluralität der Zugänge

Wie schon oben hervorgehoben, sind die Fallbeispiele in diesem Handbuch in zwei grundsätzliche Kategorien aufgeteilt. Je nach dem, ob das Hauptinteresse des Beitrags auf die großen Tradierungslinien oder auf die Kommunikationsprozesse aufgrund bestimmter Medien gerichtet ist, wurden sie unter die diachrone oder die synchrone Perspektive aufgenommen. Diese Trennung gibt nur eine Grundausrichtung wieder, und macht meiner Meinung nach vor allem systematisch und didaktisch Sinn. Die Anlage des Projektes und die klaren Vorgaben an die Autoren und Autorinnen können jedoch nicht über die Vielfalt der Sichtweisen hinwegtäuschen. Diese Pluralität der Zugänge hat mehrere Gründe.

Die Beiträge sind in ganz unterschiedlichen Forschungs- und Disziplintraditionen verankert. Der religionswissenschaftliche Blick kann sehr stark historisch oder soziologisch ausgerichtet sein; philosophische, philologische, kulturanthropologische, volkskundlich-ethnologische sowie literatur-, kunst- und filmgeschichtliche Interessen wurden mit religionswissenschaftlichen Fragestellungen und mit einer gender-zentrierten Perspektive verbunden. Diese interdisziplinären Konstellationen lassen ganz unterschiedliche Rezeptions- und Austauschprozesse unter den vertretenen Fachdisziplinen erahnen.

Neben der Interdisziplinarität trägt auch der internationale Schnitt dieses Projektes zur Pluralität der vertretenen Sichten stark bei: englische, deutsche, österreichische, niederländische und französische Forscherinnen und Forscher sind involviert; auch die hier etwas übervertretenen Schweizer Autoren und Autorinnen tragen zur Internationalität des Projektes bei, denn sie stammen aus den drei größeren Sprachbereichen des Landes. In einem Fach wie der Religionswissenschaft ist ein internationaler Schnitt stets mit ganz unterschiedlichen – und häufig auch kontrastierenden – Auffassungen über Umfang und Ziele der Religionswissenschaft konfrontiert. Bereits die verschiedenen Bezeichnungen des Forschungsfeldes wie beispielsweise *Religionswissenschaft, Study of Religion* oder *Religious Studies, histoire* oder *science(s) des religions, storia delle religioni* oder *scienze religiose* verraten grundsätzliche Differenzen im Umriss und in den akademischen Vernetzungen der wissenschaftlichen Erforschung religiöser Symbolsysteme. In diesem Sinne möchte das vorliegende Handbuch diese Vielfalt und Pluralität als Möglichkeit der Bereicherung und als Grundlage von Selbstkritik und konstruktivem Austausch bewusst gelten lassen.

Trotz des breiten Spektrums lassen sich aber auch einige Tendenzen feststellen, die auf die gemeinsame Frage nach dem Beitrag religiöser Symbolsysteme zur gesellschaftlichen Konstruktion des Geschlechts zurückgehen. Die kulturwissenschaftlichen Zugänge überwiegen und sind meistens mit implizit oder explizit funktionalen Betrachtungsweisungen gekoppelt, denn den meisten geht es darum, die Leistung bestimmter Geschlechtunterscheidungen hervorzuheben. Eher substantielle Zugänge liegen vor allem dort vor, wo emische oder theologische Konzepte im Vordergrund stehen.

Neben den vorausgesetzten Religionsdefinitionen erscheint auch die Verwendung von emischen bzw. etischen Kategorien als variabel und dynamisch. Die Affinität zur Eigenständigkeit von Einzelfällen oder die Tendenz zur Verallgemeinerung sind weitere klar erkennbare Pole in diesem Werk. Obwohl das Projekt von Anfang an in der Religionsgeschichte verankert war, erschien es den Herausgeberinnen als unentbehrlich, Beiträge zu integrieren, die gegenwartsbezogen und/oder soziologisch-emipirisch angelegt sind.

Das vorliegende Handbuch bietet somit eine Einführung in das Themenfeld Gender und Religion auf der Basis einer Pluralität von Interessen, Wissenschaftstraditionen, Theoriebildungen und Methoden. Damit steht hier die These im Zentrum, dass es nicht sinnvoll ist, theoretische und methodische Einheitlichkeit an der Schnittstelle von interdisziplinären Fachrichtungen wie der Religionswissenschaft und der Gender-Studies anzustreben. Wir hoffen, dass diese Vielfalt die Leser und Leserinnen der folgenden Seiten dazu anregen wird, in ihrer religionswissenschaftlichen Arbeit auch gender-orientierte Fragen zu erschließen.

Zitierte und weiterführende Literatur

Antes, Peter/Geertz, Armin W./Warne, Randi R., Hg. (2004), New Approaches to the Study of Religion, Berlin/New York, De Gruyter.

Beyer, Peter (1998), The Religious System of Global Society: A Sociological Look at Contemporary Religion and Religions, Numen 45, 1–29.

Bondi, Liz/Davidson, Joyce (2003), Troubling the Place of Gender, in: Anderson, Kay/Domosh, Mona/Pila, Steve/Thrift, Nigel, Hg., Handbook of Cultural Geography, London/Thousand Oaks/New Delhi, Sage, 325–343.

Braun, Willi/McCutcheon, Russel T., Hg. (2000), Guide to the Study of Religion, London, Cassell.

Butler, Judith (1991), Das Unbehagen der Geschlechter, Frankfurt a.M., Suhrkamp (engl. Orig. 1990, Gender Trouble).

Clark, Elizabeth A. (2004), Engendering the Study of Religion, in: Jakelic, Slavica/Pearson, Lori, Hg., The Future of the Study of Religion, Proceedings of Congress 2000, Leiden/Boston, Brill, 217–242.

Grieser, Alexandra (2000), Sexualität und Geschlechterrollen, in: Auffahrt, Christoph/Bernard, Jutta/Mohr, Hubert, Hg., Metzler Lexikon Religion, Gegenwart – Alltag – Medien, Bd. 3, Stuttgart/Weimar, Metzler, 289–296.

Gross, Rita (2002), Feminist Issues and Methods in the Anthropology of Religion, in: Sharma, Arvind, Hg., Methodology in Religious Studies, The Interface with Women's Studies, Albany, State University of New York Press, 41–66.

Heller, Birgit (2003), Gender und Religion, in: Figl, Johann, Hg., Handbuch Religionswissenschaft, Religionen und ihre zentralen Themen, Darmstadt, Wissenschaftliche Buchgesellschaft, 758–769.

Hewitt, Marsha Aileen (1999), Ideology Critique, Feminism, and the Study of Religion, Method and Theory in the Study of Religion 11, 47–63.

Hinnells, John R., Hg. (2005), The Routledge Companion to the Study of Religion, London/New York, Routledge.

Juschka, Darlene M. (2001), Feminism in the Study of Religion, A Reader, London/New York, Continuum, 147–156.

– (2005), Gender, in: Hinnells, John R., Hg., The Routledge Companion to the Study of Religion, London/New York, Routledge, 229–242.

King, Ursula, Hg. (1995), Religion and Gender, Oxford/Cambridge (Mass.), Blackwell.

– (2005), Gender and Religion: An Overview, in: Lindsay, Jones, Hg., The Encyclopedia of Religion, Bd. 5., Detroit/New York u.a., Thomson Gale, 3296–3318.

– /Beattie, Tina, Hg. (2005), Gender, Religion and Diversity, Cross-Cultural Perspectives, London/New York, Continuum.

Kippenberg, Hans G./von Stuckrad, Kocku (2003), Einführung in die Religionswissenschaft, München, Beck.

Knott, Kim (1995), Women Researching, Women researched: Gender as an Issue in the Empirical Study of Religion, in: King, Ursula, Hg., Religion and Gender, Oxford/Cambridge (Mass.), Blackwell, 199–218.

Mikaelsson, Lisbeth (2004), Gendering the History of Religions, in: Antes, Peter/Geertz, Armin W./Warne, Randi R., Hg., New Approaches to the Study of Religion, Bd. 1: Regional, Critical, and Historical Approaches, Berlin/New York, De Gruyter, 295–315.

Morgan, Sue (1999), Feminist Approaches, in: Connolly, Peter, Hg., Approaches to the Study of Religion, London/New York, Cassel, 42–72.

mmmm

Pezzoli-Olgiati, Daria/Lüddeckens, Dorothea (2006), Distanz und Nähe – Teilnehmen und Beobachten: Ethische Verflechtungen religionswissenschaftlicher Forschung, in: Ethikkommission der Universität Zürich, Hg., Ethische Verantwortung in den Wissenschaften, Zürich, vdf, 151–173.

Taylor, Mark C., Hg. (1998), Critical Terms for Religious Studies, Chicago/London, University of Chicago Press.

von Braun, Christina/Stephan, Inge, Hg. (2006), Gender-Studien, Eine Einführung, 2. aktualisierte Auflage, Stuttgart/Weimar, Metzler.

Warne, Randi R. (2000), Gender, in: Braun, Willi/McCutcheon, Russel T., Hg., Guide to the Study of Religion, London, Cassell, 140–154.

– (2001), (En)gendering Religious Studies, in: Juschka, Darlene M., Hg., Feminism in the Study of Religion, A Reader, London/New York, Continuum, 147–156.

Teil I

**Religionswissenschaft als Vermittlung
von Weltbildern**

Einleitung

Pierre Bühler

Sobald von *Vermittlung* die Rede ist, muss berücksichtigt werden, dass eine solche Vermittlung immer nur in einem ganz bestimmten *Kontext* Sinn macht. Auf diese Kontextbedingtheit hat ganz besonders, und mit Nachdruck, die Hermeneutik als Theorie der Auslegung und des Verstehens aufmerksam gemacht. In diesem Sinne könnte man sagen, dass die Definition der Religionswissenschaft als »Vermittlung von Weltbildern« das hermeneutische Moment in ihr hervorhebt, und um diesen hermeneutischen Aspekt soll es hier gehen. Beide Aufsätze, die diesen ersten Teil des Handbuchs ausmachen, enthalten denn auch, wie mir scheint, klare Ansätze zu einer hermeneutischen Reflexion der Religionswissenschaft.

Sowohl die philosophische als auch die theologische Hermeneutik haben sich intensiv mit dem Thema der Weltbilder, oder vielleicht üblicher in der Terminologie der hermeneutischen Tradition: mit dem Thema der Weltanschauungen auseinandergesetzt.[1] Dabei setzten sie sich kritisch auseinander mit der Geschichtsvergessenheit der traditionellen Metaphysik, die ihre Weltanschauung als geschichtslose, objektive Wahrheit vertrat, ohne zu berücksichtigen, dass diese immer schon historisch und gesellschaftlich vermittelt ist. Die traditionellen Weltbilder sind objektivierte Weltbilder. Die Hermeneutik hingegen betont die Geschichtlichkeit der Weltbilder oder Weltanschauungen, und deshalb auch ihre Relativität, ihre Veränderlichkeit, und dadurch ihre Interpretierbarkeit. Bultmanns umstrittenes, heftig diskutiertes Programm der Entmythologisierung versucht über die hermeneutischen Implikationen dieser Geschichtlichkeit der Weltbilder in Hinsicht auf unseren Umgang mit den biblischen Texten Rechenschaft abzulegen.

Wie steht es nun aber in Hinsicht auf »die Religionswissenschaft als Vermittlung von Weltbildern«? Könnte es sein, dass auch hier manchmal die Vermittlung als »blinder Fleck« behandelt wird, Weltbilder, Weltanschauungen also objektiviert, als unmittelbare Wahrheit betrachtet werden? Zunächst einmal muss hier zwischen Religion und Religionswissenschaft unterschieden werden, auch wenn man ständig von der einen zur anderen hinüber wechseln muss. Es ist klar, dass Religionen auf vielfältige Weise Weltbilder entwickeln, und deren Vermittlung auch sehr unter-

---

1 Das könnte man etwa bei Rudolf Bultmann ganz einfach belegen: Für seine Hermeneutik spielt das Thema der Weltanschauung eine entscheidende Rolle, auch in seinem Versuch, das Urchristentum religionsgeschichtlich in die antike Welt einzuordnen. Für eine neuere Beschäftigung mit dem Thema aus hermeneutischer Sicht, vgl. Berner (2006).

schiedlich auffassen. Aufgabe der Religionswissenschaft wäre es dann gerade, auf solche »Weltbilder der Religionen«[2] aufmerksam zu machen, und sie also in diesem Sinne zu vermitteln. »Vermittlung« könnte hier also im unmittelbaren Sinn von »Bekanntmachen, Auslegen« verstanden werden. Auf einer Metaebene gibt es aber noch ein anderes Vermitteln von Weltbildern in der Religionswissenschaft, das dieses Handbuch kritisch reflektieren will: das Vermitteln von Weltbildern, die sich mit den methodischen Voraussetzungen der Disziplin verbinden und die mehr oder weniger bewusst thematisiert werden. Diese methodischen, epistemologischen Weltbilder können sich dann auch auf die Wahrnehmung der religiösen Weltbilder auswirken. Kritische Stimmen sagen sogar: Je weniger bewusst sie reflektiert werden, je stärker können sie sich auswirken!

Achtet man auf die Vermittlung dieser Weltbilder oder -anschauungen, wie es die Hermeneutik wünscht, stellt sich unmittelbar das Gefühl einer starken Ambivalenz ein. Weltbilder können sehr unterschiedlich wirken, erklärend oder verdunkelnd, befreiend oder erdrückend, öffnend oder verschließend. Paul Ricœur hat versucht, diese Ambivalenz mit dem Gegensatz von Ideologie und Utopie zu reflektieren:[3] Ideologisch – hier im positiven Sinne zu verstehen – ist ein Weltbild, wenn es den gegebenen Zustand bestätigend aufnimmt und rechtfertigt, warum er so sein soll, wie er ist; utopisch hingegen ist ein Weltbild, das den gegebenen Zustand hinterfragt und subversiv eine Gegenwelt entwickelt.

Diese Polarität von bestätigenden und brechenden Weltbildern ließe sich leicht im Bereich der Religionen beobachten. Wenn ich es richtig verstehe, soll in diesem Band jedoch vornehmlich versucht werden, diese Ambivalenz in den *religionswissenschaftlich vermittelten Weltbildern* zu thematisieren, und zwar indem die Gender-Perspektive als kritischer Maßstab angelegt wird. Es gehört zur Kontextbedingtheit der Hermeneutik, dass sie die Gender-Thematik noch relativ wenig aufgenommen hat.[4] In diesem Handbuch wird sie bewusst thematisiert, und zwar in diesem ersten Teil als hermeneutische Frage: Welches Licht wird auf die Weltbilder der Religionswissenschaft und deren Vermittlung geworfen, wenn man stärker, bewusster auf die Geschlechterdifferenz achtet? Welche dieser Weltbilder wirken ideologisch, und welche utopisch? Wie löst man sich von erstarrten, einengenden Gender-Auffassungen? Wie entwirft man in Hinsicht auf religionswissenschaftliche Wahrnehmung der Gender-Thematik inspirierende Gegenwelten? An solchen Fragen arbeiten unsere zwei Texte.

Ursula King steigt bei der Beobachtung ein, dass die Entdeckung der Gender-Perspektive einen radikalen Paradigmenwechsel in den Geistes- und Sozialwissenschaften ausgelöst hat, der sich nun, wenn auch verspätet, ebenfalls in der Religionswissenschaft breit auswirkt. Dieser Paradigmenwechsel wird in seiner Komplexität als ein zweifacher dargestellt: zunächst eine kritisch reflektierte feministische Um-

---

2 Vgl. in diesem Sinne Stolz (2001).
3 Vgl. Ricœur (1997).
4 Eine bedeutende Ausnahme bildet die Hermeneutik, wie sie in der feministischen Theologie

entwickelt wurde – vgl. Schüssler Fiorenza/Bühler (1993). In religionswissenschaftlichem Kontext, vgl. White (1995).

wandlung der Modelle, und sodann, gewisse Einseitigkeiten dieses Ansatzes überwindend, eine gender-kritische Orientierung, welche die Implikationen der Geschlechterrollen, -identitäten und -beziehungen thematisiert. Wie sich diese Perspektive im Bereich der religionswissenschaftlichen Forschung auswirkt, wird unter drei Gesichtspunkten erörtert: die Frage nach den geschlechtsspezifischen Rollen, welche die Religionen in ihrer institutionellen Ausgestaltung Frauen und Männern zuweisen; die Frage danach, wie sich die Geschlechterdifferenz in der Symbolik und Metaphorik des religiösen Denkens und der religiösen Sprache niederschlägt; und schließlich die Frage, ob und wie in der religiösen Erfahrung geschlechtliche Spezifizierungen wahrnehmbar werden.

Daran anschließend macht Ursula King auf ein neues, heute stark bearbeitetes Gebiet aufmerksam, das der Spiritualität. Auf den prägnanten Titel *Gendering the Spirit* [5] anspielend, betont sie, dass die noch zu wenig beachtete Gender-Dimension zu einer neuen Bestimmung des Umgangs mit Geist und Transzendenz führt. So ist etwa zu beobachten, dass der Zugang zur Lese- und Schreibfähigkeit, zur »Literalität« (*literacy*), der den Frauen jahrhundertelang vorenthalten wurde, die Spiritualität stark verändert. Die Spannung zwischen Literalität und Oralität hat gender-spezifische Aspekte, und der Durchbruch zu einem unabhängigen Lesen und Interpretieren der kanonischen Texte und zur Aneignung von Wissen über Religion ist für die Frauen als soziale Gruppe eine späte, auch jetzt noch nicht weltweit erreichte Errungenschaft (was U. King mit verschiedenen Beispielen aus unterschiedlichen Erdteilen illustriert, unter anderem der buddhistischen Frauenbewegung, im Kontrast zum westlichen Feminismus). Abschließend schlägt Ursula King vor, in diesem Sinne von einer »spirituellen Literalität« (*spiritual literacy*) zu sprechen, als Bezeichnung für einen neu zu entdeckenden Forschungszweig.

Einen anderen Weg geht Daria Pezzoli-Olgiati in ihrem Aufsatz: Einsteigend bei der berühmten Frage von Schneewittchens Stiefmutter: »Spieglein, Spieglein an der Wand, wer ist die Schönste im ganzen Land?«, thematisiert sie die *Optik* der Religionswissenschaft, das heißt die optischen Hilfsmittel, die sie zum Betrachten ihres Gegenstandes braucht: »Brillen, Spiegel und Spiegelungen«. Im Unterschied zur Märchengestalt verfügt die Religionswissenschaft über keinen Spiegel, der einfach die Wahrheit sagt, obschon das vielleicht lange das Ideal der Disziplin war, das Ideal einer distanzierten, möglichst präzisen und objektiven Beschreibung bestimmter religiöser Sachverhalte. Doch die Autorin geht gerade davon aus, dass dieses Ideal in einer radikalen Krise steckt, die mit verschiedenen Faktoren verbunden ist: die hermeneutische und postmoderne Reflexion hinterfragt die Idee einer unbeteiligten, unparteiischen Distanz, während zugleich die gesellschaftlich-politischen Erwartungen die Religionswissenschaft unter Druck setzen, so dass sie sich nicht mehr in einem Elfenbeinturm verschanzen kann.

Auch die Entdeckung der Gender-Thematik hat dazu beigetragen, dass der historisch-gesellschaftliche Hintergrund der Religionswissenschaft stärker bewusst

---

5 Ahmed (2002).

und vermehrt darauf geachtet wurde, wie stark sie mit optischen Hilfsmitteln arbeitet. Das klassische Ideal einer objektiven Sicht auf die Religion wurde denn auch in diesem Kontext »als typisch androzentrisch entlarvt«, in Hinsicht sowohl auf die Ausblendung der Frauen in der Geschichte der Disziplin als auch auf eine gewisse Geschlechterblindheit in der empirischen Erforschung von religiösen Gemeinschaften.

Damit stößt D. Pezzoli-Olgiati auf eine wichtige methodische Spannung, die Spannung zwischen dem Ideal der distanzierten Objektivität und der bewussten Suche nach einer sachgerechten Brille, zwischen der Distanz und der Voreingenommenheit. Diese Spannung setzt die religionswissenschaftliche Forschungstradition vor ein Dilemma: Es ist nicht mehr möglich, in der naiven Haltung der objektiven Sicht zu bleiben, und zugleich kann man sich nicht so leicht von einer die Methoden und Weltbilder prägenden Tradition loslösen.

In ihren Schlussfolgerungen schlägt die Autorin vor, das Dilemma aus einer *wissenschaftsethischen* Perspektive anzugehen, indem die ethischen Normen und Werte, welche die wissenschaftliche Einstellung regeln, kritisch reflektiert werden. Damit werden entscheidende methodische Spannungen thematisiert, die sonst nicht bewusst wahrgenommen werden.

Zu einer solchen wissenschaftsethischen Reflexion, an der auch Hermeneutik beteiligt ist, trägt die gender-kritische Reflexion ebenfalls entscheidend bei: Indem sie die Relevanz der Geschlechterunterschiede sowohl innerhalb der religiösen Symbolsysteme als auch in der religionswissenschaftlichen Forschungsarbeit thematisiert, macht sie stets die Unmöglichkeit der Unvoreingenommenheit bewusst und führt den naiven Subjekt-Objekt-Gegensatz in einen komplexen Interpretationsprozess hinüber.

Um eine kleine Evaluation der zwei Beiträge zu vollziehen, möchte ich abschließend über ihren hermeneutischen Ertrag nachdenken, und so einen bescheidenen Beitrag zu einer hermeneutischen Rechenschaft über das religionswissenschaftliche Arbeiten beitragen.

Wo sind hermeneutische Einsichten wahrzunehmen, die beim Umgang mit religionswissenschaftlicher Vermittlung von Weltbildern weiterhelfen? Ich möchte hier folgende Elemente thematisieren:

Die Ambivalenz der Weltbilder könnte leicht polarisierend, dualistisch ausgeschlachtet werden, im Sinne der »-ismen«, auf die Daria Pezzoli-Olgiati hinweist: auf der einen Seite die veraltete, ideologische (diesmal im negativen Sinne!), naive Einstellung, auf der anderen Seite die neue, innovative, revolutionäre, allein heiligmachende Gegenwelt. Demgegenüber scheint es mir wichtig zu sein, die Komplexität des Gender-Begriffs zu betonen, wie das Ursula King macht. Das »engendering«, die »Eingeschlechtlichung« ist hermeneutisch als ein umfassender Prozess zu verstehen, in dem sowohl die persönliche Identität als auch die gesellschaftlich vermittelte Weltanschauung auf dem Spiel stehen.

In diesem Sinne finde ich den Hinweis von Ursula King auf die Spiritualität sehr wichtig. Dass dieser Aspekt zum Bereich der religiösen Praxis gehört, darf als Selbstverständlichkeit gelten. Dass er aber auch in Hinsicht auf die methodischen Voraussetzungen der Religionswissenschaft mit zu bedenken ist, scheint mir eine verheißungsvolle Forschungsperspektive zu enthalten. Wenn Spiritualität zum methodischen Weltbild der Religionswissenschaftlerin und des Religionswissenschaftlers gehören darf, ja gehören soll, könnte sich einiges im Selbstverständnis der Disziplin verändern. Für viele würde das wohl noch wie eine subversive Gegenwelt wirken!

Hermeneutisch spannend finde ich ebenfalls die Dimension der Literalität, die Ursula King als wichtiges Element der Spiritualität betont. Die Spannung von Literalität und Oralität begleitet mindestens seit der Reformationszeit die theologische Hermeneutik. Von dort her ist es klar, dass die Aneignung der Lese- und Schreibfähigkeit auch das Weltbild und vor allem dessen Vermittlung verändert. Es wäre deshalb interessant, noch zu vertiefen, was »spirituelle Literalität« in heutiger Zeit konkret bedeuten könnte, und zwar in verschiedenen kulturellen Kontexten.

Der Aufsatz von Daria Pezzoli-Olgiati ist ganz stark von der optischen Metaphorik getragen, und das ist im Kern natürlich eine hermeneutische Metaphorik. Dass wir in unserer geistes- und sozialwissenschaftlichen, ja vielleicht sogar auch in der naturwissenschaftlichen Arbeit, ständig mit Brillen, Spiegeln und Spiegelungen zu tun haben, gehört zu den Grundeinsichten der Hermeneutik. Deshalb kommt man nicht umhin, die wissenschaftlichen Grundprinzipien der Objektivität, der Distanziertheit, der Wertneutralität kritisch zu hinterfragen. Daraus folgt bei weitem nicht, dass man sie einfach fallen lassen und dem Subjektivismus freien Lauf lassen soll. Die Aufgabe ist vielmehr, die Grenzen der Objektivität, ihre Bedingtheit hermeneutisch zu reflektieren. Dass uns dabei die Gender-Forschung helfen kann, gehört zu den Grundeinsichten unserer zwei Aufsätze.

Sehr schön bringt Daria Pezzoli-Olgiati die Spannung von Distanz und Voreingenommenheit zum Tragen. Damit ist das naive Ideal der Unvoreingenommenheit überwunden, und wenn man in einem religionswissenschaftlichen Handbuch liest,[6] dass es genügt, sich selbst zu vergessen, um frei zu werden, »wahrhaft objektiv zu sehen, was sich uns zeigt«, erahnt man, dass die Disziplin noch einiges an hermeneutischer Selbstreflexion zu leisten hat. Zugleich ist damit jedoch betont, dass es nicht darum geht, jegliche Distanz aufzugeben, sondern diese als wissenschaftsethisch reflektierte Aufgabe zu betreiben. In diesem Rahmen ergäbe sich mit Paul Ricœurs Kategorie der »distanciation« (auf Deutsch üblicherweise mit »Verfremdung« übersetzt) die Möglichkeit einer hermeneutischen Vertiefung.[7]

In beiden Aufsätzen ist *explizit* relativ wenig von den Weltbildern und deren religionswissenschaftlicher Vermittlung die Rede. *Implizit* jedoch ist die Thematik stark präsent, und zwar als kritisches Ferment in Hinsicht auf die Rechenschaft über die komplexe, spannungsvolle Beziehung von Weltbild und Gender. Unter diesem Aspekt zeigt sich ebenfalls eine große Nähe zwischen den zwei Texten. Sie machen

---

6 Vgl. das Zitat bei Anmerkung 22 des Aufsatzes von D. Pezzoli-Olgiati.

7 Vgl. Ricœur (1986).

es auch dem Hermeneutiker zur stimulierenden Herausforderung, noch intensiver hermeneutisch über diese Beziehung nachzudenken.

Literatur

Ahmed, Durre S., Hg. (2002), Gendering the Spirit. Women, Religion and the Post-Colonial Response, London/New York, Zed.

Berner, Christian (2006), Qu'est-ce qu'une conception du monde?, Paris, Vrin.

Heller, Birgit (2003), Gender und Religion, in: Figl, Johann, Hg., Handbuch Religionswissenschaft. Religionen und ihre zentralen Themen, Darmstadt, Wissenschaftliche Buchgesellschaft, 758–769.

Juschka, Darlene M. (2005), Gender, in: Hinnels, John R., Hg., The Routledge Companion to the Study of Religion, London/New York, Routledge, 229–242.

Mikaelsson, Lisbeth (2004), Gendering the History of Religion, in: Antes, Peter/Geertz, Armin W./Warne, Randi W., Hg., New Approaches to the Study of Religion, Bd. 1: Regional, Critical, and Historical Approaches, Berlin/New York, de Gruyter, 295–315.

Ricœur, Paul (1986), La fonction herméneutique de la distanciation, in: Ricœur, Paul, Du texte à l'action. Essais d'herméneutique II, Paris, Seuil, 101–117.

– (1997), L'idéologie et l'utopie, Paris, Seuil.

Schüssler Fiorenza, Elisabeth/Bühler, Pierre (1993), Die Bibel verstehen, in: Hübener, Britta/Meesmann, Hartmut, Hg., Streitfall feministische Theologie, Düsseldorf, Patmos, 13–31.

Stolz, Fritz (2001), Weltbilder der Religionen. Kultur und Natur. Diesseits und Jenseits. Kontrollierbares und Unkontrollierbares, Zürich, Pano.

Warne, Randi R. (2000), Gender, in: Braun, Willi/McCutcheon, Russell T., Hg., Guide to the Study of Religion, London/New York, Cassell, 140–154.

White, Erin (1995), Religion and the Hermeneutics of Gender: An Examination of the Work of Paul Ricœur, in: King, Ursula, Hg., Religion and Gender, Oxford/Cambridge, Blackwell, 77–100.

Gender-kritische (Ver-)Wandlungen in der Religionswissenschaft
Ein radikaler Paradigmenwechsel

Ursula King

1   Einleitung

In deutschen Publikationen ist sowohl der Begriff Gender-Studien als auch der Terminus Geschlechterforschung zu finden. Es ist erfreulich, dass dieses Handbuch den übergreifenden Titel »Gender und Religion« trägt, bezieht sich doch das englische Wort *gender* auf ein größeres semantisches Feld als das biologisch verstandene »Geschlecht«. Die neuen Perspektiven, revolutionären Erkenntnisse und kühnen Theorien, die seit den siebziger Jahren des vorigen Jahrhunderts in den Gender-Studien entwickelt worden sind, haben zu einem Paradigmenwechsel in den Sozial- und Geisteswissenschaften geführt. Noch wird er allerdings nicht von allen Wissenschaftlern und Wissenschaftlerinnen wahrgenommen. Obwohl die Religionswissenschaft einige Pionierinnen auf dem Gebiet der Gender-Forschung besitzt, sind gender-spezifische Fragestellungen und Methoden in der Religionswissenschaft später als in anderen Wissenschaften akzeptiert worden.[1] Noch gibt es Forschende, die keine gender-kritische Umwandlung ihres Bewusstseins vollzogen haben oder diese neue Denkrichtung bewusst pflegen.

Inzwischen sind jedoch selbst in der Religionswissenschaft so viele Veröffentlichungen auf dem Gebiet der Gender-Studien zu finden, dass ein Überblick bereits nahezu unmöglich geworden ist. Das ganze Gebiet ist lange von nordamerikanischen und englischsprachigen Publikationen dominiert worden. Inzwischen gibt es jedoch wissenschaftliche Arbeiten über Gender und Religion in vielen Weltsprachen. Die Forschungsaktivität auf diesem Gebiet hat globale Dimensionen angenommen. Dies wird ersichtlich aus den langen Übersichtsartikeln über »Gender und Religion«, die sich in der zweiten, im Jahre 2005 erschienene Ausgabe der internationalen *Encyclopedia of Religion* befinden und auf 125 Seiten 20 verschiedene Religionen der Welt aus der Gender-Perspektive behandeln.[2] Es ist überwältigend, wie viele Frauen, aber auch einige Männer, in einer relativ kurzen Zeitspanne – in den letzten 18 Jah-

---

1 Es ist zum Beispiel aufschlussreich, dass die Einführung in Gender-Studien von Christina von Braun und Inge Stephan (2000) sich mit der Gender-Forschung in 17 verschiedenen wissen- schaftlichen Disziplinen beschäftigt, darunter auch in der Theologie, aber nicht in der Religionswissenschaft.

2 Jones (2005).

ren seit der ersten Auflage dieses religionswissenschaftlichen Standardwerkes – religiöse Lehren und Texte aus geschlechtsspezifischer Perspektive kritisch untersucht haben. Ebenso bemerkenswert ist, wie viele Parallelen patriarchaler Unterdrückung und androzentrischen Denkens in den verschiedenen Religionen in vergleichenden Untersuchungen aufgedeckt worden sind.

Diese Forschungen stehen in starkem Gegensatz zur oft zu findenden »Gender-Blindheit« vieler Religionswissenschaftler; doch muss ebenfalls auf die oft vorhandene »Religionsblindheit« vieler säkularer Gender-Spezialisten hingewiesen werden. Ich spreche deswegen von einer »doppelten Blindheit«. Sie muss von beiden Seiten bekämpft werden. Außerdem möchte ich von Anfang an klar machen, dass Gender nicht einfach ein Synonym für Frauenforschung ist, obwohl es oft in diesem Sinne gebraucht wird. Gender bezieht sich auf Frauen *und* Männer, auf die gesamte Menschheit. Der Begriff muss also inklusiv verstanden werden.

Ich werde im Folgenden zunächst den Gender-Begriff erörtern. Danach folgt eine Beschreibung einiger Gender-Forschungsperspektiven in der Religionswissenschaft sowie eine kurze Skizze des brisanten Themas Gender und Spiritualität. Am Ende werden einige abschließende Betrachtungen gemacht.

2   Die verwirrende Komplexität des Gender-Begriffes

In den letzten zwanzig Jahren haben sich Gender-Forschungen zum Teil auch in der Religionswissenschaft mit einer solchen Rapidität entwickelt, dass es für Neuanfänger(innen) auf diesem Gebiet recht schwierig ist, die vielen, hoch abstrakten Theorien, Standpunkte und Argumente zu begreifen. Sich hier Wissen und einen Durchblick zu verschaffen, kann mit einem Gang durch ein unbekanntes Labyrinth verglichen werden. Das Abenteuer lohnt sich, doch es geht nicht ohne Geduld, Entschlossenheit und Engagement. Persönliches Selbstverständnis und Identität werden mit auf die Reise genommen und unter Umständen stark verwandelt. Es ist also nicht ohne Risiko, sich auf diesen kritischen Weg zu begeben!

Warum? Weil Gender keine selbstverständliche, »natürliche« Kategorie ist, sondern sich auf gesellschaftliche und historische Konstruktionen bezieht, die erst einmal kritisch untersucht und erkannt werden müssen. Vor dem 20. Jahrhundert gab es die Kategorie Gender im analytischen und theoretischen Sinne überhaupt nicht. Ursprünglich diente der Begriff Gender in den Sprachwissenschaften zur geschlechtlichen Unterscheidung verschiedener Wörter. Die Sozialwissenschaften haben das Wort Gender als erste adoptiert und seinen Sinn auf die gesellschaftliche Differenzierung zwischen Männern und Frauen angewandt. Sie haben begonnen, Identitäts-, Autoritäts- und Machtunterschiede kritisch zu hinterfragen. Die kanadische Religionswissenschaftlerin Randi R. Warne (2000) spricht von der Notwendigkeit, dass unser Bewusstsein zuerst eine »gender-kritische Wendung« machen müsse, bevor wir die dynamischen Perspektiven der Gender-Beziehungen klar erkennen und kritisch evaluieren können.

Gender ist eine labile Kategorie. Sie besitzt keine klaren, definitiven Grenzen, sondern sie kann sich verändern und wechselnde Bedeutungen annehmen. Gender ist jedoch immer eine Kategorie, die mit dem Bestimmen verschiedener gesellschaftlicher Rollen zusammenhängt. Sie prägt persönliche Identität und Weltanschauung. Randi R. Warne (2001) und andere Autorinnen sprechen daher von *engendering*. Dies ist ein aktives Verb, das mit menschlichen Handlungen verbunden werden kann. Gender und Religion sind also nicht einfach zwei parallel zu behandelnde Substantive, die unabhängig voneinander existieren, lediglich verbunden durch das Wort *und*. Ganz im Gegenteil, beide sind ineinander eingebettet. Es ist deshalb oft schwierig, Gender in Religion zu identifizieren und klar herauszuarbeiten, zumindest solange das Bewusstsein nicht eine definitive gender-kritische Stufe erreicht hat.

Was in der Einleitung von Christina von Brauns und Inge Stephans Gender-Studien beschrieben wird, gilt auch für Gender-Studien in der Religionswissenschaft: »Geschlechterforschung zu studieren bedeutet, auf ein Fach und dessen Wissenskanon einen ›Blick von außen‹ zu werfen. Das kann dazu führen, dass sich die Studierenden innerhalb der einzelnen Disziplin ›fremd‹ fühlen. Andererseits gibt es kein anderes Studiengebiet, das so wie die Gender-Studien in alle Wissens- und Wissenschaftsbereiche hineinführt (…) Der interdisziplinäre bzw. transdisziplinäre Ansatz der Gender-Studien bedeutet auch, dass es keine feste Methodik gibt. Die Gender-Studien greifen vielmehr die verschiedenen Methoden in den einzelnen Disziplinen auf, arbeiten mit ihnen, modifizieren sie und entwickeln sie so weiter, dass sie für die Gender-Fragestellungen produktiv gemacht« werden können« (2000, 15).

Die Entwicklung der Gender-Studien ist mit einem zweifachen Paradigmenwechsel verbunden.[3] Der erste Wechsel geschah, als sich Frauenstudien (*Women's Studies*), die sich aus der historischen Frauenbewegung des 19. und der ersten Hälfte des 20. Jahrhunderts entwickelt hatten und hauptsächlich phänomenologisch deskriptiv und empirisch orientiert waren, in eine stärker kritisch reflektierte, feministische Orientierung umwandelten. Diese führte wissenschaftlich zu einem neuen Durchbruch und neuem Wissen. Der zweite Paradigmenwechsel folgte, als manche feministischen Ansätze als zu eng und einseitig erkannt und genderkritische Theorien entwickelt wurden, die sich mehr inklusiv mit den verschiedensten Geschlechterrollen, -identitäten, -beziehungen und unterschiedlichen Machtpositionen von Frauen und Männern beschäftigten. Kritische Gender-Studien über Männer und Religion sind von feministischen Theorien mit beeinflusst und haben neue Forschungsperspektiven entdeckt, die sich zum Beispiel mit dem Verständnis männlicher Identität, dem Verhältnis zwischen männlicher Sexualität und Spiritualität oder mit dem männlich überdeterminierten traditionellen Gottesbegriff im Judentum und Christentum auseinandergesetzt haben. Doch trotz allem Fortschritt sind Gender-Studien

---

3 Für eine ausgezeichnete Übersicht über diese nicht unbedingt chronologischen, sondern manchmal parallelen Entwicklungen siehe Hawthorne (2005). Siehe auch Walter (2000), 97–115.

über Männer viel weniger weit entwickelt als solche über Frauen. Da letztere einen größeren gesellschaftlichen und ideengeschichtlichen Rückstand aufzuarbeiten haben, ist hier ein kritisches Gender-Denken viel notwendiger. Ein solches hat jedoch auch Konsequenzen für Männer. Dennoch kann es noch lange dauern, bis Männer den Vorsprung der Frauen auf dem Gebiet der Gender-Studien aufgeholt haben werden. Bis jetzt ist die Männlichkeit noch nicht in demselben Ausmaß wie die Weiblichkeit kritisch theoretisiert worden.

Wie steht es nun mit spezifischen Gender-Perspektiven in der Religionswissenschaft?

3   Gender-Perspektiven in der religionswissenschaftlichen Forschung

Religionswissenschaftliche Gender-Studien sind trotz vieler ausgezeichneter wissenschaftlicher Errungenschaften noch immer kontrovers. Sie werden von vielen Gelehrten, männlichen wie auch weiblichen, und religiös engagierten Menschen sowie religiösen Institutionen entweder einfach ignoriert oder aktiv angegriffen. Trotz solcher Schwierigkeiten und manchem Unverständnis haben sich wissenschaftliche Erkenntnisse des Feminismus und der Gender-Studien immer mehr an Universitäten und auch in der Öffentlichkeit verbreitet. Wie in allen anderen gesellschaftlichen Bereichen gibt es auch in der Religion keine genderneutralen Phänomene. Wenn Religion aus einer genderkritischen Perspektive untersucht wird, ergeben sich verschiedene Fragestellungen, die sich mit äußeren wie inneren Charakteristiken des Religiösen beschäftigen.[4] Ich möchte diese unter drei Gesichtspunkten gruppieren.

Zunächst kann gefragt werden, welche geschlechtsspezifischen Rollen und welchen Status verschiedene Religionen Frauen und Männern zuweisen. Wie sind diese zum Beispiel in den grundlegenden heiligen Schriften und Lehren bestimmt? Können Frauen genauso wie Männer am religiösen Leben teilnehmen? Haben sie Zugang zu religiöser Autorität und Führung? Haben sie ihre eigenen religiösen Gemeinschaften und Riten? Dürfen Frauen die heiligen Schriften lesen, interpretieren und lehren? Haben sie Zugang zu religiösen Ämtern? Welche religiöse Rollen haben Frauen ausgeübt, und welchen Einfluss haben sie gehabt als Schamanin, Prophetin, Priesterin, Heilige, Mystikerin, religiöse Gründerin usw.? Es ist aus religionsvergleichenden Untersuchungen ersichtlich, dass Frauen in archaischen, Stammes-, Volks- und gering institutionalisierten Religionen eher höhere Positionen innehaben als in stark ausdifferenzierten Religionen mit hierarchischen Strukturen und Organisationen. Geschichtliche Untersuchungen über den Ursprung und die Entstehungszeit neuer Religionen zeigen außerdem, dass Frauen während der Gründungszeit oft eine

---

4 Diese und andere Themen habe ich ausführlicher im Übersichtsartikel *Gender and Religion* (King 2005) behandelt. Eine systematische Einführung in das ganze Gebiet und viele Einzelbeiträge finden sich in King (1995). Neuere Diskussionsbeiträge und theoretische Entwicklungen in King/Beattie (2005). Ein ausgezeichnetes Handbuch mit vielen Beiträgen über feministische und Gender-Diskussionen in Bezug auf Religion und Religionswissenschaft ist Juschka (2001).

bedeutende Rolle spielen und eng mit dem Werk männlicher Religionsstifter verbunden sind. Als Beispiel können hier Frauen im frühen Buddhismus, Frauen um Jesus und ihr Beitrag zur Verbreitung seiner Botschaft sowie Frauen um Mohammed genannt werden. Ebenso wichtig ist der Beitrag von Frauen in den christlichen Missionsbewegungen des 19. Jahrhunderts.

Eine zweite Forschungsperspektive beschäftigt sich mit dem religiösen Denken, seiner Hauptbegriffe und Sprache. Wie werden Männer und Frauen in den verschiedenen heiligen Schriften beschrieben? Welche Symbolik wird gebraucht? Welche Metaphern dominieren in der Rede über Gott, das Göttliche, den Geist und die Transzendenz? Ist die Sprache religiöser Texte vorwiegend exklusiv und androzentrisch oder schließt sie beide Geschlechter mit ein? Die geschlechtlich flektierte Sprache der Religion spiegelt sich auch in den religiösen Haltungen zum Körper, zur Sexualität und zur Spiritualität wieder. Die Sakralisierung der Jungfräulichkeit sowie Askese und Mönchtum haben in mehreren Religionen stark zu frauenfeindlichen Haltungen beigetragen, deren wichtiger Einfluss auf die Geschichte der Spiritualität noch näher untersucht werden muss. Traditionelle männliche und weibliche Gender-Symbole können leicht zu einem Gefängnis des Denkens werden. Geschichtlich und gesellschaftlich begründete androzentrische Gottesbilder sind für viele Frauen zu Symbolen der Macht und Unterdrückung geworden, so dass feministische Theologinnen sie mit Recht in Frage stellen. Die Suche nach weiblichen Symbolen des Göttlichen ist stark von den philosophischen Diskussionen des Postmodernismus und der Psycholinguistik beeinflusst, vor allem wie sie in den radikalen Theorien französischer Feministinnen zum Ausdruck kommt. Insbesondere die Werke von Luce Irigaray, Julia Kristeva und Hélène Cixous haben einen großen Einfluss auf gegenwärtige religionsphilosophische und theologische Diskussionen unter Feministinnen ausgeübt.[5]

Die dritte Forschungsperspektive fokussiert besonders die innere religiöse Erfahrung. Sind religiöse Erlebnisse und Gotteserfahrungen geschlechtlich differenziert? Trotz aller Anerkennung heiliger Frauen und Mystikerinnen sind die Erfahrungen solcher Frauen in den etablierten, von Männern produzierten philosophischen und theologischen Lehren und Schulen meist nicht theoretisch mitartikuliert worden. Wichtig ist auch zu hinterfragen, wie weit Religionen die traditionelle gesellschaftliche Rolle der Frau mit ihren Familienpflichten und in ihrer Abhängigkeit vom Mann legitimiert haben anstatt Frauen anzuregen, ihre eigene Spiritualität zu entwickeln und nach höheren geistigen Idealen zu streben. Im Buddhismus und Christentum gibt es eine lange Tradition verhältnismäßig unabhängiger religiöser Frauengemeinschaften. Der Jainismus und Taoismus kennen ebenfalls Nonnen. Im Hinduismus dagegen gibt es, von wenigen geschichtlichen Beispielen unabhängiger Asketinnen abgesehen, erst seit Mitte des 20. Jahrhunderts Frauenklöster. Solche Aspekte von Mönchtum und Askese werden erst seit kurzem kritisch untersucht.

---

5 Joy/O'Grady/Poxon (2002/2003); Joy (2006);
Mulder (2006).

Ebenso sind erst jetzt genderspezifische Erfahrungs- und Ausdrucksweisen der Mystik ins Blickfeld der Forschung und damit klarer ins Bewusstsein getreten (Lanzetta 2005). Eine religionswissenschaftlich vergleichende Untersuchung der Spiritualität zeigt, dass geistliche Ratschläge fast ausschließlich von Männern formuliert worden und hauptsächlich an Männer adressiert sind. Diese schließen oft negative Beurteilungen von Frauen mit ein. Zahlreiche religiöse Texte, die männliche Ideale der Askese, Heiligkeit und Vollkommenheit lehren, schließen eine starke Verachtung oder zumindest Ablehnung des weiblichen Körpers ein. In vielen Religionen können Texte gefunden werden, welche die Frau niedriger einstufen als den Mann und sie als unfähig betrachten, die gleichen geistigen Höhen und Dimensionen der Transzendenz zu erreichen. Zum Beispiel lehren manche Schulen des Buddhismus, dass Frauen zuerst als Männer wiedergeboren werden müssen, bevor sie selbst das Nirwana erreichen können.

Spiritualität ist ein besonders wichtiges Thema. Es verdient deshalb eine separate Behandlung.

4   Gender und Spiritualität

Grosse geistige Frauengestalten gibt es in vielen Religionen: Seherinnen, Prophetinnen, Mystikerinnen. Trotz männlicher Dominanz in Fragen der Spiritualität und trotz eines patriarchalen Frauenbildes, das die Frau hauptsächlich als Gattin und Mutter sieht und nahezu alle anderen Rollen ausblendet, haben zahlreiche Frauen geistige Kraft, Stärke, Autonomie und Autorität durch ihren Glauben und ihre religiöse Tradition gefunden. Dies bestärkte sie, gegen traditionelle gesellschaftliche und religiöse Normen anzugehen und manchmal eine ungewöhnliche Laufbahn einzuschlagen. Die Einsichten und religiösen Erfahrungen einiger solcher Frauen haben zeitgenössische und spätere Generationen beeinflusst und wurden auch von Männern anerkannt. Allerdings sind dies zum großen Teil Einzelerfahrungen geblieben. Das allgemeine Leben der meisten anderen Frauen konnten solche Einzelgestalten nicht beeinflussen. Da die offizielle Geschichte von Männern geschrieben wurde und Frauen fast immer unsichtbar blieben, ist ein Teil jener spirituellen Frauengestalten in Vergessenheit geraten. Heute allgemein bekannte Frauen der mittelalterlichen christlichen Mystik wie Hildegard von Bingen, Margery Kempe, Juliana von Norwich und manche andere, sowie auch die Beginen, sind erst im 20. Jahrhundert neu »entdeckt« worden. Die Situation in anderen Religionen ist ganz ähnlich.

Zwei Bemerkungen sind hier besonders wichtig: Wir können diese großen religiösen Frauengestalten der Vergangenheit bewundern, doch müssen wir ihre Lebensgeschichten zugleich kritisch betrachten und die oft starken Einengungen ihrer Erfahrungen und auch manche Form der Unterdrückung in ihrem Leben mit in Betracht nehmen. Ihre unter ganz anderen gesellschaftlichen und politischen Bedingungen gelebte Religion kann heute nicht einfach imitiert werden. Die Geschichte solcher Frauen ist außerdem nicht immer Frauengeschichte im Sinne des feministischen Bewusstseinsumbruchs der Gegenwart. Diese religiös herausragenden, in vieler Hinsicht bewundernswerten Frauengestalten können nicht einfach aufgrund ihres Geschlechts als Vorgängerinnen des heutigen Feminismus – als sogenannte »Proto-Feministinnen« – angesehen werden. Vieles in ihrem Leben ist für uns heute gar nicht mehr nachvollziehbar. Ein zweiter wichtiger Unterschied zwischen damals und heute besteht darin, dass die Frauengestalten der Vergangenheit in der Regel individuelle Einzelgestalten waren. Die weibliche Suche nach einer autonomen Eigendefinition von Spiritualität ist heute dagegen vor allem ein Gruppenphänomen, das sogar auf globaler Ebene beobachtet werden kann.

Heute sind viele Frauen in den verschiedensten Weltreligionen auf einer expliziten Suche nach Geist und Transzendenz. Die pakistanische Wissenschaftlerin Durre Ahmed hat einen Sammelband mit dem prägnanten Titel *Gendering the Spirit* herausgegeben,[6] in dem sie argumentiert, dass die letzte Grenze des Postkolonialismus im Bereich der Interdependenz von Frau und Religion zur Zeit überschritten wird. In der Vergangenheit sind Frauen wie Religionen oft kolonialisiert, ausgebeutet und unterdrückt worden. Heute wollen Frauen dieses Joch abwerfen. Ahmeds Buch enthält eine radikale Kritik des »gegenderten« Wissens um Geist, Gott und Transzendenz, das lange sowohl in der Gesellschaft wie in der Wissenschaft zum Nachteil der Frauen konstruiert worden ist; andererseits geht es ihr um die Entkolonialisierung des Denkens und der menschlichen Vorstellungskraft schlechthin.

Gottes- und Geistesvorstellungen der Vergangenheit können heute nicht mehr naiv übernommen und weitergegeben, sondern müssen kritisch durchdacht und uminterpretiert werden. Frauen weisen immer wieder darauf hin, wie wesentlich der Erwerb der Lese- und Schreibfähigkeit, kurz »Literalität« (*literacy*) genannt, für die Transformation des Bewusstseins – auch des religiösen Bewusstseins – war. Oft haben Frauen viel später als Männer Zugang zur Literalität erhalten. Selbst heute noch sind ein größerer Prozentsatz von Frauen als von Männer auf der Stufe der »Oralität« und nicht der Literalität. In der Beschreibung eines neuen Buches zu Literalität und Oralität heißt es ganz treffend: »Literalität (Schriftlichkeit) versus Oralität (Mündlichkeit) – welche von diesen beiden Zugangsformen zur Sphäre des Geistes darf den ersten Platz für sich beanspruchen? Welche von ihnen ist für die Aufschließung dieser Sphäre grundlegender, welche für ihr argumentatives Zusammen- und Weiterwirken dynamischer, fruchtbarer und nachhaltiger? Mag bei diesem Wettstreit auch kein definitiver Sieg einer der beiden Seiten bevorstehen, so bleiben die dabei gewonnenen Einsichten für die Entwicklung des Denkens erfahrungsgemäss in vieler Hinsicht aufschlussreich, wesentlich und gelegentlich sogar staunenswert«.[7]

Die zwischen Literalität und Oralität bestehende Spannung kommt hier deutlich zum Ausdruck, doch fehlt leider jeglicher Hinweis auf die Bedeutung der Gender-

---

6 Ahmed (2002).
7 Zitiert aus dem Peter Lang Katalog zur Beschreibung des von Stephan Haltmayer und Ar-

min Eigner herausgegebenen Buches *Literalität und Oralität.*

Dimension auf diesem wichtigen Gebiet der Bewusstseinsentwicklung. Zugang zur Literalität, zu allen Stufen der Wissensbildung und insbesondere zum Erlernen klassischer Sprachen, die für ein unabhängiges Lesen und Interpretieren der kanonischen Texte und Lehren der verschiedenen Religionen absolut nötig sind, ist ein Durchbruch zu einer neuen Stufe des Bewusstseins. Frauen haben als soziale Gruppe (und nicht als einzelne Ausnahmen) erst seit dem 20. Jahrhundert Zugang dazu gewonnen, vor allem im globalen Norden, während im Süden der Welt auch heute noch viele Frauen völlig ungeschult bleiben.

Die ersten Theologinnen, die es in den USA schon Mitte des 19. Jahrhunderts gab, waren sich der Notwendigkeit einer vollen, den Männern gleichen Ausbildung bewusst. Auch die Frauen, die 1893 beim ersten Weltparlament der Religionen in Chicago öffentliche Ansprachen hielten, betonten die Wichtigkeit der klassischen Sprachkenntnisse für das Studium der Religionen. Im damaligen Kontext haben sich westliche Frauen in Amerika und Europa zuerst dem Studium des Christentums und Judentums zugewandt. Es ist deshalb keine Überraschung, dass im 20. Jahrhundert die feministische Religionskritik und feministische Theologie, sowie die auf eine weibliche Gottheit ausgerichtete Thealogie,[8] sich vor allem in diesen beiden Religionen entwickelt haben. Die Forderung nach einer weiblichen Interpretation der kanonischen religiösen Schriften und Lehren hat sich in der Gegenwart auf alle Religionen ausgeweitet. Heute erkämpfen sich viele Frauen den Zugang zu den heiligen Schriften ihres Glaubens und ihrer Tradition. Dies ist ein radikaler Akt, wenn man sich vergegenwärtigt, dass es zum Beispiel Frauen im Hinduismus und Buddhismus Jahrhunderte lang verboten war, die heiligen Schriften zu lesen oder zu rezitieren. Der jetzt errungene Zugang zu diesen Schriften ist vergleichbar mit der gesellschaftlichen Umstellung zur Zeit der Reformation, als christliche Laien in Europa zum ersten Mal die Bibel in ihrer Muttersprache lesen konnten. Wie viele Kämpfe wurden damals für diese neue Freiheit ausgetragen! Menschen haben deswegen ihr Leben verloren. Es muss uns nicht verwundern, dass auch der Kampf der Frauen im Budhhismus, Hinduismus und Islam um neue Freiheiten nicht ohne Widerstand vor sich geht. In England kämpfen muslimische Frauen gerade um das Recht, einen Platz zum Beten in der Moschee zu erhalten. In Amerika gibt es ähnliche Initiativen. In Indonesien, dem Land mit der größten muslimischen Bevölkerung der Welt, sind Initiativen von Frauen ins Leben gerufen worden, um den Islam mitzugestalten, seine Lehren selbst zu interpretieren, zu lehren und Konsequenzen für gesellschaftliche Reformen daraus zu ziehen.[9]

Ich möchte hier außerdem noch kurz auf die weltweite buddhistische Frauenbewegung hinweisen. Sie ist einerseits vom westlichen Feminismus ganz unabhängig. Andererseits zeigen sich zwischen diesen beiden Bewegungen – dem Feminismus und der buddhistischen Frauenbewegung – interessante Parallelen. Dies wird vor allem in den Forderungen nach geistiger Befreiung und Selbstbestimmung sichtbar. Seit 1987 haben sich Buddhistinnen und vor allem buddhistische Nonnen in der

---

8 Vgl. Raphael (1996).   9 Vgl. Van Doorn-Harder (2006).

globalen Bewegung *Sakyadhita* (»Töchter Buddhas«) zusammengeschlossen. Sie treffen sich alle zwei Jahre an einer Konferenz in verschiedenen asiatischen Ländern, um theoretische und praktische Probleme des Buddhismus aus spezifisch weiblicher Sicht zu behandeln. Die *Sakyadhita*-Bewegung hat sich folgende Ziele gesetzt: ein globales Kommunikationsnetzwerk unter den buddhistischen Frauen der Welt zu schaffen, Frauen als Lehrerinnen des Buddhismus auszubilden, Forschungsuntersuchungen über Frauen im Buddhismus anzuregen, die *Bhikkhuni Sangha* oder den buddhistischen Frauenorden wieder aufzubauen. Bis jetzt sind eine Reihe eindrucksvoller Publikationen – und mehrere Ordinationen – aus diesen Treffen hervorgegangen. Die Existenz *Sakyadhitas* ist ein deutliches Zeichen dafür, dass unter buddhistischen Frauen, besonders unter den Nonnen, eine entscheidende Bewusstseinsveränderung im Gang ist, die manche Folgen für die buddhistische Praxis haben wird.

Ein klares Zeugnis für den Umbruchprozess unter den buddhistischen Nonnen Asiens ist der von Karma Lekshe Tsomo herausgegebene Sammelband *Innovative Buddhist Women. Swimming Against the Stream.*[10] Wie aus den dort veröffentlichten Beiträgen ersichtlich wird, geht es nicht nur um die Uminterpretation traditioneller Texte, die Frauen bisher unzugänglich waren, sondern auch um die Reform vieler diskriminierender Praktiken und lang etablierter Traditionen. Weitere Forderungen sind die Veränderung hierarchischer Strukturen und die Verwirklichung egalitärer Formen des Zusammenlebens von Frauen und Männern. Frauen, die für diese Ziele kämpfen, »schwimmen gegen den Strom«. Wichtig ist vor allem, dass Frauen und Männern derselbe Zugang zu Ausbildung und Ordination eröffnet wird. Ohne volle Fachausbildung können buddhistische Nonnen weder ihre eigenen kanonischen Texte interpretieren noch die geistige Leitung anderer Menschen übernehmen, so wie es Männer seit Tausenden von Jahren getan haben. Wie eine dieser Buddhistinnen schreibt, sind Frauen ohne Ausbildung wie »Vögel ohne Flügel«.[11] Frauen müssen erst fliegen lernen, um die Gipfel des Geistes zu erreichen. Die buddhistischen Nonnen vieler asiatischer Länder kämpfen darum, die notwendige Ausbildung zu erwerben, um ihren untergeordneten Status zu ändern und eine Vollordination zu erhalten, die sie den Mönchen gleichstellt.

Ein anderer wichtiger Aspekt hat sich im Westen entwickelt. Als buddhistische Mönche in den siebziger Jahren des 20. Jahrhunderts in den Westen kamen, bekehrten sich manche westliche Frauen zu dieser im Westen neuen Religion, die ihnen befreiender erschien als das Judentum oder Christentum. Zugleich wandten diese westlichen Frauen ein feministisches Bewusstsein auf ihr Verständnis des Buddhismus an. Dies war für die männlichen buddhistischen Lehrer, die aus Asien kamen und nur an die geistliche Autorität von Männern gewöhnt waren, eine völlig neue Erfahrung. Westliche Frauen wurden buddhistische Nonnen; manche haben eine sehr intensive Ausbildung in den traditionellen Lehren genossen und besitzen ausgezeichnete Kenntnisse der buddhistischen Schriften. In Amerika sind inzwischen fast die Hälfte aller buddhistischen Lehrer Frauen; einige genießen hohe geistige Au-

---

10 Tsomo (2000).   11 Vgl. van Ede (2000).

torität und haben viele Schüler. Eine solche Anerkennung der geistigen Führung durch Frauen ist eine in der Geschichte des Buddhismus ganz neue Entwicklung; sie ist inzwischen nicht nur im Westen, sondern auch in manchen Ländern Asiens zu beobachten. Ein anderer wichtiger Aspekt ist, dass inzwischen immer mehr Buddhistinnen die Geschichte buddhistischer Frauen erforschen und den Beitrag, den Nonnen in der Geschichte des Buddhismus geleistet haben – ein bisher wenig untersuchtes Thema. Die *Sakyadhita* Präsidentin Karma Lekshe Tsomo spricht von einer Gesamtzahl von 300 Millionen buddhistischen Frauen in der Welt, von denen nur 1 % aus dem Westen stammen. Wenn diese große Frauenzahl mobilisiert werden könnte, für gesellschaftliche und spirituelle Befreiung und Gleichheit zu arbeiten, so könnte dies eine große Wirkung auf die Welt haben. *Sakkyadhita* hat einen Anfang gemacht und in wenigen Jahren schon manches Ziel erreicht. Somit ist diese buddhistische Frauenbewegung ein inspirierendes Beispiel für die weibliche Kreativität auf dem Gebiet der Spiritualität.

5   Abschließende Betrachtungen

Über Jahrtausende hinweg sind Frauen vieler Religionen in ihrem Wesen, ihren Rollen, ihren Bildern von männlich geleiteten religiösen Institutionen definiert worden. Heute aber können Frauen, wenn sie aktiv sind und ein feministisch-kritisches Bewusstsein entwickelt haben, sich religiös selbst definieren in einer neuen Art und Weise, wie sie in der Vergangenheit nur selten möglich gewesen war. Wie ich im Zusammenhang mit den gegenwärtigen Diskussionen um die Gender-Kategorie zu zeigen versucht habe, ist es vom religionswissenschaftlichen Standpunkt her wichtig zu erforschen, welchen Zugang zu Geist- und Transzendenzerfahrungen Frauen in ganz verschiedenen Religionen haben, wie das Wirken des Geistes im Spannungsfeld der Geschlechter in der Vergangenheit gesehen wurde und wie es sich jetzt zum Teil auf ganz neuen Wegen entwickelt. In Analogie zur Bedeutung der Literalität für die Entwicklung der Kultur im allgemeinen schlage ich den Begriff der »spirituellen Literalität« vor (auf Englisch besser ausgedrückt als *spiritual literacy*, um einem Missverständnis mit einem »literalen« Ansatz aus dem Wege zu gehen). Darunter verstehe ich die Erfahrung des Geistes, der Transzendenz und spiritueller Autorität. Diese Erfahrungsmöglichkeit, dieses Abenteuer, steht heute Frauen offen wie nie zuvor. Damit sind wir schon im praktizierenden Bereich der Religion, der allerdings in Gender-Studien nicht streng von den wissenschaftstheoretischen Perspektiven abgetrennt werden kann. Je mehr die von einander abhängigen Beziehungen zwischen Gender und Religion ins Bewusstsein gelangen, desto mehr wird sich die religiöse Praxis für Frauen wie Männer ändern.

Es ist Aufgabe der Religionswissenschaft, diese grundlegenden Verwandlungen und Paradigmenwechsel wahrzunehmen, sie zu analysieren und kritisch aufzuarbeiten. Dies ist ein großes Forschungsgebiet, auf dem noch viel entdeckt werden kann. Es lohnt sich persönlich wie sachlich für junge Wissenschaftler und Wissenschaftlerinnen eine genderkritische Wandlung zu vollziehen und diese vielfältigen neuen Forschungsperspektiven in ihrer Arbeit fruchtbar zu machen.

Literatur

Ahmed, Durre S., Hg. (2002), Gendering the Spirit. Women, Religion and the Post-Colonial Response, London/New York, Zed.

Haltmayer, Stephan/Eigner, Armin, Hg. (2005), Literalität und Oralität. Frankfurt a. M., Peter Lang.

Hawthorne, Sîan (2005), Feminism, Gender Studies and Religion, in: Jones, Lindsay, Hg., Encyclopedia of Religion Bd. 5, Detroit, Macmillan Reference, 3023–3027.

– (2005), Gender and Religion: History of Study, in: Jones, Lindsay, Hg., Encyclopedia of Religion Bd. 5, Detroit, Macmillan Reference, 3310–3318.

Jones, Lindsay, Hg. (^{2}2005), Encyclopedia of Religion, 15 Bd., Detroit, Macmillan Reference.

Joy, Morny/O'Grady, Kathleen/Poxon, Judith L., Hg. (2002), French Feminists on Religion. A Reader, London/New York, Routledge.

– (2003), Religion in French Feminist Thought. Critical Perspectives, London/New York, Routledge.

Joy, Morny (2006), Divine Love. Luce Irigaray, Women, Gender and Religion, Manchester, Manchester University Press.

Juschka, Darlene M., Hg. (2001), Feminism in the Study of Religion, A Reader, London/New York, Continuum.

King, Ursula (2005), Gender and Religion: An Overview, in: Jones, Lindsay, Hg., Encyclopedia of Religion Bd. 5, Detroit, Macmillan Reference, 3296–3310.

– (1995), Hg., Religion and Gender, Oxford/Cambridge MA, Blackwell.

King, Ursula/Beattie, Tina, Hg. (2005), Gender, Religion and Diversity: Cross-Cultural Perspectives, London/New York, Continuum.

Lanzetta, Beverly J. (2005), Radical Wisdom: A Feminist Mystical Theology, Philadephia, Fortress.

Mulder, Anne Claire (2006), »Incarnation« as a Hermeneutical Key to a Feminist Theologian's Reading of Luce Irigaray's Work, Amsterdam, Amsterdam Universität.

Raphael, Melissa (1996), Thealogy and Embodiment, The Post-Patriarchal Reconstruction of Female Sacrality, Sheffield, Sheffield Academic Press.

Tsomo, Karma Lekshe, Hg. (2000), Innovative Buddhist Women, Swimming against the Stream, Richmond, Curzon.

Van Ede, Yolande (2000), Of Birds and Wings. Tibetan Nuns and their Encounters with Knowledge, in: Tsomo, Karma Lekshe, Hg., Innovative Buddhist Women, Swimming against the Stream, Richmond, Curzon, 201–211.

Van Doorn-Harder, Pieternella (2006), Women Shaping Islam, Reading the Qu'ran in Indonesia, Urbana, University of Illinois Press.

Von Braun, Christina/Stephan, Inge, Hg. (2000), Gender-Studien, Eine Einführung, Stuttgart, Metzler.

Walter, Willi (2000), Gender, Geschlecht und Männerforschung, in: von Braun, Christina/Stephan, Inge, Hg., Gender-Studien, Eine Einführung, Stuttgart, Metzler, 97–115.

Warne, Randi R. (2000), Making the Gender-Critical Turn, in: Jensen, Tim/Rothstein, Mikael, Hg., Secular Theories of Religion, Current Perspectives, Copenhagen, Museum Tusculanum Press, 249–260.

– (2001), (En)gendering Religious Studies, in: Juschka, Darlene M., Hg., Feminism in the Study of Religion, A Reader, London/New York, Continuum, 147–156.

»Spieglein, Spieglein an der Wand«
Rekonstruktionen und Projektionen von Menschen- und Weltbildern in der Religionswissenschaft

Daria Pezzoli-Olgiati

(…) Es war eine schöne Frau, aber sie war stolz und übermütig und konnte nicht leiden, dass sie an Schönheit von jemand sollte übertroffen werden. Sie hatte einen wunderbaren Spiegel. Wenn sie vor den trat und sich darin beschaute, sprach sie: »Spieglein, Spieglein an der Wand, wer ist die Schönste im ganzen Land?« Es antwortete der Spiegel: »Frau Königin, Ihr seid die Schönste im Land«. Da war sie zufrieden, denn sie wusste, dass der Spiegel die Wahrheit sagte.[1]

1   Einleitung

Der Vorteil der Königin gegenüber den Personen, die sich wissenschaftlich mit religiösen Symbolsystemen auseinandersetzen, ist offensichtlich: Schneewittchens Stiefmutter besitzt einen Spiegel, der die Wahrheit sagt. Dank diesem hat die Königin eine unmittelbare und unverzerrte Gesamtsicht über die Verteilung der Schönheit im ganzen Reich, ohne sich mühsam mit historischen Rekonstruktionen, empirischen Untersuchungen und Kopfzerbrechen bereitenden methodischen Überlegungen auseinander setzen zu müssen. Sie stellt eine vergleichende Frage und erhält umgehend eine zuverlässige Antwort. Dem ist in der Religionswissenschaft nicht so. Denn die Religionswissenschaft besitzt nicht nur einen wunderbaren Spiegel, sondern ganz viele! Einige sind derart gut, dass man sie gar nicht als solche wahrnimmt.

---

1 Text und Bild aus Leupin (1945).

Der vorliegende Beitrag reflektiert über Brillen, Spiegel und Spiegelungen von Menschen- und Weltbildern der religiösen Symbolsysteme, der Religionswissenschaft als Fach und jenen der Religionswissenschaftlerinnen und Religionswissenschaftler. Es werden einige wichtige Wechselwirkungen zwischen der wissenschaftlichen Beschäftigung mit den Religionen und den Personen, die sich ihrer Erforschung widmen, hervorgehoben.

2   Eine Disziplin im Elfenbeinturm?

Die Religionswissenschaft verpflichtet sich, wie jede andere Wissenschaft, einer distanzierten, möglichst präzisen und diskursiven Beschreibung und Analyse bestimmter Sachverhalte und Zusammenhänge, die im Laufe ihrer gut 150-jährigen akademischen Präsenz unter dem Etikett »religiös« subsumiert wurden.[2] Noch bis in die Neunzigerjahre galt innerhalb der Hauptströmungen, die unsere Fachgeschichte stark geprägt haben, das Ideal einer »möglichst objektiven« Annäherungsweise an religiöse Symbolsysteme »von außen« unbestritten als Richtlinie für eine qualitativ gute wissenschaftliche Arbeit. Vor allem in den letzten Jahren haben viele Faktoren zu einer Krise dieses Ideals geführt. Ich nenne hier nur wenige Entwicklungen, die mir als wesentlich erscheinen.

Unter dem Einfluss der hermeneutischen und der postmodernen Reflexion ließ sich aus philosophischer Sicht die Idee einer Distanz im Sinne eines unbeteiligten, wertfreien und unparteiischen Blicks auf religiöse Phänomene nicht mehr halten. Auch in der Auseinandersetzung mit den traditionellen Nachbardisziplinen der Religionswissenschaft, insbesondere mit vielen Fachbereichen innerhalb der christlichen Theologie, aber auch mit der Ethnologie, Soziologie, Geschichte usw., erschien die Haltung einer Analyse ganz »von außen« als Hauptmerkmal religionswissenschaftlicher Arbeit schlichtweg naiv zu sein.

Darüber hinaus nimmt der gesellschaftliche und politische Druck auf die Religionswissenschaft stets zu: Sowohl auf der lokalen als auch auf der globalen Ebene sind Religionen zu zentralen Themen zeitgenössischer gesellschaftlicher Diskurse avanciert.[3] Angesichts der komplexen Konstellationen, die die heutige Gesellschaft herausfordern, wird nach einem religionswissenschaftlichen, lösungsorientierten Wissen gefragt, das in politische und gesellschaftliche Projekte umgesetzt werden kann. Von der Bedeutung religiöser Kleiderordnung bis zum Gewaltpotential von Religionen, von Bildern des Todes im Hinblick auf die Euthanasieproblematik bis zum Verlust historischer Kenntnisse über die Traditionen im Lande: Der Religionswissenschaftler, die Religionswissenschaftlerin wird bei verfahrenen Situationen als Fachperson angefragt, um wieder Verhandlungsraum zu schaffen, oder um Konzep-

---

2 Der Anfang der Disziplin wird hier mit der Tätigkeit von Max Müller in Oxford verknüpft, der als Kristallisationspunkt für die akademischen

Wurzeln der Religionswissenschaft steht. Dazu vgl. Klimkeit (1997) und van den Bosch (2002).
3 Gross (1996), 7.

te zur Erhaltung des religiösen Friedens oder zur Unterstützung von Integrationsprogrammen zu entwickeln und zu propagieren. Dadurch werden Experten, darunter auch Religionswissenschaftler, immer wieder an ihre Verankerung im jeweiligen historisch-gesellschaftlichen Kontext erinnert.[4]

Die Zugehörigkeit der Religionswissenschaft zum akademischen Elfenbeinturm kann in zwei verschiedene Richtungen gedeutet werden. Eine erste, positive: In der Welt der Wissenschaft kann religionswissenschaftliche Forschung und Lehre in einem von direkten politischen Ansprüchen geschützten Raum betrieben werden, Untersuchungsfelder können erschlossen werden, ohne unmittelbar von den Bedürfnissen der Zeit motiviert oder direkt abhängig zu sein. Diese privilegierte Situation wäre jedoch unhaltbar, wenn man die politische und gesellschaftliche Relevanz akademischer Auseinandersetzung mit Religionen ausblenden würde. Der Elfenbeinturm würde somit zum abgeschotteten Raum, in dem die wissenschaftliche Distanz mit einem naiven Konzept von Objektivität gleichgesetzt wird. Die Wechselwirkung zwischen Gesellschaft einerseits und Forschung und Lehre andererseits darf nicht mehr vernachlässigt werden.

Die zunehmende Sensibilität gegenüber dem historisch-gesellschaftlichen Hintergrund, in dem Religionswissenschaft betrieben wird, hat auch zur Rezeption von wissenschaftlichen und politischen Diskursen um das Thema Gender geführt. Dies geschieht in zweifacher Perspektive: Das Gender-Thema wird nicht nur im Hinblick auf die Erforschung von religiösen Symbolsystemen als relevant angesehen, sondern auch im Hinblick auf die Stellung von Forschern und Forscherinnen in der Interaktion zwischen Gesellschaft und Wissenschaft.[5] Dazu ein Zitat aus einem Aufsatz von Lisbeth Mikaelsson, der 2004 in *New Approaches to the Study of Religion* erschienen ist: »Religion is a main factor when it comes to how gender differences are produced and realized in people's lives. Religious mediation of gender happens through the interpretation of myths and symbols, as well as in their ritual, ethical and organizational enactment. Religious teachings legitimize gender hierarchies in society and influence personal gender identity. Gender research in the history of religions is important in society at large because it contributes to our understanding of how divisions between men and women are sanctioned and at the same time demonstrates how religion may structure people's lives in fundamental respects«.[6]

---

4 Vgl. dazu King (1995 a), 15: »Such cross-cultural studies show that women's position in religion is often a reflection, however oblique, of women's status in society. Social scientists have frequently pointed out that religious systems both reflect and reinforce cultural values and patterns of social organization«. In diesem Zitat bezieht sich die Autorin auf Karen Sinclairs *Women and Religion* (1986).

5 Zu dieser Wechselwirkung vgl. auch die Reflexion über etische und emische Dimensionen bei King (1995 a), 26: »If critical attention to gender becomes a really integral part of religious studies, this will not only influence the study of religion, but also bring about deep changes in religious practice«.

6 Mikaelsson (2004), 295.

3   Spiegel der Religionswissenschaft

Optische Instrumente charakterisieren das Nachdenken über verschiedene Zugänge zu religiösen Symbolsystemen: Spiegel, Brillen, Linsen und Fernrohre werden immer wieder zum Thema – wie hier übrigens auch. Aus dieser Metaphorik könnte man entnehmen, dass wir unbewusst davon ausgehen, etwas sehbehindert zu sein, also nicht in der Lage sind, mit bloßem Auge Historisches und Gegenwärtiges erfassen zu können: Dies wäre ein weiteres, sprachgebundenes Argument gegen das Postulat des »objektiven« Standpunktes im Prozess der Betrachtung. Das Nachdenken über optische Hilfsmittel wurde erst recht in der Debatte um den Stellenwert der Dialektik zwischen den Geschlechtern in der Wissenschaft zum Thema wie viele Titel von Referenzwerken bezeugen, z.B. das klassische Werk *Lenses of Gender* von Sandra Lipsitz Bem.[7]

Dies führte zu einer kritischen Auseinandersetzung mit den Spiegeln und Brillen der verschiedenen Zugänge zu den Religionen, vor allem aber mit den dominanten Sichtweisen, welche die Religionswissenschaft seit ihrem Bestehen als universitäre Disziplin prägen. Das oben bereits erwähnte Postulat einer objektiven Sicht auf die Religion wurde als typisch androzentrisch entlarvt.[8]

Die Begründungen dieser radikalen Kritik sind so vielfältig wie die Beiträge dazu; um zwei Argumente hat sich allerdings ein weitgehender Konsens etabliert. Das erste Argument fokussiert die Religionsgeschichte und die Geschichte der Religionswissenschaft; das zweite hat seine Wurzeln in der empirischen Erforschung von Religionen. Diese zwei Argumente sollen im Folgenden vertieft werden.

4   Zur Fachgeschichte

In der Auseinandersetzung mit der Fachgeschichte stellt man eine eigentümliche Korrelation fest: Die Religionswissenschaft, die das Postulat der wertfreien, objektiven Betrachtung stark betont hat, hat die Präsenz der Frauen als Akteure innerhalb der verschiedenen religiösen Symbolsysteme und innerhalb des Faches weitgehend ausgeblendet oder als unsichtbar betrachtet. Sowohl in substantialistisch als auch in

7 Bem (1993), insbesondere 1 f: »But as profound as the transformation of America's consciousness has been during the past 150 years, hidden assumptions about sex and gender remain embedded in cultural discourses, social institutions, and individual psyches that invisibly and systemically reproduce male power in generation after generation. I call these assumptions the lenses of gender. Not only do these lenses shape how people perceive, conceive, and discuss social reality, but because they are embedded in social institutions, they also shape the more material things (…) that constitute social reality itself«. Vgl. auch Johnson Altenbernd/Kalven (1988).
8 King (1995 a), 19: »Methodological debates among contemporary women scholars in religion are much influenced by current feminist theory which fundamentally calls into question the basic assumptions of the prevailing organization of knowledge, its claims to universality, objectivity and value-neutral detachment«.

funktional orientierten Zugängen zur Religion wurde der *homo religiosus* implizit mit einem Mann, dem *vir religiosus*, identifiziert.[9]

Ein Blick in die Handbücher, mit denen neue Generationen von Religionswissenschaftlerinnen und Religionswissenschaftlern in die Forschungsgeschichte eingeführt werden, bestätigt die von vielen Seiten erhobene Kritik einer androzentrischen Sichtweise im Umgang mit den so genannten Klassikern. Beispielsweise wissen sowohl Jacques Waardenburgs *Classical Approaches to the Study of Religion* (1973) als auch Axel Michaels' *Klassiker der Religionswissenschaft* (1997) von keiner einzigen Frau zu berichten, die in den letzten 200 Jahren einen nennenswerten Beitrag zur Erforschung der Religionen geleistet hätte. Ursula King fasste 1995 den Stand der Dinge wie folgt zusammen: »As far as I know, no historical investigation has been undertaken up to now to establish how far women writers, missionaries and scholars made a significant contribution to the rise and development of the modern study of religion«.[10] Dass diese Unsichtbarkeit weiblicher wissenschaftlicher Beiträge kaum auf historischen Sachverhalten beruhen kann, bedarf keiner weiteren Hinweise, wie zahlreiche Arbeiten nun belegen.[11] Darüber hinaus erweisen sich in diesem Zusammenhang die Listen der Teilnehmenden an den Kongressen der *International Association for the History of Religions* zwischen 1908 bis 1985 als aufschlussreich, die eine bemerkenswerte, in bestimmten Jahren sogar hohe Anzahl Teilnehmerinnen belegen. Viel niedriger im Vergleich erscheint hingegen die Anzahl Frauen, die Vorträge hielten oder Sessionen leiteten.[12]

Die Unsichtbarkeit der wissenschaftlichen Beiträge der Frauen zur Erforschung von Religionen in der Fachgeschichtsschreibung wird von vielen Autoren und Autorinnen mit der extrem dünnen weiblicher Präsenz in den akademischen Institutionen in Verbindung gebracht. Männliche Forscher seien demnach kaum an den Leistungen von Forscherinnen und auch nicht an Fragen nach Bezeichnung, Trennung und Rollen der Geschlechter innerhalb von religiösen Symbolsystemen interessiert. Die wenigen Ausnahmen, wie zum Beispiels Heilers *Die Frau in den Religionen der Menschheit* (1977) scheinen diese Feststellung zu bestätigen.[13]

Die Aufmerksamkeit für Frauen und allgemeiner für gender-gebundene Aspekte in der Religionswissenschaft wurde vor allem unter dem Einfluss feministischer Bewegungen innerhalb und außerhalb der Wissenschaft in den späten siebziger Jahren geweckt und hat sich erst in den letzten Jahren als wesentliche Komponente religionswissenschaftlicher Arbeit etabliert.[14]

---

9 Vgl. dazu Mikaelsson (2004), 305 ff, (Gross) 2002, 44 ff.

10 King (1995b), 221.

11 Siehe beispielsweise King (1995b); Warne (2000), 148–153.

12 Überblick bei King (1995b), 228.

13 Birgit Heller (2003), 759, nennt hier neben Heiler die Werke von Johann Jakob Meyer, *Das Weib im altindischen Epos* (1915) und Moritz Winternitz, *Die Frau in den indischen Religionen* (1920).

14 Vgl. King (1995a), 25 und (2004), 1.

5   Orientierung im Gemenge der Zugänge

Die geringe Aufmerksamkeit, die Frauen und Rollen der Geschlechter in der Forschungs- und in der Religionsgeschichte entgegengebracht wird, stellt in der Kritik an den bis in die späten Neunzigerjahre dominierenden »androzentrischen« Positionen ein wichtiges Argument dar. Die zweite zentrale Argumentationslinie wurde in der empirischen Erforschung gegenwärtiger religiöser Systeme entwickelt:[15] In der Situation der Feldforschung wurde bereits früh klar, dass die Denkschemen vom Forscher als Subjekt und Erforschtem als Objekt der Forschung nicht in der Lage waren, die Situation der Begegnung zwischen Forschern und Angehörigen der erforschten religiösen Symbolsysteme zu erfassen.[16] So mutierte beispielsweise die starre Subjekt-Objekt-Beziehung in Interviews oder in Situationen von teilnehmender Beobachtung zu einer höchst komplexen Dialogsituation zwischen Beteiligten mit unterschiedlichen Interessen. Darüber hinaus erscheint es als evident, dass die Zugehörigkeit zu einem bestimmten Geschlecht für die Bestimmung der Beobachtungs- und Begegnungsmöglichkeiten maßgebend ist. Die Geschlechtsunterschiede ermöglichen oder versperren bestimmte Einblicke in religiöse Gemeinschaften, in denen meistens klare Rollenzuweisungen für die verschiedenen Geschlechter bestehen. Eine respektvolle Wahrnehmung dieser Unterschiede einerseits und die weltanschauliche, ethische, politische, soziale und emotionale Einbindung andererseits machen die Beobachtungssituation des Empirikers zu einem besonderen Fall von zwischenmenschlicher Beziehung. Dazu notiert Kim Knott folgenden Gedanken in einem Forschungstagebuch:»If you see someone drowning while you're doing your fieldwork and they're part of the community you're studying, and if you're a strong swimmer, do you stand on the bank and watch them drown or do you dive in and save them? You know, fieldwork is active work, where we are in relationship with people. Questions of responsibility, ethics, politics come into those things. How can they be left on one side? They may be able to be left on one side for half of the time, but there will be occasions which come up that demand that we be ourselves in the interview situation«.[17]

Wir kommen also wieder zum Thema der Distanz, die für die wissenschaftliche Arbeit nötig ist, und der Voreingenommenheit, die aus hermeneutischen und zu einem guten Teil auch aus persönlichen Gründen nicht zu vermeiden ist und der aus dieser Kombination gegensätzlicher Haltungen resultierenden Verwirrung. Wie soll man sich nun in der Untersuchung von Religionen in Gegenwart und Geschichte situieren? Wie kann man sich orientieren im Gemenge der Zugänge, zwischen den

---

15 Dazu Barker (1995).
16 Dazu Knott (1995). Als Beispiel einer früheren Einbeziehung der Gender-Problematik in die teilnehmende Beobachtung siehe Weiner (1976). Interessant in diesem Kontext sind auch Malinowskis Tagebücher. In diesen Dokumenten aus der ersten Stunde der teilnehmenden Beobachtung kann man die Spannung zwischen wissenschaftlicher Distanz und persönlicher Einstellung gut nachspüren. Siehe dazu Stolz (1997), 251–255.
17 Knott (1995), 211 und auch Barker (1995).

etischen und den emischen Perspektiven,[18] zwischen der vom Ideal der Objektivität geprägten Forschungstradition und dem Bedürfnis einer sachgerechteren, schärferen Brille, welche die Rolle der Geschlechter als wesentlichen Aspekt von religiösen Symbolsystemen wahrzunehmen vermag?[19]

6   »Scheintod« der Objektivität?

Die frühere Forderung nach einem »wissenschaftlich objektiven Standpunkt« wurde aus verschiedenen Lagern hart kritisiert und mit unterschiedlichen Akzentuierungen als Ausdruck von Antifeminismus, Eurozentrismus, Kolonialismus und Imperialismus zusammengefasst.[20] Nähert man sich der Religionswissenschaft aufgrund ihrer Geschichte, dann leuchten die unter den verschiedenen Etiketten aufgeführten Kritiken ein, ist doch die Religionswissenschaft maßgeblich als Produkt der Europäischen Religionsgeschichte zu verstehen.[21] Als solche ist sie in den theoretischen Annahmen, in den Methoden sowie in der Auswahl an religionsgeschichtlichen Fragestellungen von vielen christlichen, theologischen und/oder westlich-säkularen Begriffen und Sichtweisen geprägt. Das Beispiel der Ausblendung der Rolle der Frau in der Forschung und in den erforschten Bereichen kann hier synekdotisch als *pars pro toto* angeschaut werden. Diese Kritiken haben viel geleistet im Hinblick auf die Aufdeckung der Systemfehler der »klassischen« Religionswissenschaft in ihren Hauptströmungen, wobei die religionsphänomenologischen Zugänge am meisten Kritik einstecken mussten und in Extremfällen zum Sündenbock einer ganzen Disziplin deklariert wurden.

Problematisch finde ich die Kritiken, die in »-ismen« zusammengefasst werden, wenn sie auf keine Strategien hinweisen, wie man folgendem Dilemma entweichen könnte. Denn einerseits kann man nicht mehr in der naiven Haltung der objektiven Sicht verweilen, andererseits kann man auch nicht so leicht aus einer wissenschaftlichen Tradition heraustreten, die unsere Methoden und Weltbilder – auch nach einer Auseinandersetzung mit der Kritik – nach wie vor maßgeblich formen.

Nimmt man die Kritik an der Objektivität passiv wahr, so kann man von einem »Scheintod« dieser Art von Annäherung an religiöse Symbolsysteme sprechen. Ich möchte dieses Dilemma mit Zitaten aus zwei bekannten Handbüchern, die 1988 erschienen sind, illustrieren. Ohne zu zögern lehnt man folgende Haltung als Idealbild für den Forscher oder die Forscherin ab: »(...) Der unbeteiligte Zuschauer schaltet nämlich das beteiligte Ich ab. Das Ich begehrt, was es nicht hat, und was es hat, fürchtet es zu verlieren. Solange wir bewusst sind, bleiben wir unbeteiligt: weder Begehren noch Furcht können sich in uns ausbreiten. Dann haben wir uns selbst vergessen und sind frei, wahrhaft objektiv zu sehen, was sich uns zeigt«.[22] Stattdessen

---

18 Siehe dazu Anm. 4 oben.
19 Ackermann (2004), 146.
20 Vgl. Warne (2000), 146. Siehe auch Doniger (2000) und Jensen (2003), 409–415.

21 Dazu vgl. Gladigow (2002); Auffarth (1999); Ahn (1997).
22 Greschat (1988), 138.

neigt man eher zu folgendem: »Neben dem methodischen Zugang zum Phänomen der Religionen, der die eigene Verwurzelung in einer Religion zum methodischen Ausgangspunkt macht, steht die andere Möglichkeit, von Anfang an eine *größtmög-liche methodische Distanz* zum eigenen Standort einzuführen. Methodische Distan-zierung bedeutet nicht Ausschaltung. Es ist selbstverständlich, dass auch in diesem Fall die Religion des eigenen kulturellen Kontextes ein Vorverständnis von Religion überhaupt schafft, welches man nicht hinter sich lassen kann«.[23] Der Verfasser des zweiten Zitats hat keine Mühe damit, die Befangenheit des eigenen Blickes einzuge-stehen. Problematisch ist hier allerdings, dass die »größtmögliche methodische Dis-tanz« nicht näher umrissen wird. Nach welchen Kriterien kann man wissen, ob man den erwünschten Grad an Distanzierung erreicht hat? Liegt dies im Ermessen des Einzelnen, dann droht entweder die Rückkehr zur naiven Haltung, der man keine standfesten Alternativen entgegen zu setzen vermag,[24] oder es schleicht sich eine Art methodische Willkür ein, in welcher alles, was als größtmöglich distanziert dekla-riert wird, auch als solches zu gelten hat.

7   Schlussfolgerungen

Aus meiner Sicht kann man das Dilemma nur auf einer wissenschaftsethischen Ebe-ne lösen, mit einer Reflexion über die ethischen Normen und Werte, die den wissen-schaftlichen Diskurs erlauben und fördern und die Distanz zum Erforschten regeln. Diese Werte sind nicht absolut zu setzen, sondern müssen Gegenstand von Aus-tausch und Verhandlungen sein.[25] Zur Wahrnehmung und Beschreibung eines Rah-mens, in welchem eine angemessene Distanz für wissenschaftliche Beschreibungen, Analysen und Interpretationen möglich ist, scheinen mir folgende Aspekte von Be-deutung. Das Nachdenken über die Spannung zwischen wissenschaftlicher Distanz und Verankerung im eigenen historischen, kulturellen und gesellschaftlichen Rah-men stellt eine erste, zentrale Ebene in diesem Zusammenhang dar. Dazu gehören tiefe Kenntnisse der eigenen (religiösen) Tradition, von deren Welt- und Menschen-bild man zwingendermassen geprägt ist. Nur so ist es möglich die Voreingenom-menheit des eigenen Blickes wahrzunehmen, kritisch zu hinterfragen und für die

---

23 Stolz (2001), 39. Das Zitat stammt aus der dritten Auflage der Grundzüge der Religionswis-senschaft. Das Buch wurde aber wie das oben zi-tierte Handbuch von Greschat erst 1988 ver-öffentlicht.

24 Dazu Gross (1996), 12: »On closer inspection, ›objectivity‹ often turns out to be nothing more than advocacy of the current conventions and not a neutral position at all«.

25 Vgl. Eck (2000), 148: »Today ›comparative studies‹ require this recognition of dialogical, cri-tical self-consciousness as part of our fundamen-tal scholarly apparatus. Such a dialogical model reshapes the very character of our investigation, constantly forming and transforming our catego-ries of analysis, our language of interpretation, and our awareness of our own prejudices and their restrictive influence on our thinking. Com-parison is a dialogical form of thinking and wor-king in relationship. Like all thinking, like all re-lationships, it requires, above all, our attentive and constant presence«.

wissenschaftliche Arbeit fruchtbar zu machen.[26] Die Reflexion über die Spannung zwischen einem allgemeinen, globalisierten wissenschaftlichen Diskurs und den kontextuellen Verankerungen der theoretischen und methodischen Positionen, die die Vielfalt der *academic community* ausmachen, sehe ich als weiteren wesentlichen Schritt.[27] Die Förderung und Unterstützung des Dialogs zwischen den verschiedenen wissenschaftlichen Betrachtungsweisen ist das Instrument, das das Umreißen der wissenschaftlichen Distanz erst recht erlaubt.[28] Als Drittes möchte ich die Wahrnehmung der Spannung zwischen Distanz und Nähe sowohl in der religionshistorischen als auch in der empirisch ausgerichteten Untersuchung von religiösen Symbolsystemen hervorheben.[29] Interesse und wissenschaftliche Neugier bedingen eine Annäherung an Personen und Themen: Zeitliche, sprachliche, kulturelle und religiöse Grenzen werden relativiert, man begibt sich möglichst in die Mitte des zu untersuchenden Umfeldes. Andererseits gilt es, Beobachtungen und Interpretationserfahrungen nicht unreflektiert mitzuteilen, sondern durch geeignete Analyseinstrumente die erreichte Nähe kritisch zu hinterfragen und darzulegen, so dass die wissenschaftliche, sich im Werten zurückhaltende Beschreibung und Analyse durchgeführt werden kann.[30] Die Auseinandersetzung mit der Hermeneutik scheint mir hier unumgänglich zu sein.[31] Schließlich sei auf das Nachdenken über die Spannung zwischen dem Erbe der »objektiven« Sicht auf Religionen und den ethischen Werten, die diese Art von Wissenschaft erst ermöglicht haben wie die Autonomie des Individuums, die Freiheit der Forschung und das Recht auf Wissen hingewiesen.[32] Wie interagieren diese Werte mit dem Anspruch, möglichst zurückhaltend zu werten?

Ich stelle mir vor, dass damit das Gewicht der Wechselwirkung zwischen der wissenschaftlichen Tradition und dem historischen und gesellschaftlichen Kontext, die sie hervorgebracht hat, besser wahrgenommen werden kann. Somit kann die Definition der Akteure und Akteurinnen der Forschung und der Themen, die fokussiert werden, sachlicher debattiert werden. Die Rezeption der im feministischen Umfeld gestarteten Auseinandersetzung mit androzentrischen Vorgehensweisen und ihre selbständige Weiterführung und Erweiterung innerhalb der Religionswissenschaft hat sehr viel in diese Richtung geleistet, obwohl sie bis heute noch in einer eher marginalen Stellung situiert wird. Diese Auseinandersetzung hat insbesondere das Nachdenken über die Unmöglichkeit einer unvoreingenommenen Brille unterstützt. Außerdem hat sie den einst als Gegenstände der Forschung Bezeichneten den Status

---

26 Vgl. King (2004), 2, wo die Verfasserin diese Spannung aufgrund der Globalisierung des Englischen aufzeigt.
27 Dazu Geertz (2000).
28 Vgl. dazu Eck (2000).
29 Dazu Pezzoli-Olgiati (2006).
30 Vgl. Gross (1996), 10.
31 Vgl. White (1995) und Vasilache (2003) insbesondere 26–33. Siehe auch Ackermann (2004).

32 Vgl. Geertz (2000), 72: »Researchers in the study of religion represent by their very presence certain principles and ideals. These are basically the freedom of research and education, the promotion of international understanding, and the pursuit of critical knowledge«. Siehe auch King (1995), 9.

von Subjekten eines hermeneutisch komplexen, dialogischen Interpretationsprozes-
ses zugesprochen. Dies hat eine beträchtliche und kostbare Erweiterung in die religionswissenschaftliche Arbeit hineingebracht.[33]

Sowohl die Artikulation der Geschlechterunterschiede innerhalb religiöser Symbolsysteme als auch die Interaktion zwischen den Geschlechterdifferenzen unter den
Forschenden können von vielen verschiedenen Perspektiven wahrgenommen und
fokussiert werden.[34] Obwohl in diesem Zusammenhang bereits viel geleistet wurde,[35] bedarf es noch einiges an Engagement und Arbeit um diese *clusters* von Fragen
der religionswissenschaftlichen Forschung zu erschließen.

Literatur

Ackermann, Andreas (2004), Das Eigene und das Fremde, Hybridität, Vielfalt und Kultur-
transfers, in: Jaeger, Friedrich/Rüsen, Jörn, Hg., Handbuch der Kulturwissenschaften, Themen und Tendenzen, Stuttgart/Weimar, Metzler, 137–154.

Ahn, Gregor (1997), Eurozentrismen als Erkenntnisbarrieren in der Religionswissenschaft, in:
Zeitschrift für Religionswissenschaft 5, 41–58.

33 Vgl. Warne (2000), 148 f: »As we have seen,
there is no neutral, self-evident rendering of gender. Each gender ideology is at some level a deci-
sion about how the world is to be configured and
understood, establishing normative social, political and cultural practices which set the parame-
ters and possibilities for how human life might
be lived«. Siehe auch Mikaelsson (2004), 298:
»Gender critique contributes to orientating the
history of religions away from the old phenome-
nological paradigm where religion is treated as a
separate, sacred area of life to be assessed in terms
of comparative, religious categories, to a paradigm where religion becomes part of culture and
is seen as interwoven with the motive powers and
ordinary affairs of human beings in various historical settings«. Zur Erweiterung des Blickes gehört auch die innerfachlichen Kritik; dazu vgl.
auch die Kritik an Gender-Ideologien innerhalb
der Religionswissenschaft in Juschka (1999), vor
allem 99–104.

34 Vgl. Mikaelsson (2004), 311: »Gender studies
in the history of religions today are characterized
by a pluralism of epistemological and methodological approaches. They may be women-cente-
red, man-centered, inclusive of both genders, or
be more comprehensive, investigating the wide
ramifications of engenderment and polysemic
meaning construction in different types of reli-

gious and social phenomena. Feminist separa-
tism, essentialism and theological reconstruction
exist side by side with deconstructionist analyses
of cultural undertakings and religious categories.
One can hardly say that feminist perspectives have become a common horizon in the history of
religion, but one may safely declare that gender is
on its way to being established as a fundamental
category of analysis and an integrated topic in
many areas of research. If wide-ranging gender
analyses still are few in number, it is increasingly
being recognized that gender and religion is a
field inviting a host of vital questions«. Siehe
auch King (2004), 9.

35 King (2004), 1: »In recent years a wealth of
exciting intellectual developments has transfor-
med the international study of religion. Interdis-
ciplinary and cross-cultural methodologies have
opened up new and highly controversial issues,
challenging previous paradigms and creating
fresh fields of study. This is particularly true of
the impact of women's and gender studies on the
study of religions«. Siehe auch neuere Einführungen in die Religionswissenschaft, die das Gender-
Thema als Selbstverständlichkeit behandeln. Als
Beispiele siehe Taylor (1998); Braun/McCutcheon
(2000); Kippenberg/von Stuckrad (2003); Figl
(2003); Antes/Geertz/Warne (2004).

Auffarth, Christoph (1999), Europäische Religionsgeschichte, in: Ders./Bernard, Jutta/Mohr, Hubert, Hg., Metzler Lexikon Religion, Gegenwart – Alltag – Medien, Bd. 1, Stuttgart/Weimar, Metzler, 330–336.

Barker, Eileen (1995), The Scientific Study of Religion? You Must Be Joking!, in: Journal for the Scientific Study of Religion 34, 287–310.

Bem, Sandra Lipsitz (1993), The Lenses of Gender. Transforming the Debate on Sexual Inequality, New Haven/London, Yale University Press.

Bosch, Lourens P. van den (2002), Friedrich Max Müller. A Life Devoted to the Humanities, Leiden/Boston/Köln, Brill.

Braun, Willi/McCutcheon, Russel T., Hg. (2000), Guide to the Study of Religion, London/ New York, Cassell.

Doniger, Wendy (2000), Post-Modern and -Colonial-Structural Comparisons, in: Patton, Kimberley C./Ray, Benjamin C., Hg., A Magic Still Dwells. Comparative Religion in the Postmodern Age, Berkeley/Los Angeles/London, University of California Press, 63–74.

Eck, Diana L. (2000), Dialogue and Method, Reconstructing the Study of Religion, in: Patton, Kimberley C./Ray, Benjamin C., Hg., A Magic Still Dwells. Comparative Religion in the Postmodern Age, Berkeley/Los Angeles/London, University of California Press, 131–149.

Figl, Johann, Hg. (2003), Handbuch Religionswissenschaft. Religionen und ihre zentralen Themen, Darmstadt, Wissenschaftliche Buchgesellschaft.

Gladigow, Burkhard (2002), Mediterrane Religionsgeschichte, Römische Religionsgeschichte, Europäische Religionsgeschichte. Zur Genese eines Fachkonzepts, in: Horstmanshoff, Herman F. J./Singor, Hendricus W./Van Straten, Folkert T./Strubbe, Johann H. M., Hg., Kykeon. Studies in Honour of H. S. Versnel, Leiden/Boston/Köln, Brill, 49–67.

Geertz, Armin W. (2000), Global Perspectives on Methodology in the Study of Religion, Method and Theory in the Study of Religion 12, 49–73.

Greschat, Hans-Jürgen (1988), Was ist Religionswissenschaft?, Stuttgart/Berlin/Köln/Mainz, Kohlhammer.

Gross, Rita M. (1996), Feminism and Religion. An Introduction, Boston, Beacon Press.

– (2002), Feminist Issues and Methods in the Anthropology of Religion, in: Sharma, Arvind, Hg., Methodology in Religious Studies, The Interface with Women's Studies, New York, State University of New York Press, 41–66.

Heiler, Friedrich (1977), Die Frau in den Religionen der Menschheit, Berlin/New York, De Gruyter.

Heller, Birgit (2003), Gender und Religion, in: Figl, Johann, Hg., Handbuch Religionswissenschaft. Religionen und ihre zentralen Themen, Darmstadt, Wissenschaftliche Buchgesellschaft, 758–769.

Jensen, Jeppe Sinding (2003), The Study of Religion in a New Key. Theoretical and Philosophical Soundings in the Comparative and General Study of Religion, Aarhus, Aarhus University Press.

Johnson Altenbernd, Patricia/Kalven, Janet (1988), With Both Eyes Open: Seeing Beyond Gender, New York, Pilgrim Press.

Juschka, Darlene (1999), The Category of Gender in the Study of Religion, in: Method and Theory in the Study of Religion 11, 77–105.

King, Ursula (1995a), Introduction: Gender and the Study of Religion, in: Dies., Hg., Religion and Gender, Oxford/Cambridge, Blackwell, 1–38.

– (1995b), A Question of Identity: Women Scholars and the Study of Religion, in: Dies., Hg., Religion and Gender, Oxford/Cambridge, Blackwell, 219–244.

– (2004), Gender-Critical Turns in the Study of Religion, in: Dies./Beattie, Tina, Hg., Gender, Religion and Diversity. Cross-Cultural Perspectives, London/New York, Continuum, 1–10.

Kippenberg, Hans G./von Stuckrad, Kocku (2003), Einführung in die Religionswissenschaft, Gegenstände und Begriffe, München, Beck.

Klimkeit, Hans-Joachim (1997), Friedrich Max Müller (1823–1900), in: Michaels, Axel, Hg., Klassiker der Religionswissenschaft, München, Beck, 28–40.

Knott, Kim (1995), Women Researching, Women Researched: Gender as an Issue in the Empirical Study of Religion, in: King, Ursula, Hg., Religion and Gender, Oxford/Cambridge, Blackwell, 199–218.

Leupin, Herbert (1945), Herbert Leupin zeigt: Schneewittchen und die sieben Zwerge. Ein Märchen der Brüder Grimm, Zürich, Globi-Verlag.

Meyer, Johann Jakob (1915), Das Weib im altindischen Epos, Ein Beitrag zur indischen und zur vergleichenden Kulturgeschichte, Leipzig, Wilhelm Heims.

Michaels, Axel, Hg. (1997), Klassiker der Religionswissenschaft, München, Beck.

Mikaelsson, Lisbeth (2004), Gendering the History of Religions, in: Antes, Peter/Geertz, Armin W./Warne, Randi R., Hg., New Approaches to the Study of Religion, Bd. 1: Regional, Critical, and Historical Approaches, Berlin/New York, De Gruyter, 295–315.

Pezzoli-Olgiati, Daria (2006), Distanz und Nähe – Teilnehmen und Beobachten, Ethische Verflechtungen religionswissenschaftlicher Forschung, in: Ethische Kommission der Universität Zürich, Hg., Ethische Verantwortung in den Wissenschaften, Zürcher Hochschulforum, Zürich, vdf, 151–164.

Stolz, Fritz (1997), Bronislaw Kaspar Malinowski (1884–1942), in: Michaels, Axel, Hg., Klassiker der Religionswissenschaft, München, Beck, 246–263.

– (2001/[1]1988), Grundzüge der Religionswissenschaft, Göttingen, Vandenhoeck und Ruprecht.

Taylor, Mark C., Hg. (1998), Critical Terms for Religious Studies, Chicago/London, University of Chicago Press.

Vasilache, Andreas (2003), Interkulturelles Verstehen nach Gadamer und Foucault, Frankfurt a. M., Campus.

Waardenburg, Jacques (1999/[1]1973), Classical Approaches to the Study of Religion. Aims, Methods and Theories of Research. Introduction and Anthology, New York/Berlin, De Gruyter.

Warne, Randi R. (2000), Gender, in: Braun, Willi/McCutcheon, Russel T., Hg., Guide to the Study of Religion, London/New York, Cassell, 140–154.

Weiner, Annette (1976), Women of Value, Men of Renown: New Perspectives in Trobriand Exchange, Austin/London, University of Texas Press.

White, Erin (1995), Religion and the Hermeneutics of Gender: An Examination of the Work of Paul Ricoeur, in: King, Ursula, Hg., Religion and Gender, Oxford/Cambridge, Blackwell, 77–100.

Winternitz, Moritz (1920), Die Frau in den indischen Religionen, 1. Teil: Die Frau im Brahmanismus, Leipzig, L. Kabitzsch.

Teil II

**Forschungsgeschichte als Vermittlung
von klassischen Positionen**

Einleitung

Theresia Heimerl

Forschungsgeschichte ist immer Geschichtsforschung im doppelten Sinn: Die Erforschung und Darstellung wissenschaftlicher Ansätze und Erkenntnisse bestimmter Personen, »Schulen« oder Zeiten. Gleichzeitig ist Forschungsgeschichte, will sie wirklich Geschichte im Sinne wissenschaftlicher Darstellung ihres Gegenstandes sein, immer auch die Erforschung des Gegenstands in seiner »Geschichtlichkeit«, d. h. in seinem historischen, politischen, sozialen und religiösen Kontext. Weniger abstrakt formuliert: Forschungsgeschichte im doppelten Sinn heißt für die Religionswissenschaft nicht nur die Präsentation ihrer Klassiker und Klassikerinnen, nicht nur das Nachzeichnen bestimmter Themen. Forschungsgeschichte der Religionswissenschaft ist immer auch die Frage nach ihrer Situierung im zeitgeschichtlichen Kontext, nach ihrer Beeinflussung durch andere wissenschaftliche, aber auch politische Diskurse und umgekehrt ihr – beabsichtigter oder unbeabsichtigter – Einfluss auf diese. Wie sehr beispielsweise die darwinistische Evolutionstheorie auf Modelle der frühen Religionswissenschaft eingewirkt hat, die ihrerseits wieder in vielschichtiger Wechselwirkung zum Kolonialismus des 19. und frühen 20. Jahrhunderts stand, hat nicht zuletzt Kippenberg in seiner »Entdeckung der Religionsgeschichte in der Moderne« aufgezeigt.

Forschungsgeschichte im doppelten Sinn muss erst recht geschrieben werden, wenn es um das Thema Gender und Religion geht. Zum einen inhaltlich, wenn das bei vielen Forschern Verschwiegene, Selbstverständliche, »Mitgemeinte« in zentralen Themenbereichen der Religionswissenschaft offen gelegt wird. Zum anderen aber, wenn es um Frauen als Religionsforscherinnen geht. Frauen gerieten und geraten als in der Wissenschaft Tätige immer auch und wesentlich als Frauen in den Blick, ihre Forschung, wie wenig sie auch »geschlechtsspezifisch« sein mag, wird immer als »Frauenforschung« beurteilt. Wohl auch deshalb verwundert es nicht, dass »Geschlecht« für Frauen in der Wissenschaft oft zum Forschungsobjekt wurde. Die Auseinandersetzung mit der Außenwahrnehmung der eigenen Person, mit nicht sach- sondern geschlechtsbezogener Kritik, ja bis in die Mitte des 20. Jahrhunderts mit der Infragestellung der Wissenschaftsfähigkeit aufgrund des weiblichen Geschlechts: All dies prägt die Biographien der in diesem Teil vorgestellten Forscherinnen.

Nur zwei der fünf vorgestellten Frauen widmen das Hauptaugenmerk ihrer Arbeit tatsächlich »Gender-Themen« sensu stricto, und gerade diese beiden, Elizabeth Cady Stanton und Heide Göttner-Abendroth, sind inhaltlich denkbar weit voneinander entfernt. Dennoch ist Gender für alle fünf Frauen als Thema präsent, Gen-

der als selbstverständlicher Bestandteil jeder Religion und als von Religion mitbestimmt, sogar mitkonstruiert. Nicht allen fünf Frauen gelang gleichermaßen die
Balance zwischen persönlicher Betroffenheit, wissenschaftlicher Distanz und einem
kritischen Blick auf diese beiden Komponenten ihres Forschens. Nicht allen war diese Balance auch gleichermaßen ein Anliegen.

Die fünf behandelten Forscherinnen und ihre Werke machen sehr gut die zentralen Fragen und Probleme, die sich aus religionswissenschaftlicher Perspektive in
Hinblick auf die Gender-Thematik stellen, deutlich. Gender droht im wissenschaftlichen Diskurs leicht zum »Sonderthema« zu werden, zur Forschung von Frauen für
Frauen. So sinnvoll dies wissenschaftspolitisch im Einzelfall auch sein mag, verstellt
eine derartige »Ghetto-Bildung« doch sehr leicht den Anspruch, Gender als Problem
und Thema aller Forschungsbereiche zu sehen. Gender kann demnach nie *ein* Thema der Religionswissenschaft sein, sondern muss als grundlegende Fragestellung an
alle religionswissenschaftlichen Forschungsgegenstände begriffen werden. Gender ist
ein Metaprinzip, das selbstverständlich hinter bzw. über religionswissenschaftlichen
Fragekomplexen wie Ritual, Mythos, etc. stehen sollte. Ein kurzer Blick in die gemeinhin als »Klassiker der Religionswissenschaft« (so der Titel eines Werkes von
Axel Michaels) bekannten Werke (von Männern) zeigt freilich, dass die Relevanz
von Gender als Metaprinzip dort kaum bemerkbar ist. Dennoch oder gerade deshalb lässt sich auf dieser Negativfolie sehr gut die Notwendigkeit, Gender als zentrale Deutungskategorie der Religionswissenschaft zu verstehen, erkennen.

Vor dieser »Negativfolie« sind auch alle hier behandelten Forscherinnen zu lesen.
Als Frauen, denen die Bedeutung von Gender im Sprechen von Religion bewusst
war. Allerdings zeigt sich an ihnen allen auch ein großes Problem der (religionswissenschaftlichen) Gender-Forschung. Sie alle arbeiten im Kontext zeitgenössischer
Ansichten über Geschlechterrollen. Diese werden nicht unhinterfragt übernommen,
sondern oft sogar heftig kritisiert. Dennoch spiegelt die religionswissenschaftliche
Forschung der hier bearbeiteten Klassikerinnen nur zu deutlich ihre Zeit wider: Auf
der Suche nach einer »anderen« Religion wendet sich Jane E. Harrison gerade jenen
Bereichen zu, die im zeitgenössischen Diskurs als »weiblich« konnotiert galten: das
prärationale, rituelle Kollektiv – wie es auch Bachofen wenig schmeichelhaft beschreibt. Noch viel deutlicher wird das Problem bei Heide Göttner-Abendroth: Ihr
Matriarchat liefert genau jene Form von Frauenbild, wie es sich in den Köpfen und
Schriften so mancher patriarchaler Hardlinder findet: Die Frau als friedlich, erdver-
bunden und nährend. Ein auch beinahe schon klassisches Problem anderer Art zeigt
sich im Werk Elizabeth Cady Stantons. Während Geschlecht im Mittelpunkt ihrer
Überlegungen zu Religion steht, bleiben Parameter wie ethnische Herkunft und soziale Schicht als bestimmend für die Erfahrung von Geschlecht (und Religion) außerhalb ihrer Wahrnehmung.

Ein weiteres Grundproblem, das an Alexandra David-Néel besonders deutlich
wird, aber in je anderer Weise auch für die übrigen Frauen zum Tragen kommt, ist
die Frage nach der Zuordnung gerade von Forscherinnen zur Fachdisziplin Religionswissenschaft. Gehört eine Frau, die nie einen akademischen Abschluss gemacht

und ihre Erkenntnisse über Religion in populärwissenschaftlicher Form veröffentlicht hat, zu den Klassikern der Religionswissenschaft? Gibt es so wenige Frauen unter diesen Klassikern, dass eine Ethnologin wie Mary Douglas und eine Frauenrechtlerin wie Elizabeth Cady Stanton dazu gezählt werden müssen? Zum einen ist dieses Problem natürlich ein der Religionswissenschaft insgesamt inhärentes Problem, viele Klassiker der Religionswissenschaft haben ihre wissenschaftliche Herkunft in anderen Disziplinen. Zum anderen aber spiegelt diese Frage den schwierigen Weg von Frauen in der bzw. in die universitär organisierte (Religions)Wissenschaft wider. Und zum dritten zeigt die Biographie der jüngsten der behandelten Forscherinnen, Heide Göttner-Abendroth, wie wenig beheimatet sich Frauen mitunter, gerade wenn es um das Forschungsanliegen Gender und Religion geht, noch in jüngster Vergangenheit (und Gegenwart?) in der etablierten Wissenschaftslandschaft fühlen. Gender und Religion ist immer auf dem Hintergrund von Gender und Religionswissenschaft zu lesen.

»Sapere aude« – »wage zu wissen«, mit diesem Lebensmotto stellt Ann Jeffers Elizabeth Cady Stanton vor. Die Initiatorin der *Woman's Bible* wird als eine der ersten Frauen vorgestellt, welche den aufklärerischen Imperativ, die Aufforderung zu intellektueller Neugier anstatt unhinterfragten Glaubens auf den Bereich von Gender und Religion anwandte. Geboren 1815 in Nordamerika war sie Zeitzeugin der und aktive Kämpferin gegen die Sklaverei. Jeffers führt in ihrem Beitrag aus, wie sich dieses Engagement gegen ethnische Ungerechtigkeit zu einem gegen geschlechtsbedingte Ungerechtigkeit entwickelt, und wie diese wiederum bereits im 19. Jahrhundert von Cady Stanton als wesentlich auch in der Religion begründet erkannt wird. Gerade die Erkenntnis dieses Zusammenhanges macht Elizabeth Cady Stanton zu einer Pionierin einer gender-sensiblen Religionswissenschaft »avant la lettre«. In ihrem Werk sind die Ansätze bzw. Ansprüche feministischer Theologie und genderkritischer Religionswissenschaft, deren Wege sich später trennen, noch verbunden. Auch die von Jeffers angeführten Kritikpunkte, jener der Perspektive der weißen Mittelklasse-Frau und jener des Essentialismus, sind bis heute neuralgische Punkte der Arbeit an Gender und Religion.

Jane Ellen Harrison wird heute (wieder) zurecht als eine der einflussreichsten Wissenschaftlerinnen in der Entwicklung der Religionswissenschaft gewürdigt. Harrisons Werk war in verschiedener Hinsicht richtungsweisend für die Religionswissenschaft: Als eine der Ersten bezog sie – gegenüber dem textzentrierten Arbeiten ihrer Kollegen – archäologisches und ethnologisches Material zentral in ihre Deutung antiker Religion ein. Nicht zuletzt dadurch trug sie zur Veränderung des Bildes der griechischen Antike bei, das sie um eine archaische Dimension erweiterte. In die selbe Richtung weist ihr Interesse für die rituellen Formen kollektiven religiösen Handelns, wie es dann nach ihr die Cambridge Ritualist School ins Zentrum der Religionsforschung stellte.

Ulrike Brunottes Beitrag zeigt auf, wie alle diese Perspektiven von Harrisons Forschen zur Frage nach Gender und Religion beitragen. Wiewohl Harrison als eine der ersten Frauen eine Universitätskarriere machen konnte, wird auch an ihrer Biographie die Sensibilisierung für den Zusammenhang von religiösen und gesellschaftlichen Normen in Bezug auf die Geschlechterrollen sehr deutlich. Sehr deutlich drängt sich auch die – noch heute aktuelle – Frage auf, inwieweit das Geschlecht des Forschenden den Forschungsgegenstand mitbestimmt: Jene Themenbereiche und Fragestellungen, die Brunotte für Jane E. Harrison aufzählt, ergeben einen guten Einblick in die »dunklen Ecken« der spätviktorianischen männlichen Gesellschaft und Wissenschaft. Und es sind jene Themen, die heute noch oft in einer essentialistischen Sicht von Geschlecht Frauen zugeschrieben werden: das Prärationale, das Kollektiv, der »Körper als soziales Medium«. Auch in dieser durchaus ambivalenten Lesemöglichkeit ihres Werkes ist Jane Ellen Harrison eine der zentralen Figuren für moderne religionswissenschaftliche Beschäftigung mit Gender und Religion.

Einen ganz anderen Weg in der Beschäftigung mit Religion beschritt die dritte der vorgestellten Frauen: Alexandra David-Néels Biographie liest sich eher wie ein Abenteuerroman denn wie ein akademisches curriculum vitae. »Orientalistin, Forschungsreisende, Schriftstellerin, Opernsängerin, revolutionäre Anarchistin, Tibetkennerin, europäische Lama Dame« – so stellt sie Caroline Widmer vor. In Alexandra David-Néel lernen wir eine Pionierin religionswissenschaftlicher Forschung besonderer Art kennen. Eine Frau, welche nicht im akademischen Diskurs sondern in der Feldforschung unter extremsten Bedingungen im damals noch kaum erforschten, Europäern unzugänglichen Tibet Religion und Kultur kennen lernte und für ihre westlichen Zeitgenossinnen und Zeitgenossen beschrieb. Das Thema Geschlecht und Religion ist bei ihr weniger in ihrem Werk als in ihrem Leben als Forscherin greifbar. Geschlecht als religiöse und gesellschaftliche Kategorie, konkret erlebt in der Rolle einer alten Frau, die sie einnehmen musste, um nach Tibet zu gelangen, aber auch in der Rolle der weißen Lady, um zu diversen Bewilligungen der jeweiligen Kolonialmacht zu kommen. Und schließlich wird der Zusammenhang von Religion(swissenschaft) und Geschlecht im Umgang ihrer »Fachkollegen« mit David-Néel sichtbar, welche oft selbst ohne Erfahrung vor Ort vom Schreibtisch aus Kritik an ihr übten. Alexandra David-Néel durchbricht nachhaltig, noch nachhaltiger als Jane E. Harrison durch ihre Griechenland-Reisen, die Vorstellung vom männlichen Forscher als Abenteurer, wie sie in Heinrich Harrer und Indiana Jones bis heute weiterlebt. Gerade durch ihr Geschlecht konnte Alexandra David-Néel nicht als überlegene weiße Interpretin indigener Bräuche auftreten, sondern erlebte diese auch »von unten«.

Mary Douglas, die von Ansgar Jödicke vorgestellt wird, unterscheidet sich in ihrer wissenschaftlichen Biographie bereits deutlich von ihren Vorgängerinnen. Geboren 1921 konnte sie ohne große Hürden Sozialanthropologie studieren, in diesem Bereich Feldforschung betreiben und lehren. Was bei Jane Ellen Harrison nur sehr indirekt und andeutungsweise möglich war, nämlich Rückschlüsse vom »weit entfernten« Forschungsgegenstand auf die eigene Lebenswelt zu ziehen, wird bei Mary Douglas zum konsequenten Programm ihrer Forschung. Sie begann, wie Jödicke schreibt »ihre Fragen auszuweiten und mit den gleichen Arbeitsinstrumenten sowohl Stammesgesellschaften als auch sogenannte moderne Gesellschaften zu untersuchen«. Dieser Verfremdungseffekt hat auch Auswirkungen für den Blick auf den Zusammenhang von Gender und Religion in der eigenen Gesellschaft. Insbesondere Douglas 1970 erschienenes Werk *Natural Symbols* nimmt mit der Problematisierung des Körpers und seiner Funktion in sozialen Zeichensystemen manche Fragestellungen der Gender-Forschung späterer Zeit vorweg. Gender ist für Douglas nur eine von mehreren relevanten Größen in der Beschreibung von sozialen Systemen, dennoch kommt kaum eine religionswissenschaftliche Arbeit zum Thema Gender und Religion ohne sie aus, versucht sie doch eine »Entwicklung eines Vergleichsschemas für Weltbilder« (Jödicke), und damit eines zentralen Forschungsgegenstandes von Religionswissenschaft, in welchem Gender eine wichtige Rolle spielt.

Heide Göttner-Abendroth. Eine kritische Vorstellung der Klassikerin der Matriarchatsforschung – so übertitelt Stefanie Knauß ihren Beitrag. Tatsächlich ist Heide Göttner-Abendroth in weiteren Kreisen die wohl bekannteste aller hier vorgestellten Wissenschaftlerinnen, ihre Theorien vom allumfassenden Matriarchat, dessen Spuren in Mythen und archäologischen Zeugnissen sind fast schon Allgemeinbildung geworden, mit der Studierende wie Lehrende der Religionswissenschaft unweigerlich konfrontiert werden. Gerade deshalb ist eine kritische Auseinandersetzung mit ihrem Werk so notwendig. Wie Stefanie Knauß ausführt, beeindruckt Göttner-Abendroth zunächst allein durch die von ihr verwendete Materialfülle. Dass die Zugrundelegung von Material derart unterschiedlicher geographischer und chronologischer Herkunft für eine einzige Theorie, jene vom weltweiten Matriarchat als einer frühen Kulturstufe, wissenschaftlich äußerst problematisch ist, wird dabei leicht übersehen.

An Heide Göttner-Abendroth zeigt sich exemplarisch die vielleicht größte Gefahr genderorientierter Fragestellung der Religionswissenschaft: Die eigenen Wünsche bzw. Anforderungen und Desiderate der Zeit in eine ferne Vergangenheit zu projizieren, in der Religionsgeschichte zu suchen, was man/frau in der Gegenwart vermisst.

Vor dieser Gefahr sind auch männliche Forscher, wie etwa das Beispiel Mircea Eliades zeigt, nicht gefeit. In der Frage nach Gender und Religion führt ein derartiges Vorgehen freilich allzu schnell dazu, dass die Frage an sich als unwissenschaftlich und nicht ernstzunehmend abgetan wird. Heide Göttner-Abendroths Verdienst bleibt es, für eine Frauen in den Blick nehmende Lektüre religionsgeschichtlicher Texte und einen kritischen, männliche Deutungsmuster hinterfragenden Blick auf religiöse Zeugnisse vergangener Zeiten sensibilisiert zu haben. Ihr Werk im Zusammenhang mit Gender und Religion nicht zu behandeln, wäre ein Fehler. Seine Postulate unkritisch zu übernehmen allerdings auch, das macht der Beitrag von Stefanie Knauß sehr deutlich.

Die fünf in diesem Teil des Handbuches vorgestellten Frauen als Vertreterinnen religionswissenschaftlicher Forschungsgeschichte geben einen sehr guten Einblick in die große Breite religionswissenschaftlicher Forschung insgesamt, in ihre Abhängigkeit von der jeweiligen Zeitgeschichte. Elizabeth Cady Stanton, Jane Ellen Harrison,

Alexandra David-Néel, Mary Douglas und Heide Göttner-Abendroth spiegeln darüber hinaus auch auf je unterschiedliche Weise die Auseinandersetzung mit dem Thema Gender und Religion aus der jeweiligen Fach- bzw. Interessensperspektive, aber auch aus persönlicher Betroffenheit von Gender als Kategorie des Wissenschaftsbetriebes wider.

Zitierte und weiterführende Literatur

Heller, Birgit (2003), Gender und Religion, in: Figl, Johann (Hg.), Handbuch Religionswissenschaft. Religionen und ihre zentralen Themen, Innsbruck, Tyrolia, 758–769.

King, Ursula, Hg. (1995), Religion and Gender, Oxford, Blackwell.

– /Beattie, Tina, Hg. (2004), Gender, Religion and Diversity. Cross-Cultural Perspectives, London/New York, Continuum.

Kippenberg, Hans G. (1997), Die Entdeckung der Religionsgeschichte. Religionswissenschaft und Moderne, München, Beck.

Michaels, Axel, Hg. (1997), Klassiker der Religionswissenschaft. Von Friedrich Schleiermacher bis Mircea Eliade, München, Beck.

Schlesier, Renate (1994), Kulte, Mythen und Gelehrte. Anthropologie der Antike seit 1800, Frankfurt a. M., Fischer.

»Sapere aude«: Elizabeth Cady Stanton (1815–1902) und *The Woman's Bible*[1]

Ann Jeffers

1 Einleitung

Elizabeth Cady Stanton wurde 1815 in ein Jahrhundert großer sozialer und politischer Wandlungen der nordamerikanischen Gesellschaft hineingeboren. Sie war eine der berühmtesten Freidenkerinnen ihrer Zeit, sie bewegte soziale Reformen, war Politikerin, Herausgeberin, Autorin und eine religiöse Denkerin. Cady Stanton war von den Grundgedanken der Reformation und der Amerikanischen Revolution beeinflusst.[2] Hinweise darauf zeigen sich in all ihren Bestrebungen, einschließlich der Frauenbibel, Cady Stantons bis heute berühmtestes Werk.[3] Die Frauenbibel ist der erste umfassende biblische Kommentar, der von Frauen für Frauen geschrieben und herausgegeben wurde. Die Bedeutung dieses Projektes kann nicht überbetont werden. Cady Stantons Auslegungsmethoden haben hermeneutische Bestrebungen der feministischen Bibelinterpretation des 20. Jahrhunderts vorgezeichnet.

Abb. 1: Elizabeth Cady Stanton, photographiert von Napoleon Sarony (mit freundlicher Genehmigung der Granger Collection, New York und Ullstein Bild, Berlin).

1 Herzlichen Dank an Josephine von Plettenberg für die Übersetzung des Aufsatzes vom Englischen ins Deutsche.
2 Pellauer (1991), 141.

3 Feminismus ist ein relativ neuer Begriff. Die Suffragetten des 19. Jahrhunderts benutzten den Begriff *Woman's Movement*, wörtlich »Frauenbewegung«.

Im Folgenden will ich zuerst einige der prägendsten Geschehnisse in Cady Stantons Biographie schildern. Danach wird ein Blick auf Cady Stantons Verbindungen mit der Suffragetten-Bewegung geworfen. Am Ende soll die Frauenbibel näher beleuchtet werden.

2   Eine Kurzbiographie von Elizabeth Cady Stanton (1815–1902)

Elizabeth Cady Stantons Herkunft bestimmte zu einem großen Teil ihren späteren Lebensweg. Besonders zwei Faktoren haben ihre Ausbildungsjahre geprägt. Ihr Vater, Daniel Cady, ein bekannter Anwalt, der später Richter wurde, brachte seiner Tochter das Recht näher. Elizabeth erhielt eine für Frauen in dieser Zeit außergewöhnlich gute Ausbildung an der Johnstown Academy. Als sie die Academy mit 16 erfolgreich abschloss und am Troy Institute für Frauen weiterstudierte, da das bekanntere Union College keine Frauen aufnahm, erfuhr die junge Frau zum ersten Mal in ihrem Leben Diskriminierung. Durch ihren frühen Kontakt mit Rechtsfragen sah sie deutlich, wie das Gesetz den Männern mehr Rechte gab als den Frauen. Besonders verheiratete Frauen verfügten über praktisch keine Besitzrechte, Einkommens- oder Arbeitsrechte und sogar kaum Sorgerecht für ihre eigenen Kinder. Cady Stanton entschied sich früh dafür, diese Ungerechtigkeiten zu ändern.[4] Ihre Ehe mit Henry Brewster Stanton, dem Geschäftsführer der Amerikanischen *Anti-Slavery Society*, der später Rechtsanwalt und Politiker wurde, im Jahre 1840 markierte den Anfang ihrer Arbeit in der Bewegung zur Abschaffung der Sklaverei.[5] Cady Stantons Arbeit in politischen Bewegungen und im Kampf gegen die Sklaverei ist untrennbar verknüpft mit ihren theoretischen und praktischen Bemühungen für das Frauenwahlrecht. Kurz nach ihrer Hochzeit reiste Cady Stanton mit ihrem Mann nach London zum *World Anti-Slavery Congress*. Dort traf die junge Frau Lucretia Mott, eine Quäker Lehrerin, die in vielen der *Temperance-*, *Anti-Slavery-* und Frauenrechtsorganisationen engagiert war, mit denen Stanton assoziiert ist. Als beiden Frauen aufgrund ihres Geschlechts die Teilnahme am Kongress verweigert wurde, diskutierten Mott und Stanton die Notwendigkeit eines Kongresses für Frauenrechte (siehe unten).

Der zweite Faktor für Cady Stantons Entwicklung ist ihre religiöse Verwurzelung in einer ursprünglich schottischen presbyterianischen Familie. Obwohl sich Elizabeth mehr und mehr von der institutionalisierten Religion distanzierte, behielt sie zeitlebens einige der presbyterianischen Werte bei. Dies wird deutlich in ihrer Einstellung zu Gerechtigkeit und Gleichheit und in ihrem Bezug zur Reformation durch Versuche, Frauen zu überzeugen, Bibelinterpretationen selbst zu beherrschen. Indem Cady Stanton Frauen hermeneutische Autorität zugestand, unterstützte sie eine zivilrechtliche und rationale Version der Priesterschaft aller Gläubigen. Dass

---

4 Stanton (1893), 31 f.48.
5 Anlässlich eines Besuchs bei ihrem Vetter Ger-

rit Smith war sie bereits als junge Frau in Kontakt mit dem *Abolition Movement* gekommen.

Cady Stanton Parallelen zwischen sich und großen Reformatoren wie Luther, Calvin und Knox zog, sieht man daran, dass sie auf ihrem Recht bestand für sich selber zu denken: »Sapere aude!«.[6]

Stanton starb 1902 in New York, achtzehn Jahre bevor das 19. Amendement der Amerikanischen Verfassung den Frauen das Wahlrecht zugestand. Es ist eine große Anerkennung von Cady Stantons Arbeit, dass der Wortlaut des Amendments aus ihren Schriften übernommen wurde.

3   Elizabeth Cady Stanton und die Suffragetten-Bewegung

Die Kombination von Vernunft, Rechtsdenken und reformatorischen Ideen ist der Schlüssel zu Stantons Werk. Ein Zeichen hierfür ist Cady Stantons Hauptrolle in der Organisation des ersten Frauenrechtskongresses in Seneca Falls, New York, im Jahr 1848. Für die nächsten fünfzig Jahre war Elizabeth Cady Stanton eine der großen Führungsfiguren der Frauenrechtsbewegung. Obwohl sie in der öffentlichen Erinnerung hinter ihrer langjährigen Kollegin Susan B. Anthony zurücksteht, war Cady Stanton für viele Jahre Architektin und Autorin der wichtigsten Strategien und Dokumente der Bewegung. Sie schrieb: »To me, there was no question so important as the emancipation of women from the dogmas of the past, political, religious, and social. It struck me as very remarkable that abolitionists, who felt so keenly the wrongs of the slave, should be so oblivious to the equal wrongs of their own mothers, wives, and sisters, when, according to the common law, both classes occupied a similar legal status«.[7]

1869 gründeten Stanton und Anthony die *National American Suffrage Association* (NWSA), die Amerikanische Suffragetten-Bewegung, mit dem erklärten Ziel das Wahlrecht für Frauen zu erreichen. Hierbei darf nicht vergessen werden, dass für Elizabeth Cady Stanton der Kampf um das Wahlrecht nur ein Mittel zum Zweck war, nur ein Schritt auf dem Weg eines allumfassenden Programms mit dem Ziel alle Aspekte des Lebens der Frauen zu reformieren. Ihre Analyse der Diskriminierung der Frauen unterliegt einem brillanten politischen Programm, das die vier Bereiche Familie, Gesellschaft, Politik und Religion einschließt. Das folgende Zitat verdeutlicht diese These. Cady Stantons Ziel in der Gründung der NWSA war es »to seek equality everywhere, to include every woman, to discuss every invidious distinction of sex, on the basis of every basic principle of government and human rights«.[8]

Fast dreißig Jahre nach dem Seneca Falls Kongress, war Stanton Mitautorin der *Declaration of Rights of Women* der Vereinigten Staaten, welche Anthony 1876 uneingeladen bei der Hundertjahrfeier in Washington vorstellte. Leider trennte sich Stanton, besonders am Ende ihrer Karriere, immer mehr von der Hauptrichtung

---

6 Pellauer (1991), 110.
7 Pellauer (1991), 149 beschreibt, dass Stanton ihren Einsatz für Frauenrechte begründet, indem sie das Schicksal der Frauen in Analogie zu den

Bedingungen, unter denen die Sklaven litten, darstellt.
8 Pellauer (1991), 22.

der Bewegung. Der Grund für ihre Entfremdung von der Gesellschaft, die sie gegründet hatte, war ihr Engagement beim Verfassen der Frauenbibel.[9] Diesem Projekt wenden wir uns jetzt zu.

4 Die Frauenbibel und darüber hinaus

Es ist unmöglich, Elizabeth Cady Stantons politische Einstellung von ihrer religiösen zu trennen. Ebenso wenig kann ihr Frauenbibelprojekt verstanden werden ohne den Rahmen ihres Engagements in der Politik und ihres Einsatzes zur Abschaffung der Sklaverei. Noch bevor die Abschaffung der Sklaverei erreicht war, wandte sich Elizabeth einer anderen Ungerechtigkeit zu, der Diskriminierung der Frauen in der Gesellschaft. Elizabeth Cady Stantons Bibelprojekt ist ein Teil ihrer umfassenden sozialen, politischen und religiösen Analyse der Unterdrückung der Frau. Sie hielt das Frauenwahlrecht für sinnlos, solange die Kirche das Leben der Frauen und ihre Sexualität kontrollierte. Cady Stanton sah den Grund aller »Erniedrigung der Frauen« in der Art, wie die Bibel vom Christentum genutzt wurde, interpretiert von Männern, um Frauen zu diskriminieren.[10] In den 1880igern und 1890igern verschärften sich Stantons Gedanken in einer verheerenden Kritik am Christentum:

> *Whereas*, The dogmas incorporated in the religious creeds derived from Judaism, teaching that woman was an afterthought in creation, her sex a misfortune, marriage a condition of subordination, and maternity a curse, are contrary to the law of God as revealed in nature and the precepts of Christ; and,
> *Whereas*, These dogmas are an insidious poison, sapping the vitality of our civilization, blighting woman and palsying humanity; therefore,
> *Resolved*, That we call upon the Christian ministry, as leaders of thought, to teach and enforce the fundamental idea of creation that man was made in the image of God, male and female, and given equal dominion over the earth, but none over each other. And further we invite their cooperation in securing the recognition of the cardinal point of our creed, that in true religion there is neither male nor female, neither bond nor free, but all are one.[11]

Einige dieser Punkte sind besonders hervorzuheben: Erstens macht Cady Stanton einen Unterschied zwischen kosmischen oder natürlichen Gesetzen und solchen, die von Menschen geschaffen wurden. Für sie gibt es ein höheres Gesetz des Universums, geschrieben in den Herzen der Menschen. Dieses ersetzt das Gesetz der Menschen. Im Kern dieses Gesetzes liegt die Grundidee der Gerechtigkeit, der nicht gedient ist, wenn ein Teil der Bevölkerung einem anderen Teil untergeordnet wird. Hiermit verkündet Stanton eine neue Schöpfungstheologie und stützt diese mit ih-

---

9 Beim Zusammenschluss der *National Woman's Association* mit der religiös konservativen *American Woman Suffragette Association* 1890 wurde Stantons Frauenbibel abgelehnt.
10 Ihre Analyse trifft nicht nur auf den christli-

chen Glauben, sondern auch auf andere Religionen zu.
11 Zitiert in Pellauer (1991), 43. Siehe auch Stantons Kommentar zu Genesis 1,26–28 (1993), 20.

rer Interpretation des Anfangs der Genesis. Sie verewigt das Prinzip der Gleichheit der Geschlechter und verwurzelt dieses in der Schöpfungsordnung.[12] Eine Konsequenz dieser neuen Ordnung ist die Neubewertung der Erbsünde. Dieses Konzept wird von Cady Stanton als Grundlage für die Diskriminierung der Frauen identifiziert. Von einem hermeneutischen Standpunkt aus kontextualisiert und dekonstruiert sie den biblischen Text nach der Methode des *Higher Criticism*.[13] Zweitens glaubt Cady Stanton an Verstand und Naturwissenschaft, ausgedrückt durch ihren Glauben an den Darwinismus und damit an den Fortschritt. Wahre Religion befreit gemäss Stanton die Frauen und ermöglicht ihnen den Fortschritt vom Zustand der Unterordnung zu einem der Gleichberechtigung. Bildung und Selbstverbesserung sind Werkzeuge, die den Frauen auf diesem Weg helfen. Drittens vertritt Cady Stanton eine neue Antwort in der schwierigen Frage nach der Autorität. Das folgende Zitat illustriert die Wichtigkeit dieser Frage für sie: »When women understand that governments and religions are human inventions; that bibles, prayer-books, catechisms, and encyclical letters are all emanations from the brains of man, they will no longer be oppressed by the injunctions that come to them with the divine authority of ›Thus sayeth the Lord‹«.[14] Die Autorität wird hier vom Übernatürlichen zum Menschlichen verschoben. Die Konsequenzen sind weitreichend: Die Bibel ist nicht mehr Wort Gottes, sondern ein Wort von Menschen. Damit werden Frauen zu legitimen Auslegerinnen dieses Wortes. Sie können für sich selber denken. Ebenso verlieren sogenannte christlich moralische Werte wie Gehorsam und Opferbereitschaft, die traditionell aufgrund biblischer Lehre den Frauen zugeschrieben werden, ihre Legitimität.

Elizabeth Cady Stanton schrieb selbst den Hauptteil der zwei Bände umfassenden Frauenbibel. Es ist eine bedauerliche Tatsache, dass das Projekt, obwohl es ursprünglich eine internationale Kooperation zwischen gelehrten Frauen und Praktikantinnen des *Higher Critisism* sein sollte, viele zeitgenössische Frauen entfremdete. Obwohl die *Woman's Bibel* zu Beginn mit gemischten Kritiken aufgenommen wurde, wurde sie später jedoch zu einer Pionierarbeit im Feld feministisch-theologischer Hermeneutik.[15] Die heutige hermeneutische Dialektik, die die meisten feministischen Kommentatorinnen der Bibel benutzen, konzentriert sich auf zwei Richtungen. Entweder wird die Bibel als ein hoffnungslos in veralteten Traditionen verwurzelter, patriarchaler Text, dessen Bedeutung heute fraglich ist, betrachtet. Oder sie wird als befreiende Schrift, die Frauen in ihrem Kampf für die Anerkennung ihrer vollen Menschlichkeit inspiriert, ausgelegt. Man kann sagen, dass Eliza-

---

12 Sie beginnt ihren Kommentar mit folgenden Worten: »Here is the sacred historian's first account of the advent of woman; a simultaneous creation of both sexes, in the image of God. It is evident from the language that there was consultation of the Godhead, and that the masculine and the feminine elements were equally represented« (Stanton 1993, 14).

13 Siehe zum Beispiel ihren Kommentar zu Genesis 1 oder zu Timotheus (Stanton 1993, 14–19.161–168).

14 Pellauer (1991), 113.

15 Schüssler Fiorenza (1994), 5.

beth Cady Stantons Art die Bibel zu lesen eine Grundlage für die feministische Theologie im 20. Jahrhundert war.[16]

5 Beurteilung und Ergebnis

Jegliche Beurteilung des Werkes von Elizabeth Cady Stanton muß ihren sozialen und historischen Hintergrund mit in Betracht ziehen. Kritikpunkte an Cady Stantons Arbeit beziehen sich meist auf ihre sogenannte »klassistische« und »rassistische« Einstellung.[17] Stanton war weiß, protestantisch und eine Frau der Mittelschicht ihrer Zeit. Ihre Ideen, so radikal sie auch waren, waren nicht im heutigen Sinne »inklusiv«. Andersfarbige Frauen der Arbeiterklasse und auch Frauen der Mittelschicht mit anderen ethnischen und religiösen Hintergründen waren in Stantons Werken nicht angesprochen.[18] Wie Fitzgerald sagt, war es die größte Stärke von Elizabeth Cady Stanton die Gründe der Unterdrückung der Frauen in ihrer eigenen sozialen Schicht zu analysieren. Ihre größte Schwäche war es anzunehmen »that their condition was equivalent to ›woman's‹ condition – to the needs and hardships of women of all classes, culture, races and ethnicities«.[19] Der zweite Kritikpunkt, den man an Stantons Werk herantagen kann, ergibt sich aus dem ersten. Kritisiert wird Stantons Konzept der Natur des Frauseins. Elizabeth Cady Stanton ist eine »Essentialistin«.[20] Gemäss Elisabeth Schüssler Fiorenza wird in der Frauenbibel der Fokus auf das Thema »Frauen und das Feminine« gelegt. Deswegen kann sie sagen:»Gender feminism was not able to develop a complex analysis of the women's subordination, marginalization and exploitation«.[21] Die Gefahr bestand, dass Elizabeth Cady Stanton und die Frauen, die ihr folgten, die »patriarchale Politik der Unterwerfung und des Andersseins«[22] verinnerlichten und aufgrund dessen die Kategorie »Frauen« problematisierten. Dieser besondere Standpunkt hat dazu geführt, dass Gender-Fragen entweder in Bezug auf Vorherrschaft und Ausschluss oder in Bezug auf Selbstverneinung und Unterordnung unter Andere gesehen wurden.

Trotz solcher Kritikpunkte aus heutiger Sicht kann man nicht abstreiten, dass Elizabeth Cady Stantons Projekt ein wahrhaft radikales war. Wir können heute noch viel von ihr lernen. Ihr politisches Engagement, besonders ihre Bemühungen für die Abschaffung der Sklaverei zeigen Stantons radikale Einstellung. Ihr Weitblick für das, was sie für die grundlegenden Lebensgebiete hielt und ihre echte Verpflichtung zu einer generellen Veränderung nicht nur einer Situation, sondern der ganzen Ge-

---

16 Stanton überragt viele der feministischen Bibelinterpretationen des 20. Jahrhunderts. Tolbert, zitiert von Selvidge, Notorious Voices, schlägt vor, dass es zwei Wege der feministischen Interpretation gibt, solche, die für die weibliche Oberhand plädieren, und jene, die für die Gleichheit aller Menschen sind. Siehe Selvidge (1996), 5.

17 Schüssler Fiorenza (1994), 4.

18 Maureen Fitzgerald in der Einleitung zur *Woman's Bible*, siehe Stanton (1993), xvi.

19 Über Rassismus, Xenophobie und Antisemitismus in Stantons Werk vgl. Schüssler Fiorenza (1994), 13.

20 Schüssler Fiorenza (1994), 13.

21 Schüssler Fiorenza (1994), 11 f.

22 Schüssler Fiorenza (1994), 15.

sellschaft, zeigt die Spannweite ihres visionären Weitblicks. Ihr Grundgedanke, dass Gesellschaft und Religion tief ineinander verwurzelt sind, ist etwas, über das sich auch heute, trotz all der gravierenden Veränderungen seit dem 19. Jahrhundert, nachzudenken lohnt. Bemerkenswert ist in diesem Zusammenhang besonders Cady Stantons Bereitschaft, das Problem der fehlenden Gleichberechtigung mit allen seinen komplexen sozialen Zusammenhängen im Gewebe der Gesellschaft an den Wurzeln anzugehen. Cady Stanton hatte eine umfassende Vision der Welt, der wir nacheifern sollten. Es ist eine Vision, die auf der Suche nach Gerechtigkeit basierte, und zwar nach Gerechtigkeit für alle, die Stanton für unterprivilegiert und vom Gesetz für ungerecht behandelt hielt.[23] Für die Frauen des 21sten Jahrhundert ist vieles verbessert worden. Dennoch bleibt noch viel zu tun. Elizabeth Cady Stantons Vision einer Welt, in der beide Geschlechter gleichberechtigt zu Hause, in der Gesellschaft, in Politik und Religion zusammen leben, ist eine Vision, der wir uns auch heute noch verpflichtet fühlen müssen. Mit diesem Ziel vor Augen müssen wir ihrem Ruf folgen: »Sapere aude«, »denke für dich selbst«. Dieser Ausspruch ist eine scharfe Mahnung, dass wir die Macht besitzen, Veränderungen in Bezug auf viele Ungerechtigkeiten zu erreichen.

Literatur

Zitierte Werke von Elizabeth Cady Stanton

Stanton, Elizabeth Cady (1898), Eighty years and more (1815–1897). Reminiscences of Elizabeth Cady Stanton, New York, European Pub. Co.
– (1977), Elizabeth Cady Stanton: As Revealed in Her Letters, Diary and Reminiscences, hg. von Stanton, Theodore/Blatch, Harriot S., Manchester, Ayer Co. Pub.
– (1993), The Woman's Bible, Vorwort von Maureen Fitzgerald, Boston, Northern University Press. Gordon, Ann D., Hg. (2001), The Selected Papers of Elizabeth Cady Stanton and Susan B. Anthony, Bd. 1: In the School of Anti-Slavery 1840–1866, New Brunswick, Rutgers University Press.
Gordon, Ann D., Hg. (2000), The Selected Papers of Elizabeth Cady Stanton and Susan B. Anthony, Bd. 2: Against an Aristocracy of Sex 1866–1873, New Brunswick, Rutgers University Press.
– Hg. (2003), The Selected Papers of Elizabeth Cady Stanton and Susan B. Anthony, Bd. 3: National Protection for National Citizens 1873–1880, New Brunswick, Rutgers University Press.
Dubois, Ellen Carol, Hg. (1992), The Elizabeth Cady Stanton-Susan B. Anthony Reader: Correspondence, Writings, Speeches, Boston (Mass.), Northeastern University Press.
www.pbs.org/stantonanthony/resources/

---

23 Ein Tagebucheintrag lautet (einzusehen unter: www.infidels.org/library/modern/john_murphy/ stanton.html):
»I live …

For the cause that lacks assistance,
For the wrong that needs resistance,
For the future in the distance
And the good that I can do«.

Weitere Literatur

Bohannon, Lisa Frederiksen (2000), Women's Rights and Nothing Less: The Story of Elizabeth Cady Stanton, Greensboro, Morgan Reynolds Publishing.

Gifford, Carolyn De Swate (1994), Politicizing the Sacred Texts: Elizabeth Cady Stanton and the Woman's Bible, in: Schüssler Fiorenza, Elisabeth (Hg.), Searching the Scriptures, Bd. 1: A Feminist Introduction, New York, Crossroad, 52–63.

Griffith, Elisabeth (1984), In Her Own Right: The Life of Elizabeth Cady Stanton, New York, Oxford University Press.

Kern, Kathi (2001), Mrs Stanton's Bible, Ithaca, Cornell University Press.

Newson, Carol A./Ringe, Sharon H. (1992), The Women's Bible Commentary, Louisville, Westminster/John Knox.

Pellauer, Mary D. (1991), Toward a Tradition of Feminist Theology. The Religious Social Thought of Elizabeth Cady Stanton, Susan B. Anthony, and Anna Howard Shaw, Brooklyn, Carlson Publishing.

Schüssler Fiorenza, Elisabeth (1994), Transforming the Legacy of the Woman's Bible, in: Dies., Searching the Scriptures, Bd. 1: A Feminist Introduction, New York, Crossroad, 1–24.

Selvidge, Marla J. (1996), Notorious Voices: Feminist Biblical Interpretation, 1500–1920, New York, Continuum.

Sigerman, Harriet (2001), Elizabeth Cady Stanton: The Right Is Ours, Oxford, Oxford University Press.

www.infidels.org/library/modern/john_murphy/stanton.html

Jane Ellen Harrison (1850–1928)
Gewendeter Kolonialdiskurs, Ritualtheorie, Suffrage

Ulrike Brunotte

1 Einleitung

Im Anschluss an Ursula Kings (1995) Arbeiten zu den Pionierinnen der Religionswissenschaft möchte ich eine frühe Religionsforscherin vorstellen, die die Rolle von
Geschlecht im Wissenschaftsbetrieb und in der Religionsanalyse sowohl repräsentiert
als auch thematisiert hat: Es handelt sich um die 1850 geborene Gräzistin und Ar-
chäologin Jane E. Harrison, die besonders im Umkreis von Cambridge (UK) arbeitete, jedoch weit darüber hinaus wirksam war. An diesem exponierten Beispiel können zudem Spuren einer komplexen Wechselwirkung zwischen den realen und imaginären Umbrüchen in der sozialen und symbolischen Geschlechterordnung um
1900 (Suffrage) und denen in der Religionsforschung rekonstruiert werden. Wie genau waren die mit Harrisons Eintritt in das konservative Wissenschaftsmilieu Cam-
bridges verbundenen Konflikte und Debatten um ihr *female scholarship* (Arlen
1996) mit der von ihr selbstreflexiv verwendeten Frage nach Geschlecht und Religion verbunden? Hat die kritische Problematisierung der geschlechtlichen Codierung
religiöser Figuren und Systeme bei Harrison als Auslöser gewirkt für dynamische
Neuschöpfungen in den Methoden des Forschens, ja nicht zuletzt in ihrer Konzeptualisierung von Wissen selbst? In welchem Spannungsfeld dazu steht insbesondere
Harrisons innovative methodische Wende von »Text« und »Schrift« zu »Bild« und
»Ritual«?

2 Gewendeter Kolonialdiskurs, Ritual und Gender-Wissen

Seit 1874 war die damals 24-jährige Jane Harrison als eine der ersten Frauen Studentin am neu gegründeten Frauencollege, dem *Newnham College* in Cambridge.
Von 1879 bis 1897 lebte sie als *New Woman*, d. h. als auch (ökonomisch) selbststän-
dige Frau in London und studierte und lehrte klassische Archäologie am British
Museum. Ihre sehr eigenwilligen und methodisch innovativen *lectures* über griechische Kunst und Archäologie machten sie so bekannt, dass sie bald über London
hinaus ausgedehnt werden konnten (Beard 2000, 54). Schon damals entwickelte
Harrison ihre Leidenschaft für die Bildkulturen der Antike und begann auf Reisen

durch die Museen Europas und in die Mittelmeerländer an den archäologischen Entdeckungen ihrer Zeit hautnah zu partizipieren. Von 1898 bis zu ihrer Pensionierung arbeitete Harrison dann wieder am *Newnham College*, nun als Research Fellow und als Dozentin. Harrison war, so Robert Ackermann »the first female British classical scholar to achieve international recognition« (Ackermann 1990, 3). Zusammen mit ihren Kollegen Gilbert Murray und Francis Macdonald Cornford bildete sie den Kreis der so genannten Cambridge Ritualists, zu dem später auch Arthur Bernhard Cook zählte. Angeregt durch die Studien von Edward Burnett Tylor, später William Robertson Smith und James George Frazer, integrierten sie ethnologisches Material in die Analyse griechischer Mythen und beriefen sich auf die evolutionistische Vergleichsmethode der *British Anthropology*. Diese war allerdings insbesondere in Frazers Werk kolonialistisch im Weltbild des British Empire verankert (Chidester 1996). Harrison wandte sich kritisch gegen den kolonialen Habitus und evolutionistischen Rationalismus von Tylor und Frazer und konzentrierte sich auf die unbewussten Dimensionen und die marginalisierten Traditionen religiösen Ausdrucksverhaltens. Ihr Ansatz provozierte zuweilen polemische Kritik von Seiten der etablierten Gräzistik und Archäologie in Cambridge, allen voran von William Ridgeway. Weit weniger umstritten war Harrison's intensive Beschäftigung mit den Ausgrabungen von Schliemann, Dörpfeld, Curtius und Evans in Troja, auf dem Peloponnes und auf Kreta. Die Forscherin war eine Pionierin der Sichtweise, die in den archäologischen Funden – Bildwerke und Vasen – nicht allein wichtige Illustrationen von Mythen und Epik sahen, sondern »eigene ›Kommentare‹ oder ›Varianten‹ von Mythen« (Schlesier 1994, 155) erkannte. Beide methodischen Besonderheiten, die Integration ethnologischen Vergleichsmaterials und die Konzentration auf die bildlichen Zeugnisse sind eng mit ihrem feministischen Blick auf die griechische Kultur verbunden und führten zu Harrisons *Ritualismus*.

Abb. 1: Jane Ellen Harrison, Porträt von Augustus John aus dem Jahr 1909 (aus Mirsky 1930). Heute hängt das Bild im Newnham College in Cambridge (Bildabdruck mit freundlicher Genehmigung des Newnham College, Cambridge).

Wie Frazer war sie davon überzeugt, dass es eine Schicht von Wildheit gebe, die (auch) unter der Zivilisation Europas liegt. Im Laufe ihrer Forschungen änderte sich freilich ihr Verhältnis zu dieser »Schicht« und ihren subalternen Repräsentanten in Übersee und in Europa grundlegend. Damit vollzog sie in ihrem Werk zugleich eine kritische Wende des in der vergleichenden Religionsforschung zuweilen einflussreichen kolonialen Machtdiskurses (Chidester 1996) in Richtung eines selbstkritischen Eurozentrismus (Torgovnick 1996). Auf ihre romantisch-enthusiastische Art versuchte die Forscherin den marginalisierten Narrationen, Figuren und Kollektiven in der antik-griechischen Religionsgeschichte eine Stimme zu verleihen. Mit Hilfe ihres antiklassizistischen Ansatzes, der das aufklärerische Bild der heroischen Antike ebenso hinter sich ließ wie die individualisierten Gestalten der olympischen Götter, konstruierte sie eine »Urreligion« des Kollektivs. Ausgehend von der Archäologie, besonders den Entdeckungen, die Sir Arthur Evans (Schlesier 1994, 179) auf Kreta über die minoischen Frühkultur Griechenlands machte, begann Harrison das bisher vorwiegend auf Texte ausgerichtete wissenschaftliche Studium der Antike zu revolutionieren (Schlesier 1994). Nachdem sie 1888 von ihrer ersten Griechenlandreise heimkehrte, entwickelte sie eine Ritual- und Mythostheorie, die »die Religionswissenschaft über Jahrzehnte inspirieren sollte« (Kippenberg 1997, 154). In *Mythology and Monuments of Ancient Athens* schreibt Harrison 1890: »My believe is that many, even in the large majority of cases, ritual practice misunderstood explains the elaboration of myth (…) Some of the loviest stories the Greeks have left us will be seen to have taken their rise, not in poetic imagination, but in primitive, often savage, and I think, always practical ritual« (Harrison 1890, iii).

Mehr noch als im Werk Sigmund Freuds fungiert die Archäologie, das Aufdecken und ans Licht bringen tieferer Schichten einer Zivilisation bei Harrison zugleich als ganz praktischer Aufklärungsprozess und als Metapher der eigenen Arbeit. Sie konzentrierte sich freilich nicht allein auf Geisterglaube, Zwischenwesen und Dämonen, sondern zugleich auf volkskulturelle Praktiken sowie Alltagskulte. Nicht allein die Aristokratie und der olympische Götterkult wurden von Harrison untersucht, sondern »the material activity of the ancient masses« (Comentale 2001, 479). Lange bevor dies in den Gender-Studies etabliert wurde, verknüpft sie dabei feministische Fragen mit solchen nach »*class*« und »*race*«. Denn für Harrison ist es die Gruppe der lokalen Ritualakteure, die während der kollektiven Selbsterfahrung ihres Tanzes in Visionen die sakralen Figuren zu aller erst »erschaffen« – als Ausdrucksmedien ihrer Affekte und ihrer Beziehungen selbst (*Themis*, 1912). Die Religionstheoretikerin konstituierte damit zugleich eine subjekt- und rationalitätskritische Sphäre, in der zuallererst *community* im emphatischen Sinne entstehe. Dabei geht sie vom bedürftigen und begehrenden Körper als hybrides Grenzobjekt und Akteur der Vermittlung subjektiver und objektiver Willensbildung aus. Ihr Werk, so kommentiert Richard Comentale »redefines the public sphere by emphasizing the desiring body and its ability to enact law« (Comentale 2001, 479). In dem von Begierde und Bedürfnis dynamisierten, aber gleichwohl spielerischen, kommunikativen Prozess symbolischen Handelns haben nach Harrison nicht allein alle Götterimagines und

Götternamen ihren Ursprung, sondern auch die »höhere« Wertordnung der Gesellschaft. »All religious representations arise from collective action and emotion«
(Harrison 1927, XV), heißt es programmatisch noch in der Einleitung zur zweiten
Auflage ihres zweiten Hauptwerkes *Themis. Über den sozialen Ursprung der griechischen Religion* von 1927.

Die Altertumsforscherin entwickelte bereits in ihrem ersten Hauptwerk *Prolegomena of the Study of Greek Religion* (1903) die Überzeugung, dass die bisher
einzig als edle Literatur philologisch rezipierten griechischen Mythen nur die Oberfläche einer komplexen Substruktion aus chthonischen Ritualen und Kulten seien.

Aber nicht allein aufgrund ihres interdisziplinären Ansatzes, der modernste anthropologische, soziologische, philosophische und nicht zuletzt psychoanalytische
Anregungen ebenso aufnahm wie solche aus moderner Kunst und Literatur, wurde
sie kritisiert, sondern wegen der: »›female‹ qualities of her scholarship« (Arlen 1996,
165). Die Hauptangriffspunkte der Harrison lebenslang begleitenden akademischen
Polemik hießen: »illogic, emotion, subjectivity« (Arlen 1996, 166). Die emotionale
Neugier der Forscherin sowie ihre feministischen Fragen an die griechische Kultur
ließen sie ständig mit dem herrschenden wissenschaftlichen Prinzip »interesseloser
Objektivität« kollidieren. Ihre öffentliche Reaktion auf diese Kritik – Harrison
schrieb damals an einer eigenen Wissenstheorie: »Knowledge is never, or very rarely,
divorced from emotion and action« (Harrison 1915, 125) enthielt freilich zugleich
eine hochmoderne Tendenz, denn »Harrison prefigured the current feminist critique of masculinist objectivity (…)« (Arlen 1996, 172).

In einem vielbeachteten Vortrag mit dem Titel: *Woman and Knowledge* (Harrison
1915), den sie 1911 vor der *London Sociological Society* und später vor der *National
Union of Suffrage Societies* hielt, fragt sie, warum das Streben nach Wissen als »unweiblich« gelte und antwortet, dass eine der größten wissenschaftlichen Forschungs-
lücken ihrer Zeit darin bestehe, nicht zu wissen, wozu Frauen wirklich befähigt sind.
Kämpferisch fährt sie fort: »We must free women before we know what they are fit
for intellectually and morally. We must experiment (…)« (Harrison 1915, 139). Sie
selbst, die sich ironisch oft als wissenschaftliche Häretikerin bezeichnete, hat durchaus experimentiert.

In den *Prolegomena* von 1903 untersucht Harrison mithilfe ihrer neuen, von Karl
Otfried Müller inspirierten historisch-kritischen Methode, lokale griechische Kult-
praktiken. Nach Ackermann verkörpert Harrisons wissenschaftlicher Ansatz für die
konservative Mehrheit der Gräzisten in Cambridge »everything that was wrong with
modern life« (Ackermann 1990, 90) und klassischer Wissenschaft, so den Kampf
um die Zulassung von Frauen zum höheren Studium, den Vergleich der antiken
Griechen mit den »Primitiven« der Kolonien, die Annahme nicht-rationaler Sub-
strukturen von Kultur, Vernunft wie Wissenschaft und nicht zuletzt die wissenschaftliche Thematisierung von Geschlechterfragen. Nun war Harrison keine kämpferische Feministin, wenn sie sich auch für die Integration von Frauen in die Universität und das Frauenwahlrecht engagierte. Dennoch, bereits in den *Prolegomena*
erkennt sie in den Mysterienreligionen um Dionysos, Orpheus und Demeter »ver-

drängte« Schichten vermeintlich »matriarchaler« minoisch-mykenischer Kulte, in denen neben der Dyas von Mutter und Tochter die von Mutter und Sohn stehe. Dennoch ging es Harrison nicht allein um die Wiederentdeckung älterer Formen und *survivals* (Tylor), sondern um solche Relikte von Mythen und Kulten, die von der »olympischen Hegemonie« verdrängt wurden und auf ihre eigene Weise – zum Beispiel in den Mysterienkulten um Dionysos und Demeter – bereits in der Antike transformiert »wiederkehrten«. Dabei rekonstruiert Harrison die Struktur der sozialen Beziehungen, welche jeweils religiös überformt werden. In ihrem zweiten Hauptwerk mit dem Titel *Themis. The Social Origins of Greek Religion* von 1912, schreibt sie:»The social structure represented by the Olympians is the same as that of the modern family; it is patrilinear. The figur of Dionysos, his thiasos, and his relation to his mother and the Maenads, is only to be understood by reference to an earlier social structure, that is known as matrilinear« (Harrison 1927, xxi f). Wie hier deutlich wird, hat Harrison schnell den problematischen Begriff des »Matriarchats« durch den ethnologisch treffenderen der »Matrilinearität« ersetzt.

Entscheidend für Harrisons Zugang zur griechischen Religion sind vor allem vier Positionen, wobei jede für sich zu den avanciertesten Ansätzen religionswissenschaftlicher Forschung zähl(t)en:

a) Die Gleichberechtigung archäologischer Funde – d. h. der visuellen Kulturen, Bildwerke, Vasen, Architektur – mit Texten bei der Erschließung der antiken Religionskultur.

b) Die Integration des begehrenden und bedürftigen Körpers als soziales Medium und Akteur im öffentlichen Raum und die Thematisierung von Geschlecht als Kategorie der Analyse.

c) Die Konzentration auf soziales und rituelles Handeln der lokalen Kultgemeinschaften als performative kollektive Praxis.

d) Der direkte Vergleich griechischer Rituale mit Ritualen indigener Bevölkerungen sowie die Thematisierung von kolonialen Eroberungskämpfen im antiken Griechenland.

Diese methodologischen Neuerungen, die Frage von »*race*« und »*class*« in die Thematisierung von Geschlecht als Kategorie von Wissen und Religion in Harrisons Werk integrieren, stehen nicht in einem arbiträren, sondern in einem notwendigen Zusammenhang.

3   Initiationskomplex und visual culture

Insbesondere in *Themis* (1912) konzentriert sich die Forscherin – nun stark inspiriert sowohl durch Emile Durkheim wie durch Arnold van Gennep – auf das Ensemble von Ritualen, welches die Integration des Individuums in die Gemeinschaft formt und dramatisiert: das Initiationsensemble (Burkert 1979; Versnel 1993). Als Kind ihrer Zeit war Harrison auf der Suche nach den Ursprüngen von Religion und Gesellschaft. Ihr allerdings ging es im Gegensatz zu Robertson Smith und Emile

Durkheim vor allem um den Ursprung als Modell einer materiellen, vorpatriarchalen und kommunalen Religion, die sie als egalitär, matrilinear und affektzentriert imaginiert: »She asks us to look beyond the omnipotent godhead to an originally human force, beneath Olympian abstraction to a primal, chthonic practice. Specifically, she locates an alternative model of social order and change within ritual practice (…)« (Comentale 2001, 480). Walter Burkert, Robert Ackermann, Henrik Versnel und Renate Schlesier sind sich darin einig, dass Harrisons wichtigster eigenständiger Beitrag zur Erforschung griechischer Religion in ihrer Konzentration auf den Initiationskomplex und in ihrem ritualistischen Zugang zu den dionysischen Mysterienkulten liege. Die hinter den individuellen olympischen Gottheiten, hinter Homer, Hesiod und Platon neu entdeckte minoisch-mykenische Kultur von Mutter und Sohn bzw. Mutter und Tochter stellte sich für Harrison zugleich als griechische Variation der Urreligion dar, die als »living material« ihrer eigenen Zeit wirksam werden konnte. Dabei ging es in ihrer Religionstheorie nicht um einen substantiellen Urzustand oder um die Beschwörung des »großen Weiblichen«, sondern um ein Modell symbolischen Handelns: eine performative Aktivität der Gruppe.

Neben Emile Durkheim war es sicherlich Friedrich Nietzsches Tragödienschrift, die Harrison anregte, sich den Prozess der Verwandlung und die Emanation der Götterimagines aus dem Gruppengeschehen vorstellen zu können. Auch faszinierte sie an Nietzsche der konsequent von der Moderne und ihren Fragen ausgehende Blick auf die antike Überlieferung, deren Analyse der Philosoph aus dem antiquarischen Korsett des Klassizismus befreit hatte.

Das religiöse Ritual ist nach Harrison kollektives Medium der Erinnerung und zugleich Medium der Wünsche. Die Bedeutung eines Rituals sei es zwar auch eine Handlung zu repräsentieren, besonders allerdings, und darauf kommt es an, etwas Ersehntes zu antizipieren: »to pre-done, to pre-present« (Harrison 1927, 44 f.). Im rituellen Geschehen, das nach Harrison, als liminaler Raum zwischen Begierde und Erfüllung vermittelt, werde eine Zone der Distanz geschaffen, die zugleich als bild- und kulturschaffender Raum fungiert. Ähnlich wie später Aby Warburg in seiner anthropologischen Bildanalyse, besonders aber in seiner Theorie des rituellen »Denkraums« (Warburg 1923, 58), formuliert Harrison ihr Konzept einer Kulturtheorie: »It is out of the delay, just the space between the impulse and the reaction, that all our mental life, out images, ideas (…) most of all our religion, arise« (Harrison 1927, 44).

Immer, auch bei der Deutung von Ritualen, das betont Mary Beard, blieb Harrison vor allem eine Historikerin des Visuellen und der Kunst (Beard 2000, 54; Robinson 2002, 60). Dabei erweiterte sie nicht allein den Bildbegriff, der bisher auf individuellen Kunstwerke und Künstler fixiert war, sondern gab dem Visuellen eine Autonomie als Träger kulturellen Wünschens und Wissens. Vasenbilder waren für sie nicht länger nur ästhetische Meisterwerke, die in Museen gesammelt wurden, sondern eigenständige Quellen zur Erforschung der Rituale und Mythen. Sie galten ihr nicht bloß als Illustration von Literatur, sondern als autonome Archive der Erinnerung. Einer Erinnerung freilich, die weniger über das Denken, den geordneten *logos* und die Schrift verlief, als über kollektive Handlungen, Gefühle, Visionen, alltägliche kultische Gesänge und Gebärden. Oft genug entdeckte Harrison auf Vasen, so Renate Schlesier (1994, 155), rituelle Szenen oder Variationen von Mythen. Dabei verbanden sich der von Harrison vorgenommene Medienwechsel von Text und Schrift zu Bild, Körper und Ritual mit der feministischen Integration von Geschlechterfragen in ihre religionswissenschaftliche Forschung. Das auch insofern, als die verdrängten Dimensionen einer matrilinear konnotierten Religiosität sich gerade in bisher wenig beachteten oder (noch) unbekannten visuellen und rituellen Zeugnissen finden ließen. Einerseits übersetzte Harrison im hermeneutischen Prozess zwar den Bildinhalt wieder in Worte, also in Text, andererseits hielt sie mit ihrer enthusiastischen und zuweilen auch beschwörerischen Feier des »lebendigen Rituals« und des »tanzenden Körpers« der *Maenade* an der genuinen Aussagepotenz dieser Medien fest

4   Suffrage: feministische Aneignungen der Antike

Die Religionsforscherin Harrison wirkte als *New Woman* und Wissenschaftlerin über die Grenzen der Universität hinaus. In reflexiver Verknüpfung von *ancient ritual* und moderner Praxis entwarf sie – mehr implizit als explizit – ein Modell sozialer Veränderung. Denn, wie Harrison auch an der Analyse früher Frauenrituale wie der *Thesmophorien* zeigte, ist die Politik ritueller Praxis das soziale Kraftfeld, in dem Wünsche symbolisiert werden und Macht entsteht. Indem ihr Werk eine frühe soziale Struktur freilegt, die durch »weibliche Praxis« geformt wird, sie diese dann als rituelle Performanz von Wünschen deutet, entsteht ein Bezug zu einer möglichen Wiederkehr solcher Praxis (Comentale 2001, 483). In einem Essay mit dem Titel *Homo Sum*, der den Untertitel trägt *Being a letter to an Anti-Suffragist from an Anthropologist* (Harrison 1915) argumentiert Harrison, dass der Gedanke eines rituellen *revivals* in ihrer Zeit für sie mit dem auch in symbolischen Akten geführten Kampf um Suffrage zusammenhängt. Sie sei eigentlich keine politische Person gewesen, aber ihre Studien primitiver und antiker Rituale hätten sie zu den Suffragetten geführt. Gerade die symbolischen Aktionen und oft antikisierenden Maskeraden der Suffragetten, hätten sie, mitten aus ihren Ritualstudien heraus zu der Überzeugung gebracht, dass sie eine »Suffragistin« sein müsste. Für Harrison ging es bei der Suffrage vor allem um »a ritualized effort to rewrite the terms of cultural power. She confirms that militant activity is based on the same unity of knowing, feeling, and acting that marked ancient ritual« (Comentale 2001, 483). Das Streben der Suffragetten basiere, so die Forscherin, auf »an awakening of desire to know« which is also »the wakening of the intention to act, to act more efficiently and to shape the world completely to our will« (Harrison 1915, 26).

5   Harrisons Wirkung in Religionswissenschaft, Kunst und Literatur

In ihrer Londoner Zeit trat Harrison zudem in Kontakt mit Kreisen der literarisch-künstlerischen Avantgarde. So wirkte die Forscherin mit an dem modernen Aufbruch aus der viktorianischen Kultur, der um 1900 besonders von Künstler- und Frauenkreisen Londons ausging. Für Virgina Woolf, die Harrison eine berühmte Passage in *A room of one's own* widmete, war die streitbare Forscherin ein Vorbild.

Harrisons Ruhm wirkte weit über die Mauern von Cambridge und Newnham hinaus. Bevor sie dort ihr lebenslanges Fellowship antrat, verdiente sie sich ihren Lebensunterhalt mit öffentlichen *lectures*. Von 1879 bis 1898 lehrte sie griechische Kunst und Archäologie, zuerst im British Museum, unterstützt durch den Direktor Charles T. Newton selbst, dann, mit wachsender Nachfrage, in verschiedenen Museen, Frauen-Bildungsstätten und Salons Londons und schließlich im ganzen Land (Beard 2000, 54). Zugleich trat sie mit ihrer Vorliebe für sensuelle Inszenierungen mit einer zweiten Bewegung in den avantgardistischen Künsten ihrer Zeit in Kontakt: dem »Neuen« oder »Freien Tanz«. Vor allem ließ sich Isadora Duncan, die damals in London auftrat, von den Werken Harrisons bei ihren Choreographien anregen (vgl. Mirrlees 1930–1940, 120). Duncan versuchte auf ihre körperlich-emotionale Art, sich die Antike über mimetische Akte, vornehmlich über das Studium von Vasenbildern anzueignen. Dabei folgte die Tänzerin einer von Rousseau, Nietzsche und Whitman angeregten lebensphilosophischen Kunsttheorie, die den Akzent »auf die Dynamik des Ausdruckspotentials in den Darstellungen der Plastik und der Malerei legte« (Brandstetter 1995, 28). Wie Harrison ließ auch Duncan das androzentrische Winckelmannsche Ideal des Apollinischen – und mit ihm die Vorstellung der in sich ruhenden Skulptur voll »Edler Einfalt und stiller Größe« – hinter sich. Harrisons Werk dient darüber hinaus neureligiösen, insbesondere von Frauen getragenen Bewegungen wie der *Goddess*-Bewegung (Torgovnik 1996, 137 ff; Hutton 1999, 124 f) als Stichwortgeber.

Obwohl Harrison in ihrer Zeit zwar umstritten, aber als Religionsforscherin auch international bekannt war, erfuhren ihre innovativen methodischen Ansätze bis in die sechziger Jahre des zwanzigsten Jahrhunderts wenig explizite Resonanz. Das mag auch daran gelegen haben, dass nicht alle ihre »Entdeckungen« durch (damals) wissenschaftlich gesicherte Belege beweisbar waren und einige gewagte Synthesen eher durch emotionale Beschwörung, denn philologische Begründung Bedeutung erhielten. Erst seit etwa 1960 wurde beispielsweise der *Initiationskomplex*, so Henrik Versnel, zu einem »new research paradigm also in the anthropological study of Greek religion« (Versnel 1993, 43). In einem Brief an Jessie Stewart aus dem Jahr 1953 versucht Gilbert Murray das schnelle »Vergessen« von Jane Harrison so zu erklären: »(…) she suffers the fate of the pioneer. She makes exciting discoveries, sees them little out of proportion and has to be corrected, so that her discoveries are quietly embodied in some rather dull and correct handbook, and that is the end« (Murray 1953, Harrison-Archiv, Box 17). Henri Jeanmaires Buch *Couroi et Courètes* (Jeanmaire 1939) war die erste Studie zu griechischen Mythen und Ritualen, die direkt an Harrisons Initiationsansatz anknüpft, Eric Robertson Dodds *The Greeks and the Irrational* von 1949 nimmt Harrisons Deutung der dionysischen Ekstase und des »maenadism« auf, ohne freilich ihren Namen zu nennen. Entscheidend für die Weiterführung ihres Werkes im romanischen Raum war die Arbeit von Angelo Brelich *Paides e Parthenoi I* (Brelich 1969). Wichtige Anregungen für die Wiederentdeckung von Harrison lieferten neben Calder, Ackermann und Vernant für die deutschsprachige Religionswissenschaft vor allem Walter Burkert und Renate Schlesier. Letzterer war es auch, der den Initiationskomplex neben das Opfertheorem ins Zentrum seiner Deutungen griechischer Mythen und Rituale stellte. Keiner der genannten Forscher würdigt und analysiert allerdings die Rolle der Kategorie Geschlecht in ihrer Relevanz für Harrisons methodologische Neuerungen in Richtung *visual* und *ritual culture*. Das geschieht erst in den letzten zehn Jahren vonseiten ihrer Biographinnen (Arlen 1996; Beard 2000; Robinson 2002), besonders allerdings – neben der Autorin des vorliegenden Kapitels (Brunotte 2004) – durch feministische Literatur- und KulturwissenschaftlerInnen (Torgovnick 1997; Fiske 2003; Comentale 2001), die Harrisons Werk als Vorbild für Virginia Woolf und als »key background force of modern literature« (Phillips 1991, 476) und Kulturtheorie entdecken.

Literatur

Zitierte Werke von Jane E. Harrison

Harrison, Jane Ellen (1890), Mythology & Monuments of Ancient Athens. Being a Translation of a Portion of the »Attica« of Pausanias by Margaret de G. Verrall. With an Introductory Essay and Archaeological Commentary by Jane E. Harrison, London/New York, Macmillan.
– (1903), Prolegomena to the Study of Greek Religion, Cambridge, University Press.
– (1912), Themis: A Study of the Social Origins of Greek Religion, With an Excursus on the Ritual Forms Preserved in Greek Tragedy by Gilbert Murray and a Chapter on the Origin of the Olympic Games by F. M. Cornford, Cambridge, University Press.
– (1915), Homo sum u. a., in: Alpha and Omega, London, Sidwick & Jackson.

Weitere Literatur

Ackermann, Robert (1990), The Myth and Ritual School, J. G. Frazer and the Cambridge Ritualists, New York/London, Garland.
Arlen, Shelley (1996), »For Love of an Idea«: Jane Ellen Harrison, Heretic and Humanist, in: Women's History Review 5,2, 165–190.
Beard, Mary (2000), The Invention of Jane Harrison, Cambrigde (Mass.)/London, Harvard University Press.
Brandstetter, Gabriele (1995), Tanz-Lektüren. Körperbilder und Raumfiguren der Avantgarde, Frankfurt a. M., Suhrkamp.
Bremmer, Jan (2005), Myth and Ritual in Ancient Greece. Observations on a Difficult Relationship, in: von Haehling, Raban, Hg., Griechische Mythologie und frühes Christentum, Darmstadt, Wissenschaftliche Buchgesellschaft, 21–41.

Brelich, Angelo (1969), Paides e Parthenoi, I, Rom, Edizione dell'Ateneo.

Brunotte, Ulrike (2004), Ecstasy and Initiation. Jane E. Harrison's Ritual Theories and their Relationship to Nietzsche, Durkheim and Freud, in: Paragrana. Internationale Zeitschrift für Historische Anthropologie 13, 162–176.

Burkert, Walter (1979), Griechische Mythologie und die Geistesgeschichte der Moderne, in: den Boer, Willem/Dover, Kenneth J., Hg., Les études classiques aux XIXe et XXe siècles: leur place dans l'histoire des idées, Huit exposés suivis de discussions, Vandoeuvres-Genève, 20–25 août 1979, Genf, Fondation Hardt, 159–207.

Calder, William M. III. (1991), The Cambridge Ritualists Reconsidered, Atlanta, Illinois University Press.

Carpentier, Martha (1998), Ritual, Myth, and the Modernist Text: The Influence of Jane Ellen Harrison on Joyce, Eliot and Woolf, Amsterdam, Gordon & Bruch Publishers.

Chidester, David (1996), Savage Systems, Colonialism and Comparative Religion in Southern Africa, Charlottesville/London, Indiana University Press.

Comentale, Edward P. (2001), Thesmophoria: Suffragettes, Sympathetic Magic, and H.D.'s Ritual Poetics, in: Modernism/Modernity 8,3, 471–492.

Dodds, Robertson (1949), The Greeks and the Irrational, Berkeley/Los Angeles, University of California Press.

Fiske, Shanyn (2005), The Daimon Archives: Jane Harrison and the Afterlife of Dead Languages, in: Journal of Modern Literature 28,2, 130–164.

Frazer, James George ([3]1928), Der goldene Zweig, Das Geheimnis von Glauben und Sitten der Völker, gekürzte Auflage, Leipzig, C.L. Hirschfeld.

Hutton, Ronald (1999), The Triumph of the Moon, A History of Modern Pagan Witchcraft, Oxford, Oxford University Press.

Jeanmaire, Henri (1939), Couroi et Curètes. Essai sur l'éducation spartiate et sur les rites d'adolescence dans l'antiquité hellénique, Lille, Bibliothèque universitaire.

King, Ursula (1995), A Question of Identity: Women Scholars and the Study of Religion, in: Dies., Hg., Religion and Gender, Oxford University Press, 219–244.

Kippenberg, Hans G. (1997), Die Entdeckung der Religionsgeschichte. Religionswissenschaft und Moderne, München, Beck.

Mirrlees, Hope (1930–1940), Notebook, in: Dies., Biography research, Cambridge, Newnham College.

Mirsky, Dimitri S. (1930), Jane Ellen Harrison and Russia, The Jane Harrison Memorial Lecture, No. 2., Cambridge, W. Heffr & Sons LTD.

Phillips, Kathy J. (1991), Jane Harrison and Modernism, in: Journal of modern Literature 17,1, 465–476.

Robinson, Annabel (2002), Life and Work of Jane Ellen Harrison, Oxford, Oxford University Press.

Schlesier, Renate (1994), Kulte, Mythen und Gelehrte. Anthropologie der Antike seit 1800, Frankfurt a. M., Fischer.

Torgovnick, Marianne (1996), Discovering Jane Harrison, in: Kaplan, Carola M./Simpson, Anne B., Hg., Seeing Double. Revisioning Edwardian and Modernist Literature, Basingstoke, Macmillan, 131–148.

Versnel, Henrik S. (1999), Transition and Reversal in Myth and Ritual, Leiden/New York/Köln, Brill.

Warburg, Aby M. (1923/1988/1996), Schlangenritual, Ein Reisebericht, Berlin, Wagenbach.

Alexandra David-Néel (1868–1969)
Eine Frau, die Grenzen überschreitet

Caroline Widmer

1   Einleitung

Alexandra David-Néel wurde schon mit vielen Bezeichnungen bedacht: Orientalistin,
Forschungsreisende, Schriftstellerin, Opernsängerin, Feministin, revolutionäre Anarchistin, Tibetkennerin, europäische Lama-Dame;
sie war Preisträgerin geographischer Gesellschaften und einer Leichtathletikauszeich-
nung der französischen Sportakademie. Und
es scheint, als reiche nur die bunte Summe
dieser Zuschreibungen an ihre facettenreiche
Persönlichkeit, wie sie uns aus der Vergangenheit gegenübertritt, heran. Sie als Klassikerin
der Religionswissenschaft einzuführen mag
neu und gleichzeitig auch gewagt sein. Denn
war sie zeitlebens für die einen eine Heldin,
sahen andere in ihr eine schamlose Hochstap-
lerin, die alles erfunden oder abgeschrieben
habe.

Ziel dieses Kapitels soll es nun nicht sein,
Alexandra David-Néel und ihr Werk zu bewerten, es zu verteidigen oder zu verurteilen
– Texte solcherart gibt es bereits mehr als genug. Vielmehr geht es darum, die Klassikerin
der Religionswissenschaft in ihr zu suchen
und kritisch zu beleuchten.

Abb. 1: Alexandra David-Néel als »ermite ti-
bétain« (aus: David-Néel 1929, das Bild liegt
zwischen Seite 16 und 17, unpaginiert).

Nach einem kurzen biographischen Abriss soll in diesem Aufsatz zunächst ihre
Rezeption und Rolle in der orientalistischen Fachwelt betrachtet werden. Dies steht
in einem engen Zusammenhang mit der weiteren Frage, welche Materialien sie uns
hinterlassen hat und inwiefern diese für die Religionswissenschaft von Interesse
sind. Bevor wir dann zu unseren Schlussfolgerungen kommen, gilt in einem dritten
Teil die Aufmerksamkeit Alexandra David-Néel als Frau ihrer Zeit.

2   Biographie

Die Biographie von Alexandra David-Néel in Form der Lebensdaten soll hier nur sehr kurz dargestellt werden. Es gibt genügend Autoren und Autorinnen, die sich dieser Aufgabe in aller Ausführlichkeit mit viel Einsatz und teilweise auch Phantasie gewidmet haben, mit mehr oder weniger gutem Ergebnis freilich.[1]

Am 24.10.1868 kommt Alexandra David-Néel unter dem Namen Louise Eugénie Alexandrine Marie David in einem Vorort von Paris zur Welt. Ihre Mutter Alexandrine Borghmann, geborene Belgierin, war damals 36 Jahre alt, ihr Vater, der gebürtige Franzose Louis David, 53. 1873 zieht die Familie aufgrund der politischen Lage in Frankreich nach Belgien, wo Alexandra David-Néel den größten Teil ihrer Kindheit und Jugend verbringt. Bereits als Zwanzigjährige pflegt sie Kontakt zu okkultistischen und theosophischen Kreisen vor allem in England, wo sie einige Zeit bei einer Gesellschaft verbringt, die sich *Supreme Gnosis* nennt und sie das erste Mal mit der indischen Philosophie und Schriften wie der Bhagavadgītā in Berührung bringt. Eine kleine Erbschaft nach dem Tod ihrer Tante ermöglicht ihr 1891 eine erste zweijährige Reise nach Ceylon und Indien. Ein Aufenthalt bei der Theosophischen Gesellschaft in Paris veranlasst sie dazu, sich am Collège de France einzuschreiben, wo sie ihre orientalischen Studien fortführt. Dies dauert jedoch nicht allzu lange, denn ebenso wichtig in ihrem Lebenslauf ist ihre Ausbildung zur Opernsängerin und die damit verbundenen Auftritte. Sie reist als *première chanteuse* der Opéra Comique unter dem Künstlernamen Alexandra Myrial auf Tournee durch das damalige Indochina, später durch Südfrankreich. Es folgen Engagements an der Oper von Athen und Tunis. Dort lernt sie den Eisenbahningenieur Philippe Néel kennen. Nach einem weiteren Aufenthalt in Paris heiraten Alexandra und Philippe 1904 in Tunis – zum großen Erstaunen ihres eigenen Vaters. Anscheinend nahm er sie in erster Linie als kämpferische Feministin wahr, die nicht bereit war, das zu jener Zeit als angemessen geltende Rollenbild einer gehorsamen Gattin zu übernehmen. Dies wird durch die Teilnahme an feministischen Kongressen und ihrer ersten, damals geradezu revolutionären Publikation *Pour la vie* (1889) durchaus bestätigt. Und wie sehr Louis David mit dieser Sichtweise Recht behalten sollte, wird der weitere Lebenslauf seiner Tochter zeigen, denn die Heirat hält Alexandra David-Néel keineswegs davon ab, ihr Leben nach ihren eigenen Vorstellungen weiter zu leben und ihre Entscheidungen selber zu treffen. Bis sie nach sieben Ehejahren nach Indien zu ihrer Lebensreise aufbricht, wissen wir aus Briefen an ihren Mann, dass sie, wenn auch nicht ununterbrochen, so doch ständig unterwegs war: Paris, London, die Schweiz; zu Kongressen, Vorträgen, Studien- und Recherchezwecken für ihre Publikationen. 1911 besteigt sie in Marseille ein Schiff auf dem Weg nach Ceylon. Dass diese Reise 14 Jahre dauern sollte, ahnte wohl damals noch niemand. Die ersten Jahre bereist sie

---

1 Die folgende Darstellung stützt sich in erster Linie auf van Heurck (1995); Foster/Foster (1999); Désiré-Marchand (1997). Weitere biogra-phische Titel finden sich in der anschließenden Literaturliste.

vor allem Sikkim und Nepal, bis sie 1917 über Japan und Korea nach China gelangt. Von dort beginnt ihr Abenteuer Tibet. Sie benötigt mehrere Versuche, bis sie Lhasa endlich im Februar 1924 erreicht. Das große Hindernis war, dass es Europäern zu dieser Zeit nicht gestattet war, sich in Tibet aufzuhalten, und dennoch war es Alexandra David-Néels erklärtes Ziel, dorthin zu gelangen. Erst 1925 kehrt sie nach Frankreich zurück und begibt sich sogleich mit ihrer Geschichte auf Tournee. 1928 lässt sie sich in einem kleinen Haus in Digne, nördlich von Nizza nieder. Es folgt eine Zeit, in der sie intensiv schreibt, publiziert und Vorträge hält. Doch bereits 1937 hat die Sesshaftigkeit ein Ende, und sie bricht erneut zu einer jahrelangen Reise durch Asien auf, dieses Mal mit dem Hauptziel China. 1941 stirbt ihr Gatte Philippe Néel, doch erst 1946 kehrt sie endgültig nach Frankreich in ihr Haus zurück. Diese Zeit in Digne ist bis zu ihrem eigenen Tod erneut von einer regen Publikationstätigkeit geprägt. Am 8. 9. 1969 stirbt Alexandra David-Néel in ihrem 101. Lebensjahr.

3   Alexandra David-Néel als Orientalistin und Religionswissenschaftlerin

In dieser kurzen Biographie dürfte auffallen, dass keineswegs die üblichen Eckpunkte einer »klassischen Persönlichkeit« eines wissenschaftlichen Fachs an der Universität im Mittelpunkt stehen. Alexandra David-Néels Lebensdaten sind nicht geprägt von akademischen Abschlüssen, Titeln und Anstellungen. Das einzige »Klassische« scheint eine beeindruckende Liste von Publikationen sowie die Beschäftigung mit einem Thema, das auch von der Wissenschaft untersucht wird, nämlich dem asiatischen Kulturraum im Allgemeinen und der indischen Philosophie und Religion, später vor allem der tibetischen Kultur im Besonderen.

Studierende der Religionswissenschaft werden oftmals gefragt, ob sie selber religiös seien. Nach dem heutigen Verständnis soll diese Frage in der Regel in fachlichem Kontext gänzlich ausgeklammert werden. Bei Alexandra David-Néel war so etwas wie eine religiöse Suche jedoch sicherlich die Anfangsmotivation, die sie dazu trieb, sich mit indischen Schriften zu beschäftigen. Wie dies die Art ihrer Forschung beeinflusst hat, lässt sich anhand eines Zitates aus einem Brief vom 26. Februar 1912 an ihren Mann erläutern: »Ich will zeigen, was ich gesehen habe, was ich aus eigener Erfahrung über die asiatischen Lehren weiss und wie die Asiaten selbst sie verstehen; all das hat überhaupt keine Ähnlichkeit mit dem, was unsere Gelehrten dargelegt haben, die so sehr an grammatikalischen Wurzeln und historischen Daten kleben, jedoch keine Ahnung haben, welcher Geist wirklich hinter den Theorien steht, über die sie schreiben«.[2]

Ihr geht es also nicht um Bücherwissen und Philologie, sie will Feldforschung und »teilnehmende Beobachtung«, »lebensweltliche Ethnographie« betreiben.[3] Da-

---

2 David-Néel (1979), 64.
3 An demselben Ansatz wurde in der Religionswissenschaft in verschiedenen Fachrichtungen und Teilgebieten gearbeitet. Pragmatismus und

Empirismus (bzw. Empirizismus) sind entscheidende Stichworte, wie sie einerseits in der Religionspsychologie, andererseits in der Ethnographie diskutiert wurden und eine große Wirkung in

hinter steht die Absicht, die Bedeutung der Dinge zu erforschen, wie sie die Betroffenen selbst erfahren. Sie will dem Westen vermitteln, wie die Menschen in Asien ihrer Zeit über ihre eigene Tradition denken, mit ihr umgehen und sie leben, um damit eine Lücke in der orientalistischen Forschung auszufüllen. Den wissenschaftlichen Ansprüchen in Europa ist sie sich durchaus bewusst. Im oben zitierten Brief schreibt sie, dass »die Orientalisten« über sie redeten und dass sie über die nötigen Sprachkenntnisse in Sanskrit, Pāli und Tibetisch verfügen müsse, um unter ihnen bestehen zu können.

Dieses kurze Beispiel führt uns zu der Frage, ob Alexandra David-Néels persönliches religiöses Interesse (sie bekannte sich selber noch vor ihrer großen Reise zum Buddhismus) sich »unwissenschaftlich« in ihren Büchern niedergeschlagen hat und welche Kritik diesen zuteil wurde.[4]

Als erstes sind ihre Reiseberichte zu erwähnen. Besonders ihre erste Veröffentlichung über ihre Reise nach Lhasa war ein richtiggehender Verkaufsschlager.[5] Neben ihren Reiseetappen erzählt sie von ihren Begegnungen mit den Menschen, die dort leben, ihrem Glauben, den Bräuchen und Sitten. Dabei lässt sich erkennen, dass sie dem Gesehenen und Gehörten recht kritisch und zum Teil auch ungläubig gegenüber steht. Diese Distanznahme erinnert die Leser immer wieder daran, dass es sich bei Alexandra David-Néel um eine Außenstehende handelt, die versucht, ihrem Gegenstand möglichst objektiv und offen entgegen zu treten. Die Wahl der direkten Erzählung eröffnet uns nicht nur eine neue Perspektive, sondern verschafft uns auch Zugang zu Informationen, die rein philologischen Studien verschlossen bleiben, zumal es sich, besonders was Tibet angeht, um eine Kultur handelt, die heute in dieser Form zum großen Teil verloren gegangen ist. Alexandra David-Néel hat uns mit ihren Reisetagebüchern und Beschreibungen historisch wertvolle, grundlegende Daten hinterlassen.

Die Reisebeschreibungen werden ergänzt durch ihre Briefe, die sie ihrem Gatten während der ganzen Jahre des Getrenntseins geschrieben hat. Sie bittet ihn in einem Brief ausdrücklich, er solle alles aufbewahren, damit sie später für ihre Publikationen darauf zurückgreifen könne.[6] Ein Teil wurde postum publiziert,[7] und es sind im Vergleich mit den veröffentlichten Reiseberichten zahlreiche Unterschiede zu bemerken. Die Berichte sind teilweise beschönigender, ungenauer, dramatischer, manchmal aber auch präziser als die Briefe, und in einigen Fällen widersprechen sie sich sogar.[8] Insgesamt ist die Briefsammlung wohl die persönlichste Hinterlassenschaft von Alexandra David-Néel, die uns auch einen Einblick in ihre Absichten, Ziele, Wünsche und Ängste gewährt.

Methodologie und Interpretation hinterlassen haben. Zur Bedeutung in der Ethnographie siehe Knoblauch (2003), 52 f; zur Religionspsychologie (insbesondere William James) Stolz (1988), 150 ff. Vgl. auch Seiwert (1981).

4 Im Folgenden werde ich mich auf ihre Monographien beschränken und unselbständige Publi-

kationen und Aufsätze weitgehend unbeachtet lassen. Zur Übersicht ihrer Werke ist dem Aufsatz eine kurze Bibliographie beigefügt.

5 David-Néel (1927).

6 Van Heurck (1995), 95.

7 Vgl. Literatur.

8 Van Heurck (1995), 90–97.

Eine weitere Literaturgattung, der sich Alexandra David-Néel widmete, waren Sachbücher vor allem zum tibetischen Buddhismus, zu indischer und chinesischer Philosophie und tantrischen Bräuchen. Meist werden diese Bücher als »populärwissenschaftlich« bezeichnet.[9] Dies widerspricht ihrem eigenen Anspruch keineswegs, ist es doch ihre erklärte Absicht, den Menschen im Westen ganz allgemein einen Zugang zu diesen Themen zu eröffnen. Allerdings hat diese Bezeichnung in akademischen Kreisen stets einen abwertenden Beigeschmack. Dies betrifft jedoch in erster Linie ihren Stil und nicht den tatsächlichen Inhalt, denn »Falsches« wird von ihren Kritikern nicht aufgedeckt. Dazu kommt, dass sie in einer Zeit schreibt, in der sich die westliche Buddhismusforschung noch nicht für den tibetischen Buddhismus interessiert, da sie ihn lediglich als degenerierte Form eines »ursprünglichen, reinen Buddhismus« ansieht.[10]

Zuletzt sind noch ihre Romane zu nennen, in denen besonders ihre Gegner immer wieder einen Anlass gesehen haben, sie und ihre Glaubwürdigkeit anzugreifen. In der Tat sind die Grenzen zwischen ihren Reiseberichten, ihrer »Populärwissenschaft« und diesen fiktiven Geschichten oft verschwommen.[11]

Alle diese Materialien lassen sich nun religionswissenschaftlich verwerten. In ihren Reiseberichten und Briefen findet sich ein reicher Fundus an ethnographischem Material, wie es auch in anderen Fällen als Quellenliteratur genutzt wurde. Oftmals stellt Reiseliteratur das einzige Zeugnis historischer Sachverhalte dar. Was die Sachliteratur angeht, lässt Alexandra David-Néel sich durchaus mit einigen Schriftstellern messen, die auf fast jeder Studienliteraturliste erscheinen, doch ist gerade die Art der Darstellung, die Präsentation einer Innensicht für Studierende der Religionswissenschaft interessant. Das Besondere ist, dass Alexandra David-Néel aus der Perspektive einer kritischen Konvertitin über die Sicht der Gläubigen schreibt. Eine durchaus spannende Konstellation, die sich auch auf ihre Romane überträgt.

Insgesamt nennen einige Kritiker, die Alexandra David-Néel im Vergleich zu vielen anderen noch einen Funken Wohlwollen entgegen bringen können, als ihr größtes Verdienst (auch für die Religionswissenschaft), die Welt auf den asiatischen Kulturraum aufmerksam gemacht zu haben.[12] Doch m. E. reduzieren sie damit die (religions)wissenschaftliche Leistung dieser engagierten Frau.[13]

---

9 Vgl. z. B. van Heurck (1995), 124.

10 Allerdings ist auch Alexandra David-Néel nicht ganz frei von diesem Vorurteil. So berichtet sie ihrem Mann am 9. Juni 1912 von einem Gespräch mit dem sikkimesischen Prinzen Sidkeong im Bezug auf den tibetischen Buddhismus: »Aus der Übersetzung ging hervor, dass er mir recht gibt, dass die Lehre Buddhas tatsächlich ziemlich heruntergekommen ist, dass man die verschiedenen Formen von Aberglauben, die sich aus ihr entwickelt haben, beseitigen muss« (David-Néel 1979, 97).

11 Wir sollten uns jedoch daran erinnern, dass auch längst anerkannte und unbestrittene religionswissenschaftliche Größen wie Mircea Eliade und Fritz Stolz sich literarisch freieren Gattungen zugewendet haben, ohne dass dabei ihr wissenschaftliches Werk geschmälert wurde. Vgl. z. B. Eliade (1934) oder Stolz (1999).

12 Van Heurck (1995), 10.

13 Vgl. Michael Henss in: van Heurck (1995), 153–166; oder Dodin/Räther (1997).

4   Die Frau Alexandra David-Néel

Welche Rolle spielte es in der Rezeption ihrer Werke wie auch schon bei deren Entstehung, dass Alexandra David-Néel eine Frau war? Diese Frage ist nicht nur in einer Publikation mit dem Titel *Gender und Religion* interessant oder angesichts dessen, dass dieses Thema von ihren Zeitgenossen und den späteren Biographen immer schon sehr stark betont wurde, sondern auch, weil sich Alexandra David-Néel selbst ihrer Rolle als Frau sehr bewusst war, und dies in verschiedener Weise.

Betrachten wir als erstes ihre Reisen. Wir müssen uns vor Augen halten, dass wir uns im beginnenden 20. Jahrhundert befinden, in dem Europäer noch nicht mit einer High-Tech-Ausrüstung von einer Jugendherberge in die nächste wechseln konnten. Reisen war kompliziert und anstrengend, und so war es für Alexandra David-Néel während des größten Teils ihrer Asienaufenthalte unabdingbar, von Bediensteten umgeben zu sein und den Kontakt zu politisch wie gesellschaftlich wichtigen Funktionären zu pflegen. In diesen Momenten, die sie, wie sie in ihren Briefen immer wieder schreibt, regelrecht verabscheut, weiß sie dennoch ihre Rolle als europäische Frau mit entsprechendem Sonderstatus in den Kolonien nicht zu verstecken und lässt sich als Dame behandeln, die selten bereit ist, auf ihren Luxus zu verzichten. Dies ändert sich, als sie sich genötigt sieht, sich zu verkleiden, will sie jemals in Lhasa ankommen. Sie wählt die Rolle einer armen tibetischen Pilgerin, die in Begleitung ihres angeblichen Sohnes unterwegs ist, ihres tatsächlichen Dieners und späteren Adoptivsohns Yongden. Die alte, gebrechliche Frau überlässt in kritischen Situationen ihrem »Sohn« das Zepter und verschwindet im Hintergrund. Hätte sie unentdeckt bleiben können, wenn sie ihre feministisch-egalitären Ideale ausgelebt hätte? Sie spielt also mit verschiedenen Frauenrollen, entweder um zuvorkommend behandelt oder aber übersehen zu werden.

Was ihre fachliche Anerkennung angeht, kommen wir darauf zurück, dass sie niemals einen akademischen Abschluss erworben hat. Ende des 19., Anfang des 20. Jahrhunderts waren Frauen an der Universität im Gegensatz zu heute noch in der Minderheit, im Lehrbetrieb kaum vertreten.[14] Alexandra David-Néel wählt jedoch einen anderen Weg, den der direkten Begegnung. Ob sie dazu auch Erfahrungen an der Universität geführt haben, wissen wir nicht, doch hat es umgekehrt ihre eigene Wahrnehmung in der Fachwelt sehr stark geprägt, leider nicht zum Besten. Jedenfalls hat sie uns durch ihre Selbstbehauptung als kundige Buddhistin neue Bereiche vor allem des tibetisch-buddhistischen Lebens erschlossen. Sie setzte sich als weiblicher Lama einerseits über die Gender-Frage hinweg, indem sie einen Raum betrat, bei dem die Geschlechtszugehörigkeit scheinbar irrelevant war. Einzig die religiöse Schulung und Reife zählte. Andererseits überschritt sie klar definierte Gender-Grenzen. Sie berichtet uns, dass sie Dinge erfahren hat, die bisher keiner Frau erlaubt wa-

---

14 Dass akademische Anerkennung ihnen nicht grundsätzlich vorenthalten wurde, zeigen uns jedoch Frauen wie I. B. Horner oder Mrs. Rhys Davids.

ren. Das Gefühl, eine Pionierin zu sein, war Alexandra David-Néel äußerst wichtig und angenehm.

Zu guter Letzt möchte ich noch die Aufmerksamkeit auf Alexandra David-Néel als Ehefrau lenken. Interessanterweise ist dies in ausnahmslos allen biographischen Publikationen ein ganz zentrales Thema. Dass sie nicht an der Seite ihres Ehemanns verweilte, sondern jahrelange Reisen alleine unternahm und später sogar ein eigenes Heim in Frankreich wählte, scheint auch unsere Zeitgenossen noch sehr zu beschäftigen. Die allgemeine Grundhaltung lässt sich mit einem Zitat aus der Biographie von van Heurck folgendermaßen illustrieren: »(...) Außerdem ist sie äußerst stolz, was sie davon abhält, die einfachsten Dinge des Lebens zu genießen: Ehe, Familie, Mutterschaft, Freundschaft, Wahrheit«.[15] Dazu sei nur so viel bemerkt: Alexandra David-Néel hat sich entschlossen, nicht einfach Ehefrau, Familienmitglied, Mutter und Freundin zu sein, und wir wissen aus ihren Briefen, dass sie, von vielen als herzlos und gefühlskalt bezeichnet, nicht wenig unter dieser Entscheidung gelitten hat.[16] Doch sie wollte Asien kennen lernen und der Welt davon berichten. Hätte es vor und nach ihr nicht unzählige Männer gegeben, die ebenso gehandelt haben, würden wir in vielen Bereichen der Wissenschaft noch weit zurück liegen.

5   Die Klassikerin – Schlussworte

Eigentlich ist es unmöglich, eine so vielfältige und engagierte Persönlichkeit wie Alexandra David-Néel so kurz abzuhandeln, wie es in diesem Beitrag geschehen musste. Ebenso schwierig ist es, Schlussworte über eine Frau zu finden, die viele Fragen aufgeworfen hat, zu ihrer eigenen Person wie auch zu ihrem Umfeld, der Gesellschaft wie auch der Wissenschaft. Ich möchte mich auf zwei Punkte bzw. Fragen konzentrieren: Eine erste Frage ergibt sich, wenn man versucht, sie als Mensch umfassend zu verstehen. Wie wir gesehen haben, hat man sich schon in vielen Biographien an dieser Aufgabe versucht. Dass Alexandra David-Néel lange Zeit so umstritten war,[17] liegt zu einem guten Teil daran, dass sie uns sehr verschiedenartige Bilder von sich selbst hinterlassen hat, und eine Biographie versucht meist, dies zu einem einzigen, möglichst harmonischen Gesamtbild zusammen zu bringen. Doch könnte dies nicht nur bei einem zutiefst langweiligen Mensch gelingen? Die Tatsache, dass Alexandra David-Néels Tätigkeiten stets sehr eng an sie als Person gebunden waren und sie sich stets sehr stark damit identifiziert hat, bringt uns von dieser ersten zu einer zweiten Frage: Zählt Alexandra David-Néel mit ihrer Person und ihrem Werk zu den Klassikerinnen der Religionswissenschaft? Als Klassiker oder Klassikerin möchte ich hier nicht jemanden bezeichnen, der unbestritten und unübertroffen war, sondern jemanden, auf den man in der Beschäftigung mit einem Thema und

---

15 Van Heurck (1995), 150.
16 David-Néel (1979).
17 Inzwischen scheint sie im Allgemeinen »rehabilitiert« und anerkannt als jemand, der für die

Buddhismusforschung und Tibetologie große Leistungen erbracht hat. Vgl. dazu u.a. López (1997), 193.

seiner Geschichte unweigerlich irgendwann einmal stößt, jemanden, der in diesem bestimmten Gebiet eine Pionierleistung erbracht hat. Was Tibet, den tibetischen Buddhismus und die fachgeschichtliche Auseinandersetzung angeht, trifft dies bei Alexandra David-Néel auf alle Fälle zu. Auch wenn man sich in der Fachwelt über sie streitet und auch wenn sie vielleicht tatsächlich nicht immer ganz der Wahrheit, so wie sie uns erscheint, treu geblieben ist, ignorieren lässt sich Alexandra David-Néel nicht.

Literatur[18]

Werke von Alexandra David-Néel in Auswahl

David-Néel, Alexandra (1898), Pour le vie, Paris, o. u.
- (1927), Voyage d'une parisienne à Lhassa: A pied en mendiant de la Chine à l'Inde à travers le Thibet, Paris, Plon (Dt. 1928, Arjopa. Die erste Pilgerfahrt einer weissen Frau nach der verbotenen Stadt des Dalai Lama, Leipzig, Brockhaus).
- (1929), Mystiques et magiciens du Thibet, Paris, Plon (Dt. 1936, Heilige und Hexer. Glaube und Aberglaube im Lande des Lamaismus, Leipzig, Brockhaus).
- (1930), Initiations lamaïques, Des théories, des pratiques, des hommes, Paris, Adyar (Dt. 1934, Meister und Schüler, Die Geheimnisse der lamaistischen Weihen, Auf Grund eigener Erfahrungen, Leipzig, Brockhaus, Titelvariante: 1960, Der Weg zur Erleuchtung: Geheimlehren, Zeremonien und Riten in Tibet).
- (1933), Grand Tibet, Au pays des brigands gentilshommes, Paris, Plon (Dt. 1933, Mönche und Strauchritter, Eine Tibetfahrt auf Schleichwegen, Leipzig, Brockhaus).
- (1936), Le Bouddhisme, Ses doctrines et ses méthodes, Paris, Plon (Dt. 1937: Vom Leiden zur Erlösung, Sinn und Lehre des Buddhismus, Leipzig, Brockhaus).
- (1938), Magie d'amour et magie noire, Paris, Plon (Dt. 1952, 1988, Liebeszauber und schwarze Magie, Abenteuer in Tibet, Basel, Sphinx).
- (1940), Sous des nuées d'orage, Récit de voyage, Paris, Plon (Dt. 2001, Mein Weg zum heiligsten Berg Chinas, München, Nymphenburger).
- (1952), Hg., Textes tibétains inédits, Paris, La Colombe (Dt. 1955, 1980, Ralopa, der Meister geheimer Riten, Und andere unbekannte Texte, Bern, Morzsinay).
- (1953), Enseignements secrets des Bouddhistes Tibétains, Paris, Adyar (Dt. 1998, Die geheimen Lehren des tibetischen Buddhismus, Satteldorf, Adyar).
- (1961), Immortalité et réincarnation, Doctrines et pratiques, Chine – Tibet – Inde, Paris, Plon (Dt. 1962, Unsterblichkeit und Wiedergeburt, Lehren und Bräuche in China, Tibet und Indien, Wiesbaden, Brockhaus).
- (1969), L'Inde où j'ai vécu, Avant et après l'indépendance, Paris, Plon (Dt. 1993: Mein Indien, Die abenteuerlichen Reisen einer ungewöhnlichen und mutigen Frau, Stuttgart, Knaur, Titelvariante: 1990, Mein Indien: Pilgerfahrten durch den geheimnisvollen Subkontinent. Die abenteuerlichen Reisen einer der ungewöhnlichsten und mutigsten Frauen unseres Jahrhunderts).

---

18 Es werden die Ersterscheinungen, sowohl die französischen Originalausgaben als auch die in deutscher Übersetzung genannt. Nachdrucke und Neuauflagen, die bei vielen Publikationen zahlreich sind, werden nur aufgeführt, wenn aus ihnen in diesem Aufsatz zitiert wurde.

– (1972), Le sortilège du mystère, Faits étranges et gens bizarres rencontrés au long de mes routes d'Orient et d'Occident, Paris, Plon (Dt. 1972, Im Banne der Mysterien, München, Nymphenberger).

– (1975), Journal de voyage, Lettres à son mari, 11 août 1904–27 décembre 1917, Paris, Librairie Plon (Dt. 1979, Wanderer mit dem Wind. Reisetagebücher in Briefen 1904–1917, Wiesbaden, Brockhaus).

– (1976), Journal de voyage. Lettres à son mari, 14 janvier 1918–31 décembre 1940, Paris, Plon (Dt. 1999, Mein Leben auf dem Dach der Welt: Reisetagebuch 1918–1940, München, Nymphenburger).

– (1985), Voyages et aventures de l'esprit, Textes et documents inédits, Paris, Michel.

Weitere Literatur

Chalon, Jean (1987/1984), Alexandra David-Néel. Das Wagnis eines ungewöhnlichen Lebens. Aus dem Französischen von Giovanna Waeckerlin-Iduni, München, Langen Müller (fr. Orig. 1985: Le lumineux destin d'Alexandra David-Néel, Paris, Librairie Académique Perrin).

Désiré-Marchand, Joëlle (1997), Alexandra David-Néel. De Paris à Lhassa, de l'aventure à la sagesse. Avec la collaboration de Marie-Madeleine Peyronnet et Frank Tréguier, Paris, Arthaud.

Dodin, Thierry/Räther, Heinz, Hg. (1997), Mythos Tibet. Wahrnehmungen, Projektionen, Phantasien, Köln, DuMont.

Eliade, Mircea (1995/1934), Der besessene Bibliothekar, Frankfurt a.M., Insel.

Foster, Barbara/Foster, Michael (1999), Alexandra David-Néel – die Frau, die das verbotene Tibet entdeckte. Die Biographie. Aus dem Amerikanischen von Hans Link, Freiburg i.Br. u.a., Herder (engl. Orig. 1998, The Secret Lives of Alexandra David-Neel: A Biography of the Explorer of Tibet and its Forbidden Practices, Woodstock, Overlook Press).

Knoblauch, Hubert (2003), Qualitative Religionsforschung, Religionsethnographie in der eigenen Gesellschaft, Paderborn u.a., Schöningh.

Lopez, Donald S. (1997), Der merkwürdige Fall des Engländers mit den drei Augen, in: Dodin, Thierry/Räther, Heinz, Hg., Mythos Tibet. Wahrnehmungen, Projektionen, Phantasien, Köln, DuMont, 193–207.

Peyronnet, Marie-Madelaine (2003), Alexandra David-Néel: Mein Leben mit der Königin des Himalaya. Aus dem Französischen von Karin Balzer, München, Nymphenburger (fr. Orig. 1973, Dix ans avec Alexandra David-Néel, Paris, Plon).

Seiwert, Hubert (1981), »Religiöse Bedeutung« als wissenschaftliche Kategorie, in: Annual Review for the Social Sciences of Religion 5, 57–99.

Stolz, Fritz (2001/1988), Grundzüge der Religionswissenschaft, Göttingen, Vandenhoeck & Ruprecht.

– (1999), Kirchgasse 9, Zürich, Pano.

Van Heurck, Philippe (1995), Alexandra David-Néel (1868–1969): Mythos und Wirklichkeit. Aus dem Französischen von Sabine Seitzinger. Bibliographischer Annex durch den Hg. Jürgen C. Aschoff, Ulm, Fabri-Verlag (fr. Orig. 1987, Alexandra David-Néel, le mythe et la réalité, Brüssel, Institut Belge des Hautes Etudes Chinoises).

Mary Douglas (1921–2007)
Symbolsystem und Sozialstruktur

Ansgar Jödicke

1 Einleitung

Die britische Sozialanthropologin Mary Douglas zählt zu den renommiertesten Figuren der Sozialanthropologie des 20. Jahrhunderts. Für die Religionsforschung hat sie wesentliche Impulse gegeben; ihr methodischer Zugang wurde jedoch innerhalb der Religionswissenschaft kaum rezipiert. Sie wurde zur Grand Old Lady in der Anthropologie und der Sozialwissenschaft, zu denen die Religionswissenschaft erst im späten 20. Jahrhundert Zugang fand.

Nach einer klassischen Ausbildung in Sozialanthropologie mit einer eigenen Feldarbeit und einer Monographie über die Lele (Belgisch-Kongo) begann Mary Douglas ihre Fragen auszuweiten, und mit den gleichen Arbeitsinstrumenten sowohl Stammesgesellschaften als auch sogenannte moderne Gesellschaften zu untersuchen. Dieser Vergleich hat Mary Douglas berühmt gemacht. Wie einige andere Anthropologen auch ist Mary Douglas überzeugt von der Gemeinsamkeit der Menschen. Die Unterschiede zwischen den verschiedenen Kulturen seien nicht durch Gegensätze wie primitiv/zivilisiert oder traditionell/modern zu verstehen. Das Übergreifende und Gemeinsame bestehe in der anthropologischen Konstante, dass Menschen ihre sozialen Lebensbedingungen symbolisch zum Ausdruck bringen und damit eine Welt der Symbole schaffen, die die soziale Welt gleichermaßen repräsentiert und bestimmt.

Über diese allgemeine Feststellung hinaus ist es schwierig anzugeben, was für Douglas die Regeln der symbolischen Darstellung sind. Unter den Augen der Leserinnen und Leser werden Zusammenhänge hergestellt und wieder durch andere, neue Perspektiven überlagert. Die Entwicklung der Thesen findet keinen Abschluss. Das Werk von Mary Douglas gleicht einer riesigen Wiese mit unzähligen Maulwurfsgängen, die nur gelegentlich an der Oberfläche sichtbar werden. Die Denkbewegungen kommen nicht zur Ruhe und bleiben aus systematischer Perspektive unbefriedigend. Andererseits eröffnen die immer neu ansetzenden Differenzierungen, Analysen und Vergleiche einen faszinierenden Blick auf die Funktionsweise symbolischer Systeme. Zahlreiche Wissenschaftler haben sich davon inspirieren lassen.

2   Grundprobleme

Das Grundproblem, das Mary Douglas Zeit ihres Lebens bearbeitet hat, wurde von Emile Durkheim angeregt: Wie halten Gruppen zusammen, was bindet die Menschen aneinander? Wie sind die tatsächlichen sozialen Verhältnisse in der Gruppe und wie finden sie ihren symbolischen Ausdruck? Darüber hinaus teilt Mary Douglas mit dem Strukturalismus ein ausgeprägtes Interesse am kognitiven Weltbezug: Wie ordnet der Mensch seine Welt, und wie repräsentiert er sie symbolisch?

Douglas untersucht, wie Menschen ihrer Welt Bedeutung geben, und wie diese Bedeutungen in kulturellen Symbolen zum Ausdruck kommen. Beharrlich weist sie auf die Notwendigkeit für die menschliche Gesellschaft hin, symbolische Ausdrucksmittel bereitzustellen und zu pflegen.

Sie hat diese Thematik nicht nur am Beispiel der Religion diskutiert, sondern auch zu anderen aktuellen Fragen der Gesellschaft (z. B. Risikowahrnehmung, AIDS, Gerechtigkeit) Stellung genommen. Ihre Religionsanalysen enthalten zahlreiche Hinweise auf Gender-Fragen. Häufig sind es nur kleine Bemerkungen etwa über die symbolische Bedeutung des weiblichen Körpers oder z. B. über die Rolle, die Frauen im sozialen Gefüge einnehmen: Es sei, so Douglas, kein Zufall »dass sich unter der Anhängerschaft der Besessenheitskulte so außergewöhnlich viele Frauen finden. (...) Das Geflecht ihrer sozialen Beziehungen bindet sie zwar effektiv genug an ihren Platz [im häuslichen Bereich, A. J.] ist aber dennoch relativ locker strukturiert, weil es nicht voll in den institutionellen Bereich des gesellschaftlichen Lebens einbezogen ist« (1974, 129).

3   Schmutz, Reinheit und Gefährdung

In ihrem ersten bahnbrechenden Buch *Purity and Danger* (1966, Dt. *Reinheit und Gefährdung*, 1985) nimmt Douglas die in Religionen weit verbreiteten Reinheitsvorstellungen und die damit verbundenen Tabus zum Ausgangspunkt einer grundlegenden Untersuchung der Funktionsweise von Symbolsystemen: Das Unterscheidungsvermögen von Reinheit und Unreinheit sowie die damit einhergehenden rituellen und alltäglichen Anstrengungen zur Abwendung von Unreinheit sind für das Selbstverständnis und den Zusammenhalt der Gruppe wesentlich.

Schmutz, verstanden als »etwas, das fehl am Platz ist« (1985, 52), hängt räumlich und kategorial von dem ab, was als geordnete Welt begriffen wird. Dies gilt für die Lele im Kongo ebenso wie für die Sauberkeit in der modernen Welt. In beiden Fällen sind es nicht primär medizinische Kenntnisse, die das Verhalten bestimmen, sondern die Vorstellung einer geordneten Welt.

Berühmt geworden – auch wenn teilweise später (1999) wieder revidiert – ist die Interpretation der Reinheitsvorschriften der Israeliten: In Lev 11 (vgl. Dtn 14) wird in unsystematischen Aufzählungen festgelegt, welche Tiere gegessen werden dürfen und welche nicht. Da auf den ersten Blick nicht erkennbar ist, nach welchem Prinzip die Zuordnung zu reinen oder unreinen Tieren erfolgt, besteht religionswissenschaftlicher Erklärungsbedarf. Douglas lehnt eine Reihe von Erklärungsversuchen als unzureichend ab (1985, 60–68): So dürfen Reinheitsvorschriften weder als Umsetzung primitiver medizinischer Kenntnisse verstanden werden, noch als rein sozial bedingte Abgrenzungskriterien, die auf einer willkürlichen Auswahl der Verbote und Gebote beruhen. Beide Erklärungen unterschätzen, wie sehr die Reinheitsvorschriften im Weltbild verankert sind.

Die Erklärung, die Douglas für den Code rein/unrein bei den Juden entwickelt, ist ganz auf die Logik einer Weltordnung gerichtet. Zum einen ist schon in der Schöpfungserzählung der Juden der Gedanke präsent, dass es verschiedene Tiersorten gibt: Tiere des Himmels, der Erde und des Wassers. Zum anderen lässt sich empirisch die Gruppe der nutzbaren Tiere des Hauses bilden, die allesamt Wiederkäuer und Paarzeher sind. Da diese Haustiere an der segensreich von Gott eingerichteten Weltordnung teilhaben, sind sie rein. Unrein sind dagegen auffällige Abweichungen von Tiersorten (1985, 76). Darunter fällt z. B. das Schwein, das zwar Paarzeher, aber kein Wiederkäuer ist und insofern auch nicht gegessen werden darf (Lev 11,7).

Das symbolische System von Reinheit und Unreinheit generiert moralische Ordnung. Das Funktionieren dieser Mechanismen ist jedoch nicht schon durch willkürlich gewählte Symbole garantiert; die Logik der Reinheit orientiert sich vielmehr an der Logik der Weltordnung, deren Bestand durch Verunreinigung direkt gefährdet ist. Zur Symbolisierung der Funktionsfähigkeit und Geschlossenheit der Gesellschaft dienen dem Menschen alle »bekannten Strukturen, Randbereiche und Begrenzungen« (1985, 151), insbesondere diejenigen des menschlichen Körpers. Dementsprechend wird alles, was in den Körper eingeführt wird (z. B. das Essen) oder ihn verlässt, in eine komplexe Vorstellungswelt integriert und durch entsprechende Rituale in hohem Mass mit Aufmerksamkeit belegt. Verletzungen spiegeln die Gefährdungen der Gemeinschaft wieder. Der biologische Körper ist ein Mikrokosmos des sozialen Körpers.

4 Ritual, Körper und »Natural Symbols«

Das wohl berühmteste Buch von Mary Douglas, *Natural Symbols* (1970/1973, Dt. *Ritual, Tabu und Körpersymbolik* 1974)[1] ist eine Fortführung und Verdichtung der bisher behandelten Problematik. Wieder ist es vor allem der menschliche Körper, an dem sie den Zusammenhang zwischen dem Symbolischen und der Sozialstruktur entwickelt. Über den physischen Körper hinaus spiegelt der menschliche Körper die in der Gruppe erlebte soziale Realität. Wie schon in *Reinheit und Gefährdung* werden die Körperein- und ausgänge als Zeichen dafür verstanden, wie in der Gruppe

---

1 Die im englischen Originaltitel (*Natural Symbols*) aufscheinende Natürlichkeit der analysierten Symbole wird vom Douglas nicht auf den symbolischen Ausdruck (*signifiant*), sondern lediglich auf den materialen Grundgehalt des Symbols (*signifié*) bezogen.

Solidarität gestiftet wird. Je nachdem, ob die Gruppe fest zusammenhält, einen starken Gruppendruck ausübt und keine Durchlässigkeit in die sie umgebende Gesellschaft zulässt, oder ob die Gruppe selbst kaum als Gruppe erkennbar ist, sie quasi in ihrer Umgebung aufgeht, werden die Ein- und Ausgänge des Körpers stärker oder schwächer reglementiert.

Um diese Verknüpfungen von Symbolsystem und Sozialstruktur besser erfassen zu können, entwickelt Douglas ein Analyseinstrument, das auf alle Gesellschaften anwendbar sein soll: Das berühmt gewordene *grid-and-group*-Schema. Die Gruppen(*group*)-Achse gibt den Grad der Gruppenverbundenheit und der Unterscheidbarkeit zwischen innen und außen an. Auf der zweite Achse, Klassifikationsgitter (*grid*) genannt, wird der Grad bezeichnet, mit dem ein gemeinsames Klassifikationssystem Kohäsion zwischen den Menschen stiftet. Verschiedenste Arten von Klassifikationen, wie z. B. rein/unrein, aber auch distinkte Rollenvorstellungen sind damit gemeint.

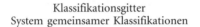

Klassifikationsgitter
System gemeinsamer Klassifikationen

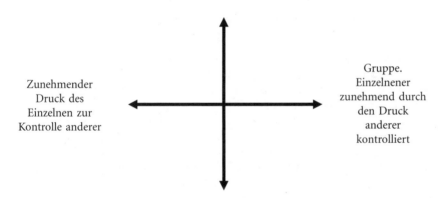

Zunehmender
Druck des
Einzelnen zur
Kontrolle anderer

Gruppe.
Einzelnener
zunehmend durch
den Druck
anderer
kontrolliert

Privates Klassifikationssystem

Dieses Schema (1974, 87) stellt also die Abhängigkeit von (mindestens) zwei Größen dar, die ein Feld eröffnen, in das typologisch Konstellationen eingetragen werden können; z. B. ist die mit vielen Belegen bezeugt Verbindung einer starken Gruppenbindung mit einem stark ausgeprägten Klassifikationsgitter ganz rechts oben einzuzeichnen. Kompetitive, individualistische Gesellschaften mit schwachem Gruppendruck und schwachem Klassifikationsgitter gehören ins linke untere Feld.

Die Mehrdeutigkeit des Schemas wurde vielfach kritisiert (Spickard 1989). Es wird von Douglas selbst z. T. auf Personen, zum Teil auf kleine Gruppen, auf ausgedehnte Gemeinschaften oder auf die ganze Gesellschaft bezogen. Das *grid-and-*

group-Schema wird am besten verstanden als analytisches und heuristisches Werkzeug, um spezifische Konstellationen von Symbolsystemen in Gesellschaften einordnen zu können.

Das Schema erlaubt es Mary Douglas, ihr zu Beginn des Buches gestelltes Problem zu beantworten: Wie ist es zu verstehen, dass der Sinn für Rituale in der modernen Gesellschaft zurückgegangen ist? Sie zitiert als Kronzeugen die Bischofskonferenz der englischen Katholiken, die das traditionelle Freitagsgebot abgeschafft hatte. Rituale – so Douglas – seien weder ethisch noch von der Geisteshaltung her primitiv. Das starre Festhalten der irischen Katholiken in London am Gebot der Freitagsabstinenz ist für sie ein Zeichen für Integrationsbedürfnisse in der Migration. In einer Zeit europaweiter Studentenunruhen, in der ritualistische Momente als rückständig angesehen wurden, betont Douglas gegen den Zeitgeist, dass im Ritual eine andere Form der sozialen Erfahrung als der Individualismus zum Ausdruck kommt. Ritualismus ist nicht mit Vormodernität gekoppelt, Freiheit von Gruppendruck ist nicht Autonomie, sondern Anomie; und das Fehlen von symbolischem Ausdruck und gemeinsamen Klassifikationsgittern ist nicht Fortschritt.

5   Gesamtbeurteilung

Die massive, gelegentlich polemische Verteidigung des Ritualismus lässt *Natural Symbols* teilweise als gezielten Angriff auf den religiösen Liberalismus erscheinen, zumindest jedoch als biographisch zu erklärende Verbundenheit mit den Iren in London und dem Katholizismus. Dies hat Mary Douglas manche spöttische Bemerkungen und Kritik eingebracht.

Dennoch vertritt sie nicht einfach einen Wertetraditionalismus oder eine Idealisierung der Vergangenheit. Viel eher spielen melancholisch-kulturpessimistische Untertöne eine Rolle, wenn sie bemüht ist, die Verluste zu benennen, die mit dem Abschied vom Ritualismus einhergehen. Selbst wenn der moderne Individualismus der sozialen Struktur der modernen Gesellschaft besser entspricht, ist es kurzsichtig darin nur Freiheit und Fortschritt für die Menschen zu sehen.

Wie Durkheim sieht Douglas den modernen Menschen in veränderten sozialen Strukturen verankert, die ihn glauben lassen, er sei freier und von den Zwängen der Gruppen unabhängiger, deren ambivalente Auswirkungen jedoch erst teilweise abzusehen sind. Die anthropologische Analyse der Modernität darf sich deshalb nicht von diesem positiven Vorurteil gegenüber der Autonomie des Individuums den Blick verstellen lassen. Dagegen sucht Douglas auch empirische Evidenzen in verschiedenen Kulturen. Sie arbeitet an nichts Geringerem als an der Entwicklung eines Vergleichsschemas für Weltbilder, das sich von diesem Vorurteil frei macht. Ihr unsystematisches Oeuvre wird zusammengehalten von dem höchst systematischen Anliegen, Weltanschauungen vergleichbar zu machen. Mit methodischem Feingefühl testet Douglas einzelne Kriterien der Vergleichbarkeit: Klassifikationsgitter, Dichte der Klassifikationen, Kohärenz, Körpersymbolik, Gruppenbewusstsein und die Abhängigkeiten dieser und anderer Größen voneinander. Ihr theoretischer Ansatz, der später Cultural Theory genannt und in vielen Bereichen der Kulturanalyse angewandt wurde, hat zum Ziel, vom Paradigma des methodischen Individualismus abzusehen und die sozialanthropologische Analyse auf die Beziehungen zwischen Sozialstruktur und Symbolismus zu konzentrieren.

6   Bedeutung für die Religionswissenschaft

Für die Religionswissenschaft bietet das Werk von Douglas eine unüberschaubare Fülle von Anregungen, nicht ausgeführten Fährten und Baustellen. Zwei Verdienste sollen hier besonders hervorgehoben werden: Die Analysen von Mary Douglas führen zu einer Einsicht, die in den kommenden Jahren, nach Jahrzehnten der Dominanz des Funktionalismus, wieder an Aktualität gewinnen könnte: Religionen sind auf ein Repertoire von Symbolen angewiesen, die mit ganz unterschiedlicher Intensität in einer Kultur wirksam sein kann. Und es ist inhaltlich und funktional nicht gleichgültig, um welche Symbole es sich dabei handelt.

Das Sensorium für spezifische religiöse Symbolsysteme, bei Rudolf Otto theologisierend missverstanden als Voraussetzung für das Studium der Religionen, wird von Mary Douglas soziologisch in Abhängigkeit von der Sozialstruktur gedeutet, aber nicht anthropologisch aufgelöst. Der moderne Antiritualismus wird dadurch nicht als religionsphilosophisches Problem, aber auch nicht als universalgeschichtliches Phänomen behandelt, das mit Säkularisierung oder einer rationalistisch mystifizierten Moderne gekoppelt ist.

Vielmehr handele es sich beim Säkularismus »um einen urtümlichen Weltauffassungstyp, der (...) das Produkt eines bestimmten Typs von sozialer Erfahrung ist, der in keinem notwendigen Zusammenhang mit dem Stadtleben oder mit der Entwicklung der modernen Wissenschaft steht. (...) die Idee, dass der Primitive von Natur aus tiefreligiös sei, ist einfach Unsinn. In Wirklichkeit gibt es auf dem Niveau der Stammeskulturen ein ebenso vielfältiges Nebeneinander von Skeptizismus, Materialismus und spiritueller Inbrunst wie bei einem beliebigen Querschnitt der Bevölkerung von London« (1974, 33).

Mary Douglas startet damit einen Versuch, die besonders in Westeuropa anzutreffende positive Wertung individualistischer Religiosität, therapeutischer Körperpraktiken und die gleichzeitige Ablehnung des Ritualismus theoretisch und religionsgeschichtlich zu verstehen und mit den entsprechenden sozialstrukturellen Veränderungen in einen Zusammenhang zu bringen. Die Konzentration auf die wechselseitige Abhängigkeit religiöser Ausdrucksmittel und sozialer Erfahrung ermöglicht ihr einen anthropologisch-religionswissenschaftlichen Blick auf die neuere Religionsgeschichte Europas: ein Unternehmen, das noch fortzuführen ist.

Literatur

Zitierte Werke von Mary Douglas

Douglas, Mary (1966), Purity and Danger, An Analysis of the Concepts of Pollution and Taboo, London, Ark (Dt. 1985, Reinheit und Gefährdung. Eine Studie zu Vorstellungen von Verunreinigung und Tabu, Berlin, Reimer).
– (1973/1970), Natural Symbols. Explorations in Cosmology, London, Barrie & Rockliff (Dt. 1974, Ritual, Tabu und Körpersymbolik, Frankfurt a. M., Fischer).
– (1982), The Effects of Modernization on Religious Change, in: Daedalus. Journal of the American Academy of Arts and Sciences 111, 1–19.
– (1999), Leviticus as Literature, Oxford, Oxford University Press.

Weitere Literatur

Fardon, Richard (1999), Mary Douglas: An Intellectual Biography, London, Routledge.
Spickard, James V. (1989), A Guide to Mary Douglas's Three Versions of »Grid/Group« Theory, in: Sociological Analysis 50, 151–170.
Wuthnow, Robert, u. a. (1984), Cultural Analysis. The Work of Peter L. Berger, Mary Douglas, Michel Foucault, and Jürgen Habermas, London, Routledge.

Heide Göttner-Abendroth (geb. 1941)
Eine kritische Vorstellung der Klassikerin der Matriarchatsforschung

Stefanie Knauß

1 Einleitung

Heide Göttner-Abendroth kann – zumindest im deutschen Sprachraum – als die Pionierin der systematischen Matriarchatsforschung bezeichnet werden. Ihre Werke haben nach wie vor großen Einfluss auf die Frauenbewegung und werden auch im wissenschaftlichen Diskurs, zumindest in Fußnoten oder in kritischer Distanzierung, im Kontext von Gesellschaft und Geschlecht zitiert (z. B. Schröter 2005, 50). Obwohl ihr Name also bekannt und geläufig ist, wissen doch die wenigsten Genaueres über ihre Matriarchatstheorie, ihre Annahmen und kritische Anfragen an diese.[1]

Matriarchatsforschung als die Erforschung von frauengeprägten Gesellschaften wird zunächst mit Ethnologie, Archäologie oder Anthropologie, vielleicht auch mit Soziologie assoziiert. Fragen nach der Konstruktion von Geschlecht, Geschlechterrollen und dem Verhältnis von Männern und Frauen spielen dabei die Hauptrolle, weshalb die Matriarchatsforschung auch eines der großen Themen der frühen ethnologischen Geschlechterstudien war (vgl. Schröter 2005) und von der Frauenbewegung als »Beweis« gegen die Behauptung der Naturgegebenheit der patriarchalen Gesellschaftsordnung und der entsprechenden Rollenverteilung aufgegriffen wurde.

Eine »Klassikerin« der Religionswissenschaft ist Göttner-Abendroth nicht nur durch ihre breite positive und kritische Rezeption, sondern auch durch ihre Verwendung religionswissenschaftlichen Materials (Texte, Rituale, Gegenstände) und die enge Verknüpfung von Gesellschaft, Religion und Geschlecht, die in ihrer Beschreibung der prämodernen Gesellschaftsform des Matriarchats deutlich wird.

2 Biographisches[2]

Heide Göttner-Abendroth wurde 1941 in Thüringen geboren und lebte bis zu ihrem zwölften Lebensjahr in der DDR, danach in der BRD. Über ihre Schulzeit in der

---

1 Eine fundierte Kritik bietet Susanne Heine (1987).

2 Vgl. zum Folgenden http://www.goettner-abendroth.de/de/index.php?page=biographie, 29.12.2006, sowie Göttner-Abendroth (2003).

DDR und BRD schreibt sie: »In der damaligen DDR (...) geboren und aufgewachsen, erhielt ich eine Grundschulbildung, in der schon früh mein Interesse an gesellschaftlichen Zusammenhängen geweckt wurde. Wie doktrinär auch immer der theoretische Hintergrund gewesen sein mag, so vernahm ich doch bereits als Kind im Geschichtsunterricht einiges über die Relation von Ökonomie und Kultur, von Sozialordnung und Politik (...). Als ich als Zwölfjährige dann mit dem Schulsystem der ehemaligen BRD (...) Bekanntschaft machte, fand ich mich tief enttäuscht über das inhaltlich zusammenhangslose Stückwerk, das dort unterrichtet wurde, und langweilte mich bis zum Abitur« (Göttner-Abendroth 2003, 63). Sie studierte in München Philosophie, Germanistik, Wissenschaftstheorie und Kulturgeschichte, promovierte 1973 in Philosophie und Wissenschaftstheorie und war danach in Forschung und Lehre an der Universität München tätig. Schon neben dem Studium beschäftigte sie sich mit Theorien zum Matriarchat und machte diese schließlich zu ihrem hauptsächlichen Forschungsinteresse. Mit der Gründung der Akademie *Hagia. Internationale Akademie für moderne Matriarchatsforschung und matriarchale Spiritualität* in Winzer (Bayern) 1986 schuf sie den Rahmen für ihre freien Forschungstätigkeiten, die sie seit mehr als 20 Jahren in Publikationen und Gastprofessuren, u. a. in Innsbruck und Montreal, vertritt. 2003 und 2005 organisierte und leitete sie die beiden ersten internationalen Kongresse zur Matriarchatsforschung in Luxemburg und Texas. Sie lebt und arbeitet in Winzer.

3   Göttner-Abendroths Werk: Methode, Ergebnisse, Wirkung

In ihrem Werk beschäftigt sich Göttner-Abendroth in umfassender Weise mit dem Thema Matriarchat:[3] Ihr geht es um die Beschreibung matriarchaler Gesellschaften in Geschichte und Gegenwart, aus der sie eine Definition des umstrittenen Begriffs »Matriarchat« zu gewinnen versucht; um die Entwicklung einer Theorie, warum die ihrer Meinung nach sehr stabile und langlebige Gesellschaftsform des Matriarchats durch patriarchale Gesellschaften ersetzt werden konnte; und um die Auffindung von Spuren des Matriarchats in heutigen (patriarchalen) Gesellschaften. Diese Themen bearbeitet sie in dem mehrbändigen Werk *Das Matriarchat* (von dem bisher drei Teilbände erschienen sind), sowie in Einzelpublikationen zu bestimmten Teilbereichen, z. B. *Das Matriarchat in Südchina* (1998) oder *Die Göttin und ihr Heros* (1997/1980), in dem sie die matriarchale Mythologie und ihre Transformationen in Märchen und mittelalterlichen Epen untersucht.

Ihr Anliegen ist es, »die Matriarchatsforschung aus diesen ideologischen, gefühlsbesetzten, vorwissenschaftlichen Zonen herauszuführen und sie als eigenes, selb-

---

3 Ich bin mir der Problematik des Begriffs in der wissenschaftlichen Diskussion bewusst, verwende ihn jedoch in dieser Darstellung der Theorie Göttner-Abendroths in ihrem Sinne in bewusster Absetzung von den – ihrer Meinung nach – die Sache verwässernden Begriffen Matrilinearität und Matrifokalität.

ständiges Wissensgebiet mit philosophischer Fundierung einzuführen« (Göttner-Abendroth 1991, 8). Ihre *Methodik* ist vor allem von zwei Aspekten geprägt: der Patriarchatskritik bzw. Ideologiekritik und der Interdisziplinarität (vgl. Göttner-Abendroth 1995/1988, 10f). Das heißt im Einzelnen, dass sie die konventionelle, d. h. patriarchal geprägte Geschichtsforschung und Kulturgeschichte »gegen den Strich« liest, um in den Widersprüchen und Lücken der traditionellen Ansätze Hinweise auf von Frauen geprägte, frühgeschichtliche Gesellschaftsformen zu finden. Dies ist notwendig, weil die patriarchale Geschichtsschreibung dazu tendiert, nur das zu tradieren bzw. später in der Forschung in die Frühgeschichte hinein zu interpretieren, »was immer ins Patriarchat passte« (Göttner-Abendroth 1995/1988, 14). So zeigt sie zum einen im Negativ-Verfahren die Brüche in der Forschung auf, um dann im Positiv-Verfahren die verschiedenen Hinweise auf matriarchale Lebensformen zu sammeln und zu einem einheitlichen Bild zusammenzufügen (vgl. Göttner-Abendroth 1995/1988, 15). Hier ist ein interdisziplinärer Ansatz notwendig, da allein die Geschichtsforschung oder allein die Archäologie, allein die Ethnologie oder allein die Folkloristik nicht ausreichen, um gesicherte Kenntnisse über das Matriarchat zu vermitteln. Vielmehr greift sie aus all diesen Disziplinen, inklusive der Religionswissenschaft und Literaturwissenschaft, Elemente heraus, die nach vergleichenden Analysen als Hinweise auf das Matriarchat und Belege für seine Existenz gelten können. Dazu kommen eigene Forschungsreisen zu noch überlebenden matriarchalen Gesellschaften (dokumentiert z. B. in Göttner-Abendroth 1998). Material und Quellen ihrer Forschung sind sowohl ethnologische Berichte aus unterschiedlichen Zeiten und von unterschiedlicher wissenschaftlicher Qualität, als auch theoretische Ansätze, Mythen, Rituale, bildliche Darstellungen usw. Mit dieser Bandbreite an Material und der Vielfalt der integrierten Disziplinen steht sie in der Tradition einer Jane E. Harrison und anderer Religionswissenschaftler und Religionswissenschaftlerinnen, die eine Ausweitung der Untersuchungsobjekte über die schriftlichen Quellen hinaus und eine Erweiterung der Methoden in den interdisziplinären Bereich für die Untersuchung der Religion als kulturelles Phänomen fordern (z. B. Kippenberg/Stuckrad 2003).

Mit dieser Methode kommt sie zu einer *Beschreibung der matriarchalen Gesellschaft* in ihren ökonomischen, sozialen, politischen und weltanschaulichen Dimensionen (vgl. Göttner-Abendroth 1997a, 15–19).

Im ökonomischen Bereich ist ein Matriarchat meist eine Ackerbaugesellschaft, in der die Verteilung der Güter von Verwandtschaft und Heirat abhängt und vom Gleichheitsprinzip, einer »perfekte[n] Wechselseitigkeit« (Göttner-Abendroth 1997a, 15), bestimmt ist. Frauen sind die Treuhänderinnen des Sippenbesitzes (Land und Haus); eine Anhäufung von Privateigentum wird durch soziale Regeln des Ausgleichs verhindert.

Im Sozialen ist die matriarchale Gesellschaft eine Sippengesellschaft (Gentilgesellschaft), die nach den Prinzipien der Matrilinearität (Verwandtschaft und Erbschaft in der mütterlichen Linie) und Matrilokalität (Töchter bleiben nach der Eheschließung in der Sippe der Mutter) organisiert ist. Eheschließungen finden zwischen Sippen statt, wobei die Männer nur besuchsweise bei ihren Ehefrauen sind[4] und sich enger mit ihren Verwandten über die mütterliche Linie verbunden fühlen als mit der Ehefrau oder den (biologischen) Kindern. Dagegen ist soziale Vaterschaft (d. h. die Vaterrolle gegenüber den Kindern der Schwestern) üblich und wichtig. Oberhaupt der Sippe ist die Sippenmutter.

Politisch ist die matriarchale Gesellschaft eine herrschaftsfreie Konsensgesellschaft, d. h. Entscheidungen werden durch Konsensbildung auf der Ebene der Sippe, des Dorfes und des Stammes getroffen und durch Delegierte (meist Männer) nach außen vertreten. Diese Delegierten sind jedoch an die Entscheidungen ihrer Sippe gebunden. Der Sippenmutter kommt dabei eine »natürliche Autorität« zu, durch die ihre Ratschläge oder Entscheidungshilfen akzeptiert werden, ohne dass ein institutioneller Erzwingungsstab (Polizei o. ä.) notwendig wäre. Soziale Regeln und Sanktionen sorgen dafür, dass dieses System funktioniert (vgl. Göttner-Abendroth 1997 b).

Weltanschaulich (also religiös in einem umfassenden Sinn der Weltdeutung) ist das Matriarchat geprägt von einem konkreten Wiedergeburtsglauben und dem Ahnen- bzw. Ahninnenkult. Frauen kommt darin als Wiedergebärerinnen eine wichtige Rolle zu. Die Natur als Ganze wird als Erd- bzw. Himmels- oder kosmische Göttin verehrt. Durch Kult, Symbolik und Ritus ist die Religion mit der Lebenswelt so eng verknüpft, dass eine Trennung zwischen sakral und profan nicht möglich ist: Matriarchale Gesellschaften sind daher sakrale Gesellschaften.

Das *Geschlechterverhältnis* in matriarchalen Gesellschaften, die dadurch bestimmt sind, dass sie in allen Bereichen von Frauen geprägt und bestimmt werden, ist keineswegs eine Umkehrung des Verhältnisses zwischen Männern und Frauen im Patriarchat: »[D]ie matriarchale Gesellschaftsform war nicht bestimmt von der gewaltsamen, durch militärischen oder psychischen Zwang errichteten Herrschaft über andere Menschen (…), sondern matriarchale Gesellschaften waren nicht-hierarchisch und herrschaftsfrei« (Göttner-Abendroth 1988, 13). Männer und Frauen sind einander komplementär zugeordnet, wobei der Frau als Wiedergebärerin der Ahnen/Ahninnen eine hohe Position zukommt, sie diese aber nicht zur Unterdrückung der Männer ausnutzt. »Wir sehen in der matriarchalen Vorstellungswelt das männliche Prinzip also ganz und gar eingebettet in ein weibliches Universum. Von einem agonalen Gegensatz zwischen beiden Polen ist nicht die Rede. Antagonistische Pole zu konstruieren widersprach den integrierenden Fähigkeiten der matriarchalen Frau (…)« (Göttner-Abendroth 1997/1980, 20). Die horizontalen Verwandtschaftsbeziehungen und die herrschaftsfreie Gesellschaft verhindern die Unterdrückung des einen Geschlechts durch das andere. Matriarchat bedeutet also nicht die Herrschaft[5] von Frauen über Männer, sondern die Integration beider Geschlechter

---

4 Hier gibt es allerdings eine Bandbreite von matriarchal geprägten Beziehungsformen, die von lockeren, kurzzeitigen Beziehungen über Besuchsehe, polygame Beziehungen und Gruppenehen zwischen Cousins und Cousinen zu einem Leben

im gemeinsamen Haushalt reicht. Vgl. die Beschreibungen in Göttner-Abendroth (1991/2000).
5 Der sowohl in Matriarchat als auch Patriarchat enthaltene Begriff »arché« kann sowohl »Herrschaft« als auch »Beginn« bedeuten; »Matriar-

in einen als heilig verstandenen Kosmos. Im religiösen Bereich wird das Geschlechterverhältnis im Schema der dreigestaltigen Göttin (Mädchen, Frau, Greisin) und ihres Heros repräsentiert, wobei die Göttin die (weiblichen) Kräfte der Natur (sowohl Leben als auch Tod und dann Wiedergeburt bringend) symbolisiert und der Heros die Menschen als männlich und weiblich; der Mythos dient hier also nicht der Legitimierung der Unterdrückung des einen Geschlechts (vgl. Göttner-Abendroth 2003, 84). Dies zeigt sich auch im rituellen Bereich, an dem Frauen wie Männer aktiv beteiligt sind und z.B. Initiationsrituale für beide Geschlechter existieren. In manchen Gesellschaften ist auch der Wechsel von einem (sozialen) Geschlecht zum anderen möglich, der allerdings streng reguliert wird (vgl. Göttner-Abendroth 2000, 66; Schröter 2005, 63). Zu dem ausgeglichenen Verhältnis zwischen den Geschlechtern trägt vermutlich zu einem nicht unwesentlichen Teil die Aufteilung der Arbeits- und Lebensbereiche zwischen Männern und Frauen sowie die längere Abwesenheit der Männer auf Jagdzügen bei (vgl. Heine 1987, 112).

Göttner-Abendroth geht davon aus, dass diese Gesellschaftsform in der Jungsteinzeit (ca. 10000–2000 v.u.Z.) global verbreitet war und nur durch äußere Einflüsse (je nach Zeit und Gebiet unterschiedlich: katastrophische Veränderungen der Lebensbedingungen, Wanderungsbewegungen, Existenzkämpfe oder Eroberungen, vgl. Göttner-Abendroth 1997b, 30–35) untergehen konnte. Noch heute finden sich allerdings Gesellschaften, die mehr oder weniger deutliche matriarchale Elemente zeigen (z.B. die Mosuo in Südchina; Juchitán in Mittelamerika); ebenso weisen einzelne Züge in Mythen und Märchen auf frühere matriarchale Strukturen der entsprechenden Gesellschaften hin.

Göttner-Abendroths Theorie hat vor allem in der Frauenbewegung starke positive *Wirkung* gehabt: Ihre Annahme, dass Matriarchate geschichtliche Wirklichkeit waren, entkräftet die These von der Naturgegebenheit des Patriarchats und wirkt als Anregung mit utopischer Kraft, über andere, nicht-patriarchale Gesellschaftsformen, in denen ein ausgewogenes Verhältnis zwischen den Geschlechtern besteht, nachzudenken. Von Gerda Weiler und Christa Mulack (neben anderen) werden Göttner-Abendroths Thesen in einem feministisch-theologischen Zusammenhang aufgegriffen und Elemente matriarchaler Spiritualität und Gesellschaften im Alten Testament (vgl. Weiler 1983) und jüdisch-christlichen Gottesbild (vgl. Mulack 1983) gesucht bzw. patriarchale Züge kritisiert.[6] In der Ethnologie, Anthropologie, Archäologie und Religionswissenschaft steht man ihrer Theorie meist eher ablehnend gegenüber, da die Existenz des von ihr beschriebenen Matriarchats mit ihrer Methode nicht nachgewiesen werden kann, sondern allenfalls matrilineare und/oder in sozialen Teilbereichen von Frauen geprägte Gesellschaften gefunden werden können; auch das archäologische und ethnologische Material kann nicht als eindeutiger Be-

---

chat« wird daher als »im Anfang die Mütter« übersetzt, während »Patriarchat« die »Herrschaft der Väter« bedeutet. Vgl. Göttner-Abendroth (1997/1980), 17.

6 In diesem Zusammenhang wird auch der Vorwurf des Antisemitismus (Göttinnenmord und Ursprung des Patriarchats im Judentum) und des totalitären Anspruchs ihrer Theorien erhoben. Vgl. Natmessnig (1994).

leg für die Faktizität von Matriarchaten gelten[7] (vgl. zur Diskussion Eller 2000; Schröter 2005; Röder/Hummel/Kunz 1996).

4   Kritische Anmerkungen

Unabhängig von der Zuverlässigkeit und Interpretation der Quellen und Materialien sind kritische Rückfragen an Göttner-Abendroths *methodischem Umgang* notwendig. Zwar sind Patriarchatskritik und Interdisziplinarität Ansätze, die dem Thema entsprechen und wichtige, neue Erkenntnisse bringen (können). Wie Kurt Derungs und Göttner-Abendroth selbst schreiben (Derungs 1997, 10; Göttner-Abendroth 1988, 39), besteht die Matriarchatsforschung jedoch häufig aus dem Sammeln und Zusammenfügen von Mosaiksteinchen aus verschiedensten Quellen und Gesellschaften, und es bleibt fraglich, ob zum einen diese Quellen vergleichbar sind, und zum anderen die Steinchen auch tatsächlich zu dem »richtigen« Bild zusammengesetzt werden können – aus einer Sammlung bunter Steine können schließlich sehr verschiedene Bilder entstehen. Dass in diesem Fall das Bild der idealen matriarchalen Gesellschaft entsteht, liegt also wohl weniger an den Steinen, also den Quellen und ihrer Analyse, als an der Vorannahme – die Göttner-Abendroth auch offen so formuliert –, dass Matriarchate existierten und »nur noch« im Detail beschrieben werden müssen (vgl. Göttner-Abendroth 1988, 38), was zu einem Zirkelschluss von Voraussetzung und Ergebnis führt. Dieser Problematik ist sie sich jedoch anscheinend nicht bewusst. Ihre Beschreibung der matriarchalen Gesellschaften klingt dementsprechend eher nach einer Wunschvorstellung von einer Gesellschaft idealer Menschen, als nach der Beschreibung menschlicher Realität, wobei die Vermischung verschiedener Entwicklungsstufen der entsprechenden Gesellschaft oder mythischen Texte nicht zur Klärung und Nachvollziehbarkeit beiträgt (vgl. Göttner-Abendroth 1991/2000; 1997). Dazu kommt, dass sie zum großen Teil mit sekundären Quellen arbeitet und häufig wichtige Aussagen nicht genau oder gar nicht belegt.[8]

Susanne Heine weist darauf hin, dass die Vermischung von Ideologiekritik und die Formulierung neuer Erkenntnisse schließlich in diesem Zirkel von Vorannahme und Ergebnis dazu führt, dass nicht ist, was nicht sein darf – eine Haltung, die an

---

7 Cynthia Eller fasst ihre Kritik an den Matriarchatstheorien und ihren Folgerungen aus dem archäologischen Material so zusammen: »The myth of matriarchal prehistory is an impressive – and to some, a beautiful and enticing – house of cards. The cards of which it is built are not totally flimsy. Some are plausible interpretations of historical and artifactual data. But others are patently absurd. They are either bad interpretations of the available data, or assertions based on no data at all. Taken together, the structure is unstable, and if there were not things stronger than

archaeological or historical evidence holding it up – things like passionate hope and religious faith – it would be in imminent danger of collapse« (Eller 2000, 180).

8 Dies mag durchaus am eher populärwissenschaftlichen, »romanhaften« Stil ihrer Werke liegen, erschwert aber eine Nachprüfbarkeit ihrer Aussagen und lässt die Kritik der Unwissenschaftlichkeit überzeugend klingen, unabhängig davon, wie gründlich ihre wissenschaftliche Ausbildung oder Arbeit vor der Publikation auch gewesen sein mag.

totalitäre Systeme, ob links oder rechts im politischen Spektrum, erinnert: Hinweise, die gegen die Existenz eines Matriarchats sprechen, werden als patriarchal bedingte Vorurteile abgelehnt, während das als objektiv gültig gewertet wird, was den eigenen Interessen entspricht (vgl. Heine 1987, 92 f). Matriarchatstheorie wird so von einer wissenschaftlichen Erforschung der Frühgeschichte zur ideologischen Haltung.

Problematisch im Zusammenhang mit Gender-Theorien ist ihre Annahme einer Polarität der Geschlechter in Komplementarität, die jedoch immer wieder in eine Bewertung der Frau als gut, hilfsbereit, ausgleichend abgleitet (vgl. Göttner-Abendroth 1997/1980, 20 ff), während Männer (zumindest im Patriarchat) unterdrückend und ausbeutend oder (selbst im Matriarchat) aggressiv sind (vgl. Göttner-Abendroth 1988, 83). Man könnte argumentieren, dass eine herrschaftsfreie Gesellschaft auch herrschaftsfreie Menschen hervorbringt (wobei auch die verschiedenen kommunistischen Versuche, etwas derartiges zu erreichen, scheiterten), aber das erklärt trotzdem die tendenziöse Beschreibung von Frauen und Männern in Göttner-Abendroths Werk nicht, die eher auf einen *implizit essentialistischen Weiblichkeitsbegriff* schließen lässt, nach dem das »Wesen« der Frau, wenn es sich im Matriarchat, in Mutterschaft und engen Beziehungen entfalten kann, eine bessere Welt und Sozialordnung schafft (vgl. Eller 2000, 6 f).

Nicht eben zur Überzeugungskraft ihrer Thesen tragen außerdem verschiedene *Widersprüche* bei, die sich in Göttner-Abendroths Werk finden: Zwar kennen nach ihrer Beschreibung matriarchale Gesellschaften keine Gewalt, Waffen oder militärische Strukturen (vgl. Göttner-Abendroth 1988, 17), aber trotzdem gibt es Vorgänger-Nachfolger-Kämpfe um die Position des Heros/Königs und wird die Mondgöttin in ihrer ersten Gestalt mit Kämpfertum assoziiert (vgl. Göttner-Abendroth 1997/1980). Die matriarchale Spiritualität wird deutlich von der patriarchalen »Religion« (was bei Göttner-Abendroth mit »Christentum« gleichgesetzt werden kann) unterschieden, wobei ein Unterscheidungsmerkmal das Fehlen einer PriesterInnenklasse ist (vgl. Göttner-Abendroth 1988, 51–59; Göttner-Abendroth 1997/1980, 13 f); andererseits ist die Rede von Priesterinnen und Priesterinnenkollegien in verschiedenen matriarchalen Kulturen (vgl. Göttner-Abendroth 1988, 27; z. B. in Ägypten: Göttner-Abendroth 1997/1980, 72). Auch das Verhältnis zwischen den Geschlechtern ist nicht so eindeutig harmonisch, wie sie es beschreibt: Wenn allein Frauen Beziehungen initiieren und beenden oder die ökonomische Macht haben, während Männer eher als Gäste betrachtet werden, sind die Geschlechterrollen nicht eben ausgewogen, und es liegt allein an der Frau, dass sie ihre Macht nicht missbraucht (vgl. z. B. Göttner-Abendroth 2000, 84). Auch folgende Beschreibung zeugt nicht eben von der Harmonie des Verhältnisses zwischen Männern und Frauen (ohne damit der Kultur der Newar Unterdrückung der Männer vorzuwerfen, sondern allein von Göttner-Abendroths Formulierungen ausgehend): »Die Frauen, die ich in Gruppen mit Hacken die Äcker bearbeiten sah, hatten hübsche Gesichter, langes, kräftiges Haar, und ihre schmalen Augen blitzten beim Reden und Lachen. Sie zeigten keinerlei Verschüchterung oder Scheu, auch uns Fremden gegenüber nicht. Die Männer blickten dagegen nicht auf, sondern arbeiteten, einzeln oder zu zweit, mit ihren schweren Grabscheiten weiter, schwangen sie wie Hacken an kurzem Stiel« (Göttner-Abendroth 1991, 40).

Die Emotionalität und Unsachlichkeit, die Göttner-Abendroth bei ihren Kritikern und Kritikerinnen beklagt[9] (Göttner-Abendroth 1988, 12), findet sich ebenso in ihren eigenen Werken: Die *wertende Sprache* ihrer Beschreibungen matriarchaler bzw. patriarchaler Gesellschaften[10] sowie die polemische Abwehr der Kritik an ihren Theorien (Göttner-Abendroth 2003)[11] spricht nicht für den wissenschaftlichen Anspruch, den sie selbst an ihre Forschung stellt.

5 Göttner-Abendroths Relevanz für Gender-Studies in der Religionswissenschaft

Als »Klassikerin« ist Göttner-Abendroth daher vor allem im Blick auf ihre (populäre) Wirkung zu bezeichnen: Sie wird als die Initiatorin einer systematischen Erforschung des Matriarchats wahrgenommen und gewürdigt. Im religionsgeschichtlichen Kontext kommt ihr die Rolle einer Pionierin der systematischen Forschung über von Frauen geprägten Gesellschaften und ihre kulturellen/religiösen Dimensionen zu, auch wenn man sich von ihrer Methode oder ihren Erkenntnissen kritisch absetzt. Wichtig ist dabei vor allem die Erkenntnis der Notwendigkeit interdisziplinärer Methoden für die Untersuchung des Verhältnisses von Gesellschaftsform, Religion und Geschlecht und der Vieldimensionalität von Geschlechterrollen in Gesellschaften. Interessant aus einer religionswissenschaftlichen Perspektive ist die enge Verknüpfung von Religion, Geschlecht und Gesellschaft: Die religiöse Dimension in der von Göttner-Abendroth (re-)konstruierten matriarchalen Gesellschaft prägt die Geschlechterrollen und -verhältnisse grundlegend, und Veränderungen des religiösen Kontextes würden eine Veränderung der gesamten Gesellschaft nach sich ziehen. Diskutierenswert bleiben auch ihre Patriarchatskritik und Analysen der Transformation von Geschlechterrollen in mythischen Texten. Ihre Definition einer nicht-patriarchalen, nicht-hierarchischen Gesellschaftsform, in der Frauen und Männer auf al-

---

9 Wobei sie die fundierte, systematische Kritik von Susanne Heine (1987) angemessenerweise nicht erwähnt, obwohl erstaunlich ist, dass sie in ihrer Reaktion auf die KritikerInnen der Matriarchatsforschung gar nicht darauf eingeht. Vgl. Göttner-Abendroth (2003).

10 »Die in unseren Geschichtsbüchern übliche Verherrlichung der Hirtenkultur als der Ackerbaukultur geistig und kulturell überlegen entbehrt jeder sachlichen Grundlage. (…) Darum werden Hirtenbaukulturen von der neueren anthropologischen Forschung [keine Quellenangabe] (…) klar als einseitig spezialisierte, parasitäre Ableger der Ackerbaukultur mit entsprechend kultureller Verarmung bezeichnet«. Vgl. Göttner-

Abendroth (1991), 59. »Die Beziehungen [in matriarchalen Sippen] waren daher liebevoll und familial, nicht geprägt von der Herrschaft eines fremden, erobernden Volkes über ein anderes, unterworfenes Volk«. Vgl. Göttner-Abendroth (1988), 12.

11 Wobei interessanterweise auf beiden Seiten mit psychologischen Kategorien gearbeitet wird, die einer angemessenen Behandlung eines wissenschaftlichen Themas nicht gerecht werden und die inhaltliche Diskussion auf eine personale Ebene ziehen, auf der sachliche Argumentation unmöglich wird. Vgl. Mulack (2003); Göttner-Abendroth (2003).

len Ebenen und in allen Bereichen gleichberechtigt integriert sind, mag insofern als Anregung für gesellschaftliche Veränderungen und als Kontrastfolie für eine Patriarchatskritik dienen, wenn man sie auch nicht als Beleg für die geschichtliche Existenz dieser Gesellschaften verstehen kann.

Literatur

Zitierte Werke von Heide Göttner-Abendroth

Göttner-Abendroth, Heide (1988), Für die Musen. Neun Essays von Heide Göttner-Abendroth, Frankfurt a. M., Zweitausendeins.
– (1991), Das Matriarchat II,1, Stammesgesellschaften in Ostasien, Indonesien, Ozeanien, Stuttgart, Kohlhammer.
– (^{3}1995/1988), Das Matriarchat I, Geschichte seiner Erforschung, Stuttgart, Kohlhammer.
– (1997/1980), Die Göttin und ihr Heros, erw. u. vollst. überarb. Neuaufl., München, Verlag Frauenoffensive.
– (1997 a), Zur Definition von »Matriarchat«, in: Dies./Derungs, Kurt, Hg., Matriarchate als herrschaftsfreie Gesellschaften, Bern, edition amalia, 13–25.
– (1997 b), Matriarchate als herrschaftsfreie Gesellschaften, in: Dies./Derungs, Kurt, Hg., Matriarchate als herrschaftsfreie Gesellschaften, Bern, edition amalia, 26–38.
– (1998), Matriarchat in Südchina, Eine Forschungsreise zu den Mosuo, Stuttgart, Kohlhammer.
– (2000), Das Matriarchat II,2, Stammesgesellschaften in Amerika, Indien, Afrika, Stuttgart, Kohlhammer.
– (2003), »Verhindert sie mit allen Mitteln!« Die Diskriminierung der modernen Matriarchatsforschung und die praktischen Folgen, in: AutorInnengemeinschaft, Hg., Die Diskriminierung der Matriarchatsforschung. Eine moderne Hexenjagd, Bern, edition amalia, 63–87.

Weitere Literatur

Derungs, Kurt (1997), Einleitung, in: Göttner-Abendroth, Heide/Derungs, Kurt, Hg., Matriarchate als herrschaftsfreie Gesellschaften, Bern, edition amalia, 7–12.
Eller, Cynthia (2000), The Myth of the Matriarchal Prehistory. Why an Invented Past Won't Give Women a Future, Boston, Beacon.
Heine, Susanne (1987), Wiederbelebung der Göttin? Zur systematischen Kritik einer feministischen Theologie, Göttingen, Vandenhoeck & Ruprecht.
Kippenberg, Hans Gerhard/Stuckrad, Kocku von (2003), Einführung in die Religionswissenschaft. Gegenstände und Begriffe, München, Beck.
Mulack, Christa (^{2}1983), Die Weiblichkeit Gottes. Matriarchale Voraussetzungen des Gottesbildes, Stuttgart, Kreuz Verlag.
– (2003), Die Matriarchatsforschung in der Diskussion – eine Verteidigung, in: AutorInnengemeinschaft, Hg., Die Diskriminierung der Matriarchatsforschung. Eine moderne Hexenjagd, Bern, edition amalia, 41–62.

Natmessnig, Anita (1994), Antisemitismus und feministische Theologie, in: Kohn-Ley, Charlotte/Korotin, Ilse, Hg., Der feministische »Sündenfall«? Antisemitische Vorurteile in der Frauenbewegung, Wien, Picus Verlag, 185–208.

Röder, Brigitte/Hummel, Juliane/Kunz, Brigitta (1996), Göttinnendämmerung, Das Matriarchat aus archäologischer Sicht, München, Droemer Knaur.

Schröter, Susanne (2005), Zwischen Exotisierung und Homogenisierung. Geschlechterforschung in der Ethnologie, in: Bussmann, Hadumod/Hof, Renate, Hg., Genus. Geschlechterforschung/Gender Studies in den Kultur- und Sozialwissenschaften. Ein Handbuch, Stuttgart, Alfred Kröner, 42–78.

Weiler, Gerda (1983), Ich verwerfe im Lande die Kriege. Das verborgene Matriarchat im Alten Testament, München, Verlag Frauenoffensive.

Teil III

Tradierung von Gender-Konstruktionen in religiösen Symbolsystemen

Einleitung

Carmen Moser Nespeca

Im vorangehenden Teil ging es um die Frage, wie Forschende innerhalb bestimmter religionswissenschaftlicher Diskurse wahrgenommen wurden und weshalb Frauen unter den so genannten Klassikern nicht vertreten sind. Der vorliegende Teil *Tradierung von Gender-Konstruktionen in religiösen Symbolsystemen* spannt die gestellten Fragen weiter. Im Blick ist nun aber nicht mehr die Wahrnehmung von Traditionen innerhalb des Faches, sondern die Tradierung von Wissen in religiösen Symbolsystemen über diachrone Zeitachsen hinweg. Unter Tradierung wird hier die Weitergabe von Weltbildern, Denk- und Handlungsmustern verstanden; es handelt sich um kommunikative Vorgänge, bei welchen ein spezifischer Bestand an Fertigkeiten, Gebräuchen, Haltungen, Normen, Riten, Gesten, Symbolen, Kostümen, Vorbildern, Texten und Erzählungen, Bildern, usw. weitervermittelt werden (Cancik 2001).

Solche Kommunikationsvorgänge über die diachrone Achse hinweg sind eng verbunden mit Transformationsprozessen. Traditionen verändern sich, Religionssysteme können als stets in Wandlung verstanden werden. Gleichzeitig werden sie aus einer emischen Sichtweise oft als statisch und beständig dargestellt, der Begriff »Tradition« wird umgangssprachlich für etwas Altes und Kontinuierliches verwendet. Damit verbunden ist die in Mitteleuropa auch heute noch vorherrschende Suche nach dem Ursprung einer Vermittlungslinie. Der Anfang wird oft als reiner, besser oder je nach Sichtweise auch göttlicher betrachtet als jüngere Stadien einer Überlieferung. Das Alter einer Tradition verschafft ihr Autorität (Cancik 2001, 248 f). Diese Tatsache ist besonders im Hinblick auf die Tradierung von Geschlechterrollen wichtig. Geschlechterrollen werden mit einem Vermerk auf eine ihnen anhaftende Natürlichkeit, Ursprünglichkeit oder Festlegung durch göttliche Machtstrukturen als gegeben, unangreifbar und unänderbar dargestellt (Bowie 2005).

Religionssysteme verfügen aber nicht über eine einzige Traditionslinie, sondern über mehrere solcher Stränge, die ineinander fließen und, wie alle in diesem Kapitel eingeordneten Aufsätze zeigen, ein komplexes Netzwerk bilden. Die einzelnen Teile solcher Traditionssysteme unterliegen dabei nicht immer derselben Zeitstruktur. Einzelne Bereiche können sich schneller oder langsamer als andere entwickeln – eine Tatsache, die bezüglich eines Blicks auf die diachrone Linie natürlich interessant ist. Um diese verschiedenen Traditionsstränge wissenschaftlich auseinander zu halten, haben sich die Kategorien »dominant« und »marginal« als besonders nützlich erwiesen, wobei weibliche Traditionen meist auf der Seite der marginalisierten Linien zu finden sind. Hier hakt Birgit Heller mit ihrem Beitrag *Wissen, Weisheit und Ge-*

schlecht ein. Sie hebt hervor, dass die dominante brahmanisch geprägte Hindu-Kultur bis heute von Männern beinahe ausschließlich an Männer weitergegeben wird. Von Frauen vermitteltes Wissen hingegen gehört zur inoffiziellen, marginalisierten Lehre. Heller betont deshalb die große Bedeutung, welche der Zusammenhang von Wissen und Geschlecht für die Konstruktion religiöser Symbolsysteme hat. Sie streicht heraus, das es in den Hindu-Religionen große Unterschiede zwischen der weiblichen religiösen Symboltradition und der normativen Konstruktion von Frauenrollen gibt. Dies zeigt sich beispielsweise anhand von Abweichungen in den epischen und devotionalen Traditionen gegenüber der brahmanisch geprägten normativen Überlieferung.

Funktionen von Tradierungen sind zu finden in der Identifikation mit der eigenen Gemeinschaft – durch Vermittlung bestimmter Inhalte werden Identität und Konformität geschaffen – und der Abgrenzung von Gruppen mit anderen Überlieferungssträngen. Diese beiden Größen fließen ineinander und hängen voneinander ab. Tradition vermittelt Orientierung in beiden Richtungen: »Tradition entlastet; sie nimmt Entscheidungen ab, macht das Verhalten des anderen in einem allgemein verbindlichen Bezugsrahmen vorhersehbar« (Cancik 2001, 247). Durch Tradierung bestimmter Botschaften werden also Grenzen geschaffen und die abgegrenzten Räume mit Weltbildern gefüllt. Dazu gehört auch die Konstruktion von Geschlechterrollen. Solche Grenzen, auch bezüglich der Größe Gender, können aber natürlich auch eine gewisse Durchlässigkeit besitzen. Martin Lehnert setzt in seinem Aufsatz *Jenseits der Geschlechterpolarität?* hier ein. Anhand verschiedener Momente aus der Geschichte des ostasiatischen Buddhismus setzt er sich ganz allgemein mit Gender-Zuweisungen auseinander und stellt die herkömmliche duale Geschlechterkonstruktion in Frage. Sein Fokus liegt dabei auf der Frage, wie man wissenschaftlich Konzepte fassen kann, welche sich von unserem heutigen (westlichen) Sprachgebrauch grundsätzlich unterscheiden. Das Potential des Buddhismus für nicht-heteronormative Konstruktionen wird hervorgehoben und damit die Aktualität buddhistischer Denkfiguren für die Gender-Studies angedeutet.

Der Fokus auf die Größe Gender erschließt also vorhandene Quellenmaterialien einem neuen Blickwinkel und macht Primärquellen, welche bis dahin kaum wahrgenommen worden waren, der Forschung zugänglich. Alle in diesem Kapitel eingeordneten Aufsätze zeigen, dass man als religiös geprägte Geschlechterrollen das bezeichnen kann, was in einem bestimmten religiösen Symbolsystem als angemessenes und/oder geltendes Weltbild und Verhalten für ein bestimmtes Geschlecht festgelegt ist (Bowie 2005). Bärbel Beinhauer-Köhler verweist in ihrem Beitrag *Genderizing Fāṭima?* darauf, dass ein gradueller Unterschied darin besteht, ob eine Heilsgestalt implizit oder explizit mit Gender-Normen in Verbindung gebracht wird. Sie zeigt auf, dass Fāṭima sowohl als implizites als auch als explizites Rollenmodell interpretiert werden kann. Implizite Rollenmodelle ortet sie in Gender-Konstruktionen der Prophetentochter, in welchen sie religiös überhöht und als Mann beziehungsweise als göttliche Königin bezeichnet wird. Explizite Rollenmodelle finden sich dagegen dort, wo Fāṭima als »vollkommenes Vorbild für die Frauen des Islam« propagiert wird. Interessant ist dabei, dass das Bild der Prophetentochter, welches historisch kaum fassbar ist, je nachdem in die gewünschte Richtung zurecht gebogen werden kann. Beinhauer-Köhler macht am Beispiel der iranischen Revolution deutlich, dass die Konstruktion des Gender-Modells sowohl stark von der Position des Autors oder der Autorin abhängt als auch vom Geschlecht des intendierten Zielpublikums. Religiöse Botschaften werden also von bestimmten Leuten mit gewissen Intentionen tradiert. Tradierung kann deshalb gewissen Gesetzmäßigkeiten folgen. Die Überlieferung religiöser Inhalte kann aber auch mehr oder weniger willkürlich erfolgen. Man kann sich fragen, inwieweit Tradierungsmechanismen eine Eigendynamik entwickeln und inwiefern sich Vermittler und Adressaten einer Übermittlung dieser bewusst sind. Das Wechselspiel zwischen Gesetzmäßigkeit und Willkür bezüglich religiöser Tradierung thematisiert Kocku von Stuckrad in seinem Beitrag *Die Schekhina vom Sohar bis zu Madonna*. Er geht der Frage nach der Körperlichkeit Gottes in den abrahamitischen Religionen im Allgemeinen und besonders im Judentum nach. In der Idee der Schekhina als Gegenpol zu einem männlichen Gottesbild sieht von Stuckrad einen Gradmesser für die Konstruktion von Weiblichkeit. Dies wird anhand ausgewählter Beispiele aus dem 12./13., dem 17. und dem 20. Jahrhundert untersucht.

Tradierungsmuster und -inhalte sind stark von kultur- und zeitspezifischen Eigenheiten geprägt. Verschiedene Übermittlungsinhalte werden bisweilen in der Retrospektive in dieselbe Kategorie eingeteilt, obwohl sich klare Unterschiede zwischen einzelnen Ausformungen eines vermittelten Motivs zeigen. Theresia Heimerl geht in ihrem Artikel *Dämoninnen und Vampirinnen* der Frage nach, ob man ähnliche Übermittlungsinhalte über eine längere Zeitdauer hinweg beobachten kann. Sie präsentiert einen weit gefassten Blick auf Dämoninnen und Vampirinnen von der vorderorientalisch-mediterranen Religionsgeschichte über das europäische Mittelalter und die viktorianische Literatur bis zum Film der Postmoderne. Dabei geht Heimerl von der These aus, dass Dämoninnen Zeugnis über die »dunklen Ecken« von Gender-Konstruktionen ablegen und dass sich an den jeweiligen Beispielen Veränderungen und Konstanten der Geschlechter-Modelle ablesen lassen.

Tradierung hängt eng mit Erinnerung zusammen. Dabei lassen sich gerade für religiöse Systeme verschiedene Arten des Gedächtnisses herauskristallisieren. Man könnte Erinnerung z.B. nach den Kategorien *imagistic* und *doctrinal* unterteilen (Whitehouse 2004). Erstere basiert gemäss dieser Theorie auf episodischen Gedächtnisinhalten, sie ist eng verknüpft mit jeweils individuellen Erfahrungen. Imagistische religiöse Erinnerungen sind gefühlsgeladene Erfahrungen, die sehr unterschiedlichen und spezifischen Auslegungsmöglichkeiten offen sind. Die doktrinische Erinnerungsart basiert dagegen auf unpersönlichen religiösen und abstrakten Erfahrungen und hängt von einem semantischen Erinnerungsgefäß einer Gemeinschaft ab. Um aus solchen verschiedenen Erinnerungsarten Traditionsstränge zu formen, sind die Übermittler angewiesen auf Aufzeichnungsmöglichkeiten für religiöse Botschaften. Wie der Teil IV dieses Handbuchs zeigt, lassen sich verschiedene mögliche Überlieferungsarten und Medien, derer sich in religiösen Symbolsystemen bedient wird, finden (siehe dazu auch Stolz 2004, 13–27). Einen diachronen Blick auf zwei solche Medien wirft Bridget Gilfillan Upton in ihrem Aufsatz *Maria Magdalena im Film und in den Evangelien*. Gilfillan Upton schaut mit einem vergleichenden Blick auf die Darstellung und Bedeutung Maria Magdalenas in drei ausgewählten Filmen des 20. Jahrhunderts und in den vier kanonischen Evangelien. Sie kristallisiert heraus, dass sich die Filme zwar explizit oder implizit auf die Evangelien berufen, dass sie aber ebenso stark von der sich über die Jahrhunderte verändernden christlichen Interpretation dieser Evangelien geprägt sind. Es lassen sich also verschiedene gleichzeitig nebeneinander bestehende Traditionslinien finden, die sich wechselseitig prägen.

Die sechs Beiträge in diesem Kapitel nähern sich dem komplexen Thema religiöser Tradierung also sehr unterschiedlich an. Gemeinsam ist ihnen eine doppelte Fragestellung: Einerseits steht die Frage im Zentrum, wie die Überlieferung von Gender-Rollen in religiösen Symbolsystemen funktioniert. Andererseits geht es in allen Beiträgen zumindest implizit um die Grundfrage, wie Teilstücke ausgewählter religiöser Symbolsysteme überhaupt zu fassen sind und wie diese mit religionswissenschaftlichen Kategorien beschrieben werden können. Das komplexe Wechselspiel dieser beiden Ebenen und auch allgemein die Rolle, welche solche religiösen Traditionen in der Konstruktion von Geschlechtermodellen einnehmen, ist damit natürlich keineswegs abschließend erforscht. Die vorliegenden Beiträge bieten aber interessante Einblicke in die Erkundung des Zusammenwirkens von religiöser Überlieferung und Geschlechtskonstruktionen.

Zitierte und weiterführende Literatur

Bowie, Fiona ([2]2005), Gender Roles, in: Jones, Lindsay, Hg., Encyclopedia of Religion Bd. 5, Detroit u. a., Thomson Gale, 3420–3423.

Cancik, Hubert (2001), Tradition, in: Ders./Gladigow, Burkhard/Kohl, Karl-Heinz, Hg., Handbuch religionswissenschaftlicher Grundbegriffe Bd. 5, Stuttgart, Kohlhammer, 244–251.

Engler, Steven/Grieve, Gregory P., Hg. (2005), Historizing »Tradition« in the Study of Religion, Berlin, De Gruyter.

Henten, Jan Willem van (2001), Religious Identity and the Invention of Tradition: Papers Read at a Noster Conference in Soesterberg, January 4–6, 1999, Assen, Royal Van Gorcum.

Larbig, Thorsten u. a. (2006), Tradition and Tradition Theories: An International Discussion, Berlin, LIT Verlag.

Stolz, Fritz (2004), Religion und Rekonstruktion. Ausgewählte Aufsätze, Göttingen, Vandenhoeck und Ruprecht.

Whitehouse, Harvey (2004), Modes of Religiosity: A Cognitive Theory of Religious Transmission, Walnut Creek, Altamira Press.

Wissen, Weisheit und Geschlecht
Ambivalente Geschlechtskonstruktionen in Hindu-Traditionen

Birgit Heller

1 Wissen, Weisheit und Macht

In der klassisch-brahmanischen Tradition des Hinduismus spielen religiöses Wissen, Bildung und Gelehrsamkeit eine große Rolle. Die Faktoren Wissen und Interpretationskompetenz – gemeint ist die Fähigkeit zur verbindlichen Deutung der Überlieferung – wirken sich entscheidend auf den religiösen und sozialen Status aus. Die religiöse Initiation eröffnet den Zugang zum Studium der religiösen Überlieferung und wird als zweite Geburt betrachtet. Traditionellerweise werden nur Knaben der drei oberen Gesellschaftsschichten zur religiösen Initiation zugelassen. Die Argumentationsstrukturen für den Ausschluss von Mädchen und Frauen aus Bildung und Wissen weisen in allen religiösen Traditionen, die im Kontext patriarchal geprägter Gesellschaften entstanden sind, große Ähnlichkeiten auf. Dies gilt besonders für das rabbinische Judentum, wo das religiöse Wissen eine vergleichbar wichtige Bedeutung besitzt,[1] aber auch – mit gewissen Einschränkungen – für Christentum, Buddhismus und Islam.

Da der Zugang von Frauen zu Wissen den Schlüssel für Veränderung in den religiösen Traditionen und sämtlichen Bereichen der Gesellschaft bildet, ist der Zusammenhang von Wissen und Geschlecht als eine zentrale Fragestellung im Kontext der Geschlechterforschung zu betrachten. Wissen und Weisheit sind zwar nicht deckungsgleich, aber doch tief miteinander verbunden. Gerade die Tradition des Veda, des heiligen Wissens, die für den brahmanisch geprägten Hinduismus normativ ist, bringt zum Ausdruck, dass religiöse Wissenstradition in der intuitiven Schau wurzelt. Die älteste vedische Überlieferung wird den mythischen Sehern – genannt werden auch einige Seherinnen – der Vergangenheit zugeschrieben, die die Worte »geschaut« haben. Der weise Mensch, der die spirituelle Vollkommenheit erlangt hat, muss in den späteren, nachvedischen Hindu-Religionen nicht zwangsläufig ein wissender Mensch sein. Er kann sein Ziel auch auf dem Weg der Hingabe an Gott erreichen. Sehr oft aber ist spirituelle Weisheit gekoppelt an religiöses Wissen, insofern

---

1 Die brahmanisch-hinduistische Überlieferung und die rabbinisch geprägten Traditionen des Judentums weisen hinsichtlich Stereotypenbildung und Argumentationsmustern bemerkenswerte Analogien auf, vgl. dazu Heller (1999b).

die Erfahrungen der Mystiker und auch etlicher Mystikerinnen in der Form von Liedern und Texten mitgeteilt und tradiert werden.

Im Blick auf die Zusammenhänge von Wissen, Weisheit und Geschlecht zeigen sich in den Hindu-Religionen zum einen große Unterschiede zwischen der weiblichen religiösen Symboltradition und der normativen Konstruktion von Frauenrollen. Zum anderen fallen neben Tradierungskonstanten im Rahmen der brahmanisch geprägten Überlieferung Abweichungen in den epischen und devotionalen Traditionen auf, sowie generelle Veränderungen in modernen religiösen Bewegungen.

2   Weiblich personifizierte Symbole für Wissen/Weisheit

In einer vedischen Hymne offenbart sich die Göttin Vāc (ursprünglich das Wort, die heilige Rede) als himmlische Königin, als Schöpferin der heiligen Schriften, als Inspiration der Brahmanen, als Vermittlerin der religiösen Erfahrung und Wahrheit und darüber hinaus als Mutter des Lebens (Ṛg-Veda 10,125). Sie ist aus den Urwassern entstanden und spielt als Erstgeborene der Ordnung und Mutter der Veden eine wichtige Rolle im Schöpfungsprozess (vgl. Gonda 1978, 96). Vāc ist die Trägerin der Wahrheit, die intuitiv geschaut wird. Sie ist die Schützerin und Gönnerin der Gebete und Dichtungen.

Mit Vāc, der weiblichen, schöpferisch tätigen Macht (besonders des Wortes), wurde seit früher Zeit die vedische Flussgöttin Sarasvatī, »die Gewässerreiche«, identifiziert. In der vedischen Überlieferung wird die Flussgöttin als elementare schöpferische Kraft aufgefasst. Sie ist die Tochter des Blitzes, die Stimme des Donners (Ṛg-Veda 6,49, 7), die alle kosmischen Bereiche durchdringt. Sarasvatī steht in einer besonderen Beziehung zur geistigen Welt – sie herrscht über alle Intuition (Ṛg-Veda 1, 3, 12) und ist begreifbar als schöpferischer Gedankenfluss (vgl. Kramrisch 1974, 245 ff). Im späteren Hinduismus zählt Sarasvatī gemeinsam mit Gaṅgā und Yamunā zu den drei wichtigsten Flussgöttinnen. Bedeutsamer ist allerdings die Verbindung der bis heute populären Göttin Sarasvatī mit Sprache, Denken und Intellekt, die beispielsweise mit folgenden Beinamen ausgedrückt wird: »Kraft des Wissens«; »Mutterschoss oder Quelle der Veden«; »deren Form alle Wissenschaften bilden«; »die in allen Büchern wohnt« (vgl. Gupta 1962).

Zahlreiche Bilder und Skulpturen zeigen Sarasvatī mit den für sie typischen Emblemen in den Händen: mit Vina (Stabzither), Gebetsschnur und Buch. Dadurch wird sie assoziiert mit Musik, religiösen Riten und Wissenschaft.

Sarasvatī ist die Göttin der Rede, die Beschützerin der Künste und Wissenschaften und gilt als die Summe der menschlichen Geistestradition (vgl. Kinsley 1990, 59 f). Sie ist die Göttin, die die menschliche Kultur – manifest in Wissenschaft und Kunst – hervorbringt und bewahrt. Bis heute wird Sarasvatī in ganz Indien verehrt, besonders in Schulen, Universitäten und überall dort, wo Bildung stattfindet. Das ikonographische Set und seine Interpretation machen jedoch deutlich, dass Sarasvatī nicht nur Wissen in einem positivistischen Sinn symbolisiert, sondern darüber hinaus für jenes spirituelle Wissen/Weisheit steht, das aus der Welt der Unwissenheit befreit. Die Tatsache, dass sie die Gebetsschnur in der rechten Hand, das Buch aber in ihrer linken Hand hält, wird als Bevorzugung des spirituellen Wissens gegenüber dem säkularen Wissen gedeutet.[2]

In Verbindung mit Sarasvatī stehen auch die weniger bedeutenden Göttinnen Sāvitrī und Gāyatrī. Die beiden Göttinnen gelten wie Sarasvatī als Töchter oder Gemahlinnen des Schöpfergottes Brahmā oder werden überhaupt mit ihr identifiziert. Wie Sarasvatī gehören sie zur Sphäre des Wissens und werden als »Mutter der Veden« bezeichnet. Gāyatrī ist ursprünglich die Personifizierung des bedeutendsten vedischen Versmasses. Der berühmteste vedische Vers, der täglich rezitiert wird und die Essenz des Veda darstellt, trägt den Namen Sāvitrī oder Gāyatrī (Ṛg-Veda 3,62): »dass wir dieses wünschenswerte Licht des Gottes Savitar empfangen, der unsere Gedanken anregen soll«. Die Göttin

Abb. 1: Holzstatue der Göttin Sarasvatī, moderne Nachbildung nach altem Vorbild (Foto: B.H.).

Sāvitrī steht allerdings im Schatten ihres menschlichen Gegenübers. Sāvitrī ist die Heldin einer der berühmtesten indischen Liebeserzählungen und hat die gleichnamige Göttin, die allerdings ihre geistige Mutter ist, völlig in den Hintergrund gestellt.

Trotz dieser reichen weiblichen Symbolik von Wissen und Weisheit wurde den konkreten Frauen in der brahmanischen Tradition der Zugang zu Wissen und Weisheit verwehrt.

3 Normative Weiblichkeitskonstruktion und der Ausschluss vom Wissen in der brahmanischen Überlieferung

Der generelle Ausschluss von Mädchen und Frauen vom Erwerb religiösen Wissens hat eine längere Geschichte. Zur geschlechtsspezifischen Rollenverteilung in der vedischen Zeit gibt es verschiedene Positionen. Von modernen hinduistischen Historikern und Reformern wird die vedische Zeit gerne als goldene Zeit religiöser Gleichberechtigung dargestellt.[3] Dementsprechend fallen die Einschätzungen zum Status

---

2 Vgl. beispielsweise www.stephen-knapp.com/sarasvati_goddess_of_learning.htm, 9.5.2006.

3 Aus der Fülle der Beispiele verweise ich auf das viel zitierte historische Werk von Altekar (1991),

der Frau aus, die vor allem im Kult als gleichberechtigte Partnerin des Mannes betrachtet wird. Tatsächlich ist wohl generell eher von einer Mitwirkung der Ehefrauen
am vedischen Opferritual auszugehen. Veda leitet sich ab von vid, »wissen«. Dieses
überlieferte Wissen bildet das Fundament des Opferrituals. Die Knaben der drei oberen Gesellschaftsschichten sollten im Alter zwischen sieben (achtes Jahr nach der
Empfängnis) und zwölf Jahren mit der Zeremonie des upanayana zum Veda-Studium aufgenommen werden. Der früheste Zeitpunkt war für Brahmanen vorgesehen.
Mit dem upanayana-Ritus wurden die Knaben in die Gesellschaft, in das Veda-Studium und in die Praxis des täglichen Feueropfers initiiert. In dieser so genannten
zweiten, wahrhaften Geburt, erhielten sie eine neue Identität (vgl. Smith 1986,
65–89). Erst die Geburt aus dem Veda, dem heiligen Wissen, erschuf das volle Mitglied der arischen Gesellschaft. Das upanayana markiert den Beginn der sozio-reli-
giösen Existenz von der vedischen Zeit bis heute im brahmanisch geprägten Hinduismus. Es ist in der Forschung umstritten, ob für Mädchen zu irgendeiner Zeit
upanayana und anschließendes Veda-Studium generell üblich waren.[4] Die meisten
Hinweise dazu stammen aus einer Zeit, in der dies jedenfalls nicht mehr der Fall war.

Wenn upanayana und anschließendes Vedastudium für Frauen vielleicht auch nie
allgemein üblich war, so gibt es zumindest hinreichend Belege, die sich auf eine bestimmte Gruppe von Frauen beziehen. In einigen Stellen der Dharma-Literatur wird
zwischen zwei Arten von Frauen unterschieden: den brahmavādinīs, die upanayana
und Veda-Studium absolvierten und den sadhyovadhūs, die unmittelbar vor der
Hochzeit einer formellen upanayana-Zeremonie unterzogen wurden:

> Nach Hārīta gibt es zwei Arten von Frauen, die brahmavādinīs und die sadyovadhūs. Von
> diesen sollen die brahmavādinīs (das upanayana vollziehen), das Opferfeuer entzünden,
> den Veda studieren und im eigenen Haus um Almosen betteln. Im Fall der sadyovadhūs
> soll kurz vor der Hochzeit eben nur das upanayana vollzogen und dann die Hochzeit gefei-
> ert werden.
> (Hārītadharmasūtra, zit. in: Mitra Mishra 1987, 402, übers. von B.H.)

Die Mädchen der erst genannten Gruppe sollten allerdings nicht von einem fremden Lehrer in dessen Haus unterrichtet werden, sondern im Elternhaus von Vater,
Onkel oder Bruder. Zur Dauer des Unterrichts gibt es verschiedene Meinungen. Genannt wird die Zeitspanne ab acht Jahren bis zum Eintritt der Menstruation oder eine Zeit, die jedenfalls länger als bis zum üblichen Heiratsalter von etwa 16/17 Jahren
währte oder auch das lebenslange Studium (vgl. Altekar 1991, 200 und Kane 1974,
295). Unter der Voraussetzung, dass Väter oder männliche Familienmitglieder im
Veda versiert waren, wurde wohl Mädchen gelegentlich und fakultativ eine umfang-
reichere Ausbildung zuteil. Die Hindu-Tradition hat auch einige Namen weiblicher

---

196 ff und auf den bekannten Reformer Swami
Vivekananda (⁹1982), 26.
4 Von einer generellen Initiation für Mädchen
gehen etwa Kane (²1974), 293 ff oder Leslie
(1983), 91 aus. Anderer Meinung ist beispielswei-

se Schmidt (1987), 23 ff, der die generelle Initiation von Mädchen auch für die frühe vedische Zeit
ausschließt und die Existenz von brahmavādinīs
für Ausnahmefälle hält.

Seherinnen bewahrt und ihnen bestimmte vedische Hymnen zugeschrieben. Darüber hinaus beweist die Erklärung der Begriffe ācāryā und upādhyāyā als »eine Frau, die selbst Lehrerin ist«, dass die alten Grammatiker mit der Existenz gebildeter Frauen vertraut waren. Im Zusammenhang mit einem Ritus für den, der sich einen Sohn wünscht, der die drei Veden beherrscht, ist auch ein Ritus belegt für den, der sich eine gebildete (paṇḍitā) Tochter wünscht (vgl. Bṛhadāraṇyaka-Upaniṣad 6, 4, 17). Etwa 1200 Jahre später – im achten Jahrhundert unserer Zeitrechnung – wird diese Bildung als Geschicklichkeit in der Hausarbeit interpretiert (vgl. Leslie 1983, 97), obwohl das Wort Pandit bis heute den brahmanischen Gelehrten bezeichnet.

Diese Unfähigkeit, sich eine gebildete Frau anders als eine geschickte Hausfrau vorzustellen, setzt einen Prozess voraus, der sich ansatzweise in den Texten spiegelt. Bereits in frühen vedischen Texten findet sich die Formulierung: »Die Gattin ist das Haus« (vgl. Ṛg-Veda 3, 53, 4). Die häusliche Orientierung der Frau ist hier bereits das vorherrschende Rollenmodell, auch wenn einigen Frauen andere Möglichkeiten offen stehen. Das Veda-Studium wurde im Lauf des ersten vorchristlichen Jahrtausends umfangreicher und erforderte eine zunehmende Spezialisierung, die im Konflikt mit der spezifisch weiblichen Funktion der Reproduktion stand. In der Verpflichtung zu einer Studiendauer von mindestens zwölf Jahren bei gleichzeitig sinkendem Heiratsalter der Mädchen wird ein Grund für den Ausschluss von Frauen vom Veda-Studium gesehen (vgl. Altekar 1991, 201 f und Leslie 1983, 100). Das Gebot, die Töchter möglichst früh, aber jedenfalls noch vor dem Eintritt der Geschlechtsreife zu verheiraten, steht im Zusammenhang mit der optimalen Nutzung der Phase weiblicher Gebärfähigkeit und mit dem Jungfräulichkeitsideal. Die Väter wurden auf diese Weise von der Sorge der Überwachung ihrer Töchter befreit und konnten ihre Kontrollfunktion an die Ehemänner abgeben. Die Ausdifferenzierung der Geschlechterrollen allein kann aber den generellen Ausschluss von Frauen vom religiösen Wissen letztlich nicht begründen. Zweifellos wurde das Wissen immer mehr zur Domäne der Brahmanen, die sich zu Ritualwissensexperten entwickelten. Die religiöse Initiation als Auftakt zum Veda-Studium blieb aber für die Knaben der drei oberen Gesellschaftsklassen als Pflicht und Privileg aufrecht. Für die Mehrheit der initiierten Knaben ist anzunehmen, dass sie sich mit dem Konzentrat des Veda-Studiums in Form eines bestimmten Vedaverses, bezeichnenderweise dem berühmten Sāvitrī-Mantra, begnügte, während das lange Veda-Studium der Berufsausbildung der Priester und brahmanischen Gelehrten diente (vgl. Michaels 1998, 109).

Zum generellen Ausschluss von Frauen vom Veda-Studium haben sicher auch frauenfeindliche Stereotype beigetragen, die besonders in asketischen Kreisen genährt wurden. Die Frau gilt aufgrund ihrer sexuellen Triebhaftigkeit und Zügellosigkeit als ein Hindernis für die spirituelle Entwicklung des Mannes. Frauen sind von Natur aus wankelmütig, genusssüchtig, unehrlich, boshaft und untreu.[5]

5 Ein Erguss an Frauenfeindlichkeit mit allen gängigen Vorurteilen und Klischees findet sich in Mahābhārata 13, 38 f. Vgl. dazu Meyer (1915), 37 ff mit einer Übersetzung von Mahābhārata 13, 38–43.

Kurz vor unserer Zeitrechnung findet sich in der Dharma-Literatur das explizite Verbot des Veda-Studiums für Frauen. Nach Auffassung der Manusmṛti (zw. 200 v. und 200 n.Chr.), der die größte Bedeutung unter den normativen Texten zukommt, besteht das upanayana für Frauen de facto in der Heirat:

> Für Frauen gilt die Hochzeitszeremonie als vedisches Sakrament [= upanayana, B. H.], der Dienst am Ehemann als Aufenthalt beim Guru, die Hausarbeit als Verehrung des Opferfeuers.
> (Manu 2,67, übers. von B. H.)

In weiterer Konsequenz wird die Religion der Frau als gehorsamer Dienst an ihrem Ehemann definiert. Frauen gewinnen ihre Identität nicht durch die zweite Geburt, sondern besitzen eine vom Ehemann abgeleitete Existenz. Stirbt der Ehemann, stirbt auch seine Frau rituell und sozial. Folgerichtig führen Witwen eine Schattenexistenz.

Für den weiteren Verlauf der Geschichte des Verhältnisses von Frauen und Wissen ergeben sich folgende Prämissen:

a) Das Verbot des Veda-Studiums verhindert Frauenbildung. Der Wissensmangel wird aber in weiterer Folge als weiblicher Makel (wie Schwäche und Unreinheit) betrachtet, aus dem eine religiöse Minderwertigkeit von Frauen abgeleitet wird: Riten für Frauen sind daher ohne vedische Mantras zu vollziehen (vgl. Manu, 9, 18). Die Frau verkörpert Unwissenheit (āvidya) und Verblendung.

b) Weil Frauen kein vedisches Wissen besitzen, sind sie auch rituell inkompetent und unfähig zum eigenständigen Vollzug der vedischen Opferriten. Die theoretische Auseinandersetzung um die Beteiligung der Frau am Opfer in der Ritualwissenschaft wird etwa 500 Jahre nach unserer Zeitrechnung mit den Worten kommentiert:

> Die Frau ist dem Mann nicht gleich. Der Opferer ist ein Mann und wissend, seine Gattin eine Frau und unwissend [āvidya, B. H.].
> (Śabarabhāṣya zu Jaimini, Pūrvamīmāṃsā Sūtra 6,1,24, übers. von Jha, G., dt. Übers. von B. H.)

Frauen werden in ritueller Hinsicht mit Śūdras, der untersten Gesellschaftsschicht, gleichgestellt. Es versteht sich von selbst, dass religiöse Rollen oder Leitungsfunktionen von Frauen nicht eingenommen werden können.

c) Die autoritativen Texte des brahmanischen Hinduismus, die die Wirklichkeit und das menschliche Leben definieren und normieren, sind von Männern für Männer verfasst und überliefert. Religiöse Frauenzeugnisse gibt es daher vor allem aus dem Bereich des devotionalen Hinduismus in den verschiedenen Volkssprachen.

4 Abweichungen von brahmanischen Tradierungskonstanten in den epischen und devotionalen Traditionen

Der Einfluss der normativen brahmanischen Tradition auf die Ausgestaltung und Tradierung geschlechtsspezifischer Rollen war im Bereich der Wissensvermittlung, die ja eine brahmanische Domäne darstellt, sicher groß. Abweichungen von der Norm beschränkten sich vermutlich auf Ausnahmegestalten, die eventuell als Töchter gebildeter Brahmanen oder als bruderlose Töchter in der Oberschicht aufwuchsen. Das Bild, das Frauen in einen Gegensatz zu Wissen bringt, ist allerdings brüchig. So steht etwa Sāvitrī, eine der prominentesten Frauengestalten der epischen Überlieferung, in Verbindung mit der Traditionslinie des weiblich personifizierten Wissens.

4.1 Sāvitrī

Sāvitrī ist die Heldin einer gut bekannten Erzählung, die im Rahmen des National-epos Mahābhārata überliefert ist.[6] Nach jahrelangen Opfern an die Göttin Sāvitrī wird einem kinderlosen König die Gnade einer Tochter zuteil, die nach der Göttin benannt wird. Als sie herangewachsen ist, werden durch die von ihr ausgehende Kraft alle Brautwerber fern gehalten. Ihr Vater gestattet ihr daraufhin ihre Wahl selbst zu treffen. Sie reist durch das Land und erwählt einen Prinzen, der mit seinen Eltern, die um ihr Königreich betrogen wurden, in asketischer Zurückgezogenheit lebt. Zu ihrem Vater zurückgekehrt hält Sāvitrī an ihrer Wahl auch dann fest, nach-dem sie von einem Weisen erfahren muss, dass Prinz Satyavan nur mehr ein Jahr zu leben hat. Dieser Teil der Geschichte, der Sāvitrī als selbstbestimmte junge Frau prä-sentiert, steht in der Tradierung allerdings nicht im Vordergrund.

Nach dem Vollzug der Hochzeit lebt Sāvitrī als vorbildliche Ehefrau und Schwie-gertochter. Sie bereitet sich auf den vorhergesagten Todestag ihres ahnungslosen Mannes mit Fastenübungen vor und begleitet ihn dann in den Wald. Satyavan stirbt in den Armen seiner Frau. Als der Todesgott Yama Satyavans Seele holt, folgt sie ihm. In den folgenden Gesprächen mit dem Todesgott erläutert sie das Ideal des häuslichen Lebens, das dem Leben der Entsagung übergeordnet wird. In der Art philosophischer Unterweisung unterbreitet sie dem Todesgott ihre Ansichten über das Leben der Gerechten, die allen Lebewesen Mitgefühl, Liebe und Wohlwollen entgegen bringen. Die Wahrheitstreue der Gerechten bewegt die Sonne und ist die Ursache von Vergangenheit und Zukunft. Den Todesgott adressiert sie als »Herrn der Gerechten« und lässt es geschickt offen, ob sie selbst die Rolle der Gerechten einnimmt oder diese dem Todesgott anträgt. Beeindruckt von ihren Reden gewährt ihr der Tod sukzessive verschiedene Wünsche, die im Leben ihres Mannes gipfeln.

---

6 Die Erzählung liegt in vielen Versionen bis hin zu Comic-Ausgaben vor und ist im Original nachzulesen in der Mahābhārata-Übersetzung von Dutt (Reprint 1997).

Im Vordergrund der Überlieferung steht nicht die Art und Weise, wie Sāvitrī ihrem Mann das Leben rettet. Dass sie ihren Mann dem Tod abringen kann, weil dieser von ihrer Gelehrsamkeit beeindruckt ist, erregt in der Überlieferung keine besondere Aufmerksamkeit. Sāvitrī ist vielmehr das Ideal der gattentreuen Frau, die durch ihre Tugend ihren Ehemann vom Tod errettet. Sie erfüllt damit in perfekter Weise das Ideal der pativratā, die ihrem Mann bedingungslos ergeben ist und ihn durch ihren Dienst (der nicht nur materielle Versorgung, sondern Fasten, Opfer und Gelübde umfasst) am Leben hält. In den populären Erzählversionen beugt sich der Todesgott nicht der Weisheit ihrer Rede, sondern nur ihrer Liebe und Hingabe.

Interessant ist in diesem Zusammenhang eine neue Facette der Gestalt der Sāvitrī, die sich im modernen Hinduismus im Hauptwerk Aurobindos ([2]1992) zeigt und wieder anknüpft an die Tradition der weiblich personifizierten Weisheit. Die Geschichte von Sāvitrī und Satyavan wird hier zu einem Sinnbild der spirituellen Entwicklung des Menschen. Satyavan nimmt dabei die Rolle der individuellen Seele ein, während Sāvitrī als göttliches Wort, als Tochter der Sonne und Verkörperung der höchsten Wahrheit, die Seele zum Heil führt.

4.2   Akkamahādēvi

Die Mystikerin Akkamahādēvi lebte im 12. Jahrhundert und ist eine der prominentesten weiblichen Heiligen der indischen Religionsgeschichte. Sie steht in enger Verbindung mit der Tradition der Liṅgāyats,[7] die zum großen Strom des Śivaismus gezählt werden und vor allem dafür bekannt sind, dass die Kastenhierarchie abgeschafft und das Monopol der brahmanischen Vormachtstellung beseitigt wurde.[8] Für zeitgenössische Liṅgāyats ist Akkamahādēvi das bedeutendste Symbol der Gleichberechtigung der Frau. Ihre radikale und kompromisslose Selbstsuche, die sämtliche Normen traditionell weiblichen Lebens im hinduistischen Kontext überschreitet, wird als Signal für Emanzipation interpretiert (vgl. Shintri 1983, 20 f; Puranik 1986, 1, 21).

In dem legendären Dialog mit der führenden spirituellen Autorität der jungen Liṅgāyat-Bewegung zeigt Akkamahādēvi ihre intellektuelle und spirituelle Kapazität und steigt selbst in den Rang der geistigen Eckpfeiler der Bewegung auf. In den ihr zugeschriebenen Texten artikuliert sich ein komplexes religiös-spirituelles Wissen, das auf der Unterweisung durch einen Guru sowie der Interaktion mit anderen spirituellen Persönlichkeiten der von Basava gegründeten Bewegung basiert.

---

7 Liṅgāyat heisst wörtlich »Liṅgaträger«. Liṅgāyats erhalten bei der Initiation ein liṅga, das Symbol des von ihnen verehrten Gottes Shiva, das an einer Kette um den Hals getragen wird. Die ursprünglich phallische Bedeutung des liṅga wurde in der Liṅgāyat-Tradition zu einem asexuellen kosmischen Gottessymbol transformiert.

Die Form des liṅga ist in Analogie zur Weltkugel rundlich und soll die universelle Präsenz Gottes zum Ausdruck bringen.

8 Für einen Überblick vgl. Bhandarkar (1913), 131 ff oder Gonda (1963), 243 ff. Ausführlicher informiert die Studie von Ishwaran (1992).

Wie frühe Texte belegen, wurden die Unterschiede zwischen Frauen und Männern bei den Liṅgāyats auf oberflächliche, äußere Körpermerkmale bezogen. Die Geschlechtslosigkeit des ātman, die theoretisch eine allgemein hinduistische Auffassung ohne weitere praktische Konsequenzen darstellt, scheint hier die spirituelle Gleichwertigkeit beider Geschlechter zu unterstützen. So ist auch die religiöse Initiation für beide Geschlechter in gleicher Weise offen. Akkamahādēvi selbst hat sich offensichtlich in einem Zwiespalt mit ihrer Weiblichkeit bzw. Geschlechtlichkeit befunden. Im Kontext der Erfahrung sexueller Belästigung stellt sie ihr Frausein, gleichgesetzt mit »Huresein«, in Abrede und kontrastiert die sexuelle Frauenrolle mit ihrer Rolle als Braut Śivas, die ihr Geschlecht

Abb. 2: Akkamahādēvi, Gottesbraut und spirituelle Autorität (Poster: Viswakalyana Mission, Bangalore, Indien).

verloren hat.[9] An anderer Stelle klammert sie ihre Geschlechtlichkeit im Kontext ihrer Brautrolle allerdings nicht aus. Sie betont, dass sie ihr Geschlecht als Braut Śivas nicht aufgegeben hat. Sie begegnet dem göttlichen Bräutigam mit ihrem ganzen Sein und schildert diese Begegnung auch als Erfahrung körperlicher Lust. Als Gottesbraut steht Akkamahādēvi außerhalb des traditionell normierten Frauenlebens, indem die erwartete Unterordnung unter einen irdischen Ehemann durch die Hingabe an den göttlichen Ehemann ersetzt wird. Religiöses Wissen und Hingabe gehören für sie zusammen, wie die Sonne und ihre Strahlen (vgl. Akkamahādēvi, Vacana 123), daher gibt es keine Hingabe ohne Wissen und kein Wissen ohne Hingabe.

Trotz ihrer Rolle als Gottesbraut hat Akkamahādēvi aber auch ein »männliches« Bewusstsein für sich beansprucht. Sie definiert sich im Gegensatz zu ihrer äußeren weiblichen Körperlichkeit als wesenhaft »männlich«. Auf die Feststellung Basavas, dass eine Frau, die sich mit Śiva vereinen will, zuerst ein tapferer Mann werden muss, antwortet sie:

> Durch deine Gnade, Herr, Basavaṇṇa,
> habe ich die Lust besiegt,
> durch deine Gnade, Herr, Basavaṇṇa,
> nehme ich gefangen
> den Träger des Mondes;

---

9 Speziell zur Rolle der Gottesbraut im Vergleich mit christlichen Vorstellungen vgl. Heller (2007).

durch deine Gnade, Basavaṇṇa,
bin ich, obwohl dem Namen nach eine Frau,
wenn du es recht bedenkst, das männliche Prinzip.
(Śūnyasaṃpādane, übers. von Nandimath u. a., 1972, Bd. 4, 16, dt. Übers. von B. H.)

Spiritualität ist bei den Liṅgāyats, die auch den Namen Vīraśaivas führen, von traditionell männlichen Qualitäten geprägt. Das spirituelle Ideal ist ursprünglich der tapfere, unbeirrbare Mann, der Held (vīraśaiva). Die spirituelle Entwicklung ist hier wie in etlichen anderen religiösen Traditionen mit der Überwindung der Körperlichkeit und Sinnlichkeit verbunden. Daher findet sich verbreitet der Topos, dass Frauen, wenn sie den spirituellen Weg beschreiten, zu Männern werden.[10] Sie lassen ihre Weiblichkeit hinter sich und überschreiten die etablierten Geschlechtsgrenzen, indem sie traditionell männlich konnotierte Eigenschaften wie Standfestigkeit, Mut, Autonomie, Intellektualität und Spiritualität entwickeln. Im Fall der Akkamahādēvi stehen männlich und weiblich geprägte spirituelle Konzepte nebeneinander. Die damit verbundenen Konflikte konnte sie für ihr persönliches Leben wohl ausbalancieren. Aus vielen Texten spricht jedoch eine tiefe Verachtung des Körpers und der Sinne, obwohl diese auch als Instrumente der Gotteserfahrung dienen. Die Grenze ihres emanzipatorischen Impulses kann daran abgelesen werden, dass sie bis heute vor allem ein Modell für die saṃnyāsinī, die Entsagerin darstellt, nicht für die Frauen, die in der Alltagsrealität von Geschlechterbeziehungen leben.

5   Veränderungen in modernen hinduistischen Bewegungen

Im modernen Hinduismus befinden sich Frauen im Wandel. In etlichen modernen hinduistischen Bewegungen hat sich eine Anzahl von Frauen in den letzten Jahrzehnten den Zugang zu Wissen und religiösen Leitungsfunktionen erobert.[11] Im Rahmen dieser Anstrengungen spielt der Rückbezug auf die Tradition der gelehrten brahmavādinīs eine große Rolle. Hindu-Frauen haben damit ihre Forderungen legitimiert – etwa nach der Gründung eines eigenen weiblichen Ordens innerhalb der populären Rāmakrishna-Bewegung (vgl. Asha 1954).

Ein eindrucksvolles Beispiel für den Wandel der Geschlechterrollen bietet die Vishva Dharma-Bewegung, eine religiöse Reformbewegung, die offiziell 1972 im indischen Bundesstaat Karnataka gegründet wurde und auf ein altes Erbe der Kritik am brahmanischen Hinduismus zurückblickt.[12] Diese Bewegung steht in der Tradition der Liṅgāyats, einer hinduistischen Richtung, die – wie bereits erwähnt – im 12. Jahrhundert unserer Zeitrechnung die Kastenhierarchie und das religiöse Mono-

---

10 Der Topos der »männlich-spirituellen« Frau findet sich verbreitet im frühen Christentum. Vgl. Aspegren (1990), ist aber auch im Islam anzutreffen. Vgl. Vogt (1993).
11 Zu den Entwicklungen im modernen Hinduismus vgl. Heller (1999b).

12 Zur »weiblichen« Geschichte dieser Bewegung, dem Frauenbild, den Frauenrollen und dem Selbstverständnis von Frauen vgl. ausführlich Heller (1999b), 196 ff.

pol der Priesterelite abgeschafft hat. Enthalten im fundamentalen Ideal der Gleichheit aller Menschen war die religiöse Gleichberechtigung von Mädchen und Frauen. Die Vishva Dharma-Bewegung versucht dieses traditionelle Gleichheitsideal, das im Lauf der Jahrhunderte immer stärker in den Hintergrund gedrängt wurde, zu revitalisieren.

Die derzeitige Leiterin der Vishva Dharma-Bewegung, Her Holiness Mahājagadguru Māte Mahādēvi (geb. 1946), gilt als einzige weibliche »Päpstin« der Welt. In der offiziellen, von der Vishwa Dharma-Bewegung vertriebenen Broschüre, wird sie mit überschwänglichen Worten gepriesen:»Die Göttin des Wissens scheint auf ihrer redegewandten Zunge zu tanzen. Sie ist eine geniale Rednerin, eine gründliche Gelehrte, eine revolutionäre Predigerin, eine beeindruckende Schriftstellerin, eine Mystikerin und vor allem eine Reformdenkerin mit fortschrittlichen Gedanken (...) Ihre spirituellen Vorträge provozieren unseren Verstand, stillen unseren Durst nach Wissen, inspirieren unseren Willen mit Selbstvertrauen vorwärtszuschreiten und baden unsere Herzen im Schauer der Seligkeit« (Viswakalyana Mission o. J., 1, übers. von B. H.).

Māte Mahādēvi wurde am 13. März 1946 als älteste Tochter einer reichen Familie in Chitradurga, Karnataka, geboren. Als junge Studentin fasziniert von einem Guru namens Swami Liṅgānanda weigerte sie sich zu heiraten. Heimlich wurde sie in die monastische Lebensweise initiiert und erhielt den Namen »Mahādēvi«. Ihr Guru und ein Offenbarungserlebnis vermittelten ihr die Gewissheit, dass sie als neue Verkörperung der Mystikerin Akkamahādēvi in die Welt gekommen sei, um die alten Ideale der Liṅgāyat-Tradition zu erfüllen. Gegen den anfänglichen Widerstand ihrer Familie setzte Māte Mahādēvi ihren Wunsch nach spiritueller Selbstverwirklichung durch. Nach einer Zeit der Yoga-Praxis widmete sie sich dem Abschluss ihrer akademischen Ausbildung an der Universität in Dharwar. Im Jahr 1969 beendete sie ihr Studium in Philosophie und Religion mit Auszeichnung.

Mit der Unterstützung von Swami Liṅgānanda gründete sie den Jaganmata Akkamahadevi Ashrama, als dessen offizielles Oberhaupt, Jagadguru (= »Weltlehrer; Haupt der Welt«) sie 1970 inthronisiert wurde. Die beiden waren sich einig, dass die Leitung der klosterähnlichen Organisation, die in der Tradition der Liṅgāyats immer von Männern ausgeübt wurde, in diesem Fall ausschließlich Frauen vorbehalten sein sollte. Sie wollten damit ein Zeichen setzen, das die ursprünglich intendierte Gleichberechtigung von Männern und Frauen einmahnen sollte.

Swami Liṅgānanda hat seine Schülerin Māte Mahādēvi bereits zu Lebzeiten als seine Nachfolgerin bestimmt. Als er am 30. Juni 1995 unerwartet starb, wurde Māte Mahādēvi entsprechend seinem Willen für die Leitung der ganzen Bewegung nominiert. Am 13. Jänner 1996 wurde sie feierlich als Mahājagadguru (= »grosser Weltlehrer, Weltoberhaupt«) inthronisiert.

In den verschiedenen Ansprachen wurde die Abschaffung der Kasten, der Unberührbarkeit und die Gleichstellung von Mann und Frau besonders hervorgehoben. Die zahlreichen Rednerinnen wiesen immer wieder darauf hin, wie wichtig und notwendig es sei, dass Frauen bedeutende Positionen in der Gesellschaft einnehmen.

Die Öffnung religiöser Rollen für Frauen sei als Motor für die Statusveränderung von Frauen in der Gesellschaft zu sehen. Besonders das weibliche Publikum beantwortete diese deutlichen Worte mit viel Applaus.

Was Māte Mahādēvi an ihrem spirituellen Vorbild Akkamahādēvi besonders betont, sind die intellektuellen Fähigkeiten, die in den von ihr überlieferten Texten zum Ausdruck kommen, und die Kühnheit, mit der diese außergewöhnliche Frau ihre Umgebung herausgefordert hat. Sie ist der Meinung, dass in der Person Akkamahādēvis die Frau das erste Mal in der indischen Geschichte dem Mann gleichgestellt ist. Akkamahādēvi ist ein starkes religiöses Symbol, das die traditionelle Rolle der idealen Hindu-Frau in Frage stellt. Die Spaltung zwischen Geschlecht – in der Form des weiblichen Körpers – und

Abb. 3: Māte Mahādēvi bei der Inthronisation zur Mahājagadguru am 13. 1. 1996 (Foto: B. H.).

Geist wurde jedoch weder in der Gestalt der Akkamahādēvi noch in der modernen Viśva Dharma-Bewegung aufgehoben. Auch Māte Mahādēvi bleibt dieser Dichotomie insofern verhaftet als die saṃnyāsinī, die auch Körper und Geschlecht hinter sich lässt, das zentrale religiöse Leitbild darstellt.

6   Das Problem: Der weibliche Körper

Wissen/Weisheit wird in Hindu-Traditionen auf der symbolischen Ebene verbreitet weiblich personifiziert. Dies steht in einem auffälligen Gegensatz zum Ausschluss von Frauen von religiöser Bildung und spiritueller Selbstverwirklichung im klassisch-brahmanischen Hinduismus. Obwohl es Hinweise darauf gibt, dass weibliche religiöse Gelehrsamkeit in vedischer Zeit möglich war, hat sich das Stereotyp von der unwissenden Frau im Lauf der Jahrhunderte in einer Weise durchgesetzt, dass Bildung im Fall einer Frau nur als Geschicklichkeit in der Hausarbeit verstanden werden konnte. Frauen, denen religiöses Wissen/Weisheit zugeschrieben wurde, bildeten in der Geschichte Ausnahmen. Teilweise entwickelten diese Frauen ein »männliches« Selbstverständnis. Sie waren keine Modelle, sondern standen im Kontrast zu gesellschaftlich normiertem Frauenleben. Allerdings verbindet das Ideal der Devotion viele dieser weiblichen Ausnahmegestalten mit den traditionell lebenden

Frauen. In dem einen Fall richtet sich die Devotion auf Gott, in dem anderen Fall auf den göttlichen Ehemann.

Veränderungen zeigen sich in verschiedenen modernen hinduistischen Bewegungen, in denen Frauen mit religiösem Wissen Leitungsfunktionen ausüben und spirituelle Selbstverwirklichung anstreben können. Allerdings bleiben diese von der klassischen Tradition abweichenden Geschlechtskonstruktionen weitgehend Privilegien asketisch lebender Frauen. Das eigentliche Problem in der geschlechtsspezifischen Konstruktion von Wissen und Weisheit stellt der weibliche Körper dar. Geist und Körper/Materie stellen nach hinduistischer Weltanschauung entweder dichotome Prinzipien dar oder besitzen überhaupt einen unterschiedlichen Grad an Realität. In beiden Fällen muss die körperlich-materielle Ebene der Wirklichkeit auf dem Weg der spirituellen Selbstverwirklichung überwunden werden. Da Körper und Materie grundsätzlich – wie in vielen anderen Kulturen auch – mit Weiblichkeit und weiblicher Sexualität verbunden sind, stehen Frauen der geistigen Wirklichkeit diametral entgegen.[13] Körperlichkeit ist etwas Weibliches, daher ist gerade der weibliche Körper ein Hindernis im Erwerb von Wissen und Weisheit.

Literatur

Quellen

Akkamādēvi (1973), Vacanas, übers. von Menezes, Armando/Angadi, S.M., Dharwar, Adke.

Asha, Brahmacharini (1954), Women and Hindu Monasticism, in: The Vedanta Kesari. The Holy Mother Birth Centenary 41, 149–154.

Aurobindo, Sri ([2]1992), Savitri. Legende und Sinnbild, übers. aus dem Englischen von Kappes, Heinz, Gladenbach, Hinder und Deelmann.

Mahābhārata (Reprint 1997), Bd. 2, übers. von Dutt, M.N., Delhi, Parimal Publ.

Manu (Reprint 1988), The Laws, übers. von Bühler, George, The Sacred Books of the East 25, Delhi, Motilal Banarsidass.

Mitra Mishra (1987), Vīramitrodaya II (Sanskaraprakasha), hg. von Parvatiya, N.P., Varanasi, Chowkhamba Sanskrit Series Office.

Der Rig-Veda (1951–1957), übers. von Geldner, Karl F., Harvard Oriental Series 33–36, 4 Bde., Cambridge (Mass.), The Harvard Univ. Press.

Śābara-Bhāṣya (1973), übers. von Jha, Ganganatha, Baroda, Oriental Institute.

Śūnyasaṃpādane (1965–1972), 5 Bde., hg. und übers. von Nandimath, Shivalingayya C. u.a., Dharwar, Karnatak Univ.

Upanishaden. Altindische Weisheit aus Brāhmanas und Upanishaden, übertr. von Hillebrandt, Alfred, Düsseldorf, Diederichs [3]1975.

---

13 Ausführlicher zum Zusammenhang von Sexualität und Spiritualität, vgl. Heller (1999b), 206 ff.

Weitere Literatur

Altekar, Anant Sadashiv (Reprint 1991), The Position of Women in Hindu Civilization. From Prehistoric Times to the Present Day, Delhi, Motilal Banarsidass.

Aspegren, Kerstin (1990), The Male Woman. A Feminine Ideal in the Early Church, hg. von Kieffer, René, Stockholm, Almqvist & Wiksell.

Bhandarkar, Ramkrishna Gopal (1913), Vaiśnavism, Śaivism and Minor Religious Systems, Strassburg, Trübner.

Gonda, Jan (1963), Die Religionen Indiens 2. Der jüngere Hinduismus, Stuttgart, Kohlhammer.

– (^{2}1978), Die Religionen Indiens 1. Veda und älterer Hinduismus, überarb. u. erg. Aufl., Stuttgart, Kohlhammer.

Gupta, Anand Swarup (1962), Conception of Sarasvati in the Purāṇas, in: Purāṇa 4, 55–95.

Heller, Birgit (1999a), Der Frauen Weisheit ist nur bei der Spindel. Zur Geschichte weiblicher Interpretationskompetenz im Hinduismus und Judentum, in: Zeitschrift für Religions- und Geistesgeschichte 51, 289–300.

– (1999b), Heilige Mutter und Gottesbraut. Frauenemanzipation im modernen Hinduismus, Wien, Milena.

– (2007), The »Bride of God« as Religious Role in the Contexts of Hinduism and Christianity, in: Boesch Gajano, Sofia, Hg., Saperi e poteri religiosi: complementarità e conflitto fra uomo e donna, Brescia, Morcelliana.

Ishwaran, Karigoudar (1992), Speaking of Basava. Lingayat Religion and Society in South India, New Delhi, Vikas Publ. House.

Kane, Pandurang Vaman (^{2}1974), History of Dharmaśāstra. Ancient and Medieval Religious Civil Law II/1, Poona, Bhandarkar Oriental Research Institute.

Kinsley, David (^{6}1990), Indische Göttinnen. Weibliche Gottheiten im Hinduismus, Frankfurt a. M., Insel.

Kramrisch, Stella (1974), The Indian Great Goddess, in: History of Religions 14, 235–265.

Leslie, Julia (1983), Essence and Existence: Women and Religion in Ancient Indian Texts, in: Holden, Pat, Hg., Women's Religious Experience, Totowa, NJ, Barns and Noble Books.

Meyer, Johann Jakob (1915), Das Weib im altindischen Epos. Ein Beitrag zur indischen und vergleichenden Kulturgeschichte, Leipzig, Heims.

Michaels, Axel (1998), Der Hinduismus. Geschichte und Gegenwart, München, Beck.

Puranik, Siddhayya (1986), Mahādēvi, Dharwad, Karnatak Univ.

Schmidt, Hanns-Peter (1987), Some Women's Rites and Rights in the Veda, Poona, Bhandarkar Oriental Research Institute.

Shintri, Sarojini (1983), Akka Mahadevi, Sirigere, Tarabalu Prakashana.

Smith, Brian K. (1986), Ritual, Knowledge and Being. Initiation and Veda Study in Ancient India, in: Numen 33, 65–89.

Vivekananda, Swami (^{9}1982), Our Women, Calcutta, Advaita Ashrama.

Vogt, Kari (1993), »Becoming Male«: A Gnostic, Early Christian and Islamic Metaphor, in: Børresen, Kari Elisabeth/Vogt, Kari, Hg., Women's Studies of the Christian and Islamic Traditions, Dordrecht, Kluwer Acad. Publ., 217–242.

Jenseits der Geschlechterpolarität?
Zu buddhistischen Kategorien der sexuellen Differenz

Martin Lehnert

1 Einleitung

Da sich im Buddhismus kein systematischer Diskurs über Sexualität entwickelt hat, fehlen Kriterien, die unmittelbar Aufschluss darüber geben könnten, welche Phänomene dem Bereich des Geschlechtlichen (im weitesten Sinne) zugeordnet wurden: der Status des Geschlechts als Kategorie und als Materialität ist von vornherein problematisch (Faure 1998, 7–14). Nicht allein die traditionellen Vorstellungen von Geschlechtsverhältnissen, sondern bereits die sprachlichen Normen und Konventionen, welche einen Körper, Gegenstände und Symbole mannigfachen Sexualproportionen unterstellen, sind zu berücksichtigen. Schließlich ist die Annahme eines (biologischen) Geschlechtsverhältnisses auch einem ideologischen Rahmen verpflichtet, dessen selbstreferenzieller Ausdruck sie ist. Deshalb sind die jeweiligen Kategorien von Interesse, in denen sexuelle Differenz als Gegenstand oder Verworfenes der buddhistischen Praxis kodifiziert wurde, das heißt: in einer normativen Weise des symbolischen Gebrauchs, als Symbolfunktion.[1]

Geschlecht als Kategorie zu denken, erfordert, dass man, mit Luhmann gesprochen, »Beobachter beobachten muss mit Hilfe der Frage (Unterscheidung!), welche Unterscheidungen sie verwenden« (Luhmann 2002, 19), und das heißt zunächst: Kodifizierungen des für die religiöse Tradition gültigen Referenzsystems anzuerkennen.[2] Nicht nur die traditionellen Unterscheidungen kommen hier in Betracht, sondern auch die vortextliche Ebene der Sprache und die Logizität der Texte. Denn eine bestimmte Konstruktion von Geschlecht, ob sie nun ihren Ausdruck in der Ikonographie, einer Schrift oder einer mündlich überlieferten Lehrmeinung erhält, erfolgt sprachlich und performativ im Medium Sinn, und wird darin als Machtausübung legitimiert (Butler 1997, 35–40; Luhmann 2002, 38–44).

---

1 Hier im Sinne von Butler (1997), auf deren Arbeit im Folgenden Bezug genommen wird.
2 Was nicht heißt, dass das wissenschaftliche Subjekt eine Innenperspektive einnimmt, sondern dass es die Innenperspektive als nicht auswechselbare Selbstbeschreibung des Religionssystems anerkennt. Es wird daher auf die Glaubens-

inhalte achten, um erkennen zu können, was im System Sinn macht, und was als sinnlos ausgeschlossen wird. Dadurch aber wird Sinn nicht nur aktualisiert (Luhmann 2002, 23), sondern auch eine den Unterscheidungen des Religionssystems adäquate Ausdifferenzierung der etischen Begrifflichkeit erforderlich (ebd. 74 ff).

So läge es beispielsweise nahe, die patrilineare Legitimität des buddhistischen Klosterwesens und den daraus resultierenden subalternen Status von Frauen zu behandeln, oder – in Opposition dazu – Figuren und Strategien weiblicher Selbstbehauptung herauszustellen. Zu beiden Aspekten steht eine umfangreiche Forschungsliteratur zur Verfügung, auf die sich der vorliegende Essay berufen wird. Im Weiteren soll jedoch das Potential buddhistischer Denkfiguren für eine Kritik der Heteronormativität und binärer Sexualproportionen thematisiert werden, und zwar auf Grund der folgenden Überlegung: Ist das feministische Interesse weitgehend auf eine phänomenologische oder sozialhistorische Aufarbeitung der Marginalisierung von Frauen durch Männer in den Grenzen des religiösen Sinnsystems reduziert, läuft es unweigerlich Gefahr, dessen Setzungen von Geschlechterpolarität heteronormativ zu reproduzieren: Was sich nicht auf den Mann-Frau-Gegensatz beziehen lässt, wäre schnell aus dem Blick verloren.

Daneben leistete es einer orientalistischen oder neokolonialen Entmündigung der Tradition zumindest dort Vorschub, wo deren »emanzipatorische Defizite« zum Gegenstand universitärer Wissensbildung reduziert sind: Da auch in den sogenannten westlichen Industriegesellschaften weder die Gleichstellung der Geschlechter umfassend verwirklicht noch die Ausgrenzung oder gar Pathologisierung von Geschlechtsproportionen durch die heteronormative Matrix Vergangenheit ist, wird eine historische Rekonstruktion lebensweltlicher »Realitäten« des religiösen Sinnsystems zunächst eine ideologische Bewertung voraussetzen, zumal die Forschungsgeschichte ebenso kontingent ist wie der Forschungsgegenstand, der sich in ihrem Durchgang als historischer Wissensbestand abzuzeichnen scheint. Würde man auf einer solchen Grundlage vom »historischen Scheitern« der Tradition auf gegenwärtige Unterdrückungsverhältnisse schließen (oder umgekehrt), dürften zu Recht die universitären Artikulationsbedingungen der Kritik unterzogen werden, sie wären beteiligt an einer Plünderung »der dritten Welt auf der Suche nach Beispielen für weibliche Viktimisierung, mit denen sich die These von einer universalen patriarchalen Unterordnung der Frauen stützen ließe« (Butler 1997, 167 f). Aus diesem Grund, und um andererseits die Gefahren jener paternalistischen »Apologetik« zu vermeiden, welche Viktimisierungen mit »kulturellen Gegebenheiten« oder »anthropologischen Konstanten« erklären und implizit rechtfertigen würde, sollen hier nicht-heteronormative Kategorien stärkere Beachtung finden, mit denen das emanzipatorische und kritische Potential buddhistischer Denkfiguren artikuliert werden kann. Dazu sind drei methodologische Forderungen zu berücksichtigen, die Perspektive und Gegenstand dieses Essays eingrenzen:

a) Buddhistische Kategorien auf sexuelle Differenz zeitabstrakt anzuwenden und zu respektieren, was die historische Religion dazu formuliert und was ihr verborgen bleibt;

b) die Aktualität buddhistischer Logizität für eine Kritik binärer Konstruktionen von Geschlecht zu thematisieren;

c) die Relevanz buddhistischer Symbolfunktionen für nicht-heteronormative Konstruktionen von Geschlechtsidentität anzudeuten.

Nicht eine letztlich essenzialisierende Verallgemeinerung »buddhistischer Sexualitäten«, auch nicht historische Verortungen von buddhistischen Repräsentationen des (biologischen) Geschlechtsdimorphismus sind hier beabsichtigt; zur sexuellen Differenz ist ohnehin kaum ein anderer Diskurs denkbar als jener der Differenz: Ein Grund dafür besteht darin, dass das Sexuelle dem Bereich der Unterscheidung angehört, während Sprache – und das trifft in besonderem Maße für die ideologische und wissenschaftliche Sprache zu – Bereiche des Allgemeinen generiert. Wenn also im Folgenden sexuelle Differenz sprachlich behandelt und als Gegenstand einer Kategorienbildung betrachtet wird, so nicht um ein Allgemeines zu setzen, sondern um eine Wertung vorzunehmen und zu vertreten. Schon deshalb sollen hier – zumindest im Ansatz – mögliche Anschlüsse buddhistischer Denkfiguren an die *gender theory* thematisiert werden.

2 Weder männlich noch weiblich?

Im Zuge seiner Verbreitung in Asien wurde der Buddhismus unter verschiedenen kulturellen und historischen Voraussetzungen hybridisiert und in Folge komplexer Austauschprozesse in unterschiedlichen Sprachräumen weiter ausdifferenziert.[3] Jede Ausdifferenzierung und Formierung rekurriert auf die Sprache, in der sie sich vollzieht. Die Möglichkeiten der Kodifizierung sind daher nicht allein kulturell und historisch, sondern auch sprachlich und sprachlogisch bedingt.[4] Das Chinesische beispielsweise kennt – anders als etwa das Deutsche – kein grammatisches Geschlecht; geschlechtsneutrales Sprechen ist insofern im Chinesischen leichter möglich als im Deutschen. Indessen legen Sprachen, die das grammatische Geschlecht kennen, eine heterosexistische Behandlung von Lebenswirklichkeit schon deshalb nahe, weil sie unweigerlich Geschlechterpolarität insinuieren.[5] Die Möglichkeiten der Nichtunterscheidung oder Ambiguität wären also – über die ohnehin kaum überbrückbare kulturelle und historische Distanz hinweg – in der Wissenschaftssprache zu berück-

3 Zu den daraus resultierenden Aporien der historischen und philologischen Buddhismusforschung: Sharf (2002), 1–25.
4 Der Status der Sprache ist systemreferenziell zu verstehen und impliziert daher weder ein monistisches »Primat« noch einen Linguistizismus: Sexuelle Identitätserfahrungen, Verhaltensweisen und Grundstimmungen können zwar als vorsprachlich empfunden werden, sobald jedoch angenommen wird, dass sie eine Gemeinschaft oder eine Kultur betreffen und damit Sinn kommunizieren, sind sie als Elemente eines Sinnsystems sprachlich kodifiziert: Keine (vordiskursive) empirische Tatsache kann als signifikant gelten, ohne dass mit ihrer Auswahl bereits an eine Gesetzmäßigkeit oder Norm gedacht worden wäre (Eco

1996, 79). Der Rekurs auf »anthropologische Grundkategorien« oder »biologische Funktionen« ist eine sprachliche Handlung, die den sexuierten Körper aus einer akademischen Wissensbildung heraus kodifiziert und insofern einer Machtausübung unterwirft (Butler 1997, 24–35).
5 Aufschlussreich sind in dieser Hinsicht der eher marginale Status des Neutrums im indo-europäischen Sprachraum und Roland Barthes' (2005) Bemühungen um dessen positive Bestimmung, d. h. ohne Rekurs auf das weibliche oder männliche Geschlecht. So gibt es eine Reihe von Sprachen, aus denen das Neutrum verschwunden ist, keine Sprache aber, aus der das Femininum oder Maskulinum verschwunden wäre.

sichtigen. Dieses caveat gilt insbesondere für den Buddhismus, wo nicht nur die sprachliche und symbolische Ebene der religiösen Praxis einer differenzierten Selbstbeschreibung unterworfen ist, sondern auch die Idee etwa eines subjektontologisch begründeten, mit sich selbst identischen Wesens als falsches Denkkonstrukt (Sk. vikalpa) zurückgewiesen wird. Ebenso repräsentiert die Vorstellung eines geschlechtlich identifizierten Wesens (sofern eine solche angenommen werden darf) eben nichts weiter als eine »Vorstellung« (Sk. saṃjñā).[6]

Im 7. Kapitel des Vimalakīrti-nirdeśa (Darlegung des Vimalakīrti), einem in Ostasien weithin bekannten Sūtra, werden die entsprechenden Fragen erörtert; hier sollen nur einige sprachliche Implikationen am Beispiel von Kumārajīvas chinesischer Übersetzung (406 n.Chr.) angedeutet werden.[7] Der Text bezieht Stellung gegen die ältere Auffassung, dass eine Wiedergeburt als Mann Voraussetzung für das Erreichen fortgeschrittener Stufen der religiösen Praxis wäre:

> Śāriputra fragte: »Weshalb tauschst Du den weiblichen Körper nicht?« Die Göttin antwortete: »Während zwölf Jahren habe ich nach dem Unterscheidungsmerkmal eines weiblichen Menschen gesucht, und weiß nun, dass es unerfindlich ist; wozu sollte man ihn tauschen? Das wäre, als ob ein Illusionist ein Fantasieweib herstellte. Wenn ihn nun ein Mensch fragen würde, weshalb er den weiblichen Körper nicht tausche, hätte dieser Mensch eine angemessene Frage gestellt?« Śāriputra sagte: »Nein, denn ein Fantasiegebilde hat kein bestimmtes Unterscheidungsmerkmal. Wozu sollte man es tauschen?« (T 475.14.548b22–26).

Der im Deutschen üblichen lexikalischen Unterscheidung des Geschlechts in einen essenziellen (Adjektiv) und einen substanziellen (Nomen) Aspekt (also: weiblicher Körper/Frau) steht im Chinesischen eine präpositionale Unterscheidung von anatomischem Geschlechtskörper und Geschlechterrolle gegenüber, was im Deutschen – nicht ohne Verfremdungseffekt – mit »weiblicher Körper« (ch. nü shen) respektive – statt »Frau« – »weiblicher Mensch« (ch. nü ren) wiedergegeben werden müsste (analog dazu ch. nan ren, »männlicher Mensch«; ren, »Mensch«, übersetzt nicht automatisch »Mann« wie z.B. fr. homme oder engl. man). Dagegen sind die Möglichkeiten im Chinesischen, sexuelle Attribuierungen zu nominalisieren und zu abstrahieren (wie z.B. im Deutschen: Mann/männlich/das Männliche/Männlichkeit), eingeschränkt und semantisch oft ambig. Die Strukturarmut des Chinesischen gibt mehr Freiheit, Unterscheidungen einzuführen oder zu vermeiden, sexuelle Differenz symbolisch auszudifferenzieren und in die Mehrdeutigkeit überzuführen. Aussagen wie »dieser Mann ist feminin« mögen zwar als semantisch sinnvolle Bestimmungen von ambiger Geschlechtsperformanz erscheinen, suggerieren deshalb aber noch nicht, wie es die adjektivische Prädizierung einer Eigenschaft durch das im Deut-

---

6 Damit ist keineswegs die normative Macht von Vorstellungen in Abrede gestellt; im Buddhismus werden sie vor allem als Konstituenten von Verblendungszusammenhängen begriffen, denen die Individuen unterworfen sind.

7 Vgl. auch die englischen Übersetzungen dieses Textes von Luk (1972), 78 f und Ueki (2001), 71 ff.

schen dazu erforderliche Verbum »sein« nahe legt, eine ontisch bestimmte Geschlechtsidentität. Demgegenüber qualifiziert der chinesische Sūtrentext das Geschlecht (von dem explizit gar nicht die Rede ist) zunächst als Zugehörigkeit zu einer bestimmten Menge, die durch ihre Bezeichnung definiert ist (»weiblicher Mensch«), und zwar ohne Rekurs auf ein »bestimmtes Unterscheidungsmerkmal«:

> Die Göttin sagte: »So verhält es sich nun bei allen Gegebenheiten; es ist nicht gegeben, dass bestimmte Unterscheidungsmerkmale gegeben wären. Wieso hast Du mich also gefragt, ob ich den weiblichen Körper tauschen würde?« Daraufhin machte die Göttin Gebrauch von ihren überweltlichen Kräften und verwandelte Śāriputra, so dass er der Göttin glich. Die Göttin aber verwandelte ihren Körper, dass er Śāriputra glich, und fragte ihn: »Weshalb tauschst Du den weiblichen Körper nicht?« In der Gestalt der Göttin antwortete Śāriputra: »Nun weiß ich nicht, wie ich mich austauschen könnte und wie ich mich in einen weiblichen Körper verwandelte« (T 475.14.548b27-c2).

Die »magische« Vertauschung der körperlichen Form demonstriert die Beliebigkeit ihrer Sexuierung ohne Geschlechtsgrenzen zu negieren. Dabei wird eine Unterscheidung zwischen den Täuschungen des Illusionisten und den überweltlichen Fähigkeiten der Göttin eingeführt. Im ersten Fall wird Geschlecht als imaginäres, im zweiten als symbolisches Konstrukt verstanden, insofern ersteres das Allgemeine (»Fantasieweib«) und letzteres die Zugehörigkeit des sexuierten Körpers zur einzelnen Person (die Göttin, Śāriputra) bezeichnet. In beiden Fällen repräsentiert das Geschlecht nichts (was nicht heißt, dass Geschlecht als Materialität negiert würde).

> Die Göttin sagte: »Śāriputra, wenn Du diesen weiblichen Körper tauschen könntest, sollten auch alle weiblichen Menschen den ihren tauschen können. Śāriputra ist nicht weiblich, sondern zeigt sich als weiblicher Körper. So verhält es sich nun mit allen weiblichen Menschen. Obgleich sie sich als weibliche Körper zeigen, sind sie nicht weiblich. Aus diesem Grund sagte der Buddha: Alle Gegebenheiten sind weder männlich noch weiblich.« (T 475.14.548c2–5).

Anders als das Chinesische kommt das Deutsche ohne den direkten oder indirekten Artikel, den markierten Singular oder Plural, nicht aus, wodurch (im Deutschen) das Pseudoproblem der symbolischen Zugehörigkeit eines Einzelnen zum imaginären Allgemeinen der Sexuierung syntaktisch prädiziert wird. Im Chinesischen kann hingegen unentschieden bleiben, ob nun etwa von »dem Mann« (als Kollektiv), »den Männern« (als Menge) oder »einem Mann« (Singularität) die Rede ist, und wo der Text keine eindeutigen semantischen Hinweise für die eine oder andere Auffassung enthält, wird offen bleiben müssen, inwiefern solche Unterscheidungen Suggestionseffekte der deutschen Grammatik sind. Unmissverständlich wird jedoch zum Ausdruck gebracht, dass die Zugehörigkeit zur Menge »weibliche Menschen« nicht von einer wesenhaften Identität des »bestimmten Unterscheidungsmerkmals« herrührt, sondern von der unwesentlichen Bezeichnung »weiblich«: »Obgleich sie sich als weibliche Körper zeigen, sind sie nicht weiblich.« Diese Aussage erscheint nur dann paradox, wenn von einem ontologischen Vorverständnis ausgegangen wird. Dieses nimmt an, hier eine Paradoxierung von Identität (»weiblich«) und allgemeiner geschlechtsspezifischer Materialität (»weibliche Körper«) vorzufinden – im Deutschen insinuiert die Verwendung des Attributs »weiblich« ein Wesen, dass als Geschlechtskörper materialisiert und als solcher mit sich selbst identisch ist, denn er kann ja nicht zugleich nicht-weiblich sein. Das Paradox wird im Sūtra jedoch als Problem der Kategoriebildung formuliert: Nicht das naturalistische Frau-oder-Mann-Sein, sondern der Kode des Frau-bzw.-Mann-genannt-Werdens regiert die Konstruktion von Geschlecht, für das weder ein binäres Verhältnis noch eine essenzielle Differenz im Verhältnis zum jeweils anderen Geschlecht angenommen werden muss. Geschlecht ist im Vimalakīrti-nirdeśa als ein beliebiges Unterscheidungskriterium begriffen.

Eine kritische Anpassung des oben zitierten Passus hieße also, Geschlechterpolarität als anthropologische Grundkategorie zurückzuweisen. Die Göttin weiß, dass das Geschlecht ganz und gar unwesentlich ist, dass also zwischen dem Einzelnen und dem Geschlechtsspezifischen nicht unterschieden werden kann. Jedes Einzelne ist auf eine singuläre Weise Träger sexueller Differenz. Deshalb schließt der Text: »Aus diesem Grund sagte der Buddha: ›Alle Gegebenheiten sind weder männlich noch weiblich‹« (T 475.14.548c5). Im Anschluss daran kann Geschlecht als unwesentliche Zugehörigkeit konstruiert werden. Damit wäre also weder die Möglichkeit einer androzentrischen noch die einer gynozentrischen Kategorienbildung ausgeschlossen;[8] dass eine Göttin Gegenstand und Medium der Lehrdarlegung ist, impliziert, dass es sich hier um eine androzentrische Sexismuskritik handelt, die sich an ein männliches Subjekt richtet: Die Dekonstruktion wird nicht am Beispiel des männlichen Geschlechts geübt. Für die Logizität der Kodierung sexueller Differenz ist jedoch entscheidend, dass sie für beide Geschlechter in gleicher Weise gültig ist. Durch das »weder männlich noch weiblich« markiert sie eine transjunktionale Position,[9] die es gestattet, solche binären Unterscheidungen abzulehnen: »Die logische Struktur transjunktionaler Operationen hat ihr gesellschaftliches Korrelat in einem Prinzip der Toleranz (wenn man will: der Ironie)« (Luhmann 2002, 72).

3   Heteronormativität?

Die Aussage, dass »alle Gegebenheiten weder männlich noch weiblich« wären, folgt einer grundlegenden Denkfigur des Madhyamaka,[10] dem negativdialektischen »Weder/Noch«. Diese ist einer Thematisierung buddhistischer Konstruktionen von Geschlecht eher angemessen als das binäre Entweder/Oder-Paradigma der Geschlech-

---

8 Negiert wird also ein subjektontologisches Verständnis von Geschlecht als spezifischem Wesenszug, nicht jedoch die Möglichkeit einer Konstruktion von Geschlechtsidentität innerhalb einer symbolischen Ordnung; schließlich ist auch das Bekenntnis zur buddhistischen Praxis eine identifikatorische Selbstkennzeichnung.

9 Zur gesellschaftstheoretischen Relevanz der binären Kodierung, dem religiösen Paradox und zu Gotthard Günthers Begriff der Transjunktion, siehe Luhmann (2002), 69–73.
10 Zur Einführung in diese buddhistische Tradition: Hôbôgirin 5.470a–493b.

terpolarität, insofern sie sich homolog zur Tradition verhält: Inkohärenzen des Sinnsystems lassen sich damit präziser fassen.[11] Das zu berücksichtigen ist schon aus folgendem Grund sinnvoll: Für die abendländischen Traditionen ist das Verhältnis der religiösen Sinnsysteme zur ontologischen Metaphysik bedeutsam, da sie vor allem auf der logischen Zweiwertigkeit von Sein und Nichtsein beruhen (Luhmann 2002, 78). Das impliziert, dass von einer einzigen Leitunterscheidung ausgegangen wird, und dass eine strukturreichere Logik fehlt, um darin ein Problem zu sehen.[12] Übertragen auf die kategoriale Repräsentation sexueller Differenz erweist sich das klassische Dilemma (A; B; entweder A oder B; also: wenn nicht Frau-Sein, dann Mann-Sein) als strukturärmeres Paradigma gegenüber dem Tetralemma des Madhyamaka: A; B; sowohl A als auch B; weder A noch B. »Sowohl A als auch B« heißt sprachlogisch, dass wenn eine Antithese der Gegenseite aus der Entgegensetzung unserer These hervorgeht, dadurch unsere These ipso facto als ihre Voraussetzung verifiziert ist. Soll also eine These falsifiziert werden, darf es nicht auf Grund der Antithese geschehen. So bedeutet beispielsweise gegenüber dem religiös begründeten Argument, Homosexualität wäre nicht durch das göttliche und natürliche Recht gerechtfertigt, ihre mitunter biologistisch vertretene »Natürlichkeit« letztlich eine implizite Anerkennung der von der Gegenseite postulierten Kategorie. Dabei wäre deren Ausschluss von Homosexualität mit dem Hinweis auf die mangelnden epistemischen Voraussetzungen der postulierten Kategorie eines göttlichen und natürlichen Rechts zurückzuweisen; die mangelnden epistemischen Voraussetzungen, die zu erfüllen die Gegenseite geltend macht, erwiesen sich dann als Evidenz einer Beliebigkeit, die sich in Postulaten und Fehlschlüssen zirkulär reproduziert. Ein solcher Denkschritt entspricht nun dem »weder A noch B«, wodurch die Zweiwertigkeit und das darauf beruhende Argument vom ausgeschlossenen Dritten zurückgewiesen werden können.[13]

Anschlüsse des Madhyamaka an ein nicht-heteronormatives Verständnis von sexueller Differenz deuten sich hier an: Er erlaubt eine Kritik binärer Konstruktionen sexueller Differenz und ihrer Reduktion auf die heterosexistische Leitunterscheidung von »entweder männlich oder weiblich«. Der Imperativ dieser binären Leitunterscheidung kategorisiert und produziert »Abweichungen« und »Normverlet-

---

11 Mit Luhmann (2002), 75, nicht im Sinne der Historikerthese, dass »eine Epoche (…) nur auf Grund ihrer eigenen Begriffe beschrieben werden (könne)«, sondern als adäquat ausdifferenzierte Systemreferenz auf der Ebene der Beobachtung zweiter Ordnung.

12 Damit ist nicht gesagt, dass abendländische Traditionen ausschließlich von binären Denkmustern und logischer Zweiwertigkeit regiert würden. Gleichwohl wird die Zweiwertigkeit der aristotelischen Sprachlogik tendenziell für eine »Ontologik« gehalten: die Komplexität der Le-

benswelt wird auf binäre Zusammenhänge reduziert bzw. eine solche Reduktion für die Problemlösung gehalten; dazu Faure (2004). Die von Butler (1997) beschriebene heteronormative Matrix funktioniert nach einem solchen zweiwertigen Ausschluss- und Reduktionsmechanismus.

13 Für eine Madhyamaka-basierte Transjunktion binärer Figuren des kulturellen Konstruktionsapparates plädiert nuanciert Faure (2004), 32–41. Der Madhyamaka erfährt damit eine gesellschaftliche und politische Aktualisierung, die Gegenstand der folgenden Ausführungen ist.

zungen« durch Ausschluss des Dritten.[14] Wenn die Binarität der Geschlechter auch nichtsexuierte Gegebenheiten einschließt (z. B. Ritualgegenstände), findet ein heterosexistisches gendering statt: Die binäre Kodierung kann androzentrisch, oder, in binärer Entsprechung dazu, gynozentrisch ausgeführt werden, wobei das jeweils andere als Entgegengesetztes reproduziert, kodifiziert und reguliert wird. Drei Kategorien, welche durch Ausschluss des Dritten sexuelle Differenz binären Geschlechtsverhältnissen unterstellen, sollen kurz skizziert werden, nämlich Komplementarität, Bipolarität und das Dilemma:

a) Das unterstellte Geschlechtsverhältnis als Komplementarität, wie sie beispielsweise im chinesischen Kulturraum durch das yin-yang-Diagramm symbolisch repräsentiert wird: Postulat einer Einheit, in welcher das »eine harmonisch sich selbst entgegengesetzt« ist. Ein solches Abhängigkeitsverhältnis kommt etwa in der alltäglichen Rede von »meiner besseren Hälfte« zum Ausdruck. Dass aber Komplementarität emanzipatorisches Handeln ausschließt, geht schon aus der kategorischen Unmöglichkeit hervor, dass ein Teil seine komplementäre Funktion in Frage stellte, damit bereits gegen die Norm, die ihn konstituiert, verstieße und mit der komplementären Ordnung sich selbst negierte.

b) Das unterstellte Geschlechtsverhältnis als Bipolarität, ohne dass eine transzendente Einheit impliziert wäre: »Mann und Frau sind füreinander geschaffen worden«, wobei angenommen werden muss: von »Herrgott« (religiöses Dispositiv), oder: von »Mutter Natur« (naturalistisches Dispositiv). Bipolarität kann normativ als Ausschließlichkeitskriterium gesetzt und zum »heterosexuellen Paarfundamentalismus« ausformuliert werden.[15] Sie vertritt zumindest implizit eine Dysfunktionalität bzw. Pathologisierung all jener Sexualproportionen, die sich nicht »naturgemäß« oder »gottgewollt« auf eine bipolare Funktion reduzieren lassen.

c) Das unterstellte Geschlechtsverhältnis als Dilemma, als »Kampf der Geschlechter«: Resultat eines angenommenen Konkurrenzverhältnisses, das je nach Situation unterschiedliche Bedeutungen annehmen und grob zwei Tendenzen zugeordnet werden kann, eine emanzipatorische und eine faschistoide. Die erste strebt eine politisch-rechtliche Selbstbestimmung im Zuge einer Anpassung oder Änderung der symbolischen Ordnung, von Normen und Abhängigkeitsverhältnissen an; sie wird jedoch Ideologie, wo sie selbst ihre eigene Norm wird und eine kollektive Identität begründet. Die zweite (als Umkehrung der ersten) vertritt eine Entwertung des anderen Geschlechts (dessen Sinn oft auf seine »soziale Relevanz« für die Fortpflanzung und Verwirklichung eugenischer Strategien reduziert wird) und in letzter Konsequenz seine Negation, symbolisch oder körperlich.

---

14 Soweit berührt sich die Logizität des Madhyamaka mit Butlers Kritik des heterosexistischen Imperativs: Zum Ausschluss des Dritten im Sinne einer Verwerfung »nicht lebbarer« Möglichkeit siehe Butler (1997), 23, passim; siehe auch ihre Ausführungen zu Žižeks »Fels des Realen«, 273–285, und zur politischen Normativität deskriptiver Kategorienbildung, 298–303.

15 Vgl. die Kritik von Leist (2006) an Ferdinand Fellmanns »erotischer Rechtfertigung des Menschen«.

Binäre Modelle reduzieren lebensweltliche Komplexität und generieren »Sinn«, welcher die Wildnis der »Realität« (Luhmann 2002, 59) machtdynamisch zu strukturieren und Kontingenz zu »bewältigen« erlaubt. Ihre Gewaltsamkeit vergegenständlicht sich in den normativen Symbolfunktionen, die sexuelle Differenz auf den Geschlechtsdimorphismus reduzieren und als Ausdruck natürlicher und/oder göttlicher Ordnung repräsentieren; sie erwecken den Anschein keiner weiteren Erklärung, Begründung oder Legitimierung zu bedürfen, und stellen insofern religiöse Wahrheiten dar. Entsprechend wird in vielen Religionen Geschlechterpolarität unweigerlich mit Zeugung und Fertilität identifiziert und als universale Grundkategorie ontologisiert. Die zweiwertige Leitunterscheidung diskriminiert ontisch, indem sie etwa das Allgemeine der Anatomie herausstellt und biologistisch auf »notwendige« Körperfunktionen rekurriert. Mittels strukturreicherer Kategorienbildungen lässt sich das als naturalistischer Fehlschluss begreifen, der u. a. darin besteht, Sexualität normativ der Fortpflanzung zu unterstellen.[16] Geschlechtsdimorphismus scheint dadurch ebenso fundamental zu sein wie eine andere binäre Kategorisierung, die am Körper ablesbar scheint, nämlich die von Leben und Tod: Das Sexuelle als Mittel der Reproduktion von Leben, und der Leichnam, worin Leben und Tod paradox vermittelt scheinen.[17] Gerade die körperbezogenen Primärunterscheidungen, d. h. entweder weiblich oder männlich, entweder tot oder lebend, werden in den meisten Religionen beibehalten, und ihre Zweiwertigkeit auch im Bereich der Transzendenz nicht aufgehoben, so zum Beispiel im Christentum: Auferstehung von den Toten, ewiges Leben; die überweltlichen Instanzen sind eindeutig sexuiert und implizieren, dem Schöpfungsmythos folgend, Prokreation (Jesus Christus, Sohn Gottes, unbefleckte Empfängnis, Jungfrau Maria, Gott Vater, Mutter Gottes). Auch die Ikonographie lässt nur selten Zweifel hinsichtlich der sexuellen Identität göttlicher Gewalt.

Aus der soteriologischen Perspektive des Madhyamaka erscheinen solche binären Modelle als zirkuläre Komplexitätsreduktionen, und der Ausschluss des Dritten qualifiziert sie zudem als Verblendungszusammenhang (Sk. moha), der das Erlösungsgeschehen konterkariert und der Aufhebung bedarf. Für die Praxis wäre nun nicht entscheidend, das ausgeschlossene Dritte als Alternative zu denken und identitätspolitisch auszudifferenzieren, sondern im negativdialektischen Weder/Noch die strukturierende Trope des Binären, auf deren Grundlage das ausgeschlossene Dritte produziert wird, als Primärunterscheidung aufzugeben. Buddhistische Erlösungs-

---

16 Der Fehlschluss besteht in der unbedingten Normativität des Anspruchs; selbstverständlich kann Fortpflanzung als eine Funktion der Sexualität verstanden werden, aber nicht ausschließlich; andere Gebrauchsweisen sind denkbar und deshalb auch Gegenstand kultureller Intelligibilität.
17 »Vermittelt scheinen«, wie etwa bei der vatikanischen Inszenierung des Papststerbens (2005) und der symbolischen Behandlung seines Leich-

nams; im Unterschied zu solchen medialen Strategien beschreibt Blanchot (1955) den imaginär-zirkulären Verweischarakter von Leichnam, Bild und symbolischer Bedeutung als Ambiguität des Weder/Noch: »L'ambiguité n'est plus Oui et Non primordial en quoi l'être et le néant seraient pure identité. (…) d'autant plus essentielle est l'ambiguité que la dissimulation peut moins se ressaisir en négation« (355).

vorstellungen verleihen dementsprechend nicht etwa dem Wunsch nach einem ewigen körperlichen Leben oder nach einer geistig-seelischen Unsterblichkeit Ausdruck, welcher der Leben-Tod-Dichotomie verhaftet bliebe, sondern suchen den Kreislauf von Tod und Wiedergeburt in einem »nicht lebbaren« Jenseits von Leben und Tod aufzuheben, der »Todlosigkeit« (Sk. amṛta) des Nirvāṇa. Ebenso erhält sexuelle Differenz einen symbolischen Status, auf welchem anatomischer Geschlechtskörper, Geschlechtsidentität und Begehren nicht mehr miteinander identifiziert werden können (vgl. Faure 1998, 280 f).

Nimmt also das wissenschaftliche Subjekt eine heterosexistische Perspektive ein, hat dies unter Umständen eine reduktionistische Verkennung der nicht-binären Kategorienbildungen buddhistischer Geschlechtskonstruktionen und im Ergebnis auch inkohärente Sinnzuweisungen zur Folge:[18] Ob oder inwiefern ein buddhistisches Sinnsystem, das mit einer nicht-dualistischen Logizität operiert, sexuelle Differenz heteronormativ reduziert, steht also zur Debatte. (Und: nicht-dualistisch bedeutet nicht – wie eine binäre Denkfigur nahe legen würde – monistisch.)

4   Instrumentalität sexueller Differenz

Die bisherigen Ausführungen stützen nicht die apologetische Auffassung, dass sich der Buddhismus während des ersten Jahrtausends seiner Entwicklung von einer ursprünglich misogynen und androzentrischen Disposition zu einer tendenziell egalitaristischen und später sogar (im sogenannten Tantrismus) den Status von Frauen gewichtenden religiösen Praxis gewandelt hätte.[19] Das buddhistische Pantheon ist in der Regel androzentrisch organisiert und die religiöse Praxis auf die kulturelle Intelligibilität heteronormativer Konstruktionen von Geschlecht bezogen.

Eine ausgesprochen heterosexistische Opposition von Normen und Verboten sexueller Handlungen – eine Opposition, welche Bernard Faure dem androzentrischen Dispositiv der Tradition zuordnet (Faure 1998, 64–88) – kommt vor allem in der Ordensdisziplin (Sk. vinaya) zum Ausdruck: Ungeachtet der jeweiligen Denomination enthalten die Regelwerke für Nonnen oft Ausdifferenzierungen oder Verschärfungen schon bestehender Verbote für Mönche. Frauen benötigen die Erlaubnis ihres Vaters oder Gatten, um einem Nonnenorden beizutreten, und ihre Ordinierung hängt von der Zustimmung sowohl des betreffenden Nonnen- als auch des Mönchsordens ab. Da die Einrichtung eines Nonnenordens institutionell an einen Mönchsorden gebunden ist, bleiben Nonnen auch als Gemeinschaft der Autorität des Mönchsordens unterworfen, welcher bei bestimmten Normverstößen auch für

---

18 Dies ist auch ein Problem identitätsfeministischer Kritik und Apologetik des Buddhismus; siehe dazu Roy (1999), 222–231; Urban (2003), 9 ff, 228 ff; es handelt sich in der Regel um Umkehrdiskurse, welche binäre Ontologisierungen von Geschlecht reproduzieren.

19 Deutlich bei Ueki (2001), 87–105, gegenüber Tagami (1992), wo die Diskriminierung von Frauen auch in den späteren Entwicklungen des Buddhismus herausgearbeitet ist; vgl. auch die forschungsgeschichtliche Diskussion bei Wilson (1996), 1–14.

Bestrafungen zuständig ist.[20] Geschlechtsverkehr wird bei Männern wie Frauen mit einem Ausschluss aus der Gemeinschaft geahndet. Anders bei gleichgeschlechtlicher Intimität: Für Männer ist sie (soweit es zu keinen sexuellen Handlungen kommt) nur vage bestimmt, bei Frauen indessen wird sie strenger als eine Substitution heterosexueller Intimität behandelt. Autoerotische Handlungen von Mönchen und Nonnen gelten hingegen gleichermaßen als Substitut für heterosexuellen Geschlechtsverkehr, wobei eine differenzierte Kasuistik es gestattet, zwischen intentionalen Praktiken einerseits und nicht-intentionalen, unwillkürlichen oder gar therapeutisch wirksamen »Befleckungen« andererseits zu unterscheiden, was jeweils unterschiedliche Sanktionen zur Folge hat (Faure 1998, 81–88; vgl. Derrett 2006).

Eine normkonforme Repräsentation von sexueller Differenz als Ort des Begehrens hat an Empfindungen der Abscheu zu appellieren. Nicht nur in älteren Formationen des Buddhismus bedienen sich Mönche und Nonnen kathektischer Visualisationstechniken, deren Zweck unter anderem darin besteht, Menschen anderen Geschlechts als Gefahr für die eigene religiöse Übung vorzustellen. Ihr Körper soll in seiner Unreinheit und Hinfälligkeit, als Gerippe oder verwesender Leichnam, visualisiert und als potentieller Gegenstand des Begehrens disqualifiziert werden (Yü 2001, 426); entsprechend wird auch der eigene Körper als unrein, abstoßend und dem Tod anheim gegeben betrachtet, wobei die Darstellung von Frauen bei weitem verächtlicher ausfällt. Das androzentrisch-heteronormative Dispositiv der Ordensdisziplin ist so kodiert, dass Männer Frauen und Frauen sich selbst aus der Sicht eines männlich sexuierten Subjekts religiöser Praxis betrachten (Wilson 1996, 193). In der Ordensdisziplin fehlt also die transjunktionale Zurückweisung des Binären; indessen lehrt die Dogmatik, dass sich der Zweck solcher Übungen in der karmisch heilsamen Antizipation des Fehlgehens von Begehren, in der Meditation über körperliche Hinfälligkeit und schließlich in einer kognitiven Umkehr erfülle, die alles Begehren auslöschen würde.

Gleichwohl ist das androzentrische Dispositiv der Praxis nicht immer heteronormativ oder misogyn, und sexuelle Differenz kann auch jenseits mythischer Kontexte instrumentelle Bedeutung für das Erlösungswerk erlangen: So konnten sich buddhistische Repräsentationsformen auch in Richtung des Nicht-hetero ausdifferenzieren, dessen Sinn oft pragmatisch in der Sublimierung des (ebenso männlichen wie weiblichen) Begehrens gesehen und entsprechend legitimiert wurde. So markieren den Unterschied zwischen einem »gewöhnlichen« Mann und einem Buddha oder transzendenten Bodhisattva die 32 kanonischen »Merkmale des großen Mannes« (Sk. mahāpuruṣa-lakṣaṇāni),[21] zu denen auch eine Falte im Unterleib gehört, in der sein Geschlecht verborgen ist (Sk. kośopagatavastiguhya). Als Gegenstand der Kontemplation symbolisiert diese Verbergung die Überwindung des Begehrens und

---

20 Heirman (2002), 92–96, für Einzelheiten der Ordensdisziplin, ebd. 117–178; vgl. Wilson (1996), 145 f.

21 Für eine vollständige Liste der 32 primären und 80 sekundären Unterscheidungsmerkmale siehe Dharmasaṁgraha (1993), 50–60. Einzelne Versionen und Bezeichnungen weichen voneinander ab, vgl. Edgerton (1985), 459a.

verweist damit teleologisch auf die Aufhebung aller Unterscheidung.[22] Bis dahin bleibt das Geschlecht als Verborgenes »signifikant«, was jedoch keinen phallogozentrischen Virilitätskult impliziert. Der männliche Bodhisattva wird vielmehr als emotiver »Vater« charakterisiert: Mitfühlend, sanft und hingebungsvoll macht er sich zum Mittel des Erlösungswerks. Der weibliche Bodhisattva repräsentiert hingegen eher analytische oder kognitive Fähigkeiten, etwa als Verkörperung der »Vollendung transzendenter Einsicht« (Sk. prajñā-pāramitā), deren Sexuierung durch die Bezeichnung »Mutter aller Buddha« expliziert und auch in der bildlichen Darstellung nicht unterdrückt wird (Cabezón 1992, 183–188).[23]

Ohnehin eignet der Sexuierung solcher überweltlichen Wesen eine gewisse Ambiguität oder gar Flexibilität, so dass Sexualität und Begehren nicht nur aus heteronormativen Geschlechtsrepräsentationen herausgelöst, sondern auch soteriologisch instrumentalisiert werden. Spielraum, Entwicklung und symbolische Bedeutung dieser Instrumentalität hängen von den jeweiligen kulturellen und historischen Gegebenheiten ab: Als vielleicht prominentestes Beispiel kann die vor allem in China bekannte weibliche Ausprägung des transzendenten Bodhisattva Avalokiteśvara, Guanyin, angesprochen werden. Im Zuge autochthoner Legendenbildung und vor allem als Gegenstand der Volksfrömmigkeit erfuhr diese Figur etwa seit dem 9. Jh. einen komplexen Prozess der Feminisierung.[24] Ansätze dafür finden sich bereits in der älteren kanonischen Literatur, in welcher beschrieben wird, wie sich Avalokiteśvara situationsabhängig in verschiedenen weiblichen Formen manifestiert, beispielsweise als Königin, Haushälterin oder Hetäre, um in der Not Beistand besser leisten und den Weg in die buddhistische Praxis weisen zu können.[25] Ihre weiblichen Manifestationen werden oft als jung, schön und, wo sie sich der Sexualität bedienen und das Begehren der männlichen Erlösungsbedürftigen instrumentalisieren, als attraktiv dargestellt (Yü 2001, 421). Im historischen Verlauf ihrer Naturalisierung als weibliche Gottheit, nimmt Guanyin im chinesischen Pantheon zunächst einen Platz außerhalb der beamtenstaatlich repräsentierten Hierarchie männlicher Gottheiten ein, und in der wohl bekanntesten Guanyin-Legende verweigert sie sich als Prinzessin Miaoshan der Eheschließung um den Preis ihres anschließenden Martyriums (ausführlich: Yü 2001, 293–351). In Folge einschneidender sozio-ökonomischer Veränderungen und der wachsenden Bedeutung des Beamtenprüfungssystems für das soziale Prestige, wird Guanyin jedoch spätestens seit der Ming-Dynastie (1368–1644) im Kontext der konfuzianischen Sakralisierung der Familie domestiziert, bis sie schließlich zum Schutz der patrilinearen Ordnung und zur Gewährung männlichen Nachwuchses angerufen wird (Yü 2001, 493).

---

22 Mochizuki (1974), 367; Hôbôgirin 1.16a; auf eine entsprechende Symbolfunktion der Kopulation wird im anschließenden Kapitel noch eingegangen.

23 Yü weist diesbezüglich auf die kulturelle Variabilität der Attribuierungen von Geschlecht hin: So stehen buddhistische Zuschreibungen oft den im Westen üblichen Dichotomien wie z. B. »männlicher Intellekt« vs. »weibliche Intuition« entgegen (2001), 414 f.

24 Zu Avalokiteśvara/Guanyin siehe zunächst die detailreiche Studie von Chün-Fang Yü (2001).

25 Zu den Darstellungen in der kanonischen Literatur, Rolf A. Stein (1986).

Eine prominente Figur, welche sexuelle Differenz jenseits von Geschlechterpolarität symbolisiert, ist der transzendente Bodhisattva Mañjuśrī. Er wird in der Regel als ewiger Jüngling dargestellt und tritt vor allem in den Prajñāpāramitā-sūtren als eloquenter Dialektiker des Madhyamaka auf. Nach einer Legende, die auf den Gelehrtenmönch Kūkai (774–825) zurückgeht, soll Mañjuśrī in Indien die gleichgeschlechtliche Affektion offenbart haben, von wo sie über China nach Japan gebracht wurde. Vor allem in Japan repräsentiert dieser Bodhisattva eine mitunter misogyn konnotierte Eudoxie homoerotischer Bindungen von Mönchen.[26] Mañjuśrī ist in der Tradition mit einem anderen Bodhisattva, Samantabhadra, liiert, und gilt auch als Schutzgottheit homosexueller Männer (Faure 1998, 238). Die literarischen Zeugnisse und die institutionelle Wirklichkeit erlauben nicht, solche Phänomene auf eine bloße Legitimierung sexuellen Missbrauchs von Abhängigkeitsverhältnissen (etwa der Novizen) zu reduzieren. In China und Japan stellte gleichgeschlechtliche Liebe als Bestandteil eines schichtspezifischen Lebensstils von Gelehrten und Kriegsadel weder einen Normverstoß noch ein Problem für die religiöse Praxis der Laien dar. Zur Rechtfertigung, wenn sie in Kreisen des buddhistischen Klerus erforderlich wurde, genügte u. a. der Hinweis, dass es sich um eine vom Zweck der Fortpflanzung abgekoppelte Sexualität handele. Diese Trennung von Sexualität und Fertilität entspricht der buddhistischen Auffassung, dass die Reproduktion von Leben soteriologisch einen bestenfalls untergeordneten Stellenwert haben kann, da Reproduktion letztlich neues karmisches Leiden verursacht.[27] Dass im vormodernen Japan gleichgeschlechtliche Affektion institutionell kaum unterdrückt wurde, lässt sich auch den allerdings übertriebenen Schilderungen christlicher Missionare von buddhistischen Klöstern als Orten »ungezügelter Sodomie« entnehmen.[28]

Die Beispiele von Guanyin und Mañjuśrī deuten einen instrumentellen Charakter von Sexualität an: Als zweckrationale »Anwendung eines Mittels« (Sk. upāya-kauśalya) wird das Geschlecht als ein Ort des Begehrens zum Medium überweltlicher Gnade und Gegenstand transformativer Sublimierung (Yü 2001, 424 ff). Sexuelle Differenz ist nicht nur dem Bemühen um Keuschheit als Bedingung religiös-moralischer Läuterung unterworfen, sie ist auch Vergegenständlichung eines teleologisierten Begehrens. Als instrumentalisierbarer Aspekt von Karmizität ist Begehren eine

---

26 Dem geht eine Reihe von kulturell bedingten Anpassungen bei der Anwendung der Ordensdisziplin voraus; Faure (1998), 89–97. Homoerotische Bindungen unter Nonnen hatten wohl keine stärkeren Repressionen zur Folge als bei Mönchen, doch sind nur wenige Zeugnisse gleichgeschlechtlicher Affektion zwischen Frauen überliefert, weshalb diese historisch schwieriger zu greifen ist (ebd. 216 f). Zur diskursiven Ausdifferenzierung und den soziokulturellen Aspekten von gleichgeschlechtlicher Bindung im Buddhismus Ostasiens siehe Faure (1998), 207–278.

27 Das impliziert nicht, dass man dem Schutz des menschlichen und kreatürlichen Lebens keinen hohen Stellenwert beigemessen hätte; das im Buddhismus bedingungslos eingeforderte universale Mitgefühl mit den leidenden Lebewesen und das Gebot des Altruismus fängt die hier angesprochene »Negativität« auf.
28 Zu den religionspolitischen Motiven westlicher Szenarien »buddhistischer Sodomie« siehe Offermanns (2002), 65–69, 87.

Funktion des universalen Erlösungsgeschehens, und muss daher als ein Gebrauch sexueller Differenz angenommen werden, der sich nicht naturalistisch auf Fragen körperlicher Bedürfnisse und der Reproduktion von Leben reduzieren lässt.

5 Die Kopulation – eine heteronormative Symbolfunktion?

Tantrische Ritualpraktiken[29] symbolisieren die Kopulation von Mann und Frau als Antizipation des Erleuchtungsgeschehens und betonen die Funktion des weiblichen Parts. Ihr semiotischer Status entspricht einer zunehmenden Gewichtung weiblicher Attribuierungen während der späteren Entwicklungen des Buddhismus, kann jedoch nicht als Hinweis auf eine stärkere Partizipation von Frauen an der religiösen Praxis gewertet werden; tatsächlich war die Zahl praktizierender Frauen während des politisch und sozial sehr instabilen indischen Mittelalters, als tantrische Formationen Verbreitung fanden, eher gesunken (Davidson 2002, 91–98). Die Annahme einer »Subversion« androzentrischer Symbolfunktionen scheint daher wenig plausibel:[30] Ein phallogozentrisches Verständnis der rituellen Kopulation scheinen die älteren chinesischen Übersetzungen tantrischer Schriften zu implizieren, wo der weibliche Part als Emanation der kopulierenden Gottheit vorgestellt wird, als ihre »Widerspiegelung in Gestalt der Frau« (ch. nü ren se xiang).[31]

Indessen beschreibt der Buddhakapāla-yoginī-tantra-rāja (»Königliches Buddha-Schädelknochen-yoginī-tantra«), ein tantrischer Text aus dem neunten Jahrhundert, der im Tibetischen überliefert wurde, eine nicht nur in semiotischer Hinsicht bemerkenswerte Kopulation.[32] Der Geschlechtsdimorphismus ist symbolisiert durch den vajra, den Phallus des Buddha, und den Lotus, padma, die Vagina der Yoginī. Mythologisch steht der vajra für den Donnerkeil des Gottes Indra, eine Waffe, die Unzerstörbarkeit und Allgegenwart der universalen Ordnung repräsentiert. Der vajra verweist transzendental auf das ununterschiedene Indifferente, das heißt: auf das Absolute und dessen Erkenntnis, das Erwachen des Buddha, während der Lotus – Sinnbild dessen, was aus sich selbst entstanden und ausdifferenziert ist – als Thron

29 Der historische Status der ritualsymbolischen Geschlechterpolarität ist ebenso problematisch wie der so genannte Tantrismus vor allem ein koloniales Konstrukt ist. Siehe dazu vor allem die Studie von Urban (2003).
30 Zur Erforschung entsprechender Symbolfunktionen: Roy (1999), 222–231.
31 Jingang-fenglouge-yiqie-yujia-yuqi-jing, T 867.18.471. Ferner symbolisiert auch das Hevajra Tantra – jedoch ohne Ansehen der Sexuierung – das ganze Gefolge des So-Gekommenen als dessen autogenetische Emanation.
32 Davidson versteht die Bedeutung dieses Yoginī-Tantras für die Tradition und seine Popularität im Ergebnis als eine Ausserordentlichkeitsreak-

tion; unbegründet scheint seine moralistische Einschätzung des Textes als »virtually guaranteed to shock its listeners or readers« und die Annahme, die scholastischen Kommentare müssten den »extreme content« auf der Ebene normativer Praxis reartikulieren, als wäre von vornherein die Möglichkeit ausgeschlossen, dass dieser Text einer normativen Symbolfunktion Ausdruck verleihen könnte. So wurde versäumt, die Kommentare vom geschilderten »physical event« abzuheben, und – an Stelle ihrer etwas voreiligen Qualifizierung als »blizzard of philosophical terminology (…) to explain away the intriguing necrophilia« – semiotisch ernst zu nehmen (2002, 250ff).

des Buddha dessen universale Souveränität repräsentiert (Saunders 1960, 159–164, 184–191).

Da nun führte der Erhabene, nachdem er vollständig richtig die Mantras und alle Tantras in der Weise nichtbedingter Worte in der großen diamantenen Position dargelegt hatte, dieser Herr aller So-Gekommenen, seinen Phallus in die Vagina seiner Begleitung ein, und verwehte im Nirvāṇa, in der Vagina der Dame sterbend. Dass sie nun den Herrn in dieser Weise sterben sahen, erstaunte all die Bodhisattvas und all die Yoginīs. (…) Und so wandte sich der Bodhisattva Mahāsattva Vajrapāṇi an die Yoginī Citrasenā und richtete an sie folgende Frage: »Oh Devī, gibt es ein einfaches Verfahren, mit welchem Lebewesen von geringerem Verdienst Stärke erlangen können?« (…) Nun, da die Yoginī Citrasenā das gehört hatte, blickte sie auf das Antlitz des Erhabenen, und betrachtete ihn mit Begehren und sehnsüchtigen Seitenblicken. Dann aber vernichtete sie, zornig und grausam, mit einer mitfühlenden Geisteshaltung, die Armee des Versuchers Māra. Und in der Folge spaltete sich der Schädel des Erhabenen, liebkost von seiner Mahādevī, der Dame und Herrin aller Tantras, und heraus kam das Mantra: »Oṁ Buddhe Siddhe Susiddhe Amṛta Arje Buddha Kapāla Sphoṭanipātaya Trāsaya Hūṁ Ho Phat«. (…) In dieser Weise widerhallend setzte sich das Mantra fort, griff die Schlangen unterhalb der siebenten Stufe an und vernichtete sie. Das Mantra kam anschließend zurück, trat in den Mund Citrasenās ein, um dann wieder aus ihrer Vagina hervorkommend in den Schädel des Buddha zurückzukehren. (…) Des Buddha Schädel öffnete weit seinen Mund und heraus kam dieser Text (To 424, 143a3–144a3).[33]

Die Symbolfunktion der Geschlechterpolarität kann hier im Sinne des Madhyamaka als Vollzug des Weder/Noch kohärent gedeutet werden. Die sexuelle Attribuierung korrespondiert mit dem grammatischen Geschlecht im Sanskrit: Männlich ist das Mittel, der upāya, maskulinum, weiblich die transzendente »Einsicht« (Sk. prajñā, auch als »Mutter aller Buddha« personifiziert) in das Indifferente der »Leerheit« (Sk. śunyatā), beide femininum: »Er« penetriert »sie« und geht in das Nirvāṇa ein; in seinem Leichnam fallen Leben und Tod im Sinne des Weder/Noch auseinander: der Schädel spaltet sich und spricht, weder tot noch lebendig. Der Phallus bezeichnet die Transjunktion des Weder/Noch und nimmt dabei den symbolischen Wert einer letztmöglichen Unterscheidung an, eines alpha privativum, das keinem Signifikanten mehr voransteht. Die Grenze zum absoluten Indifferenten als das vom Unterscheidbaren noch Unterschiedene wird »penetriert«, d.h. dessen Unterscheidbarkeit aufgehoben. Die Symbolfunktion kann nur negativ und temporal als ritueller Vollzug formuliert werden: Die Kopulation symbolisiert den Vollzug eines Designifikationsprozesses, eine Aufhebung der phallischen Negation (Unterscheidung), und zwar, mit George Spencer Brown gesprochen, als re-entry der Unterscheidung in sich selbst (vgl. Luhmann 2002, 26 ff): Der Text setzt das buchstäblich in Szene, wenn er von seiner eigenen Zeugung Zeugnis gibt und zugleich deren Zeugnis ist. Aus dem Spalt im Schädel kommt das Mantra, welches durch die Vagina in den

---

33 Vollständig in Davidson (2002), 398 f n35; meine Übersetzung folgt mit Auslassungen der von Davidson (248 f).

Schädel des Todlosen zurückkehrt. Daraus nun entsteht der Text, der das bezeugt. Wenn nun der Phallus die Negation bezeichnet, dann ist das, was ihn als Zeichen der Negation aufnimmt und aufhebt, die Vagina. (Zu bemerken ist hier, dass die Yoginī den totlosen Buddha begehrt. Ihr Begehren ist also nicht von der Negation des Phallus bezeichnet, sondern autonom, während der Phallus weder etwas noch nichts ist.)

Die Kopulation symbolisiert kein Geschlechtsverhältnis zwischen einem (männlichen) Agens und einem (weiblichen) Patiens, schon gar nicht einen Akt heterogenetischer »Schöpfung«, sondern eine Aufhebung der Negation des Begehrens. Das heißt aber nicht: Affirmation des Begehrens, denn in der nicht zweiwertigen Logik des Madhyamaka ist die Negation der Negation keine Affirmation. Die Symbolfunktion besteht nun darin, dass der »weibliche« Part das negierende »Männliche« im Vollzug des Aktes aufhebt (Penetration = Eingehen in das Nirvāṇa), und genau deshalb kann zwischen beiden – da sie einander in der Aufhebung begegnen – kein stabiles Verhältnis bestehen. Ihre Begegnung ist Effekt des Begehrens, welches sich zirkulär als re-entry wiederholt, in der Negation auf sich selbst verweisend; das entspricht dem karmischen Prozess, durch welchen sich die Welt als Ort des Begehrens prozessual erschöpft und schließlich aufhebt. Die soteriologische Dimension des Begehrens beruht auf dieser paradoxen Figur, welche der Buddhakapāla-yoginī-tantra-rāja symbolisch in Szene setzt. Weder wird hier einer Überhöhung des Besonderen, also einer sakralisierten Liebe zweier Individuen, noch dem Allgemeinen einer transzendentalen unio mystica, einer überweltlichen universalen Einheit sexuierter Seinsweisen, das Wort geredet. Die Kopulation vertritt hier also keine heteronormative Symbolfunktion, insofern sie auch kein stabiles Geschlechtsverhältnis von Mann und Frau postuliert oder voraussetzt.[34]

6   Schlussbetrachtung

Die oben thematisierten Symbolfunktionen und Kategorien bestimmen weder eine »buddhistische Sexualität« noch einen systematischen Begriff von Geschlecht. Vielmehr artikulieren sie sexuelle Differenz als Gebrauchsmöglichkeit des Begehrens, als ein Mittel, das dem Erlösungswerk nicht nur schaden oder nutzen kann, sondern ein Motiv der Soteriologie ist und daraus seinen symbolischen Wert bezieht. Gegen-

34 Aus einem feministischen Interesse (vgl. Butler 1997, 80–85, zu Platons Timaios) könnte ergänzt werden: Spätestens hier gerät ein heterosexistisches Verständnis der binären Positionen von Penetrierendem und Penetrierter in Schwierigkeiten, da es diese in der Logik des ausgeschlossenen Dritten als komplementär auffassen wird. Die oben herausgestellte Transjunktion des Komplementären wird der heteronormativen Sicht als »perverse« Normverletzung (z. B. Nekrophilie) oder nicht-intelligible Verfremdung heterosexueller Komplementarität erscheinen. Dadurch erweist sich aber die Heteronormativität – aus der Sicht des Madhyamaka – als Effekt des Ausschlusses dessen, was sie ausschließt (»sowohl A als auch B«), d. h. sie falsifiziert als performativer Selbstwiderspruch die Behauptung ihrer naturalistischen »Originalität«.

über dem (wenig überraschenden) sozialhistorischen Befund, dass im Buddhismus androzentrische und in weiten Teilen misogyne Dispositive vorherrschen, können einzelne Positionen zur Sexualität und ihrem Gebrauch erschlossen werden, welche einer heteronormativen Konstruktion von Geschlecht nicht nur prinzipiell entgegenstehen, sondern auch deren binäres Verhältnis zum ausgeschlossenen Dritten destabilisieren: a) Trennung der Sexualität von der Reproduktion, b) Fehlen eines heterosexistischen Imperativs, c) instrumentelle Flexibilität von Geschlechtsidentität, d) Akzeptanz gleichgeschlechtlichen Begehrens und e) Trennung von Begehren und körperlichen Bedürfnissen.

Wo buddhistische Wissensbildung dialektisch mit diskursiven Identitätskategorien und Desidentifikation operiert, erlaubt ihr kritisches Potential Anschlüsse an die Anliegen feministischer und queer Politik auch innerhalb des religiösen Sinnsystems. Dieses emanzipatorische Potential sollte hier angedeutet werden.

Literatur

Barthes, Roland (2005), Das Neutrum: Vorlesungen am Collège de France 1977–1978, übers. von Brühmann, Horst, Frankfurt a. M., Suhrkamp.

Blanchot, Maurice (1955), Les deux versions de l'imaginaire, in: Ders., L'espace littéraire, Paris, Gallimard, 341–355.

Bhattacharyya, N. N., Hg. (1999), Tantric Buddhism: Centennial Tribute to Dr. Benoytosh Bhattacharyya, Dehli, Manohar.

Buddhakapāla-yoginī-tantra-rāja (2002), To 424, bKa'-'gyur, rgyud-'bum, nga, fols. 143a1–167a5; in: Davidson, Ronald, Indian Esoteric Buddhism: A Social History of the Tantric Movement, New York, Columbia University Press, 398 f.

Butler, Judith (1997), Körper von Gewicht. Die diskursiven Grenzen des Geschlechts, Frankfurt a. M., Suhrkamp.

Cabezón, Jose Ignazio (1992), »Mother Wisdom, Father Love«, Gender-Based Imagery in Mahāyāna Buddhist Thought, in: Cabezón, Jose Ignazio, Hg., Buddhism, Sexuality, and Gender, Albany, State of New York University Press, 181–199.

– Hg. (1992), Buddhism, Sexuality, and Gender, Albany, State of New York University Press.

Complete Catalogue of the Tibetan Buddhist Canons (1934), Ui, Hakuju u. a., Hg., Sendai, Tōhoku Imperial University

Davidson, Ronald (2002), Indian Esoteric Buddhism: A Social History of the Tantric Movement, New York, Columbia University Press.

Derrett, J. Duncan M. (2006), Monastic Masturbation in Pāli Buddhist Texts, in: Journal of the History of Sexuality, 15.1, 1–13.

Dharmasaṁgraha (Excellent Collection of Doctrine of Ācārya Nāgārjuna) (1993), Bibliotheca Indo-Tibetica Series-XXVII, Varanasi, Central Institute of Higher Tibetan Studies Sarnath.

Eco, Umberto (1996), Theorien interpretativer Kooperation: Versuch zur Bestimmung ihrer Grenzen, in: Stöhr, Jürgen, Hg., Ästhetische Erfahrung heute, Köln, DuMont, 59–85.

Edgerton, Franklin (1985/1953), Buddhist Hybrid Sanskrit Grammar and Dictionary, Bd. 2, Dictionary, New Haven/Dehli, Motilal Banarsidass.

Faure, Bernard (1998), The Red Thread: Buddhist Approaches to Sexuality, Princeton, Princeton University Press.

– (2004), Double Exposure: Cutting Across Buddhist and Western Discourses, Stanford, Stanford University Press.

Heirman, Ann (2002), »The Discipline in Four Parts« – Rules for Nuns according to the Dharmaguptakavinaya, Dehli, Motilal Banarsidass.

Hôbôgirin: Dictionnaire encyclopédique du bouddhisme d'après les sources chinoises et japonaises (1927–1994), Demiéville, Paul u. a., Hg., 8 Bde., Paris/Tokyo u. a., Librairie d'Amérique et d'Orient, Adrien Maisonneuve etc.

Jingang-fenglouge-yiqie-yujia-yuqi-jing, übers. von Vajrabodhi (ca. 723–736 n.Chr.), in: T 867.18.253–270.

Leist, Anton (2006), Heterosexueller Paarfundamentalismus, in: Deutsche Zeitschrift für Philosophie 54.4, 647–653.

Luhmann, Niklas (2002), Die Religion der Gesellschaft, Frankfurt a. M., Suhrkamp.

Luk, Charles (1972), The Vimalakīrti Nirdeśa Sūtra, Berkeley/London, Shambala.

Mochizuki, Shinkō (1974), Mochizuki Bukkyō Daijiten, 10 Bde., erweiterte Neuausgabe, Tokyo, Sekai Seiten.

Offermanns, Jürgen (2002), Der lange Weg des Zen Buddhismus nach Deutschland – vom 16. Jahrhundert bis Rudolf Otto, Lund, Almqvist & Wiksell International.

Roy, Kumkum (1999), Tantric Buddhism and the Liberation of Women: Questions, Problems and Possibilities, in: Bhattacharyya, 222–231.

Saunders, Dale E. (1960), Mudra: A Study of Symbolic Gestures in Japanese Buddhist Sculpture, New York, Pantheon Books.

Sharf, Robert H. (2002), Coming to Terms with Chinese Buddhism, Honolulu, Hawaii University Press.

Snellgrove, David L. (1959), The Hevajra Tantra: A Critical Study. London Oriental Series 6, London, Oxford University Press.

Stein, Rolf A. (1986), Avalokiteśvara/Kouan-yin, un example de transformation d'un dieu en déesse, in: Cahiers d'Êxtreme-Asie 2, 17–77.

Stöhr, Jürgen, Hg. (1996), Ästhetische Erfahrung heute, Köln, DuMont.

Ueki, Masatoshi (2001), Gender Equality in Buddhism, New York, Peter Lang.

Urban, Hugh B. (2003), Tantra: Sex, Secrecy, Politics, and Power in the Study of Religion, Berkeley, University of California Press.

Vimalakīrti-nirdeśa, übers. von Kumārajīva, Weimojie-suoshuo-jing (406 n.Chr.), in: T 475.14.537–557.

Tagami, Taishū (1991), Bukkyō to seisabetsu, Tokyo, Tokyo shoseki.

Taishō shinshū daizōkyō, Takakusu Junjirō und Watanabe Kaigyoku, (Hg.), 85 Bde., Tokyo, Taishō issaikyō kankōkai, 1924–1934; Nachdruck 1974, Taibei, Xinwenfeng chubanshe.

Wilson, Liz (1996), Charming Cadavers: Horrific Figurations of the Feminine in Indian Buddhist Hagiographic Literature, Chicago, Chicago University Press.

Yü, Chün-fang (2001), Kuan-yin: The Chinese Transformation of Avalokiteśvara, New York, Columbia University Press.

Abkürzungsverzeichnis

ch. = chinesisch
Sk. = Sanskrit
T = Nummer lt. Taishō shinshū daizōkyō (1924–1934)
To = Nummer lt. Complete Catalogue of the Tibetan Buddhist Canons (1934)

Genderizing Fāṭima?
Die Prophetentochter als Rollenmodell

Bärbel Beinhauer-Köhler

1 Vorüberlegungen

Die Frage nach der Konstruktion des Geschlechts, nach Rollennormen und Rollen-modellen, hat aus der modernen gesellschaftlichen Debatte heraus in die Religions-wissenschaft Eingang gefunden. Sie ist insofern eine sekundäre Frage, als religions-historische Gestalten, die man als »Heilsgestalten«,[1] oder verwandte transzendente Größen, die man mit Gregor Ahn als »religiöse Grenzgänger« (Ahn 1997, 1–48) be-zeichnen kann, sich nicht auf den Aspekt des Rollenmodells reduzieren lassen.[2] Die-se haben darüber hinaus, vor allem in vormodernen, nicht über die Gender-Frage reflektierenden Wahrnehmungen, vielfältige Funktionen wie Heilsvermittlung, reli-giöse Orientierung und Identifikation, sind Markpunkt von Festkalendern, An-knüpfungspunkt einer sakralen Topographie und u.v.a.m – wenn auch über einige dieser Aspekte ein Zusammenhang zur Gender-Frage herzustellen ist und nahe liegt, man denke an die religiöse Orientierung an der Jungfrau Maria. Dabei scheint ein gradueller Unterschied darin zu bestehen, ob eine Heilsgestalt implizit oder explizit mit Gender-Normen in Verbindung gebracht wird.

Diese Vorüberlegungen bilden den Rahmen für den Aufbau des Beitrags über die prominenteste i.e.S. religiöse Frauengestalt des Islam: Nachdem zunächst verschie-dene historische Aspekte beschrieben werden, auf die sich die Fāṭima-Verehrung fo-kussiert, werden diese in ihrer impliziten Verhaftung in Rollenkonzeptionen rekons-truiert, bevor zeitgenössische Vorstellungen von Fāṭima als bewusst konzipiertes Rollenmodell betrachtet werden.

2 Aspekte der Verehrung der Prophetentochter

Als bekannte weibliche Größe einer komplexen Religion erfuhr auch die islamische Fāṭima im Laufe der Geschichte zahlreiche Deutungen, bei denen ganz unterschied-liche Aspekte hervorgehoben wurden.

---

1 Waldenfels (1992), 274 f; Cohn (1987), 1–6; Werblowski (1987), 316–320.
2 Mit Katherine K. Young werden auch keine grundlegenden Unterschiede zwischen männ-lichen und weiblichen Heilsgestalten angenom-men. Young (2000), 30 ff.

Als historische Gestalt wird sie wenig greifbar, was vermutlich erst ermöglichte, dass sie im religiösen Bereich zunehmend überhöht und Anknüpfungspunkt von Legenden wurde. Bei genauerer Kenntnis ihrer Person, hätten bestimmte Facetten wahrscheinlich die Entwicklung einer »religiösen Biographie« verhindert, wie Denise A. Spellberg für ʿĀʾiša, die Lieblingsfrau des Propheten (Spellberg 1994, 172), erarbeitet. In frühen islamischen Überlieferungen tritt Fāṭima dagegen nur am Rande in Erscheinung. Aus derartigen Erwähnungen lässt sich historisch nicht viel mehr schließen, als dass sie eine von vier Töchtern Muḥammads mit dessen Frau Ḥadīǧa, dass sie mit ihrem Cousin ʿAlī verheiratet war und Zeit ihres kurzen Lebens – sie starb 633 mit Anfang bis Mitte zwanzig – im Umfeld ihres Vaters lebte. Das Interesse der Überlieferer liegt nicht auf ihr, sondern auf ihrem Vater.[3]

Die Verehrung, die Fāṭima erfuhr, entspricht verschiedenen islamischen Mustern der gelebten Frömmigkeit. Schon zu Lebzeiten des Propheten wurden sein Harem und seine Nachkommenschaft zu einer gesonderten sozialen und religiösen Gruppe. Unterschiedliche Suren fordern besonders von den Prophetenfrauen ein Verhalten, das ihren Glauben kenntlich macht, beispielsweise die Sure 33, 33 bezüglich eines zurückhaltenden auf die häusliche Sphäre bezogenen Lebens oder 33, 59 hinsichtlich einer sittlichen Ansprüchen genügenden Bedeckung. Die letzte Sure richtet sich neben den Prophetenfrauen explizit auch an die Prophetentöchter. In der Folge scheint der weibliche Anhang Muḥammads tatsächlich eine Sonderrolle genossen zu haben, wie zahlreiche Passagen in den frühen islamischen Historiographien erahnen lassen (Köhler 1997, 349ff). Sie erhielten das positive Epitheton *ummahāt al-muʾminīn*, »die Mütter der Gläubigen«, sie waren die Wiege der *ahl ul-bait*, der »Leute des Hauses (des Propheten)« (Stowasser 1994). Auch wenn die Prophetentochter streng genommen nicht als eine der Mütter der Gläubigen gilt, so ist sie doch die »Ur-Mutter« der *ahl ul-bait*, denn über sie verläuft die Genealogie der Nachkommen Muḥammads. Bis heute lebt diese Familie, inzwischen in weit ausgedehnten Zweigen, unter der geläufigen Bezeichnung *sāda* (Pl., Sg. *saiyid*) weiter, und noch heute gilt für ihre weiblichen Mitglieder der gleiche Kodex wie im frühen Islam. Sie verkörpern in besonderem Masse das religiös-soziale Prestige der Prophetennachkommen, das sich u.a. aus dem frommen und den islamischen Normen genügenden Verhalten der Frauen speist. Wie die ethnologische Studie von Elizabeth und Robert Fernea (1992) nachweist, gibt es im Lebensbereich der Frauen zahlreiche Funktionsträgerinnen, die religiöse Veranstaltungen für ihre Geschlechtsgenossinnen durchführen. Auch die *saiyidāt* sind dazu prädestiniert, von anderen Frauen als religiöse Autoritäten angesehen zu werden, während unter Männern eine gewisse Affinität zu den bekannten religiösen Berufen wie dem des Qāḍī besteht.[4]

---

3 Beinhauer-Köhler (2002), 43–56; Klemm (2002), 47–86, hier 48ff.

4 Dass diese Affinität durchaus auch spannungsreich sein kann, untersucht Markus Wachowski für den Yemen, wo es traditionell als eigene Klasse erkennbare Saiyid-Familien gibt: Wachowski

(2004), 48f. Zum femininen Begriff der saiyida, der durchaus auch Raum lässt für eine politische Sonderrolle: Mernissi (1991), 21f sowie die Beschreibung von Herrscherinnen mit saiyida-Titel wie Sitt al-Mulk, 193–210.

Vermutlich als Weiterentwicklung dieses Status wurde die nahe Verwandtschaft des Propheten, Fāṭima eingeschlossen, auch über den Tod hinaus verehrt. Dies geht bereits aus frühen islamischen Überlieferungen hervor, die noch kaum inhaltlich über die Prophetentochter sprechen, ihr aber bereits Epitheta wie *saiyidat an-nisāʾ*, »die Herrin der Frauen« zuerkennen, so Ibn Isḥāq (gest. 767). Derartiges spricht dafür, dass bereits eine eigene orale Tradition der Überhöhung Fāṭimas, vermutlich im Zusammenhang mit ihrem Grabkult in Medina, entstanden war (Beinhauer-Köhler 2002, 269–286).

Es liegt nahe, hier den Begriff der Ahnenverehrung anzuwenden, die im islamischen Bereich ausgeprägt ist. In Medina werden neben dem Grab des Propheten, das Muslime gewöhnlich im Zuge der Pilgerfahrt nach Mekka mitbesuchen, in einer Wallfahrt (*ziyāra*) bis heute auch die Gräber seiner zahlreichen Anverwandten aufgesucht. Fāṭima spielt hier eine Sonderrolle, finden sich im Bereich der Stadt sogar zwei mutmassliche Grabstätten, die auf sie verweisen, eine auf dem Friedhof der Stadt und eine direkt im Bezirk der Grabmoschee Muḥammads. An beiden Stätten wirkt die *baraka*, eine materialisierbar gedachte Größe, die als Segensmacht Allahs theologisch in den Islam integriert ist. An den Gräbern von Heiligen kann die *baraka* körperlich berührt, aufgegriffen und auf den Besucher übertragen werden (Hoffman 1995, 105). Ein solcher Grabkult und die Annahme des dortigen Wirkens der *baraka* ist für Personen, denen im Leben eine besondere Nähe zu Allah zugesprochen wurde, im Islam nahezu die Regel. In Medina wirken allerdings über Jahrhunderte Restriktionen der Orthodoxie, die den Grabkult mit dem Element der körperlichen Berührung so heute nicht mehr erkennen lassen. Schiiten betreiben zumindest einen besonderen Erinnerungskult. Sie tradieren die Idee der Vermittlung Fāṭimas beim Jüngsten Gericht, worauf in der Grabmoschee mit Hymnen und Bittgebeten angespielt wird (Burton 1964, 327 f.). Zudem ist beim Grabkult anderer *ahl ul-bait* eine Kumulierung von deren *baraka* zu beobachten, wenn dabei ihre Abstammung von der Prophetentochter betont wird. Zohreh Sadeghi hat dies für die Schwester des 8. Imam, Fāṭimeh maʿṣūmeh, nachgewiesen, deren Grab im iranischen Qom besucht und wo ein gemeinsames *maulid*, ein Totengedenkfest für beide Frauen, begangen wird (Sadeghi 1996, 126 ff.).

Clifford Geertz kommt zu dem Schluss, dass die islamische Religion nur auf einer normativen Ebene monotheistisch, in der religiösen Praxis jedoch eher als Heiligenverehrung zu bezeichnen sei (Geertz 1988, 84). Es ist sicherlich sinnvoll, die Ebene der religiösen Praxis neben der der Theologie wahrzunehmen. Dennoch scheint eine leichte Modifizierung der Aussage Geertz angebracht: Es scheint eher so, dass beide Formen, das Dogma des Monotheismus und die Verehrung von Heilsgestalten, koexistieren, ohne dass dies den Laiengläubigen konfliktträchtig erschiene. Dem Muster einer islamischen »Heiligen«[5], *walīya*, hat sich auch das Bild der Prophetentoch-

---

5 Hier erscheint die Übersetzung ins Deutsche mit den dortigen Implikationen aus der katholischen Frömmigkeit statthaft, weil das Bild der islamischen »Heiligen« den katholischen insofern ähnelt, als beiden eine besondere Nähe zur Transzendenz zugewiesen wird, in beiden Fällen gibt es die Idee der Vermittlung und Fürsprache, in beiden Fällen werden Reliquien zu Wallfahrtszielen,

ter zunehmend angenähert, wenn auch – siehe Grabkult – aufgrund ihrer genealogisch exponierten Position und der Aufmerksamkeit, die ihr seitens der Theologie zukommt, in einer Sonderform.

Vermutlich in der Tradition des medinensischen Ḥadīṯ wurde Fāṭima für alle Muslime, Sunniten wie Schiiten, zu einer Heilsgestalt, was sich in bestimmten elementaren Vorstellungen äußert. Sie gilt als die Lieblingstochter des Propheten, bereits frühe Ḥadīṯe betonen die emotionale Nähe der beiden, was mit der Zeit immer weiter ausgeschmückt wurde. Charakteristisch hierfür ist das Epitteton *umm abīhā*, »Mutter ihres Vaters«, das zahlreiche Interpretationsspielräume[6] eröffnet, grundsätzlich jedoch die unmittelbare Nähe beider zum Ausdruck bringt.

Populär im gesamten Islam ist ferner die Bezeichnung Fāṭima *az-zahrā*, »die am hellsten strahlende Fāṭima«. Das Epitheton hat seine Wurzeln offenbar in der frühen heterodoxen Schia des 8. Jahrhunderts, die kosmogonische Lichtmotive überlieferte, in denen die Prophetentochter Teil eines prämateriellen göttlichen Lichts ist. Die Dynastie der Fatimiden lässt ihre erste politisch aussagekräftige Freitagspredigt im Namen der »am hellsten strahlenden Fāṭima« halten. Die ausgeprägten Lichtmotive wie Fāṭima als Morgensonne Muḥammads oder als Licht, das sich mit dem Licht ʿAlīs vermählt, die insbesondere die Zwölferschia entwickelte, strahlten in ihrem erzählerischen Reiz auch in sunnitische Gebiete aus (Beinhauer-Köhler 2002, 186 f. 144.104–107).

Überaus bekannt ist auch die Bezeichnung Fāṭimas als »Jungfrau«, die im Folgekapitel näher untersucht wird. Ihre positive Präsenz im volksreligiösen Bewusstsein spiegelt sich nicht zuletzt in der Überlagerung des alten apotropäischen Handsymbols mit dem Namen der Prophtentochter zur »Hand der Fāṭima«; wie überhaupt im Bereich der Alltagsmagie in verschiedenen Praktiken immer wieder auf sie rekurriert wird (Beinhauer-Köhler 2002, 315–331). Dabei wirkt wie bei anderen *awliyā* ihr Name, in geschriebener oder gesprochener Form, heilsbringend.

Dennoch bleibt festzustellen, dass sie im Vergleich zu anderen populären Heiligen des Islam eine Ausnahmegestalt bleibt, denn ihr fehlt mit dem ausgewiesenen Grab und dem dortigen jährlichen *maulid* ein ganz elementarer Teil des Heiligenkultes. Sie ist gewissermaßen eine überregionale Heilige, die über andere Medien als die örtliche Berührung kontaktiert wird.

3   Fāṭima als »implizites« Rollenmodell

Blickt man im Komplex der Facetten Fāṭimas auf den Gender-Aspekt, so tritt dieser zunächst implizit in Erscheinung, d. h. er ist ein Bestandteil eines islamischen Weltbildes, zu dem auch Geschlechternomen gehören. Auf der Ebene der Rekonstrukti-

---

werden jeweils Legenden mit Wundermotiven erzählt, zu beiden fühlen sich auch besondere soziale Gruppen, wie Handwerker oder Gilden, zugehörig oder affin.

6 Beinhauer-Köhler (2002), 127.235 f.256, zur Vorstellung von der Lieblingstochter allgemein 57–77. Siehe hierzu auch Massignon (1955) sowie (1956), 101–126.

on von Fāṭima-Vorstellungen und sozialen Verhaltensmustern werden Interdependenzen deutlich, ohne dass sich dabei kausale Abhängigkeiten bestimmen ließen. In diesem Zusammenhang sei an die ursprünglich philosophische und religionsethnologische Debatte um *beliefs* und *actions* in Abgrenzung zu einem einfacheren sozialen Funktionalismus erinnert. Skinner und MacIntyre gehen wie Geertz davon aus, dass Handlungen in einem kontingenten konzeptionellen, nicht kausalen Zusammenhang mit Weltbildern stehen.[7]

Analog dazu lässt sich historisch nicht bestimmen, wann eine Spezifizierung einer islamischen Rollennorm für Frauen in höherem Masse umgesetzt wurde und wie weit dies die entstehenden Fāṭima-Vorstellungen beeinflusste oder umgekehrt, wie Bilder von der Prophetentochter auf das soziale Verhalten wirkten. Margaret Smith beschäftigte sich im Zusammenhang mit der frühen Mystikerin Rābiʿa al-ʿAdawīya (gest. um 800) mit den sozialen Formen der ersten islamischen Jahrhunderte. Die gängigen Normen einer Seklusion von Frauen aus der Öffentlichkeit, des Tragens einer Kopfbedeckung sowie das Ideal der Jungfräulichkeit fassten ihr zufolge erst in den ersten dreihundert Jahren des Islam langsam Fuß. Dabei waren alle diese Normen nicht spezifisch islamisch, sondern eher Teil eines gynophoben Weltbildes der Spätantike im Mittelmeerraum mit Parallelen in Gnosis und frühem Christentum (Smith 1974, 111–136).[8]

In Analogie zur Entwicklung des christlichen Dogmas von Maria als Jungfrau und *theotókos* findet sich schließlich, relativ spät, das Epitheton *al-batūl*, »die Jungfrau«, für Fāṭima. Ganz offenbar geschah dies verbunden mit einem Rezeptionsprozess von Vorstellungen über Maria, arab. Maryam, die als einzige Frau namentlich im Koran in der nach ihr benannten Sure 19 Erwähnung findet, wo ebenfalls der Aspekt der Jungfrauengeburt betont wird. Es entstand ein ganzer Komplex von Traditionen, die beide Frauen analogisieren, früh in Formulierungen von den »vier besten Frauen der Welt« oder später der »alten und der jungen Maryam« (Ibn Isḥāq 1978, 244; Beinhauer-Köhler 2002, 15.129 ff.336 ff). In zwölferschiitischen Ḥadīṯsammlungen begegnet dann auch das Epitheton der Jungfrau. Dabei zeichnet sich jedoch eine Differenz zur Marienvorstellung ab. Es geht nicht um eine über den Zeugungsprozess und die Geburt anhaltende Jungfernschaft, zu wichtig ist im genealogischen Netz die Ehe Fāṭimas mit ʿAlī und die leibliche Rückführung der Söhne Hasan und Ḥusain auf beide Elternteile. So bedarf das aus dieser Sicht eigenartige Epitheton in den zwölferschiitischen Überlieferungen auch der Erläuterung, und al-Kulīnī (gest. um 941) und Ibn Šahrāšūb (gest. 1192) führen Traditionen auf, nach denen Fatima nicht menstruiert habe (al-Kulīnī 1984, I 458.460; Ibn Šahrāšūb, 1956, III 110), *batūl* impliziert damit einen körperlichen Zustand, der dem eines Mädchens vor der Pubertät entspricht. Wie Fāṭima dennoch mehrfache Mutter werden konnte, wird damit in den Bereich des Wunderbaren entrückt.

---

7 MacIntyre (1967), II 48–70; Skinner (1974), 106–126; Geertz (1983), 47 f.

8 Siehe auch Rotter (1996), 66 und zum Vergleich *gender patterns* des frühen Islam bei Köhler (1997).

Finden wir bei der Untersuchung des Epithetons »Jungfrau« eine Überlagerung mit gängigen Gender-Normen, so bestätigt sich dies in weiteren Legendenmotiven, wie sie vor allem in der Zwölferschia ab dem 10. Jahrhundert nachzuweisen sind – nicht, weil diese islamische Richtung einen besonderen Hang zur Kontrolle weiblicher Sexualität besitzt, sondern weil dort die Fāṭima-Verehrung so weit geht, dass sämtliche Perioden ihres Lebens legendenhaft ausgeschmückt wurden und uns in Quellen zugänglich sind. Bereits ihre eigene Geburt soll frei von Blut, also jenseits eines negativ konnotierten natürlichen Geburtsprozesses, erfolgt sein (Ibn Šahrāšūb, 1956, III 118 f); ihre eigenen Schwangerschaften dauerten als weitere Wunder jeweils nur sechs Monate (al-Kulīnī 1984, I 465).

Besonders in einer Weiterentwicklung der häretischen Schia, bei den Nusairiern, finden sich Hinweise darauf, dass Fāṭima in einer gnostisch gefärbten Gender-Konstruktion geradezu entsexualisiert und vermännlicht[9] wird, weil der weibliche Körper negative Assoziationen weckt, die Prophetentochter aber religiös überhöht und in komplizierten Interpretationen von Weiblichkeit freigesprochen wird (Strothmann 1953, 39, fol. 20):

> Siehe mein Bruder, wie der Meister der Religion die Frauen der Propheten und Bevollmächtigten für erhaben hält, wie Fāṭima az-zahrāʾ, Ḥadīǧa die Grosse und Maryam die Jungfrau (…) Diese machte er zu Männern, Frauen wurden sie nur im vertrauten Umgang der Menschen mit ihnen genannt.

Laut der Überschrift sollen derartige Verweise auf Rollenkonstruktionen als »implizit« bezeichnet werden. Zugrunde liegt die Überlegung, dass hier nicht primär ein Rollenmodell propagiert wird, sondern es in bestimmten Erzählmotiven zum Vorschein kommt, die gemeinhin der religiösen Überhöhung dienen und sich dazu gängiger sozialer Muster bedienen. Dabei bleibt der Verweischarakter dieser Motive fraglich: Es lässt sich daraus kaum ableiten, dass die Prophetentochter generell für eine kontrollierte Sexualität, für eine negative Deutung des weiblichen Körpers, für eine Zurückdrängung von Frauen aus der gesellschaftlichen Öffentlichkeit etc. steht. Andere Erzählmotive wirken dem entgegen. Herausragend ist dasjenige von Fāṭima als machtvoller göttlicher Königin, das sich zunächst in der frühen häretischen Schia im 8. Jahrhundert manifestiert (Ivanow 1936, 99; Halm 1982, 132 f), und das Zwölferschiiten dann um die göttliche Dimension abgeschwächt in ihren Erzählungen vom Jüngsten Gericht tradieren, zu dem Fāṭima in vollem Ornat mit einem himmlischen Hofstaat einzieht:

> Und die Ahl al-bait überlieferten, dass der Prophet gesagt habe: »Am Tag der Auferstehung nähert sich meine Tochter Fāṭima auf einer der Kamelstuten des Paradieses (…) Über Fāṭima tut sich eine Kuppel aus Licht auf. In deren Inneren befindet sich die Vergebung Allahs und außen seine Barmherzigkeit. Auf ihrem Kopf ruht eine Krone aus Licht, die besitzt siebzig Zacken und jede Zacke ist mit Perlen und Saphiren besetzt, die leuchten wie

---

9 Valerie Hoffman (2000), 120, verallgemeinert diese Tendenz zur *murūwa*, »Männlichkeit« für weibliche Heilige des Islam.

die glitzernden Sterne am Horizont. In ihrem Süden sowie im Norden befinden sich je 70 000 Engel. Gabriel ruft, das Halfter der Kamelstute haltend, so laut er kann: »Senkt eure Blicke, bis Fāṭima vorübergezogen ist!« Er sprach: »Sie wird vorüberziehen, bis sie den Thron unseres Herren erreicht« (Ibn Šahrāšūb 1956, III 107 f).

Das Bild Fāṭimas entspricht in Zügen wie diesen nicht dem Ideal einer zurückgezogen lebenden, der Familie hingegebenen Frau, es erweckt sogar den Anschein als beziehe die Überhöhung der Prophetentochter an dieser Stelle ihren Wert daraus, dass eine Frau als Königin gezeichnet wird, dass sie die Konvention durchbricht. Ihre Funktion als »Prototyp« einer verbreiteten sozialen Orientierung muss damit zumindest eingeschränkt bleiben.

Zudem sollten unsere Vorstellungen aus Texten konstruierter *gender patterns* offen für eine gelebte Vielfalt bleiben. Beispielsweise beobachtet Heinz Halm, dass selbst in Kreisen der Nusairier, deren Weltbild ausgesprochen gynophobe Züge trägt und scheinbar primär auf Männer zugeschnitten ist, Frauen in der sozial-religiösen Realität eine aktive Rolle spielen (Halm 1982, 229 f). Leila Badawi beschreibt, wie eine zeitgenössische ägyptische »Heilige« nicht zuletzt durch ihre aktiv betriebene Scheidung Regeln durchbricht (Badawi 1994, 89–91). Damit kann auf die Eingangsüberlegungen zu diesem Unterkapitel zu *beliefs* und *actions* zurückverwiesen werden. Deren Zusammenspiel zeigt sich auch am Beispiel Fāṭima als überaus komplex.

4   Fāṭima als »explizites« Rollenmodell

Im Jahr 1899 veröffentlichte der Ägypter Qāsim Amīn sein Werk *Taḥrīr al-marʾa*, *Die Befreiung der Frau* (Amin 1992). Darin wurde die weibliche Hälfte der Gesellschaft dazu aufgerufen, den Schleier abzulegen und gleichzeitig aktiv am öffentlichen Leben teilzunehmen. Ein offenes Ohr erfuhren diese Thesen in Kreisen der ägyptischen Oberschicht. Diese Diskussion kann für den Orient nicht als reine Rezeption westlicher Emanzipationsideen erfasst werden, sie ereignete sich keineswegs mit großer zeitlicher Verzögerung zu Europa, und sie trug eigene inhaltliche Facetten. So strebten Frauen wie die beiden Literatinnen Maiy Ziyāda und Baḥīṯat al-Badiya in ihrer Korrespondenz von 1913 nach gesellschaftlicher Mitsprache, wehrten sich gegen Mechanismen, die sie der Kontrolle durch Männer unterwarfen, hielten aber an der traditionell hohen Bedeutung von Mutterschaft und dem Ideal eines innerfamiliären harmonischen Zusammenlebens auch mit Männern fest (1988, 35–47). Nebenbei sollte erwähnt werden, dass diese Debatte sich nicht auf muslimische Kreise beschränkte, die Gender-Normen der religiösen Minderheiten unterschieden sich kaum nennenswert von denen der Muslime.

Die Gender-Diskussionen in der orientalischen Welt erhielten in der Mitte des 20. Jahrhunderts neue Dimensionen, als in größerem Masse politische Konzepte den Islam gegen »westlich« empfundene Modelle wie Kapitalismus oder Kommunismus in den Vordergrund rückten. Im Hintergrund schwelte der Kampf gegen die Kolonialherrschaft. Erst während dieser Periode scheint die Diskussion um die Rollen von Frauen und Männern in der Gesellschaft auch bewusst mit religiösen Ideen vernetzt worden zu sein. Ab dieser Zeit lässt sich sinnvoll von einer Gender-Debatte innerhalb des Islam reden und von Fāṭima als explizitem Rollenmodell. Der Pakistani Muḥammad Iqbāl (1873–1938) liefert hierfür erste Beispiele. Er, dessen Ehefrauen in der klassischen pakistanischen Form der *purdah* lebten, nannte Fāṭima das »vollkommene Vorbild für die Frauen des Islam«. Er betont dabei die Aspekte ihrer Frömmigkeit, der Unterordnung unter den Ehemann, der Mutterschaft und der Tätigkeit als Hausfrau. Bei ihm können wir aus biographischen Erfahrungen davon ausgehen, dass er bei seinem Studium in Heidelberg die dortige Emanzipationsbewegung wahrgenommen hatte und sich ganz bewusst für eine Rückkehr zu den Traditionen des Islam entschied, die er via Fāṭima propagierte.[10]

Die Gender-Debatte im Orient trägt viele Facetten, neben der konservativen tendiert eine liberale Richtung dazu, sich an anderen Frauengestalten als der Prophetentochter zu orientieren und Fāṭima mehr oder weniger zu ignorieren. Denkerinnen wie Fatima Mernissi suchen Orientierung in stark und aktiv erscheinenden Frauengestalten des frühen Islam und finden diese eben gerade nicht in Fāṭima (Mernissi 1987, 68).

Nähere Beachtung verdient in diesem Zusammenhang ein Entwurf eines zwölferschiitischen modernistischen islamischen Gelehrten aus dem grösseren Kontext der iranischen Revoultion, ʿAlī Šarīʿatī. Sein später publizierter Vortrag von 1971 *Fāṭime Fāṭime ast* wird von der Iranischen Botschaft auf Deutsch vertrieben unter dem Titel *Fatima ist Fatima*[11] und spiegelt die offizielle Regierungsmeinung und deren Frauenbild. Das kleine Werk konzipiert die Prophetentochter durch Interpretation zugrunde liegender schiitischer Überlieferungen und Rezeption der orientalistischen Forschungen Louis Massignons als charismatische frühislamische Revolutionärin. Der wesentliche interpretatorische Schlüssel dazu ist das Vorfeld der iranischen Revolution. Man suchte offenbar Orientierung in den Geschehnissen des frühen Islam, um zeitgenössische gesellschaftliche Fragen zu beantworten.

Dabei fällt zunächst auf, dass Šarīʿatī die Gender-Frage umfassend in Augenschein nimmt. Es geht ihm nicht nur um Bestandsaufnahme der bisherigen Frauenrollen und einen Neuentwurf, sondern er beobachtet – soziologisch beeinflusst – auch Wechselwirkungen der Geschlechter untereinander. So spricht er von Rückständigkeit der traditionell lebenden Hausfrauen und Mütter, die keinen Zugang zu religiöser oder beruflicher Bildung und dem Berufsleben haben und so keinerlei sinnvolle gesellschaftliche Rolle einnehmen können. Die Schuld daran gibt er den männlichen Iranern, den Stand der orthodoxen Gelehrten, zu dem er sich zählt, eingeschlossen (Schariati 1981, 74 f.).

Er zeichnet ein weiteres Frauenbild, das sich unter Ablehnung dieser traditionellen Form vor allem bei westlich orientierten Städtern – wieder geht er von Männern und Frauen aus – herausgebildet habe. Er sieht darin eine schlechte Kopie einer

---

10 Beinhauer-Köhler (2002), 243 ff.   11 Schariati (1981).

westlichen emanzipierten Gender-Norm, die bei ihm interessanter Weise als solche nicht nur negative Züge trägt. Er bewundert vielmehr die berufliche und geistige Unabhängigkeit dortiger Frauen, verurteilt insgesamt aber am westlichen Lebensstil Züge wie sexuelle Freiheit und Vereinsamung der Individuen (Schariati 1981, 53–57).

In Fāṭima konzipiert er durch Rückgriff auf ziemlich freie Interpretation zwölfer-schiitischer Überlieferungen ein positives Gegenbild, das verschiedenste Züge vereinigt: Schon dem kleinen Mädchen wird ein unerschütterlicher Familiensinn nachgesagt. Eine Überlieferung beschreibt, wie die Prophetentochter in der Phase der Verunglimpfung der Muslime in Mekka ihrem Vater beistand, als er mit Innereien beworfen wurde (Schariati 1981, 95). Später beschreibt er sie als aufopferungsvolle Ehefrau, an der Seite ʿAlīs ein karges Leben führend. Wie oben im gesellschaftskritischen Teil korrespondiert dies mit der Haltung des anderen Geschlechts, und ihr Mann schenkt ihr genau aus diesem Grunde Achtung und Liebe:

> Die Aufgaben von einst hatte Fatima weiterhin, aber jetzt fühlte sie sich auch für Ali verantwortlich. Früher sah sie in ihm den Bruder, heute ist er ihr Ehemann. Fatima weiß, dass Ali seine Lebensweise nicht ändern wird. Seine Gedanken werden durch den heiligen Kampf für Gott und die Menschen bestimmt. Er wird nie mit vollen Händen nach Hause kommen. Fatima trägt hier eine größere Verantwortung als im Hause ihres Vaters, denn die Verantwortung für solch einen Mann ist wichtiger als das Glück und größer als das Leben (…) Ali bewundert die geistige Größe seiner Frau und liebt sie über alle Massen (Schariati 1981, 107).

Aber das über die Prophetentochter vermittelte Frauenbild beschränkt sich nicht auf die Rolle innerhalb der Familie. Sie nimmt aktiv an gesellschaftlichen Auseinandersetzungen teil, vor allem in der Periode nach dem Tod ihres Vaters und während der Diskussionen um die Nachfolge. Šarīʿatī beschreibt dies folgendermaßen:

> (…) sie sitzt nicht ahnungslos zu Hause. Schon als Kind hat sie ihre ersten Schritte im Kampf geübt und ihre ersten Worte galten der Verbreitung des Islam. Sie hat ihre Kindheit in der stürmischen Zeit einer gewaltigen Bewegung verbracht und ihrer Jugend Erfahrungen mit der Politik ihrer Zeit gesammelt. Sie ist ein wahrer Moslem: Ihre moralische Sittsamkeit entbindet sie nicht von ihrer sozialen Verantwortung (Schariati 1981, 135).

Geradezu antithetisch stehen sich hier das klassische Frauenbild der reinen Hausfrau und frommen Gläubigen und der auf Fāṭima rückprojizierten modernen Iranerin gegenüber, die als wahre Gläubige an politischen Auseinandersetzungen aktiv teilnimmt und auch darin eine große Aufgabe sieht. Fāṭimas diesbezügliche Aktivitäten gehen weiter, als ihr Gatte aus schiitischer Sicht unrechtmäßig von der Herrschaft ausgeschlossen wird:

> Nun sucht Fatima sie persönlich auf. Jede Nacht geht sie in Begleitung Alis zu ihren Versammlungen und spricht mit ihnen. Sie zählt die Tugenden Alis auf, erinnert an die Empfehlungen und weist aufgrund ihrer genauen Kenntnisse der islamischen Lehre und ihrer

Zielvorstellungen sowie ihres logischen Denkvermögens Alis Ansprüche und die Ungültigkeit der durchgeführten Wahlen nach (Schariati 1981, 140).

Aus solchen Formulierungen Šarīʿatīs entsteht schließlich eine neue Facette eines modernistischen Bildes der Prophetentochter, das vor allem Schiiten heute tradieren: Sie wird zur ersten Juristin des Islam mit bestechender Intelligenz und genauer Kenntnis der islamischen Überlieferungen ausgestattet (Beinhauer-Köhler 2002, 259).

Zu guter Letzt erhebt der Autor die Prophetentochter jedoch wieder über ihre Funktion als Medium eines bestimmten Frauenbildes. Er schließt mit dem Unvermögen, als Historiker diese überlebensgroße Frauengestalt überhaupt auf bestimmte Aspekte – die Tochter, die Ehefrau, die Mutter – reduzieren zu können, und schließt mit dem Satz, der auch den Buchtitel bildet: »Fatima ist Fatima« (Schariati 1981, 151). Damit knüpft er durchaus auch wieder an die klassischen im religiösen Bereich tradierten Vorstellungen einer Heilsgestalt an, die weiter oben beschrieben wurden. Überhöhung einer historischen Gestalt und Identifikationsfolie wirken nun zusammen.

Wenn dieses letzte Beispiel auch ganz gewiss als Beispiel für Fāṭima als explizites Rollenmodell herangezogen werden kann, so stellt sich damit wieder die Frage, die im Unterkapitel über implizite Rollenmodelle aufgeworfen wurde. Es bleibt auch im vorliegenden Fall schwer nachzuweisen, welchen Effekt das Werk Šarīʿatīs besaß, bzw. wie weit die große schiitische Frauengestalt tatsächlich zur Orientierung für Iranerinnen diente oder dient, oder ob es nicht eher männliche Wunschvorstellungen spiegelt. Es ist keine Frage, dass an der iranischen Revolution maßgeblich auch Frauen beteiligt waren und ist gleichermaßen bekannt, dass mit dem Aufbau einer neuen Gesellschaftsordnung im Iran diese partiell wieder in eine klassischere Rolle gedrängt wurden, was vor allem mit der Einhaltung einer strengen Bekleidungsnorm einherging, wenn auch Möglichkeiten der Berufstätigkeit, die schon vor der Revolution bestanden, erhalten blieben (Ferdows 1981, 206–211).

Bemerkenswert ist jedoch, dass dieses Gender-Modell keine Orientierungsfigur ist, die Frauen selbst für sich entwickelt haben. Es haftet dem Entwurf ein gewisser intendierter Charakter an, denn es ging im Vorfeld der politischen Umwälzungen Irans sicher nicht allein darum, die Frauen zu fördern, sondern vielmehr um eine gesamtgesellschaftliche Neuordnung. Nach wie vor wird Fāṭima in der Art und Weise Šarīʿatīs instrumentalisiert, wenn etwa ihr Geburtstag zu einem nationalen Tag mit öffentlichen Gender-Veranstaltungen an Schulen oder Universitäten stilisiert wird (Beinhauer-Köhler 2002, 260 f.304). Aber diese Inszenierungen werden zunehmend als aufgesetzt empfunden und persönlichen Gesprächen zufolge dient Fāṭima im Iran nach wie vor am ehesten als religiöse Orientierungsfigur im Sinne der klassischen Überlieferungen.

Interessanter Weise scheint ohne besonderen Rekurs auf Fāṭima ein Gender-Modell überregional und gesamtislamisch immer populärer, das gewisse Affinitäten zu dem Šarīʿatīs aufweist. Der Islam, verstanden als politisch begründeter authentischer Lebensentwurf, führt derzeit häufig dazu, dass Frauen sich ganz bewusst für ein Beibehalten bestimmter Traditionen wie Familie und Bedeckung entscheiden, aber selbstverständlich von Möglichkeiten der religiösen wie weltlichen Bildung, Ausbildung und Berufstätigkeit ausgehen.

5   Fazit

Diese Übersicht über die Facetten und Entwicklungen von Fāṭima-Vorstellungen hat gezeigt, dass diese in weiten Zügen denen einer islamischen weiblichen Heilsgestalt folgen. Diese unterliegen religionshistorischen, regionalen und sozialen Varianten. Dabei ergeben sich Interdependenzen mit Rollennormen, die aber keineswegs einfach in kausalen Zusammenhängen wiederzugeben sind; weder sind diese Normen so durchgängig zu bestimmen, noch einzelne Fāṭima-Vorstellungen letzteren eindeutig zuzuordnen. Selbst wenn die Prophetentochter im expliziten Sinne zu einem Rollenvorbild erklärt wird, heißt dies nicht, dass dieses Modell in der Realität in größerem Masse bewusst umgesetzt würde. Eine Untersuchung des konkreten Zusammenhangs von Fāṭima-Bildern und der empirischen Lebenswirklichkeit von Musliminnen ist bisher ein Desiderat. Dabei wäre zu beachten, wer diese Modelle entwirft – Frauen für Frauen, Männer für Frauen – und wie die Geschlechter überhaupt zusammen agieren.

Literatur

Ahn, Gregor (1997), Grenzgängerkonzepte in der Religionsgeschichte. Von Engeln, Dämonen, Götterboten und anderen Mittelwesen, in: Ders./Dietrich, Manfred, Hg., Engel und Dämonen. Theologische, anthropologische und religionsgeschichtliche Aspekte des Guten und Bösen, Münster, Ugarit-Verlag, 1–48.

Amin, Qasim (1992), Die Befreiung der Frau, Münster, Echter.

Badawi, Leila (1994), Islam, in: Holm, Jean/Bowker, John, Hg., Women in Religion, London, Pinter Publishers, 84–112.

Beinhauer-Köhler, Bärbel (2002), Fāṭima bint Muḥammads. Metamorphosen einer frühislamischen Frauengestalt, Wiesbaden, Harrassowitz.

Burton, Sir Richard F. (1964), Personal Narrative of a Pilgrimage to Al-Madina and Meccah, 2 Bde., Reprint New York, Dover Publications Inc. (Original 1893).

Cohn, Robert L. (1987), Art. Sainthood, in: Eliade, Mircea, Hg., Encyclopaedia of Religion 8, New York, Macmillan, 1–6.

Ferdows, Aldele K. (1981), Frauen in der iranischen Revolution. Shi'itisch-islamische Vorstellungen ihrer Befreiung, in: Berliner Institut für Vergleichende Sozialforschung, Hg., Religion und Politik im Iran. Mardom-nameh – Jahrbuch zur Geschichte und Gesellschaft des Mittleren Orients, Frankfurt a. M., Syndikat Verlag, 197–216.

Fernea, Robert und Elisabeth (1992), Variation in Religious Observance among Islamic Women, in: Keddie, Nikki R., Hg., Scholars, Saints and Sufis, Berkeley u. a., University of California Press, 385–401.

Geertz, Clifford (1983), Dichte Beschreibung. Beiträge zum Verstehen kultureller Systeme, Frankfurt a. M., Suhrkamp.

– (1988), Religiöse Entwicklungen im Islam. Beobachtet in Marokko und Indonesien, Frankfurt a. M., Suhrkamp.

Halm, Heinz (1982), Die islamische Gnosis, Zürich/München, Manesse.

Hoffman, Valerie J. (1995), Sufism, Mystics, and Saints in modern Egypt, Columbia (South Carolina), University of South Carolina Press.

– (2000), Muslim Sainthood, Women, and the Legend of Sayyida Nafīsa, in: Arvind Sharma, Women Saints in World Religions, Albany, State University of New York Press, 107–144.

Ibn Isḥāq (1398/1978), Kitāb as-Siyar wa-l-maġāzī, hg. von Suhail Zakkār, o. O.

Ibn Šahrāšūb (1956), Manāqib āl Abī Ṭālib, 3 Teile in 1 Bd., Naǧaf.

Ivanow, Vladimir (1936), Ummu'l-kitāb, in: Der Islam 23, 1–132.

Klemm, Verena (2002), »Die frühe islamische Erzählung von Fāṭima bint Muḥammad: Vom ḫabar zur Legende«, in: Der Islam 79, 47–86.

Köhler, Bärbel (1997), Die Frauen in al-Wāqidīs *Kitāb al-Maġāzī*, in: ZDMG 147, 303–353.

Al-Kulīnī, Muḥammad ibn Yaʿqūb (1362–3/1984), al-Kāfī fī ʿilm ad-Dīn, hg. von ʿAlī Akbar al-Ġaffārī, 8 Bde. und 2 Indexbände, Nachdruck der 2. Aufl., Teheran.

MacIntyre, Alasdair (1967), A Mistake about Causality in Social Science, in: Laslett, Peter/ Runciman, Walter G., Hg., Philosophy, Politics and Society, 2 Bde., Oxford: Blackwell.

Massignon, Louis (1955), La Mubāhala de Médine et l'hyperdulie de Fatima, Paris, Libraire Orientale et Americaine

– (1956), La notion du voeu et la dévontion musulmane à Fāṭima, in: Studi Orientalistici in Onore di Giorgio Levi della Vida, Bd. 2, Rom, Istituto per l'Oriente, 101–126.

Mernissi, Fatima (1987), Geschlecht, Ideologie, Islam, München, Frauenbuchverlag.

Rotter, Ekkerhard/Rotter, Gernot (1996), Venus, Maria, Fatima, Zürich/Düsseldorf, Artemis & Winkler.

Sadeghi, Zohreh (1996), Fāṭima von Qum. Ein Beispiel für die Verehrung heiliger Frauen im Volksglauben der Zwölfer-Schia, Diss. Berlin, Klaus Schwarz.

Schariati, Ali (1981), Fatima ist Fatima, Bonn, Botschaft der islamischen Republik Iran, Presse und Kulturabteilung, Bonn.

Skinner, Quentin (1974), »Social Meaning« and the Explanation of Social Action, in: Gardiner, Patrick, Hg., The Philosophy of History, Oxford, Oxford University Press, 106–126.

Smith, Margaret (1974), Rabiʿa the Mystic and her Fellow-Saints in Islam, Reprint London 1928, Amsterdam, Philo Press.

Spellberg, Denise A. (1994), Politics, gender, and the Islamic past: The legacy of ʿAʾisha bint Abi Bakr, New York: Columbia University Press.

Stowasser, Barbara F. (1994), Women in the Quʾrān, Traditions and Interpretation, New York/Oxford, Columbia University Press.

Strothmann, Rudolf (1953), Morgenländische Geheimsekten in abendländischer Forschung und die Handschrift Kiel Arab. 19, Abhandlungen der Deutschen Akademie der Wissenschaften zu Berlin. Klasse für Sprache, Literatur und Kunst. Jahrgang 1952 Nr. 5, Berlin, Akademie-Verlag.

Wachowski, Markus (2004), Sāda in Ṣanʿāʾ. Zur Fremd- und Eigenwahrnehmung der Prophetennachkommen in der Republik Jemen, Studies on Modern Yemen 6, Berlin, Klaus Schwarz.

Waldenfels, Hans (1992), Art. Heilsgestalt, in: Ders., Hg., Lexikon der Religionen, Freiburg i. Br. u. a., Herder, 274 f.

Werblowski, Zwi (1987), Art. Anthropomorphism, in: Eliade, Mircea, Hg., Encyclopaedia of Religion 1, New York, Macmillan, 316–320.

Katherine K. Young (2000), Introduction, in: Arvind, Sharma, Hg., Women Saints in World Religions, Albany, State University of New York Press, 1–38.

Ziada, May, Bahithat Al-Badia (^{2}1988), Zwischen zwei Schriftstellerinnen, in: Suleman Taufiq, Hg., Frauen in der arabischen Welt, München, Deutscher Taschenbuch Verlag, 35–47.

Die Schekhina vom Sohar bis zu Madonna, oder: Die Weiblichkeit Gottes als Ergebnis gesellschaftlicher Organisation

Kocku von Stuckrad

1 Einleitung

Obwohl die drei großen Schriftreligionen Judentum, Christentum und Islam die bildhafte Vorstellung ihres Gottes offiziell unter theologischen Generalverdacht stellen, zeigt bereits ein flüchtiger Blick auf die Geschichte dieser religiösen Systeme, dass in ihnen ein Gottesbild vorherrscht, welches entsprechend der Genesiskonzeption als »Ebenbild des Menschen« aufgefasst werden kann. Bei genauerem Hinsehen fällt freilich auf, dass dieser Anthropomorphismus eigentlich ein »Andromorphismus« (»nach der Form des Mannes«) ist, womit gesellschaftliche Wirklichkeiten und Machtverhältnisse auf das Gottesbild übertragen werden.

Mit dem Geschlecht Gottes ist zugleich auch die Frage nach der Körperlichkeit Gottes gestellt. Das theologische Problem besteht dann darin, dass Gott im Grunde nicht mehr als der materiellen, geschaffenen Welt enthoben, als transzendenter Gott gedacht werden kann, sondern als ein Gott, der durch seine Geschlechtlichkeit und Körperlichkeit der Welt immanent ist. Eben diese Alternative liegt den erhitzten Diskussionen um Pantheismus (»alles ist göttlich«) und der abgeschwächten Form des Panentheismus (»in allem ist Gott zu finden«) zu Grunde, die seit der Frühen Neuzeit Theologie und Philosophie beschäftigt haben. Am einen Ende dieser Debatte finden wir theologische Konzepte, die auf der Transzendenz – und damit der Körper- und Geschlechtslosigkeit Gottes – beharren, am anderen Ende die »Materialisierung« Gottes in der geschaffenen Welt, wie sie pantheistische Modelle entwerfen.[1] Diese Alternativen sind selber Teil eines Geschlechterdiskurses, wie ich im weiteren Verlauf meiner Diskussion zeigen werde; nicht zufällig nämlich wird die Körperlichkeit und Geschlechtlichkeit des Göttlichen vor allem in Entwürfen der Weiblichkeit Gottes – wie in den modernen *goddess movements* – betont, und nicht zufällig passt

---

1 Diese idealtypische Konstruktion von zwei Polen darf natürlich nicht darüber hinwegtäuschen, dass der theologische und philosophische Diskurs eine Reihe von Konzeptionen hervorgebracht hat, die genau dieses Problem zu lösen beanspruchen. So kann sowohl die Philosophie F. W. Schellings als auch jene G. W. F. Hegels als ein systematischer Versuch gelesen werden, die Immanenz und Sichtbarwerdung Gottes in der Welt mit seiner Enthobenheit und Transzendenz in einem philosophischen Gesamtentwurf zu vereinigen.

die Transzendenz und die geistige Enthobenheit Gottes in die männlichen Eigenschaften, die einem androzentrischen Gottesbild zu eigen sind.

Trotz der androzentrischen Ausrichtung jüdischer und christlicher Gottesbilder hat es in der europäischen Religionsgeschichte immer auch Versuche gegeben, die Weiblichkeit Gottes zu konzeptionalisieren, sei es als ein Gegenentwurf zum männlichen Gottesbild, sei es als eine Geschlechtspolarität, welche die geschlechtlich bestimmte Gottheit letztlich transzendieren möchte. Während im Christentum die Figur der Maria durchaus göttliche Züge annehmen konnte (siehe zur Marienfrömmigkeit Delius 1963; Warner 1976; Pelikan 1996), ist es im jüdischen Kontext die Schekhina, in der Diskurse zur Geschlechtlichkeit Gottes auskristallisierten. In ihrer nun mehr als 2000-jährigen Geschichte hat die Idee der Schekhina eine Vielzahl unterschiedlicher Attribute bekommen und ist in je unterschiedlichen Kontexten auf je eigene Art wirksam geworden. Damit ist sie ein guter Gradmesser für die Konstruktionen von Weiblichkeit, die in konkreten gesellschaftlichen Zusammenhängen Identifikationsmöglichkeiten und Rollenmuster für Frauen und Männer zur Verfügung stellen.

Meiner Analyse dieser Zusammenhänge liegen Interpretationsansätze der Geschlechterforschung zugrunde, die sich aus diskurstheoretischen und poststrukturalistischen Reflexionen speisen. Diese wiederum sind eine Antwort auf frühere Konzepte der Gender-Forschung. Zweifellos war die analytische Unterscheidung zwischen dem biologischen Geschlecht (*sex*) und dem sozial erworbenen und konstruierten Geschlecht (*gender*) in den 60er und 70er Jahren des vorigen Jahrhunderts ein wichtiger Schritt zum besseren Verständnis kultureller Produktion von Geschlechtlichkeit. Diese Unterscheidung ist jedoch später selber Gegenstand kritischer Nachfrage geworden. Wissenschaftlerinnen wie Joan W. Scott (Scott 1999; siehe auch Armour 1999 und Schröter 2002) haben aufgezeigt, dass die *sex/gender*-Unterscheidung ein binäres Modell von Männlichkeit und Weiblichkeit zwar überwinden möchte, doch im Grunde ein solches perpetuiert. Indem *sex* als natürlich gegeben, *gender* dagegen als wandelbar und sozial konstruiert angesehen wird, ist dieses Modell eine direkte Spiegelung von Geschlechterdiskursen, die »Natur« und »Kultur« als gegensätzliche Kategorien ansehen (wobei »Natur« gewöhnlich mit Weiblichkeit, »Kultur« dagegen mit Männlichkeit assoziiert wird). Auch dass die »Kultur« durchaus mehr Formen natürlicher Geschlechtlichkeit vorsieht als männlich und weiblich, dass mithin *sex* keineswegs natürlich gegeben, sondern ebenfalls von sozialen Konstruktionen abhängt, ist in der *sex/gender*-Unterscheidung implizit unterschlagen worden. Diesen Fragen widmen sich die *queer studies*, die somit als eine logische Fortschreibung der *gender studies* betrachtet werden können. Gerade im deutschsprachigen Raum zeigt sich vor dem Hintergrund von Diskursanalysen zudem eine Tendenz, dem Begriff »Geschlecht« – der in sich die Ambivalenz von *sex* und *gender* bereits vereinigt – eine neue Stellung zu geben. Barbara Hey bringt dies sehr gut auf den Punkt: »›Geschlecht‹ ist dann das Wissen über die gesellschaftlichen Beziehungen zwischen Frauen und Männern und als solches nie absolut oder beständig, sondern immer kontextabhängig, umstritten und Instrument wie Ergebnis von Machtbeziehungen.

Wissen als Art, die Welt zu ordnen, ist untrennbar von der gesellschaftlichen Organisation. Entsprechend ist ›Geschlecht‹ die soziale Organisation der Geschlechterdifferenz. Das heißt aber weder, dass es konstante, natürliche Unterschiede widerspiegelt, noch, dass es sie durch- bzw. in Kraft setzt. Vielmehr stellt ›Geschlecht‹ für diese Unterschiede historisch, kulturell, sozial unterschiedliche Bedeutungen her. In dieser Hinsicht wird die *sex/gender*-Trennung deplaciert« (Hey 1994, 19 f).

Auf das Thema der Weiblichkeit Gottes bezogen muss die Ausgangsfrage deshalb lauten: Inwiefern spiegelt das Konzept der Schekhina je unterschiedliche gesellschaftliche Organisationsmöglichkeiten der Geschlechterdifferenz? Das »Geschlecht Gottes« ist aus dieser Sicht »Instrument wie Ergebnis von Machtbeziehungen«, Rollenmodelle wiederum sind Optionen, die jenseits natürlicher Unterschiede in gesellschaftlichen Kontexten verortet werden müssen.

2   Die Schekhina durch die Jahrhunderte

Die Karriere der Schekhina ist äußerst wechselvoll verlaufen (siehe allgemein Lodahl 1992). Abgeleitet vom hebräischen Verb *schakhan* (»wohnen«, auch »einwohnen«), versinnbildlichte das Wort »Schekhina« schon in der Zeit des Zweiten Tempels die kultische Gegenwart Gottes im Allerheiligsten des Jerusalemer Tempels. Obwohl die Idee, dass »Gottes Schekhina« im Tempel wohnt, durchaus mit monotheistischen Theologien verbunden werden kann, ist die monotheistische Ausrichtung des antiken Judentums alles andere als gesichert. Die Schekhina konnte deshalb bis in die Spätantike hinein auch mit einer »Partnerin« Gottes assoziiert werden, einer Göttin also, die für manche jüdische Gruppen jener Zeit kultisch und theologisch nicht unwichtig war (Winter 1983; Keel/Uehlinger 2001).

Erst in der Formierungsphase des rabbinisch geprägten Judentums (vom zweiten bis zum achten Jahrhundert) entwickelte sich eine differenzierte Interpretation der Schekhina, die nun mit heilsgeschichtlichen Fragestellungen verbunden wurde (Goldberg 1969; Ernst 1994; Schäfer 2002, 79–102). Bei der Zerstörung des Jerusalemer Tempels im Jahre 70 sei die Schekhina gleichsam ins Exil gegangen und könne nur dann wieder zurückkehren, wenn die Juden ein torahgemäßes Leben führten. Schon auf die Zeit des Zweiten Tempels bezogen finden sich rabbinische Interpretationen, die die Verfehlungen prominenter biblischer Figuren mit dem Zurückziehen der Schekhina aus dem Tempel in Verbindung bringen, gefolgt von Taten berühmter Gerechter, welche die Schekhina wieder in den Tempel zurückkehren lassen.

Eine weitere wichtige Komponente besteht in der Identifizierung der Schekhina mit Israel, was ebenfalls schon in rabbinischer Literatur geschieht. Die Schekhina repräsentiert die weiblichen Aspekte der Gottheit, sie ist der Sabbat, an dem Gott sich mit seiner Braut vereinigt. Deshalb ist die Schekhina auch ein Symbol für Israel selbst, denn auch Israel begegnet seinem Gott am Sabbat.

2.1   Kabbalistische Interpretationen der Schekhina

Der Boden war also gut bereitet für kabbalistische Interpretationen, die sich ab dem zwölften Jahrhundert intensiv mit der Schekhina beschäftigten. Es ist sicherlich kein Zufall, dass die Kabbalah als philosophisch-mystische Theologie und Praxis in Südfrankreich und Spanien entstand, denn hier herrschte ein intensiver Kontakt zwischen Christen, Muslimen und Juden. In philosophischer Hinsicht nahmen frühe Kabbalisten neoplatonische Emanationskonzepte auf, die durch muslimische Gelehrte entwickelt worden waren (siehe den Überblick in Frank/Leaman 2003); auf die Frage der Geschlechtlichkeit Gottes bezogen können wir zudem davon ausgehen, dass die in Südfrankreich aufblühende Marienfrömmigkeit – vor allem in »häretischen« Gruppen des mittelalterlichen Christentums – nicht ohne Einfluss gewesen ist auf die Entwicklung kabbalistischer Interpretationen der Schekhina (siehe Schäfer 2002, 169 ff).

In den zentralen Werken der frühen Kabbalah, dem *Sefer ha-Bahir* (»hell scheinendes Buch«, um 1180) und dem *Sefer ha-Sohar* (»Buch des Glanzes«, um 1290) wird die Schekhina schließlich dem Modell der zehnfachen Emanation Gottes eingegliedert. Die zehn *Sefirot* versinnbildlichen Eigenschaften und Kräfte der transzendenten Gottheit, die sich im System der Sefirot entfaltet und mit der materiellen Welt in Kontakt tritt, ohne ihre Transzendenz aufzugeben.[2] Die zehnte Sefirah – Malkhut – befindet sich gleichsam am Übergang zwischen der Welt der Sefirot und der offenbarten Welt. Wann immer der Kontakt mit dem Göttlichen gesucht wird, muss dies durch Malkhut vermittelt werden. Kein Wunder also, dass die zehnte Sefirah unter Kabbalisten die meiste Aufmerksamkeit erhielt (Maier 1995, 86–104; Green 2004, 50 ff). Malkhut wurde als »Braut Gottes« mit der Schekhina identifiziert, aber auch mit Israel. In Israel als seiner Braut begegnet Gott sich selbst und findet zur uranfänglichen Vollkommenheit zurück, in der die Schekhina noch nicht exiliert gewesen ist.

Im Sohar, aber auch in vielen anderen kabbalistischen Schriften, wird dieses Verhältnis zwischen Gott und Schekhina gern in sexuellen Metaphern ausgedrückt. Die Wiedervereinigung der Schekhina mit Gott wird an den Erlösungsprozess (*Tikkun*) gekoppelt, der besonders in der Lurianischen Kabbalah des sechzehnten Jahrhunderts bedeutsam werden sollte. Auf unsere Ausgangsfrage bezogen fällt jedoch eines auf: die Körperlichkeit und Geschlechtlichkeit Gottes hebt in den kabbalistischen Zeugnissen nicht auf eine Gleichberechtigung zweier Geschlechter innerhalb einer Gottheit ab, sondern spiegelt die androzentrischen Bedingungen der Zeit wieder. Elliot R. Wolfson konstatiert: »[T]he image of heterosexual pairing is appropriate only in the first stage of the redemptive process in which the exilic condition of separation and fragmentation begins to be overcome. The consequence of the unification,

---

2 Auf die vielfältigen kabbalistischen Sefirot-Lehren kann ich hier nicht eingehen, wie auch die Darstellung der Kabbalah insgesamt oberflächlich bleiben muss. Als eine gut lesbare Einführung in die Kabbalah des Sohar siehe Green (2004); auch Scholem (1957) ist noch immer als Standardwerk zu bezeichnen.

however, is the restoration of the feminine to the masculine. This restoration does not entail, as Scholem would have it, the perpetual union of the Shekhinah and her husband, but the ontic assimilation of the former in the latter (...) this reintegration involves the subjugation of the female to the male« (Wolfson 1997, 291).

Indem Kabbalisten das Weibliche mit der *Corona*, der»»Krone«, des Phallus identifizierten – wobei sie sich auf Spr 12,4 beriefen (»Eine tüchtige Frau ist die Krone ihres Mannes«) – haben sie zugleich die weibliche Geschlechtlichkeit Gottes der männlichen »einverleibt«. Dies wird noch dadurch bestätigt, dass der Augenblick der endgültigen Vereinigung zwischen Malkhut (Schekhina) und der sechsten Sefirah (Tiferet) durch die neunte Sefirah (Jesod) geschieht; Jesod wiederum wird durch Moses Cordovero und andere mit dem Phallus identifiziert (Wolfson 1997, 290).

3   Sarah, die Frau des Messias

Bestand also in kabbalistischer Hermeneutik durchaus eine Tendenz zur »Maskulinisierung« weiblicher Attribute des Göttlichen, konnte die Schekhina im siebzehnten Jahrhundert auch in anderer Form Eingang in religiöse Diskurse finden. Im Sabbatianismus, der für jüdische Kultur jener Zeit einflussreichsten Bewegung, spielt die Schekhina im Zusammenhang mit der Restitution der ursprünglichen Harmonie (*Tikkun*) durch das Erscheinen des Messias eine große Rolle. Sabbatai Zwi, durch Nathan von Gaza zum Messias ausgerufen, erreichte in kürzester Zeit eine so breite Wirkung, dass dies einer Spaltung des Judentums gleichkam. Der Höhepunkt der Bewegung waren die Jahre 1665 und 1666, bevor der Sabbatianismus durch die Konversion ihres Messias zum Islam einen Rückschlag (jedoch keineswegs einen Niedergang) erlebte.

Von Anfang an weisen die Legenden um Sabbatai Zwi und die Schekhina sexuelle Konnotationen auf. Nicht nur, dass der Messias fünf Mal verheiratet war – einmal mit einer Torah-Rolle, was zur Exkommunizierung Sabbatai Zwis führte –, auch die Schekhina selbst wird wiederholt in erotischer Weise dargestellt. Nathan von Gaza machte beispielsweise die *Vision des Rabbi Abraham* bekannt, in der es heisst: »When he is six the *Shekhinah*, which has revealed herself to us, will appear to him in a dream as a flame, and cause a burn on his private parts. Then dreams shall sorely trouble him, but he shall not tell anybody. And the sons of whoredom will accost him so as to cause him to stumble, and they will smite him but he will not hearken unto them« (Zitiert nach Goldish 2004, 72).

Die Erotisierung der Schekhina lässt sich sehr gut darstellen anhand von Legenden, die sich um die Figur der Sarah ranken, der dritten Frau des Messias (siehe zum Folgenden Goldish 2004, 89–97). Während der polnischen Aufstände von Chmielnicki 1648–1649 gekidnappt und in eine christliche Pflegefamilie verbracht, fand Sarah erst als Erwachsene ihren Weg zurück in die jüdische Gemeinschaft. Schon bald machte sie durch außergewöhnliche Prophezeiungen auf sich aufmerksam, darunter jene, dass sie den Messias heiraten werde. Über Amsterdam und andere Städte reiste Sarah nach Ägypten und heiratete Sabbatai Zwi noch ein Jahr bevor dieser seine Anwärterschaft auf die Rolle des Messias öffentlich bekannt machte.

Doch so spannend diese Geschichte ist, was uns hier interessiert, ist die veränderte Darstellung der Schekhina, die in der Figur der Sarah aufscheint. Die lebhafte Legendenbildung um Sarah sieht diese nämlich nicht nur als Frau des Messias und große Prophetin, sondern auch als eine sexuell ausschweifende Sünderin, die sich auf ihrer Reise mit jedem Mann eingelassen habe, den sie finden konnte. Goldish konstatiert: »The images of the virgin and the prostitute are two sides of the same coin. They reflect the polarized, archetypical male notions of female sexuality, and their ubiquitousness in literature composed by males says a great deal about how men see the world. In marrying Sarah, Shabbatai Zvi in a sense marries into Christianity – or perhaps even marries the Virgin Mary« (Goldish 2004, 95 f.).

Damit ist ein wichtiger weiterer Zug genannt: Sarah repräsentiert nicht nur die jüdische Tradition, sondern aufgrund ihrer christlichen Erziehung auch die Weiblichkeit Marias. Ein neues Paradigma tritt hier zum ersten Mal voll in Erscheinung: »Sarah (…) is both prostitute and virgin, Christian and Jew. She is Eve (mother of all people), Sarah/Rebecca (mothers of all Jews), and Mary/Meriam (mother of Christ and Christianity). Her *tikkun* is ordained through her own prophecy and that of Shabbatai: she would be the wife of the messiah« (Goldish 2004, 96 f.). Es ist diese Verbindung von Rollenmodellen, aus unterschiedlichen religiösen Traditionsbeständen stammend, welche der Funktion der Sarah im Sabbatianismus eine besondere Wichtigkeit verleiht.

4   Die Karriere der Schekhina im zwanzigsten Jahrhundert

In der zweiten Hälfte des zwanzigsten Jahrhunderts wurde die Schekhina ein fester Bestandteil dessen, was man die Göttin-Spiritualität zu nennen pflegt. Diese wiederum geht zurück auf religiöse Entwicklungen in Grossbritannien seit der Jahrhundertwende, als sowohl in religionshistorischen Interpretationen als auch in praktischer Religiosität die Rolle der Göttin enorm aufgewertet wurde. Die *Wicca*-Religion ist ein direktes Ergebnis dieser Entwicklungen (siehe dazu Hutton 1999; Adler 1997). Nicht nur für die moderne Hexenbewegung – mit Wicca als deren größter Repräsentantin –, sondern für das gesamte *goddess movement* lässt sich konstatieren, dass im Hinblick auf Rollenmuster der weiblichen Göttlichkeit eine Veränderung stattgefunden hat. Indem die Idee der »Grossen Göttin« alle unterschiedlichen Aspekte des Göttlichen in sich vereinigt, werden auch solche Attribute, die zuvor dem männlichen Gott zugeschrieben wurden – Aktivität, Streitbarkeit etc. – der weiblichen Gottheit einverleibt. Individuelle Göttinnen wie Isis, Hekate, Ischtar, Kali oder Shakti können mühelos als Aspekte der Grossen Göttin aufgefasst werden, was in weit verbreiteten *chants* der Wicca-Religion auch explizit in rituelle Praxis umgesetzt wird (siehe etwa Jones/Matthews 1990; Matthews 1990). Auch die Schekhina kann nun als Göttin zu einem Aspekt der Grossen Göttin werden. Caitlín Matthews ordnet sie dem Aspekt der »Energiespenderin« ein: »Im esoterischen Judentum erscheint die Shekinah selbst als Energiespenderin, die Yahweh [sic] befähigt, die Schöpfung zu planen. Sie gibt dem Raum aus der Weite ihrer Kräfte Proportion, Tiefe und Breite. Als Yahweh über die Oberfläche des Wassers geht, erscheint das Spiegelbild der Shekinah in seiner Tiefe« (Matthews 1992, 81).

Trotz der Ausdifferenzierung von Rollenoptionen des Weiblichen, wie sie in derartigen Konzeptionen der Göttin ihren Ausdruck finden, und trotz der Tatsache, dass in diesen Entwürfen ein umgekehrter Prozess gegenüber der frühneuzeitlichen Kabbalah – nämlich die Einverleibung des Männlichen im Weiblichen – zu beobachten ist, fällt doch auf, dass maßgebliche Zuschreibungen von Attributen weiblicher Göttlichkeit einem überkommenen Schema folgen. Dies ist besonders daran zu erkennen, dass die Göttin-Spiritualität stets auf die *Immanenz* und *Körperlichkeit* der Göttin abhebt, während die transzendenten Dimensionen des Göttlichen einerseits und Attribute wie Rationalität und Geistigkeit demgegenüber marginalisiert sind. Insofern spiegelt selbst diese radikal neue Form von aktiver weiblicher Spiritualität noch immer Machtverhältnisse und stereotype Annahmen über Männlichkeit und Weiblichkeit wider, wie sie in westlichen Gesellschaften der Gegenwart bestehen. Eine Frau, die sich für diese Rollenangebote entscheidet, wird sich als eine aktive, Leben spendende, mit der Natur verbundene und starke Persönlichkeit fühlen können – logisches Denken, Rationalität und distanzierte Reflexion sind demgegenüber Eigenschaften, die auch in dieser feministisch orientierten Spiritualität als »unweiblich« betrachtet werden, als ein Rückfall in »patriarchale Zustände«.

4.1 Ist Madonna die Sarah rediviva?

Während in der modernen Göttin-Spiritualität also noch durchaus entscheidende Züge dessen zu erkennen sind, wie gesellschaftliche Machtverhältnisse die Geschlechterdifferenz organisieren, gibt es in letzter Zeit auch eindeutige Anzeichen einer zunehmenden Erosion dieser Differenzierungen. Das vielleicht beste Beispiel – gerade auch für das vorliegende Thema – ist die Karriere und das Werk der Künstlerin Madonna.

Madonna, geboren 1958, hat wie kaum eine andere die moderne Popkultur der letzten zwanzig Jahre geprägt. Durch ihren Song »Like a Virgin« (1984) einem breiten Publikum bekannt, hat sie sich als Sängerin, Musikerin, Komponistin, Filmdarstellerin, Produzentin, Journalistin, Kinderbuchautorin und Model wiederholt in gänzlich unterschiedlichen Rollen präsentiert. Die meisten Interpreten ihres Werkes sind sich darüber einig, dass Madonna die Ikone »postmoderner« Selbstinszenierung ist (so stellvertretend für viele Guilbert 2002). Reduziert man den Begriff »Postmoderne« im Sinne Lyotards auf die bewusste Dekonstruktion überkommener Stereotypen und Narrative, wird man diesem Befund insofern zustimmen können, als wohl niemand stärker als Madonna mit eben diesen Rollen spielt und sie auf eine spielerische Weise in Frage stellt.

Von Anfang an hat Madonna sich als Heilige und Jungfrau einerseits und als Sünderin mit Hang zur Promiskuität andererseits präsentiert. Dies kommt in Werken wie »Like a Prayer« (1989), »The Immaculate Collection« (1990) oder »Erotica« (1992) deutlich zum Ausdruck. In den letzten Jahren hat Madonna vor allem dadurch Aufsehen erregt, dass sie sich für Kabbalah und die jüdische Religion interessierte und Mitglied des *Kabbalah Center* wurde, eines überaus erfolgreichen und inzwischen global orientierten kabbalistischen Zentrums, das auch Nichtjuden und Frauen die Möglichkeit bietet, aktiv eine moderne Adaption »klassischer« Kabbalah zu erlernen. Im Zusammenhang damit änderte Madonna ihren Namen in »Esther« – mit durchaus ironischer Konnotation, denn Esther ist nicht nur eine biblische Persönlichkeit, sondern auch der hebräische Name für »Stern«, also »Star«. Im Video für den James-Bond-Film »Die Another Day« hat Madonna sodann etliche kabbalistische Motive – darunter die Lehre der 72 Namen Gottes – in eine allegorische Dramaturgie eingearbeitet (siehe Huss 2005). Darin spielt Madonna mit jüdischen Symbolen, die einer Frau traditionellerweise nicht zustehen (beispielsweise bindet sie sich Gebetsriemen um den Arm), zudem agiert sie in kämpferischer und aggressiver Pose, womit sie Zuschreibungen von passiver Weiblichkeit untergräbt und in die Rolle der zerstörerischen Göttin schlüpft.

Auch auf ihrer letzten Tournee – »Confessions Tour« – im Jahr 2006 griff Madonna christliche und jüdische Motive auf. Dabei erregte die Tatsache einiges Aufsehen, dass sie sich auf der Bühne »kreuzigen« ließ. Aus jüdischer Sicht bemerkenswert war zudem die prominente Verwendung eines Schofar und eines hebräischen Passus im Lied »Isaac«, womit Madonna jüdisch-kabbalistische Motive mit messianischen Untertönen verband. Es ist also nicht nur die spielerische Überschreitung der Rollengrenzen zwischen Heiliger und Hure, Eva und Lilith, Göttin und Dämonin, sondern auch die Integration unterschiedlicher religiöser Traditionsstücke, welche die Wirkung Madonnas ausmacht. Genau wie Sarah vor 350 Jahren, repräsentiert Madonna sowohl die jüdischen Mütter als auch die christliche Gottesmutter. Die Parallelen zwischen Sarah und Madonna sind tatsächlich so auffällig, dass es wenig überraschen würde, wenn Madonna demnächst verlauten ließe, den Messias heiraten zu wollen – oder aber dem Messias das Leben zu schenken …

5   Schluss

In meiner skizzenhaften Darstellung unterschiedlicher Möglichkeiten, die Figur der Schekhina in theologischen und gesellschaftlichen Diskursen zu verorten, ging es mir nicht darum, eine kontinuierliche Entwicklung oder durchlaufende Geschichte zu präsentieren. Im Gegenteil: Die Schekhina ist ein gutes Beispiel für die Wandelbarkeit religiöser Symbole in wechselnden gesellschaftlichen Kontexten. Sie eignet sich denkbar schlecht zur Essentialisierung »weiblicher« oder »männlicher« Attribute und Eigenschaften. Damit ist die Schekhina zugleich ein gutes Beispiel für die poststrukturalistische Kritik an den Kategorien *sex* und *gender*, die meiner Analyse zu Grunde liegt. Wenn wir nämlich »Geschlecht« als die gesellschaftliche Organisation von Differenzen betrachten, in deren Verlauf Machtverhältnisse sowohl in religiösen Interpretamenten auskristallisieren als auch konkrete Rollenmodelle generieren, können wir die Kontingenz »männlicher« und »weiblicher« Eigenschaften wesentlich besser analysieren als mit einem Modell, das ungewollt biologische Unterschiede essentialisiert.

Literatur

Adler, Margot (1997/1979), Drawing Down the Moon: Witches, Druids, Goddess-Worshippers, and Other Pagans in America Today, überarb. u. erg. Aufl., New York, Penguin Compass.

Armour, Ellen T. (1999), Deconstructing, Feminist Theology, and the Problem of Difference: Subverting the Race/Gender Divide, Chicago, University of Chicago Press.

Delius, Walter (1963), Geschichte der Marienverehrung, München/Basel, Reinhardt.

Ernst, Hanspeter (1994), Die Schekhîna in rabbinischen Gleichnissen, Bern u. a., Peter Lang.

Frank, Daniel H./Leaman, Oliver, Hg. (2003), The Cambridge Companion to Medieval Jewish Philosophy, Cambridge/New York, Cambridge University Press.

Fulton, Rachel (2002), From Judgment to Passion: Devotion to Christ and the Virgin Mary, 800–1200, New York, Columbia University Press.

Goldberg, Arnold M. (1969), Untersuchungen über die Vorstellungen von der Schekhinah in der frühen rabbinischen Literatur, Berlin, De Gruyter.

Goldish, Matt (2004), The Sabbatean Prophets, Cambridge, Mass./London, Harvard University Press.

Green, Arthur (2004), A Guide to the Zohar, Stanford, Stanford University Press.

Guilbert, Georges-Claude (2002), Madonna as Postmodern Myth: How One Star's Self-Construction Rewrites Sex, Gender, Hollywood and the American Dream, Jefferson-London, McFarland.

Hey, Barbara (1994), Die Entwicklung des gender-Konzepts vor dem Hintergrund poststrukturalistischen Denkens, in: L'Homme: Europäische Zeitschrift für feministische Geschichtswissenschaft 5/1, 7–27.

Honegger, Claudia/Arni, Caroline, Hg. (2001), Gender, die Tücken einer Kategorie: Joan W. Scott, Geschichte und Politik: Beiträge zum Symposion anlässlich der Verleihung des Hans-Sigrist-Preises 1999 der Universität Bern an Joan W. Scott, Zürich, Chronos.

Huss, Boaz (2005), All You Need Is LAV: Madonna and Postmodern Kabbalah, in: The Jewish Quarterly Review 95, 611–624.

Hutton, Ronald (1999), The Triumph of the Moon: A History of Modern Pagan Witchcraft, Oxford/New York, Oxford University Press.

Idel, Moshe (2005), Kabbalah and Eros, New Haven, Yale University Press.

Jones, Prudence/Matthews, Caitlín, Hg. (1990), Voices from the Circle: The Heritage of Western Paganism, London, The Aquarian Press/Harper Collins.

Keel, Othmar/Uehlinger, Christoph, Hg. ([5]2001), Göttinnen, Götter und Gottessymbole. Neue Erkenntnisse zur Religionsgeschichte Kanaans und Israels aufgrund bislang unerschlossener ikonographischer Quellen, Freiburg, Herder.

Kvam, Kristen E./Schearing, Linda S./Ziegler, Valarie H., Hg. (1999), Eve and Adam: Jewish, Christian, and Muslim Readings on Genesis and Gender, Bloomington, Indiana University Press.

Lodahl, Michael E. (1992), Shekhinah/Spirit: Divine Presence in Jewish and Christian Religion, New York, Paulist Press.

Maier, Johann (1995), Die Kabbalah: Einführung – Klassische Texte – Erläuterungen, München, Beck.

Matthews, Caitlín (1992), Die Göttin, Braunschweig, Aurum.

– Hg. (1990), Voices of the Goddess: A Chorus of Sibyls, Wellingborough, The Aquarian Press.

Mopsik, Charles (2005), Sex of the Soul: The Vicissitudes of Sexual Difference in Kabbalah, Los Angeles, Cherub Press.

Pelikan, Jaroslav (1996), Mary Through the Centuries: Her Place in the History of Culture, New Haven, Yale University Press.

Schäfer, Peter (2002), Mirror of His Beauty: Feminine Images of God from the Bible to the Early Kabbalah, Princeton/Oxford, Princeton University Press.

Scholem, Gershom (1957), Die jüdische Mystik in ihren Hauptströmungen, Zürich, Rhein-Verlag AG.

Schröter, Susanne (2002), FeMale: Über Grenzverläufe zwischen den Geschlechtern, Frankfurt a. M., Fischer.

Scott, Joan W. (1999), Gender and the Politics of History, revidierte Ausgabe, New York, Columbia University Press.

Tishby, Isaia (1991), The Wisdom of the Zohar: An Anthology of Texts, 3 Bde., Oxford/Portland, The Littman Library of Jewish Civilizations.

Warner, Marina (1976), Alone of All Her Sex: The Myth and the Cult of the Virgin Mary, London, Weidenfeld and Nicolson.

Winter, Urs (1983), Frau und Göttin: Exegetische und ikonographische Studien zum weiblichen Gottesbild im alten Israel und in dessen Umwelt, Freiburg (Schweiz)/ Göttingen, Universitätsverlag/Vandenhoeck & Ruprecht.

Wolfson, Elliot R. (1995), Circle in the Square: Studies in the Use of Gender in Kabbalistic Symbolism, Albany, State University of New York Press.

– (1997), *Tiqqun ha-Shekhinah*: Redemption and the Overcoming of Gender Dimorphism in the Messianic Kabbalah of Moses Ḥayyim Luzzatto, in: History of Religions 36, 289–332.

– (1999), Occultation of the Feminine and the Body of Secrecy in Medieval Kabbalah, in: Wolfson, Elliot R., Hg., Rending the Veil: Concealment and Secrecy in the History of Religions, New York/London, Seven Bridges Press, 113–154.

– (2005), Language, Eros, Being: Kabbalistic Hermeneutics and Poetic Imagination, New York, Fordham University Press.

Dämoninnen und Vampirinnen
Religionsgeschichte und moderne Transformationen

Theresia Heimerl

1 Einleitung

Sie gehören so selbstverständlich zur mythologischen Allgemeinbildung, dass Hollywood-Blockbuster sie zitieren können: Weibliche Dämoninnen, die Blut trinken und (dadurch) Männer töten, seit dem 19. Jahrhundert unter dem Begriff Vampirinnen bekannt.

Diese Gestalten sind, ebenso wie die meisten erfolgreichen »(Stereo)Typen« im Film, keine Erfindung Hollywoods, sondern haben eine lange Vorgeschichte. Den religionsgeschichtlichen Spuren der blutdürstenden Dämoninnen nachzugehen, lohnt sich insbesondere aus der Perspektive der Gender-Forschung. Diese Frauengestalten repräsentieren nicht nur einen oder mehrere Aspekte weiblicher Existenz in einer patriarchalen Gesellschaft, sie legen vor allem Zeugnis ab über »dunkle Ecken« in der Konstruktion von Geschlechterrollen, darüber, was diesen patriarchalen Konstruktionen als bedrohlich und unfassbar erscheint.

Ihre Langlebigkeit von der vorderorientalischen Mythologie bis zur postmodernen Trivialmythologie zeigt die Langlebigkeit jener Konstruktion von Geschlechterrollen auf, der sie entspringen. Gleichzeitig spiegeln die Veränderungen, die »Akzentverschiebungen« von den frühen Dämoninnen zu den frühneuzeitlichen Hexen weiter zu viktorianischen Vampirinnen und schließlich zu Gestalten wie Selene (UNDERWORLD, USA 2003) die Veränderungen der Geschlechterrollen wider.

Der folgende Beitrag bietet einen Überblick über die Geschichte weiblicher Dämonen des vorderorientalisch-europäischen Kulturraums, ihrer Situierung im jeweiligen religionsgeschichtlichen Kontext und ihre Darstellung in Zusammenhang mit den zeitgleichen Gender-Modellen. Dieser Blick auf »dunkle«, »böse« weibliche Gestalten der religiösen Traditionen Europas bzw. deren Ursprünge im vorderorientalischen Raum scheint mir für die Frage von Gender und Religion von wesentlicher Bedeutung zu sein: An ihnen lassen sich nicht nur sehr deutlich *ex negativo* die von der Religion legitimierten Geschlechterrollen ablesen, sondern wird auch der Zusammenhang der Konstruktion von Geschlechtern (*sex* und *gender*) als dualem Denken und Religion als dualer Konstruktion (gut und böse) besonders deutlich (Janowski 2006).

Die geographische Einschränkung auf den vorderorientalisch-europäischen

Raum wird aus mehreren Gründen vorgenommen: Zum einen wird in der neueren Forschung generell die interkulturelle Vergleichbarkeit religionsgeschichtlicher Topoi insgesamt mit weit größerer Vorsicht behandelt, als dies in manchen früheren Ansätzen der Fall war. Zum anderen würde aus eben dieser methodologischen Problemlage der Versuch eines Vergleichs mit anderen Kulturkreisen weit mehr an begleitenden Erklärungen voraussetzen, als ein kurzer Beitrag zu leisten vermag. Und schließlich möchte dieser Beitrag nicht nur religionsvergleichend arbeiten, sondern vor allem auch die diachronen Transformationen des Themas im Kontext der kulturellen Entwicklung in den Blick nehmen. Der Konnex zwischen den behandelten Frauengestalten ist zunächst ihre Zugehörigkeit zu einer – wie immer gedachten – Transzendenz, sodann ihre Einordnung als »böse« in das duale Schema von »gut« und »böse«, weiters ihre »Bedrohlichkeit« aus patriarchaler Perspektive und schließlich die Verortung dieser Bedrohlichkeit in der Sexualität und Fruchtbarkeit.

Der Auseinandersetzung mit den historischen Dämoninnen und deren modernen Spiegelungen vorangestellt ist eine kurze Definition des Begriffes Dämon sowie seine Verwendung in diesem Beitrag.

Beginnen wird der erste Hauptteil mit Dämoninnen vorderorientalischer Religionssysteme. Parallelgestalten der griechisch-römischen Welt, Lamia und Hekate, werden in Gemeinsamkeiten und Unterschieden untersucht. Ein wesentlicher Punkt ist die Transformation bzw. Neukreation weiblicher Dämonen im Christentum und deren negativer Höhepunkt in der Dämonisierung des Weiblichen im Hexenwahn der frühen Neuzeit.

Der zweite Teil des Beitrags befasst sich mit dem Weiterleben der Dämonin unter dem Vampir-Begriff seit dessen »Erfindung« im 17. Jahrhundert. Hier soll den literarischen und filmischen Transformationen dieser Gestalten, ihrer *relecture* traditioneller Typologien der Dämonin besonderes Augenmerk gelten.

Den Abschluss wird eine Zusammenschau der unterschiedlichen Darstellungen von Dämoninnen bilden. Weiter erfolgt eine zusammenfassende Rückfrage nach der Bedeutung dieser Dämoninnen für die jeweiligen Religions- und Gender-Modelle und schließlich soll ein kurzer Ausblick in die »Zukunft« von Dämoninnen im Kontext von Religion und Gender in der Postmoderne gewagt werden.

2 Dämon und Dämonin – vielschichtige Begriffe und ihre Verwendung

Der Begriff Dämon bzw. Dämonin ist seiner etymologischen Herkunft nach griechisch, und meint ursprünglich eine niedrige Gottheit, einen vergöttlichten Heros, eine Schutzgottheit, einen dienenden Geist oder Genius eines Ortes (z.B. des Herdes, des Tores etc.) (Vrugt-Lentz 1976, 599). Bei Homer wird *daimon* noch fast synonym mit »Gott« (*theos*) gebraucht, nur dass ein Gott personal gedacht wird, ein Dämon aber vor allem das »göttliche« Wirken bezeichnet. Bei Hesiod sind *daimones* die Seelen der im Goldenen Zeitalter Verstorbenen. In späterer Zeit bezeichnet der

Begriff *daimon* vor allem im oben genannten Sinn niedrigere Gottheiten, Schutz-
und Lokalgottheiten. In der griechischen Übersetzung des Alten Testaments, der
Septuaginta, bezeichnet *daimonia* ein Kollektiv an bösen Geistern und prägte so die
negative Verengung des Begriffs *daimon* auf »bösen Geist« entscheidend mit
(Schweizer 1976, 692).

Der Sache nach gibt es die Vorstellung von Wesen, welche mit dem griechischen
Begriff *daimon* beschrieben werden, in allen Religionen. Ihre religionsgeschichtliche
Herkunft ist eine mehrfache: Lokalgottheiten ohne überregionale Bedeutung, »spiri-
tualisierte« Erklärungsmodelle v. a. von Krankheiten und Naturerscheinungen, Geister Verstorbener, Tiere, Bewohner einer Zwischenwelt in einem »Schichtmodell«
von Welt, Mittler zwischen höheren Gottheiten und Menschen, ehemalige Gottheiten, welche zu Dämonen herabgesunken sind. Diese Wesen können ambivalent, als
gut oder als böse, erfahren werden (Long 1987, 282 f.).

Generell lässt sich beobachten, dass Dämonen vor allem im so genannten »Volksglauben« präsent sind und nur unter bestimmten Bedingungen ins Zentrum der offiziellen Religion bzw. Theologie (im Sinne spekulativen Denkens über Inhalte von
Religion) rücken. Ein Beispiel hierfür werden wir in der europäischen Religionsgeschichte der frühen Neuzeit noch ansprechen.

3   Lilith und ihre Schwestern – Dämoninnen in der vorder-orientalischen und mediterranen Religionsgeschichte

Wie oben ausgeführt, gibt es in den vorchristlichen Religionen des Vorderen Orients
und des Mittelmeerraumes verschiedene Formen von Dämonen und Dämoninnen,
die keineswegs nur negativ konnotiert sind. Dennoch gibt es einige Gestalten, welche als destruktiv und dem Menschen feindlich gesonnen beschrieben werden. Eine
davon ist die Dämonin Lilitu, von der im Gilgameš-Epos berichtet wird, sie hause
zusammen mit einer Schlange im Ḫaluppu-Baum, von wo aus der Held Gilgameš
sie in die Wüste vertreibt. Dort lebt sie und lauert Männern auf (Pielow 2001,
103 f.). Als mesopotamische Dämonin Lilitu gehörte sie ursprünglich zu einer Triade
von Sturmdämonen, die aus Liu (männl.), Lilitu (weibl.) und Lili (Mädchen) bestand. Sie wurden als Ursache von Stürmen, aber auch von Krankheiten, welche mit
den Stürmen kamen, gedacht.

Zu nennen ist weiters die mesopotamische Dämonin Lamaštu, welche als
»fleisch- und blutfressendes Ungeheuer« beschrieben wird. Insbesondere kleinen
Kindern und deren Müttern kann sie gefährlich werden, welchen sie schon bei der
Geburt auflauert, um das Kind zu quälen und zu töten. Ihrer Herkunft nach ist sie
eigentlich eine Göttin, die von ihren Eltern wegen ihrer Bosheit verstoßen wurde,
sichtbares Zeichen ihrer Trennung von der Götterwelt ist ihre teilweise Tiergestalt
(Theriomorphie): Sie erhielt das Gesicht eines Hundes, Löwen, Adlers oder Wolfs
(Pielow 2001, 105–111).

Allen genannten Dämoninnen verdanken wir wesentliche Aspekte für die westliche Religionsgeschichte: Die (hier noch räumliche) Assoziation mit der Schlange und ihr Wohnort im Baum lassen unweigerlich an die biblische Paradieserzählung denken. Vor allem aber der Sieg eines männlichen Helden über die Dämonin und ihre anschließende Vertreibung in die Wüste, welche erst ihr negatives Verhalten gegenüber Männern begründet, sind fixer Bestandteil mythologischer Geschlechterrollen-Modelle geworden. Ähnliches gilt für Lamaštu. Die Kinder schädigende, ihr Blut aussaugende Dämonin wird uns in der Religionsgeschichte noch des öfteren begegnen. Und schließlich bleibt die Nähe zum Tier, einmal in der Gestalt der Dämonin selbst, einmal in ihrer räumlichen Nähe zur Schlange festzuhalten.

Ganz ähnliche Frauengestalten begegnen uns in der griechisch-römischen Religionsgeschichte. Die bekannteste ist Lamia, die der Kirchenvater Hieronymus im 4. Jahrhundert mit Lilith identifiziert. In der Mythologie ist Lamia eine schöne junge Frau, mit der Zeus Kinder hatte. Dessen eifersüchtige Ehefrau Hera tötete aber die Kinder ihres Ehemanns und schlug Lamia mit Wahnsinn, so dass diese fortan selbst Kinder tötete. Bei Apuleius im 2. Jahrhundert n.Chr. verführt und vernichtet sie auch attraktive Männer. Ähnliches gilt für Empusa, bzw. im Kollektivplural die Empusen, weibliche Gespenster, denen oft ähnliche Eigenschaften zugeschrieben werden wie Lamia: Sie sind unheimlich, ihre Reiche sind die Dunkelheit und verrufene Orte wie Friedhöfe, sie sind den Menschen feindlich gesinnt. Wie die mesopotamische Lamaštu sind die Empusen mischgestaltig, teils Tier, teils Mensch, sie können aber auch als schöne Mädchen auftreten, um Männer zu verführen und ihnen die Lebenskraft auszusaugen (Pielow 2001, 112 ff).

Beide werden in der Literatur mit Hekate in Verbindung gebracht bzw. in Lexika auch als »Hekate-Gespenster (Hekataia)« (Bloch 1997, 1024) bezeichnet und somit einer anderen dunklen mythologischen Frauengestalt zugeordnet. Hekates religionsgeschichtliche Herkunft liegt in Karien (Kleinasien), sie wurde in der griechischen Mythologie den Titanen als Tochter zugeordnet und ist, sichtet man verschiedene Quellen, ambivalent gezeichnet: Manchmal als gütige, mächtige Beschützerin von Müttern, Königen und Fischern, öfter aber als angsteinflössende Herrin aller Gespenster und anderer furchterregender Wesen. Diese Funktion, welche in der Tradition die Oberhand gewinnt, dürfte auf Hekates ursprüngliche Funktion in Übergangsriten für Frauen sowie als Hüterin von Grenzbereichen wie Türen oder Wegkreuzungen zurückgehen (Johnston 1998, 268 f).

In Hekate zeigt sich wohl am deutlichsten die Mehrdimensionalität »dämonischer« Frauengestalten, die bei Lilith, Lamaštu und Lamia nur mehr erahnbar bzw. rekonstruierbar ist. Alle drei weisen die oben angeführten Charakteristika von Dämonen und Dämoninnen auf: Sie sind Zwischenwesen (Himmel und Erde, Götter und Menschen, Wegkreuzungen, Lebensphasen, drinnen und draußen), sie sind »depravierte« Gottheiten. Im Bezugssystem von Gender dienen sie als Erklärungsmodell bestimmter, vom normativen Rollenmodell abweichender Verhaltensweisen und zugleich als Demonstration der Konsequenzen solchen Abweichens: Die Strafe für den Ausbruch aus dem weiblichen Rollenmodell der verheirateten Frau ist der

Verlust des Platzes in der Gesellschaft bzw. Zivilisation sowie der »Menschlichkeit« überhaupt: Missgestaltet, teils in Tierform, leben die Dämoninnen in der Wüste. An Männer ergeht die Warnung, nicht aus gesellschaftlichen Normen (Ehe, institutionelle Prostitution) auszubrechen, da sich dies als lebensbedrohlich erweisen könnte.

4 Dämoninnen im Judentum und Christentum

Judentum und Christentum sprechen in ihren kanonischen Texten (dem Alten und dem Neuen Testament) ganz selbstverständlich von Dämonen. Diese waren Teil der religiösen Welt des Vorderen Orients und des Mittelmeerraumes. Im monotheistischen System der beiden Religionen sind Dämonen allerdings klar dem allmächtigen einzigen Gott untergeordnet und von diesem erschaffen. Ihre Herkunft wird unterschiedlich erklärt. Einige von ihnen werden als gefallene Engel gedeutet und wie diese hierarchisch organisiert mit Satan bzw. Lucifer an der Spitze gedacht. Andererseits werden die polytheistischen Götter und Göttinnen zu Dämonen und Dämoninnen umgedeutet. Letztere Deutung entspricht auch religionshistorischen Erkenntnissen, man erkennt in der christlichen Dämonologie den Einfluss volksreligiöser, weniger monotheistischer Vorstellungen der Umwelt, deren Dämonen dem jüdisch-christlichen Gott untergeordnet wurden.

4.1 Lilith

Die wohl namentlich bekannteste Dämonin verdanken wir dem nachbiblischen Judentum, genauer dem babylonischen Talmud (Pielow 2001, 37–45). Zwar wird auch im Alten Testament eine Dämonin namens Lilith erwähnt, allerdings nur einmal und mit einem Satz: »Auch Lilith (das Nachtgespenst) ruht sich dort aus und findet für sich eine Bleibe« (Jes 34,14, Einheitsübersetzung). Der Kontext dieser Stelle ist eine apokalyptische Vision des Landes Edoms nach der Rache des Herrn, eine buchstäblich gottverlassene Landschaft, in der Wüstentiere und Geister aller Art ihr Unwesen treiben. Zu diesen wird Lilith gezählt, und offenbar als bekannt vorausgesetzt, da ihre Erwähnung keiner weiteren Erklärung bedarf.

Eine »Biographie« erhält Lilith in den rabbinischen Texten. Dort findet sich ein Bericht über die Erschaffung einer ersten Frau Adams aus demselben Material mit Namen Lilith. Lilith weigert sich, Adam zu gehorchen, konkretisiert in der Frage, wer beim Geschlechtsverkehr unten zu liegen habe. Sie verlässt Adam und geht in die Wüste ans Rote Meer, wo sie mit Dämonen verkehrt und dämonische Kinder gebiert. Seitdem sucht sie nachts als sehr schöne Frau mit langem, offenem (rotem) Haar unverheiratete Männer heim und verführt sie zum (imaginären?) Geschlechtsverkehr. Durch die Pollution entzieht sie diesen Männern Lebenskraft. Auch Säuglingen kann Lilith gefährlich werden, diese schädigt oder tötet sie sogar, wenn nicht entsprechende magische Abwehrmaßnahmen ergriffen werden.

Der religionsgeschichtliche Einfluss vorderorientalischer Dämoninnen wie Lilitu oder Lamaštu auf die Lilith-Gestalt ist unverkennbar. Alle ihre zugeschriebenen Eigenschaften finden sich bei einer der oben genannten Dämoninnen; auch die etymologische Verwandtschaft ist unschwer erkennbar. Allerdings hat Lilith eine Einordnung in das monotheistische Religionssystem des Judentums durchlaufen, wenngleich gerade in dessen Dämonenlehre noch deutlich polytheistische Weltdeutungen durchschimmern, welche nicht ohne Mühe dem allmächtigen und einzigen Gott untergeordnet wurden.

In der Gestalt der Lilith werden die weiblichen Dämoninnen vorderorientalischer Religionen, aber auch des polytheistischen Mittelmeerraums quasi zusammengefasst und in die europäische Kulturgeschichte tradiert. Lange Zeit bleibt Lilith vor allem im jüdischen Kontext beheimatet, in christlichen Texten findet sie nur am Rande Erwähnung. Ihre Entdeckung über einen engen religiösen Rahmen hinaus findet im 19. Jahrhundert im Zusammenhang mit der Erfindung der Vampirin und der *femme fatale* statt.

4.2   Dämonen in weiblicher Gestalt – Versuchungen im frühen Christentum

Jesus treibt im Neuen Testament ganz selbstverständlich Dämonen aus. Diese Dämonen sind, auch wenn dies nicht thematisiert wird, männlich. Dämonen in weiblicher Gestalt begegnen uns erstmals in Texten aus dem asketisch-monastischen Umfeld des 3./4. Jahrhunderts. In Berichten über das Leben der ersten Eremiten in der Wüste ist mehrfach davon die Rede, dass ein Dämon die heiligen Männer in Gestalt einer schönen Frau in Versuchung führt.[1]

Die Gemeinsamkeit mit den Dämoninnen der polytheistischen Umwelt ist, dass ein allein lebender Mann von einem Dämon in weiblicher Gestalt zu sexuellen Handlungen verführt wird. Es gibt allerdings einen signifikanten Unterschied dieses Textes und seiner zahlreichen Parallelen in der monastischen Literatur des frühen Christentums zu paganen Dämoninnen oder zu Lilith: Die christlichen Asketen werden von männlich imaginierten Dämonen oder dem ebenfalls männlich gedachten Teufel in Gestalt einer begehrenswerten Frau heimgesucht. Sie sind also keine dämonischen Frauen, besitzen keine eigene, weibliche Identität, sondern sind ausschließlich männliche Fiktion: von einem Mann (Dämon) für einen Mann (Eremit). Dies ist insofern bemerkenswert, als hier eine Verschiebung im Gender-System stattfindet, in welcher jegliche aktive Rolle, auch die des Bösen, nur mehr Männern zugeschrieben werden kann. Der weibliche Körper dient als (Lock)Mittel, die Personalität des Dämons wird aber männlich definiert. Diese Rollenverteilung ändert sich in der Geschichte des Christentums nicht mehr wesentlich, Dämonen werden weiterhin grundsätzlich männlich gedacht, können aber im Bedarfsfall weibliche Gestalt annehmen und werden dann als *Succubi* bezeichnet, vor allem wenn es um die Ver-

---

1 »Er (i. e. der Dämon) nahm die Gestalt eines äthiopischen Mädchens an, (…) setzte sich mir auf den Schoß und erregte mich so, dass ich Un- zucht mit ihr zu treiben glaubte. Da kam ich zur Besinnung und gab ihr eine Ohrfeige, worauf sie verschwand« (Palladius 1912, 58).

führung von Männern geht. Eine ausdrückliche, in theologischen Texten dokumentierte christliche Parallele zu Lilith gibt es nicht.

4.3   Die domestizierte Dämonin im Mittelalter: Melusine

An dieser gleichsam doppelten männlichen Sicht ändert sich in den folgenden Jahrhunderten wenig: Asketisch-zölibatär lebende Männer werden durch Dämonen in Gestalt von Frauen in Versuchung geführt. Dämonische Frauen als eigene Personen begegnen in religiösen Texten nicht, wohl aber in der weltlichen Literatur. Dort nämlich, wo diese auf Relikte polytheistischer Religiosität zurückgreift und sie christlich-patriarchalen Deutungsmustern unterwirft. Als Beispiele sei hier die Gestalt der Melusine angeführt (Clier-Colombani 1991; Lundt 1991; Spreitzer 1995, 114–147). In vielem weist sie große Ähnlichkeit mit den Dämoninnen der Antike auf: Sie lebt im Wald bzw. im/am Fluss, hat zumindest zeitweise eine tierisch-menschliche Mischgestalt, wirkt auf Männer ob ihrer Schönheit sehr verführerisch. Ihre erste Begegnung mit einem Mann findet in der Wildnis (vgl. Wüste) statt. Doch ab hier verläuft die Geschichte anders: Der Ritter heiratet Melusine, sie bekommen miteinander Kinder, nur einmal im Monat zieht sich Melusine in ein versperrtes Turmzimmer zurück. Als der Ritter durch das Schlüsselloch späht, sieht er seine Frau in einem Wasserbottich, ihr Unterleib ist in einen Fisch-/Schlangenleib verwandelt. Melusine flieht, schadet aber weder ihrem Ehemann noch den gemeinsamen Kindern, die sie weiterhin heimlich besucht und umsorgt. Die Gestalt der Melusine hat im christlichen Kontext gewisse Züge der orientalisch-mediterranen Dämoninnen angenommen, bzw. wurden diese auf sie übertragen: Die Gefahr der Verführung eines Mannes durch eine weibliche Gestalt, die außerhalb der patriarchalen christlichen Ordnung steht, als Zwischenwesen durch ihre Theriomorphie gekennzeichnet. Als solche begegnet sie auf zahlreichen romanischen Kapitellen, wahlweise auch als geflügelte Schlange, späteren Darstellungen Liliths als Paradiesschlange auffallend ähnlich.[2]

Dennoch trägt die Melusine keine dämonischen Züge im engeren Sinn mehr. Es fehlt der schädigende Aspekt, es fehlt ihr aber auch die Unabhängigkeit vom Mann, den sie verführt. Geblieben ist die verführerische Schönheit und der Status des Zwischenwesens (Tier-Mensch). Die Gefahr für den Mann wird aber durch die Hochzeit gebannt.

4.4   Die Hexen – Gehilfinnen männlicher Dämonen

Gerade in jener Phase europäischer Religionsgeschichte, für welche man oft von einer Dämonisierung des Weiblichen spricht, waren die betroffenen Frauen denkbar weit vom Bild der machtvollen Dämonin entfernt: Die als Hexen verdächtigten und

---

2 Vgl. hierzu die Abbildung aus dem *Spiegel Menschlichter Behaltnuss*, Speyer 1481, bei Spreitzer (1995), Abb. 8.

verurteilten Frauen der frühen Neuzeit galten nämlich selbst keineswegs als Dämoninnen, sondern als für die Verführung durch männlich gedachte Dämonen aufgrund ihres weiblichen Geschlechts besonders anfällig, wie es im Hexenhammer heißt. Es ist hier nicht der Ort, auf die unterschiedlichen Interpretationsansätze des Phänomens Hexenwahn einzugehen, auch dessen religionshistorische Einordnung muss unterbleiben (Rohkamm 2001). Von Interesse ist hier lediglich die Frage, inwieweit es eine Nähe zwischen Hexen und Dämoninnen gibt. Der Hexenhammer, wohl *der* Klassiker zum Thema, gibt hierzu detailliert Auskunft: Hexen können zwar ihrerseits Männern und deren Lebenskraft (Potenz) gefährlich werden wie die Dämoninnen und Lilith, beziehen diese Macht aber immer von einem Mann: dem Teufel oder dessen Dämonen.[3] Auch die ihnen zugeschriebenen Kindstötungen sind quasi Auftragsmorde für rituelle Feiern (Hexensabbat) oder allgemein um das göttliche Gebot des »Wachset und mehret euch« (Gen 1,28) zu stören (Sprenger/Institoris 1987, 155–159).

Wie schon bei den Eremiten der Spätantike spielt sich der Kampf im Grunde zwischen Männern ab: Dem Teufel, welcher sich die Hexe durch seine (oftmals sexuellen) Verführungskünste gefügig gemacht hat und dem Inquisitor, welcher dem Teufel die Macht über die Hexe wieder zu entreißen trachtet. Dennoch ist in einigen Passagen des Hexenhammers die Angst vor weiblicher Verführungskunst nicht zu übersehen, ja deren Begründung mit dämonischer Unterstützung scheint fast eine erste Entlastung für die männlichen Verfasser zu sein. Ist der Feind, den man letzten Endes bekämpft, doch wenigstens ein Mann und damit das Problem der Hexen innerhalb der patriarchalen Ordnung zu verorten und zu bekämpfen.

Wenn man sowohl Lilitu, Lamaštu, Lamia und Lilith, als auch Melusine und die Hexen aus dem Hexenhammer als Projektionen männlicher Ängste (und Wünsche) deutet, so zeigt sich deutlich die Veränderung der Bewältigungsstrategien dieser Ängste je nach religionsgeschichtlichem Umfeld. In einem polytheistischen Deutungshorizont mit teilweise machtvollen Göttinnen (Ištar, Kybele, Athene, Aphrodite etc.) sind auch eigenständige, in ihrem Bereich machtvolle Dämoninnen vorstellbar (Balz-Cochois 1992). Diese stellen zwar, wie in Kap. 3 gezeigt, in ihrem Schicksal eine Warnung vor gender-atypischem Verhalten für beide Geschlechter dar, werden aber dennoch als in ihrem Bereich (der Wüste, der Einsamkeit, der Nacht) von sich aus machtvoll erfahren. Dieser Bereich quasi »außerhalb« patriarchaler Ordnung schwindet mit der monotheistischen Vorstellung eines allmächtigen, oft männlich gedachten Gottes. Alles, auch der Teufel und seine Dämonen, sind der göttlichen Ordnung unterworfen, die kein »außerhalb« mehr kennt. Vor allem aber fehlt die Vorstellung von sich aus mächtiger Frauen in der Religion des christianisierten Europa. Die bestehende Angst vor weiblicher Verführung mit der Folge des Entzugs von Lebenskraft bzw. des Lebens überhaupt (Ermordung von Kindern)

---

3 »Über die Hexen selbst, die sich den Dämonen unterwerfen« lautet die 6. Questio des Hexenhammers; »Ob die Hexen imstande seien, die männlichen Glieder *durch die Kraft der Dämonen* wahr und wahrhaftig oder nur durch gauklerischen Schein wegzuhexen?« (Sprenger/Institoris 1987, 136, Hervorhebung T. H.).

kann offenbar nicht mehr als weibliche Eigeninitiative gedacht, sondern muss auf eine männliche Letztinstanz zurückgeführt werden. Die Eigenschaften der paganen Dämoninnen werden auf das Wirken männlicher Dämonen (Eremiten) zurückgeführt oder auf Legendengestalten (Melusine) und reale Frauen (Hexen) übertragen. An ihnen allen aber wird der Sieg über das Böse, sprich den Bösen und seine »Ausführungsgehilfinnen« demonstriert – im Fall der realen Frauen mit letalen Folgen für die Betroffenen.

5 Von der Dämonin zum Vamp: Transformationen der Dämonin in Literatur und Film des 19. und 20. Jahrhunderts

Abb. 1: BRAM STOKER'S DRACULA (Regie: Francis Ford Coppola, USA 1992).

Im 19. Jahrhundert, jener Zeit, als die offizielle Religion den Glauben an Dämoninnen und Dämonen immer mehr zurückdrängt, begegnen uns in Literatur und Kunst auffallend viele Frauengestalten, die große Ähnlichkeiten mit den Dämoninnen der antiken Religionsgeschichte aufweisen. Manche von ihnen, wie etwa Rosettis Lilith, sind direkte Wiederaufnahmen mythologischer Gestalten, die meisten aber sind Erfindungen ihrer Zeit. Ihre bekannteste Erscheinungsform ist aber nicht mehr jene als Dämonin, sondern als Vampirin. Der Vampir, wie wir ihn kennen, ist nicht Produkt der Religions-, sondern der Literaturgeschichte, die ihrerseits eine Art pseudoreligionsgeschichtliche Einordnung des Vampirs kreiert hat.[4] Wohl aber tragen die literarischen Vampire und Vampirinnen seit ihrer Erfindung durch John Polidori (1795–1821) dämonische Züge. Pollidoris Vampir ist ein Mann – mit vielen jener Attribute, welche wir von Dämoninnen kennen: Unheimlich und verführerisch zugleich lockt er seine Opfer an abgelegene Plätze und bereichert sich an deren Lebenskraft in Form von Blut mit tödlichen Folgen für sie. Nur die Geschlechterrollen sind umgedreht: Der Vampir ist ein Mann, seine Opfer Frauen. Die

---

4 Der historische Vampir des Balkan ist ein Wiedergänger, welcher Mitgliedern seiner früheren Gemeinschaft gefährlich werden kann, indem er auf nicht näher definierte Art Lebensenergie entzieht. Vom gängigen Begriff des Dämons ist er aber klar abzugrenzen, er weist auch weder erotische Konnotation auf, noch wird ihm Kindstötung zugeschrieben (Kreuter 2001), weshalb eine nähere Darstellung des religionsgeschichtlichen Vampirs hier unterbleibt.

Nachwirkungen des jüdisch-christlichen Teufelsbildes, der im Zuge der Aufklärung zum dunkel leuchtenden Rebell stilisiert wird, sind in Pollidoris Vampir noch gut erkennbar, wie Mario Praz ausführt (1970, 66–95). Doch schon wenige Jahrzehnte später sind die Geschlechterrollen anders verteilt. Es sind (wieder) Frauen, welche Männern das Leben in Form von Blut aussaugen und durch ihr autonomes Verhalten die patriarchale Ordnung bedrohen. Ein klassisches Beispiel hierfür ist Theophile Gautiers *La morte amoureuse* (1836): Ganz wie in den Erzählungen der frühchristlichen Eremiten wird hier ein junger Priester von einer schönen, schon verstorbenen Frau (Clarimonde) in Versuchung geführt, sie nicht nur an ausgefallene Orte zu begleiten und mit ihr eine leidenschaftliche Affäre zu haben, sondern sie auch von seinem Blut trinken zu lassen. Romualdo ist der Frau derart verfallen, dass er alle Anzeichen ihres dämonischen Wesens verleugnet. Ein älterer Mitbruder rettet ihn schließlich, indem er Clarimondes Grab öffnet und den Körper zerstört. Anders als die Versuchungen der Wüstenväter ist Clarimonde aber keine Fiktion oder Agentin eines männlichen Dämons, sondern existiert von sich aus. In ihrer Herkunft als ehemalige Sterbliche ähnelt sie Lamia, deren destruktive Züge fehlen allerdings bis auf den Blutdurst ebenso wie die theriomorphen Anteile. Clarimonde erinnert in manchem noch mehr an Melusine als an Lilitu, liebt sie ihr Opfer doch wirklich und will nicht unbedingt sein Verderben.

Dies ändert sich bei den folgenden Vampirinnen: Carmilla, Hauptfigur der gleichnamigen Erzählung von Sheridan Le Fanu (1872), stellt in gewisser Weise einen Extremfall dar: Sie entzieht sich der patriarchalen Ordnung völlig, sogar ihre Opfer sind (junge) Frauen, deren Blut sie ohne Skrupel bis zu deren Tod aussaugt, ohne Gegenwehr der von ihr buchstäblich verzauberten Frauen (Klemens 2004, 153–200). In *Carmilla* fallen das Motiv der dämonischen Kindsmörderin, der todbringenden Erotik und der Verführung zum Bruch gesellschaftlicher Ordnung zusammen. Sogar die tierisch-menschliche Mischgestalt begegnet, wenn Carmilla als Schatten einer dunklen Katze (Greenberg 1987, 349) erscheint. Männer haben in Carmilla, anders als alle bisherigen Dämoninnen, nicht einmal mehr als Opfer Platz, ihnen bleibt nur mehr die Verfolgung dieser so konsequenten Missachtung patriarchaler Deutungshoheit. Dennoch reiht sich Carmilla unter die klassischen Dämoninnen als Spiegelung männlicher Ängste bzw. »dunkle Seite« des herrschenden Gender-Modells ein. Letztlich bestätigt sich am Verlauf der Erzählung die Notwendigkeit männlicher Ordnungsmacht über weibliche Destruktivität. In den Verfolgern Carmillas sind geradezu idealtypisch die Wahrer dieser Ordnung vertreten: der Adelige, der Priester, der Arzt, der General. Doch anders als in Gautiers *La morte amoureuse* ist die Bekämpfung der Dämonin der religiösen Sphäre weitgehend enthoben, der Wirklichkeit des 19. Jahrhunderts entsprechend hat der Priester nur mehr unterstützende Funktion, die Enttarnung und die Initiative der »Jagd« obliegen dem General.

Die Autonomie der Dämonin, wie sie Carmilla verkörpert, wird in dem Klassiker des Vampirgenres, Bram Stokers *Dracula* (1897), wieder deutlich beschnitten. Die drei Vampirinnen in Draculas Schloss agieren zwar eindeutig als Dämoninnen:

Sie verführen Jonathan Harker an einem abgelegenen Ort und saugen ihm dabei Blut (Lebenskraft) aus. Sie werden aber klar als einem dämonischen Mann, Dracula, unterlegen gezeichnet: Nur auf seinen Befehl hin dürfen sie sich ihrem Opfer nähern.[5] Dasselbe gilt für die anderen Frauengestalten des Romans. Sie alle sind in erster Linie Gehilfinnen Draculas und ihm hörig, auch wenn sie gegenüber sterblichen Männern als verführerische und tödliche Dämoninnen auftreten.

Dennoch: Die Thematisierung dämonischer Frauen unter dem – zunehmend weiter gefassten – Begriff der Vampirin ist aus der Literatur und bildenden Kunst des späten 19. Jahrhunderts und der Zeit bis zum Zweiten Weltkrieg nicht wegzudenken. Manche von ihnen tragen fast alle klassischen Attribute weiblicher Dämoninnen wie die Frauen in Hans Heinz Ewers Erzählungen *Die Spinne* (1907/08) bzw. *Das Grabmal auf dem Père Lachaise*, andere repräsentieren vor allem den verführerischen, der patriarchalen Ordnung zuwiderlaufenden Aspekt (Leo Perutz, *St.Petri Schnee*, 1933), das »Vampirmotiv« des Bluttrinkens wird zunehmend durch andere, deutlich erotische Formen des Entzugs von Lebenskraft ersetzt, wie etwa in Stanislaw Przybszekskis *De profundis* (1895) (Brittnacher 2005; Cella 2005). Einige Frauengestalten wie die diversen Salomes von Oscar Wilde bis Gustav Klimt spiegeln nur mehr schwach das Bild der Dämonin. Eine Zuschreibung fehlt den Vampirinnen bzw. Dämoninnen aber seit Stokers Dracula: jene der Kindsmörderin. Fallen die drei Vampirinnen im Schloss Draculas noch als Ersatz für den ihnen von Dracula verbotenen Mann (J. Harker) über ein Neugeborenes her (das Dracula ihnen gebracht hat), begegnen Kinder im 20. Jahrhundert nicht mehr als Opfer.

Der historische Kontext, vor dem diese »Wiederkehr der Dämoninnen« zu lesen ist, ist das Viktorianische Zeitalter mit seiner rigiden bürgerlichen Moral, welche die Geschlechterrollen des Mannes als *gentleman* und der Frau als *angel in the house* festschrieb (Klemens 2004, 201–207). Gerade die Bezeichnung der Frau als *angel* weist bereits auf die Privatisierung der Religion und die damit einhergehenden religiösen Komponenten des Privaten, das in der Frau seinen Ausdruck finden sollte, hin. Die Vampirinnen des 19. und frühen 20. Jahrhunderts sind zunächst einmal Gegenpole zum viktorianschen Frauenideal. Sodann erklären sie auch gerade angesichts erster politischer Emanzipationsbestrebungen dieser Zeit die Notwendigkeit des Ideals, bei dessen Nicht-Einhaltung der Verlust jeglicher Ordnung in der tödlichen Umarmung der Dämonin droht. Zugleich offenbaren die Vampirinnen von Clarimonde bis zu Ewers Gräfin Wassiliska erste Risse im männlichen Rollenbild. Die Willigkeit bzw. Willenlosigkeit, mit der sich die Opfer ihren Verführerinnen hingeben, ja diesen geradezu nachlaufen, wird zwar kritisiert, aber doch auch als Gesellschaftsportrait festgehalten.

So sehr sich in der Darstellung der Vampirinnen in der genannten Literatur Ähnlichkeiten mit den Dämoninnen der vorderorientalisch-europäischen Religionsgeschichte feststellen lassen – ihre »Säkularisierung« ist nicht zu leugnen. In einigen

---

5 Stoker (2002), 46: »How dare you touch him, any of you? How dare you cast eyes on him when I had forbidden it? Back, I tell you all! This man belongs to me!«

Texten spielt die Religion als Bezugsrahmen noch eine Rolle, am deutlichsten in *La morte amoureuse* – auch in *Dracula* wird sie oft zitiert – doch scheinen die Vampirinnen nicht mehr wie Lilitu, Lamia und Lilith aus diesem System der Religion zu kommen, ja dieses »System Religion« scheint kein Weltdeutungs- System mehr zu sein, sondern eher in Bruchstücken

Abb. 2: UNDERWORLD (Regie: Len Wiseman, USA 2003).

herumzuliegen, derer sich findige Männer (wie etwa Van Helsing in *Dracula*) zu bedienen wissen. Dementsprechend können weibliche dämonische Gestalten nur mehr im Rahmen immanenter Religion mit einigen exotisch anmutenden Versatzstücken vergangener Religiosität gedeutet werden. Gleichzeitig macht eben diese dunkle Erinnerung an eine verlorene religiöse Weltdeutung die Vampirinnen zum faszinierenden Thema: Sie repräsentieren im 19. und 20. Jahrhundert nicht zuletzt den Einbruch des Irrationalen in die geordnete Welt. In den Vampirinnen wird nicht nur die Angst vor gesellschaftlicher Unordnung, erkennbar an den Geschlechterrollen, verfolgt. In ihnen verkörpert sich ebenso die Angst vor der Irrationalität, der Überwältigung der männlichen Vernunft durch das weibliche Irrationale.

Die Angst vor dem Aufbrechen der Geschlechterrollen und damit einhergehendem männlichen Kontrollverlust erhält auch im Vamp im Film der 20er bis 40er Jahre ihre Gestalt. Vamp, von Vampir(in) abgeleitet, meint die gänzlich säkularisierte Version der Dämonin, deren »männerverschlingender« Charakter ohne religiöse Elemente auskommt, das Ende ihrer Opfer ist nicht deren physische, sondern gesellschaftliche und moralische Zerstörung (DER BLAUE ENGEL, D 1930).

Dämoninnen in einem engeren, erkennbar religiös konnotierten Sinn, erleben erst mit dem Horrorfilm der 70er ein Comeback: zunächst noch als böse Vampirinnen, seit den 90er aber auch als eigenständige, zumindest ambivalente Heldinnen (UNDERWORLD, USA 2003), die beinahe schon zum Role-Model geworden sind. Dasselbe geschieht mit Lilith seit einiger Zeit in feministischen Bewegungen: Sie steht für eine selbstbestimmte Weiblichkeit, für die Verweigerung patriarchaler Unterdrückung, mitunter auch für eine alternative Religiosität, in welcher die Transzendenz auch weiblich erfahren wird. Wie viel diese Ideal-Gestalt noch mit der religionsgeschichtlichen Dämonin zu tun hat, sei dahingestellt.

6 Schlussbetrachtung

Weibliche Dämonen gehören zum Grundbestand der europäischen Religions-geschichte. Ihre frühesten Vertreterinnen finden wir in den Mythologien des Vor-deren Orients mit Lilitu, Lamaštu sowie Lamia im griechisch-römischen Raum und Lilith in der jüdischen nachbiblischen Tradition. Ihre Charakteristik lässt sich wie folgt zusammenfassen: Sie verfügen über Verführungskünste gegenüber Männern, als deren Folge Männern Lebenskraft entzogen wird, sie haben eine Tier-Mensch-Mischgestalt, halten sich an Orten außerhalb der Zivilisation wie Wüsten, Friedhö-fen etc. auf, wohin sie von anderen (Götter und Göttinnen, Helden) vertrieben wur-den, und sie sind eine Gefahr für kleine Kinder, die sie schädigen oder töten.

Im Bezugssystem von Gender und Religion verkörpern diese Dämoninnen die negativen Konsequenzen von Verhaltensverstößen gegen die tradierten Geschlech-terrollen. Zugleich stellen sie eine Warnung an Männer dar: Sexualität außerhalb der festgeschriebenen Ordnung, mag sie auch noch so verlockend sein, ist lebens-gefährlich. Und schließlich bieten die genannten Dämoninnen eine Erklärung für den Tod von Kindern und damit implizit eine weitere Negativ-Folie der traditionel-len Frauenrolle als fürsorgliche Mutter.

Für das Christentum ließ sich beobachten, wie wenig eigenständig agierende Frauen selbst als Dämoninnen denkbar waren. Weibliche Dämoninnen, die keinem Mann (Dämon, Teufel) untergeordnet sind, gibt es nicht. Bestes Beispiel hierfür sind die als Hexen beschuldigten Frauen der frühen Neuzeit, die ganz klar als Gehil-finnen und willige Opfer eines männlich imaginierten Teufels dargestellt werden. Frauengestalten mit »dämonischen Eigenschaften« im eben beschriebenen Sinn wie Melusine werden in das patriarchale Gender-System (durch Heirat) integriert und so »unschädlich« gemacht. Im monotheistischen Konzept des Christentums mit ei-nem männlich gedachten Gott kann offenbar auch die Ursache von Verführung und Rollenverweigerung nur männlich gedacht werden.

Mit dem Schwinden vorrangig religiöser Weltdeutung seit der Aufklärung und der vor allem weltimmanenten Rechtfertigung der Geschlechterrollen kehren auch die eigenständigen Dämoninnen wieder, nun in der Gestalt von Vampirinnen. Sie sind nicht mehr Gegenstand von Religion, sondern von Literatur und Kunst. Ihre Darstellung in zahlreichen Texten und Bildern betont vor allem die erotische Kom-ponente, die letale Verführung, doch auch andere Zuschreibungen wie die Therio-morphie oder der Kindsmord wirken weiter. Die Postmoderne seit der Mitte des 20. Jahrhunderts schließlich entdeckt in Film und Literatur Dämoninnen (Vampi-rinnen) als Role-Models wieder.

Literatur

Quellen

Miller, Bonifaz, Hg. (^{5}2002), Weisung der Väter. Apophtegmata Patrum, auch Gerontikon oder Alphabeticum genannt, Trier, Paulinus.

Goldschmidt, Lazarus, Hg. (2002, Nachdruck von 1929–1936), Der Babylonische Talmud 12 Bde., Frankfurt, Jüdischer Verlag.

Greenberg, Martin/Waugh, Charles G., Hg. (1987), Vampire. 16 × Grauen mit Frauen, Bergisch-Gladbach, Bastei-Lübbe.

Morrison, Robert/Baldick, Chris, Hg. (1988), Polidori, John William: The Vampyre and Other Tales of the Macabre, Oxford, University Press, 1–24.

Palladius von Helenopolis (1912), Leben der Heiligen Väter (Historia Lausiaca), in: Griechische Liturgien. Übers. von Storf, Remigius, Bibliothek der Kirchenväter 1. Reihe, Bd. 5, Kempten, Kösel-Verlag.

Sprenger, Jakob/Instititoris, Heinrich (^{7}1987), Der Hexenhammer, dt. Übers. von J. W. R. Schmidt, München, dtv.

Stoker, Bram (1967), Dracula, Ein Vampirroman, dt. Übers. von Stasi Kull, München, Hanser.

– (2002), Dracula. Complete Authoritative Text with Biographical, Historical, and Cultural Contexts, Critical History, and Essays from Contemporary Critical Perspectives, Boston/ New York, Bedford.

Weitere Literatur

Balz-Cochois, Helgard (1992), Inanna. Wesensbild und Kult einer unmütterlichen Göttin, Gütersloh, Mohn.

Bertschik, Julia/Tuczay, Christa Agnes, Hg. (2005), Poetische Wiedergänger. Deutschsprachige Vampirismus-Diskurse vom Mittelalter bis zur Gegenwart, Tübingen, Francke.

Bloch, René (1997), Empusa, in: Der Neue Pauly, Bd. 3, Stuttgart, Metzler, 1024.

Carter, Margaret, Hg. (1989), The Vampire in Literature. A Critical Bibliography, London, Research Press.

Clier-Colombani, Francoise (1991), La Fée Mélusine au Moyen Age. Images, Mythes et Symboles, Paris, Le Léopard d'Or.

Dinzelbacher, Peter (2004), Heilige oder Hexen? Schicksale auffälliger Frauen in Mittelalter und Frühneuzeit, Düsseldorf, Patmos.

Eltis, Sos (2002), Corruption of the Blood and Degeneration of the Race. Dracula and Policing the Borders of Gender, in: Riquelme, John Paul, Hg., Dracula, Boston/Bedford, St.Martin's, 450–464.

Flocke, Petra (1999), »Ich schaue in den Spiegel und sehe nichts«. Die kulturellen Inszenierungen der Vampirin, Tübingen, Konkursbuchverlag.

Giorgi, Rosa (2004), Engel, Dämonen und phantastische Wesen, Berlin, Parthas.

Janowski, Christine (2006), Das Gewirr des Bösen – böses Gewirr. Semantische, strukturelle und symbolische Aspekte »des Bösen« in Zuspitzung auf Genderkonfigurationen, in: Kuhlmann, Helga/Schäfer-Bossert, Stefanie, Hg., Hat das Böse ein Geschlecht? Theologische und religionswissenschaftliche Verhältnisbestimmungen, Stuttgart, Kohlhammer, 12–30.

Johnston, Sarah Iles (1998), Hekate, in: Der Neue Pauly, Bd. 5, Stuttgart, Metzler, 267 ff.

Kirsner, Inge (2006), Der/die oder das Böse? Über geschlechtliche Rollenzuschreibungen des Bösen im Film, in: Kuhlmann, Helga/Schäfer-Bossert, Stefanie, Hg., Hat das Böse ein Geschlecht? Theologische und religionswissenschaftliche Verhältnisbestimmungen, Stuttgart, Kohlhammer, 43–55.

Klemens, Elke (2004), Dracula und »seine Töchter«. Die Vampirin als Symbol im Wandel der Zeit, Tübingen, Narr.

Kreuter, Peter M. (2001), Der Vampirglaube in Südosteuropa. Studien zu Genese, Bedeutung und Funktion. Rumänien und der Balkanraum, Berlin, Weidler.

Kuhlmann, Helga/Schäfer-Bossert, Stefanie, Hg. (2006), Hat das Böse ein Geschlecht? Theologische und religionswissenschaftliche Verhältnisbestimmungen, Stuttgart, Kohlhammer.

Long, Bruce J. (1987), Demons. An Overview, in: Encyclopedia of Religion 4, New York, MacMillan, 282–288.

Lundt, Bea (1991), Melusine und Merlin im Mittelalter, Entwürfe und Modelle weiblicher Existenz im Beziehungsdiskurs der Geschlechter, Ein Beitrag zur historischen Erzählforschung, München, Fink.

Pielow, Dorothee (^{2}2001), Lilith und ihre Schwestern. Zur Dämonie des Weiblichen, Düsseldorf, Grupello.

Plaskow, Judith (2005), The Coming of Lilith. Essays on Feminism, Judaism and Sexual Ethics, 1972–2003, Boston, Beacon Press.

Praz, Mario (^{4}1994), Liebe, Tod und Teufel. Die schwarze Romantik, München, dtv.

Rohkamm, Karen (2001), Moderne Versuche zur Interpretation des Hexenwahns. Psychologie des Hexenwahns und gezielte Ausschaltung störender Personen, in: Becker, Christoph/Riedl, Gerda/Voss, Peter V., Hexentribunal. Beiträge zu einem historischen Phänomen zwischen Recht und Religion, Augsburg, St. Ulrich Verlag, 360–375.

Ruthner, Clemens (2005), Untote Verzahnungen, Prolegomena zu einer Literaturgeschichte des Vampirismus, in: Bertschik, Julia/Tuczay, Christa Agnes, Hg., Poetische Wiedergänger. Deutschsprachige Vampirismus-Diskurse vom Mittelalter bis zur Gegenwart, Tübingen, Francke, 11–42.

Schweizer, Eduard (1976), Geister (Dämonen), Neues Testament, in: Reallexikon für Antike und Christentum 9, Stuttgart, Hiersemann, 688–700.

Söls, Claudia (2005), Nineteenth-Century Vampire Stories as Responses to Sexual Taboos, Graz, Diplomarbeit.

Spreitzer, Brigitte (1995), »Wie bist du vom Himmel gefallen«, Einschlagstellen des Diabolischen in der Literatur des späteren Mittelalters, Wien, Böhlau.

Vrugt-Lentz, Johanna (1976), Geister (Dämonen). Vorhellenistisches Griechenland, in: Reallexikon für Antike und Christentum, Bd. 9, Stuttgart, Hiersemann, 598–615.

Wallinger, Elisabeth (1994), Hekates Töchter. Hexen in der römischen Antike, Wien, Frauenverlag.

Filmographie

Der blaue Engel (Regie: Joseph von Sternberg, D 1930).

Near Dark (Regie: Kathryn Bigelow, D 1987).

Bram Stoker's Dracula (Regie: Francis Ford Coppola, USA 1992).

Underworld (Regie: Len Wiseman, USA 2003).

Maria Magdalena im Film und in den Evangelien[1]
Analyse einer Figur

Bridget Gilfillan Upton

1 Einleitung

In diesem Beitrag steht das Thema der Figurenanalyse im Rahmen eines narrativen Ansatzes im Mittelpunkt. Die aus diesem theoretischen Hintergrund gewonnenen Einblicke werden auf Darstellungen von Maria Magdalena in den Jesus Filmen THE PASSION OF CHRIST, THE LAST TEMPTATION OF CHRIST und JESUS CHRIST, SUPERSTAR angewandt. Im Zentrum steht die Frage, wie sich diese Darstellungen von Maria Magdalena aus den Evangelien entwickelt haben. Um den Rahmen dieses Beitrages nicht zu sprengen, werden nicht-kanonische Evangelien wie das *Evangelium nach Maria*, das *Evangelium nach Philippus* oder das *Thomasevangelium* nicht berücksichtigt. Seit geraumer Zeit ist das Interesse an Maria Magdalena gestiegen, nicht zuletzt wegen der großen Aufmerksamkeit, die das Werk *Da Vinci Code* von Dan Brown genossen hat; in diesem Aufsatz möchte ich mich jedoch auf die klassischen Jesus Filme konzentrieren, obwohl sich nicht alle davon direkt auf die Evangelien berufen oder von ihnen inspiriert wurden.

Diese Betrachtungen gehören aus zwei Gründen ins Themenfeld von Gender und Religion. Einerseits bilden die biblischen Studien die Grundlage für christlich theologische Überlegungen. Andererseits übte und übt die traditionelle Interpretation von Frauenfiguren einen fundamentalen Einfluss auf die Entwicklung des christlichen und westlichen Gedankenguts aus. Maria Magdalena ist in diesem Zusammenhang ganz besonders interessant, da sie oft als Sünderin und Prostituierte dargestellt wurde. Eine Betrachtung ihrer Figur im Film und in den kanonischen Evangelien gibt uns die Möglichkeit, einige der Deutungen zu beleuchten, die ihr einen hohen Stellenwert in der öffentlichen Meinungsbildung eingeräumt haben.

1 Herzlichen Dank an Josephine von Plettenberg für die Übersetzung des Aufsatzes vom Englischen ins Deutsche.

2 Theoretische Betrachtungen

Die narrativen Lesarten kamen in theologischen und biblischen Studien insbesondere in der englischsprachigen Welt erst um 1985 richtig zur Geltung. Die Forschung fokussierte die Tatsache, dass viele Texte in der Bibel Erzählungen sind, und dass die narratologischen Methoden, die damals gerade in der Literaturwissenschaft entwickelt wurden, gut eingesetzt werden konnten, um den Blick der historisch-kritischen Methode zu ergänzen. Einige Forschende gingen noch weiter und ersetzten die traditionellen Methodenschritte durch narrative Theorien oder daran anschließende leserorientierte und postmoderne Analyseansätze. Der narrative Ansatz hebt die detaillierte Betrachtung aller Textelemente hervor, einschließlich der Handlung, des Hintergrunds, der Zeit, der Erzählperspektive und, hier besonders zentral, der Figurenanalyse.

Im Folgenden werde ich zunächst die Rolle der Figurenbeschreibung im narrativen Ansatz vorstellen. Es ist zwar selbstverständlich, dass jede narrative Studie im Kern die Figurenanalyse fokussiert, aber da in jedem narratologischen Modell die Figurenbeschreibung immer anders umrissen wird, möchte ich hier einige klärende Anmerkungen zur Diskussion stellen. Beispielsweise arbeitet Mielke Bal mit einem strukturalistischen Modell, in dem zwischen den »Handelnden« (*actors*), der Fabula, dem »in eine Geschichte verarbeiteten Material oder Inhalt«, und »der von verschiedenen Figuren belebten Erzählung« unterschieden wird (Bal 1997, 5). Die Fabula umfasst eine abstraktere Reihenfolge als die tatsächliche Erzählung, und die Handelnden können fassbar oder nicht fassbar sein. Die Figuren sind hingegen meist Menschen oder wenigstens anthropomorphe Gestalten. So schreibt Mielke Bal: »On the level of story, characters differ from each other. In that sense they are individual. On the basis of the characteristics they have been allotted, they each function in a different way with respect to the reader. The latter gets to know them more or less than other characters, finds them more or less appealing, identifies more or less easily with them« (Bal 1997, 115). Darüber hinaus werden die Figuren aus Film, Roman, Gemälde oder Evangelium dem Rezipienten durch ihre Beziehungen zu anderen Charakteren der Erzählung verständlich. Dieser Aspekt ist von zentraler Bedeutung für die Rezeption von Maria Magdalena, denn ihre Beziehung zu Jesus charakterisiert sie auf dominante Weise durch die Tradition hindurch. Bereits in den verschiedenen Evangelientraditionen ist es gerade dieser Beziehungsaspekt, der Interesse weckt und Spannung entstehen lässt. Christologische Aspekte spielen demnach eine Rolle in dieser Untersuchung: In den kanonischen Evangelien erscheint Maria Magdalena immer wieder anders, je nachdem, wie das jeweilige Christusbild aussieht. Diese Variationsmöglichkeit tritt in den nicht-kanonischen Kompositionen noch stärker zum Vorschein.

Darüber hinaus vermerkt Bal, dass eine zufrieden stellende, kohärente Theorie der Figur (*character*) immer noch fehlt »probably precisely because of this human aspect. The character is not a human being, but it resembles one. It has no real psyche, personality, ideology or competence to act, but it does possess characteristics which make psychological and ideological descriptions possible. Character is intuitively the most crucial category of narrative, and also most subject to projection and fallacies« (Bal 1997, 115). Bal diskutiert die Grenzen der von E. M. Forster entwickelten und oft gebrauchten Unterscheidung zwischen »runden« (*round*) und »flachen« (*flat*) Figuren. Runde Figuren sind komplex und entwickeln sich im Laufe der Geschichte, während flache oder stereotypische konstant bleiben und niemanden überraschen können (Forster 1927, 316 f). Bal argumentiert, dass eine solche Unterscheidung auf psychologischen Kriterien basiere, und dass es wichtig wäre, die Untersuchung der Figur auf den Wortlaut des Textes einzugrenzen, wobei sie zugibt, dass es schwierig ist, eine solche Eingrenzung zu vollziehen (Bal 1997, 116 f). Bals Kritik ist zwar wertvoll im Umgang mit dem modernen oder postmodernen Roman. Für alte, populäre Texte, die der Oralität viel verdanken, kann aber die einfache fostersche Unterscheidung dennoch sehr nützlich sein. Bals Modell der Figurenbeschreibung wurde auf der theoretischen Ebene der Fabula ausgearbeitet und ist somit nicht direkt auf die konkreten Figuren einer Erzählung anwendbar. Trotzdem gibt Bal einige hilfreiche Hinweise bezüglich der Erzähllebene. Sie versucht einen Rahmen für die Charakterisierung von speziellen narrativen Figuren mit Bezug auf die außertextliche Situation zu umreißen. Wir werden im zweiten Teil dieses Beitrags sehen, wie dieser Rahmen funktioniert, indem wir die Figurenanalyse von Maria Magdalena in der Tradition zurückverfolgen.

Die Jesus Filme bezeugen auf deutliche Weise, wie die Traditionen um Maria Magdalena die Wahrnehmung ihrer Figur beeinflussen. Dies gilt sogar in Bezug auf die etwas kargen kanonischen Evangelien. Bal behauptet mit Recht, dass die Beschreibung einer Figur »always strongly coloured by the ideology of the critics, who are often unaware of their own ideological hang-ups« (118) ist. Das Wort *hang-up*, das etwa mit »Zusammenhang« übersetzt werden könnte, ist hier bedeutsam. Mir wäre der Begriff »Voraussetzung« zwar lieber, aber *hang-up* gibt einen treffenden Eindruck davon, wie eine Bedeutung vom Lesenden geschaffen werden kann, vielleicht im Sinne eines Vorgeschmacks künftiger poststrukturalistischer Lesungen. Bal schreibt: »Consequently, what is presented as a description is an implicit value judgment. And here the realistic tendency promoted by the anthropomorphism of characters can play nasty tricks. Characters are attacked or defended as if they were people that the critics like or dislike« (118). Der Hinweis darauf, dass ein großer Teil der Interpretationsarbeit von textexternen Faktoren beeinflusst ist, und dass die Textkritiker diesem Problem nicht ausweichen können, stellt den Gewinn von Bals Zugang dar. Bal diskutiert weiter die Handlungen der Figuren, die im Laufe der Narration voraussehbar sind, was ein zentrales Element vor allem für die Deutung von Erzählungen ist, die durch längere Zeiträume hindurch tradiert wurden.

Bals Ansatz zur Figurenanalyse ist nicht der einzig zur Verfügung stehende Zugang. Dessen Vorteil besteht jedoch darin, die fehlende Aufmerksamkeit für diesen Aspekt der Narratologie zu betonen, der im Vergleich zum Plot, zur Zeitebene oder zur Erzählperspektive immer stark vernachlässigt wurde. Seymour Chatman bietet in *Coming to Terms: The Rhetoric of Narrative in Fiction and Film* (1990) einen ganz anderen narrativen Ansatz, der an seinem früheren Werk *Story and Discourse: Narrative Structure in Fiction and Film* (1978) anschließt. Dies ist wahrscheinlich der am häufigsten zitierte theoretische Entwurf für die narrative Analyse von biblischen Texten und wurde von zahlreichen Exegeten als ein sehr kreativer Zugang rezipiert. Dieses Werk enthält ein Modell des impliziten Autors, des Erzählers, der Figuren, der Erzählung und der implizierten Adressaten.[2] Chatman's dynamisches Modell konzentriert sich weitgehend auf die Perspektive (*point of view*), die er in zwei Aspekte unterteilt: Das Konzept von »Tendenz« beschreibt die Perspektive des Erzählers (in den Evangelien ist diese oft mit dem implizierten Autor identisch), während sich der Terminus »Filter« auf die Perspektive der Figuren innerhalb der Erzählung bezieht. Dieses Schema ermöglicht dem Textkritiker, zwischen der Ideologie des Erzählers und den Worten oder Handlungen einer bestimmten Figur zu unterscheiden. In den Evangelien, wo Jesus immer im Zentrum der Geschichte steht, kann diese Unterscheidung nützlich sein, um die sekundären Figuren (oder solche, die wie Maria Magdalena häufig als unbedeutende Figuren bezeichnet werden) zu beschreiben.

In seinem aufschlussreichen Buch *Narrative Criticism of the New Testament: An Introduction* (2005) versucht James L. Resseguie, Fosters Unterscheidung zwischen »runden« und »flachen« Figuren anzuwenden und ergänzt sie mit einer weiteren Unterteilung in »dynamische« und »statische« Figurentypen: »A dynamic character undergoes a radical change throughout the course of a narrative, displaying new behaviors and changed outlooks. The change can be for better or worse, and may be large or small. But the change is not minor or insignificant; it is a basic and important change in the character... A static character, however, does not develop or change; he or she remains stable in outlook and disposition throughout the story« (125).[3]

Resseguie ergänzt die Diskussion durch die Ideen von Zeigen (*showing*) und Erzählen (*telling*) als narrative Techniken der Figurencharakterisierung. Im Zeigen »the author simply presents the characters talking and acting and leaves the reader to infer the motives and dispositions that lie behind what they say and do« (127).[4] Er fügt hinzu: »In *telling*... the narrator intervenes to comment directly on a character – singling out a trait for us to notice, or making an evaluation and his or her motives and disposition« (127). In diesem Fall bringt die Perspektive des Erzählers die Adressaten dazu, die Figur auf eine bestimmte Art zu interpretieren. Was Maria Magdalena angeht, deklariert nur Lukas[5] den Rezipienten deren genaue Identität: »Maria, genannt die aus Magdala, aus der sieben Dämonen ausgefahren waren«.[6] Diese Notiz ist dem Verfasser des vierten Evangeliums nicht bekannt. Dies beein-

---

2 Vgl. als Beispiel Culpepper (1983) und Struthers Malbon (1991), 23–49.

3 Resseguie zitiert diese Definition aus Arp (1998), 79 f.

4 Zitiert nach Abrams (2005), 33.

5 Die Diskussion um das längere Ende des *Mar-*

kusevangeliums sei hier beiseite gelassen, da dieser Text wahrscheinlich aus Lukas übernommen wurde.

6 *Lukasevangelium* 8,2 zitiert nach der Zürcher Bibelübersetzung (1982).

flusst die Art, wie die Adressaten die Figur verstehen. Dennoch wird eine Adressatengemeinschaft, die mit allen vier Evangelien vertraut ist – was für die meisten Leser zutrifft – die Texte wiederum anders deuten.

Diese Beobachtungen helfen, die verschiedenen Charakterisierungen der Figur von Maria Magdalena im Film und in den Evangelien nachzuvollziehen. Im Folgenden möchte ich einige Aspekte der Charakterisierung von Maria Magdalena in ausgewählten Filmen betrachten, bevor ich in einem retrospektiven Vorgehen einige dieser Elemente in der Evangelientradition zurückverfolge.

3   Maria Magdalena in ausgewählten Jesus Filmen

Im Folgenden werden drei bekannte Jesus Filme im Zentrum stehen, die ihre jeweilige Geschichte erzählen, indem sie unterschiedliche Elemente aus der Tradition übernehmen. Dabei wird besonders darauf geachtet, wie Maria Magdalena im betreffenden Film eingeführt wird. Im Rahmen dieses Aufsatzes sollen vor allem die Dialogteile fokussiert werden.

Ich habe THE PASSION OF THE CHRIST (Mel Gibson, 2004), THE LAST TEMPTATION OF CHRIST (Martin Scorsese, 1988) und JESUS CHRIST SUPERSTAR (Norman Jewison, 1973) aus folgenden Gründen ausgewählt: Erstens sind sie berühmte, sogar berüchtigte Beschwörungen des Lebens und noch mehr des Sterbens von Jesus von Nazareth, wobei sich THE PASSION OF THE CHRIST und JESUS CHRIST SUPERSTAR auf die Erzählung der Passion beschränken, was in gewissem Sinne auch bei THE LAST TEMPTATION OF CHRIST geschieht. Zweitens decken diese Filme eine Zeitspanne von über 30 Jahren ab und zeigen somit unterschiedliche Epochen des Films, der technischen Entwicklungen sowie der Möglichkeiten der visuellen »Intertextualität«. Drittens vertreten sie unterschiedliche Genres, von der theologischen Meditation von THE PASSION OF THE CHRIST über die Romanadaptation von THE LAST TEMPTATION OF CHRIST bis zur Rockoper von JESUS CHRIST SUPERSTAR.

3.1   THE PASSION OF THE CHRIST

Dieser Film, der eine unerwartete Aufmerksamkeit erhielt, konzentriert sich auf die letzten zwölf Stunden des Lebens Jesu. Durch den Gebrauch alter Sprachen (Aramäisch, Hebräisch und Latein, überraschenderweise kein Griechisch) sowie durch seinen Stil, die Kostüme und das Setting versucht der Film der Erzählung einen gewissen Wahrheitsanspruch zu verleihen. Der Film gründet nicht auf einem bestimmten Evangelium, sondern strebt eine Harmonisierung unterschiedlicher Evangelien an. Außerdem stützt er sich auf die Arbeit von Anna Katharina Emmerich,[7] sowie un-

---

7 Anna Katharina Emmerich (1774–1824) war Ordensschwester im Augustinerorden und eine deutsche Mystikerin, deren Werke postum dem Dichter Clemens Brentano in Auftrag gegeben wurden. Francis (2004), 324, schreibt, dass »(...) Gibson prefers Emmerich to Josephus, visionary imagining to historical scholarship«.

Abb. 1: THE PASSION OF THE CHRIST (Regie: Mel Gibson, USA 2004).

terschiedlichen liturgischen Traditionen vom Kreuzweg. Dieser Film richtet sich meines Erachtens an Insider. Jemand, der die Geschichte, zumindest in groben Zügen, nicht kennt, wird den Film vermutlich nicht verstehen. Die Erzählung stützt sich weitgehend auf Flashbacks, um das Wirken Jesu aus der Retrospektive zu verdeutlichen. Die Charakterisierung der Figur von Maria Magdalena, gespielt von Monica Bellucci, wird von solchen Techniken getragen. Sie erscheint früh zum ersten Mal im Film. Der Apostel, den Jesus liebte, wahrscheinlich Johannes (Hristo Jivkov), erzählt ihr und Maria, der Mutter Jesu (Maia Morgenstern), dass Jesus (Kames Caviezel) gefangen genommen wurde. Ohne solche Flashbacks wäre die Figur von Maria Magdalena flach und statisch: Sie wird stets als eine ergebene, immer anwesende Anhängerin während der schmerzlichen Prozession zum Kreuz und schließlich am Fuße des johannäischen Kreuzes gezeigt.

Das Trio der Marien, das dem *Johannesevangelium* entnommen ist, wirkt visuell sehr einheitlich. Es ist eine Dreiheit, welche die Aufmerksamkeit auf sich zieht. Nach der Geißelung vor Pilatus, als Pilatus Frau in einer vom *Matthäusevangelium* inspirierten Szene ihre Anteilnahme zeigt und den beiden Frauen ein Tuch anbietet, um das Blut Jesu aufzuwischen, wird in einem Flashback Maria Magdalenas Ergebenheit für ihren Herrn erklärt. Sie wird mit der Frau identifiziert, die in Johannes 8,1–11 als Ehebrecherin vorgestellt und durch Jesu Vergebung gerettet wird. In dieser Szene wird die Entwicklung der Figur Maria Magdalenas den Zuschauern explizit aufgezeigt. Die Ehebrecherin, in den Evangelien nie als Maria Magdalena identifiziert, ist befreit und wird zu einer der Dreien, die Jesu in völliger Ergebenheit im Leben und im Tod folgen. Hier wechselt der dominante Aspekt der Figur vom *Zeigen* zum *Erklären*: Indem der Regisseur die Aufmerksamkeit der Zuschauer auf dieses Hintergrundelement lenkt, sagt er etwas über die Figur aus, was in der Passionsgeschichte nicht vorkommt. Als fast alle anderen verschwunden sind, ist das Frauentrio immer noch da und bleibt bis zum bitteren Ende. Auffällig ist, dass Maria Magdalena, obwohl beim Tode Jesu gegenwärtig, sich zurückzieht, damit der Mutter-Sohn-Dialog aus Johannes 19,26–27 in den Mittelpunkt rücken kann. Wieder im Bild, um den toten Körper vom Kreuz zu nehmen, trägt Maria Magdalena Jesu Füße, während die Mutter und Johannes den Körper umfassen.

3.2 THE LAST TEMPTATION OF CHRIST

Dieser 1998 produzierte Film gehört zu einer ganz anderen Gattung als der vorangehende. Er gibt vor, eine Romanadaptation und keine direkte Verfilmung von der Jesustradition der Evangelien zu sein. Martin Scorsese deklariert gleich zu Beginn seine Absicht mit folgendem Zitat:

> The dual substance of Christ
> the yearning, so human,
> so superhuman,
> of man to attain God...
> has always been a deep inscrutable mystery to me.
> My principle (*sic*) anguish and source
> of all my joys and sorrows
> from my youth onward
> has been the incessant,
> merciless battle between
> the spirit and the flesh...
> and my soul is the arena
> where these two armies
> have clashed and met.

> Nikos Kazantzaki from the book *The Last Temptation and Christ*. This film is not based upon the Gospels but upon this fictional exploration of the eternal spiritual conflict.

Dieser Film basiert also explizit nicht auf den Evangelien, sondern auf einer fiktiven Erforschung eines »ewigen geistigen Konflikts«. Diese Aussage mag eine gewisse Unehrlichkeit ausdrücken, denn die meisten Leute, die den Film sehen, nehmen mit gutem Grund an, dass er seine Wurzeln in den Evangelien hat. Die Reaktion auf die

Abb. 2: THE LAST TEMPTATION OF CHRIST (Regie: Martin Scorsese, USA 1988).

Erstaufführung verstärkt diese Ansicht. Jesus (Willem Dafoe) wird als Zimmermann dargestellt, der Kreuze für die Römer baut und sie dann zum Platz der Hinrichtungen trägt. Er ringt mit großer Beunruhigung um seine Identität. Erst nach einer Besinnungsphase in der Wüste und einem Treffen mit Johannes dem Täufer akzeptiert Jesus in diesem Film seine Berufung zum freiwilligen Opfer. Die »letzte Versuchung« aus dem Titel bezieht sich auf einen letzten Wurf des Teufels, der Jesus dazu bringen will, vom Kreuz herabzusteigen, um ein gewöhnliches Familienleben zu führen. Obwohl diese Versuchung einen Großteil der Filmhandlung in Anspruch nimmt, bezieht sie sich in der Tat nur auf einige Sekunden, genauer auf die Spannung zwischen Jesu Aussage »Mein Gott, mein Gott, warum hast Du mich verlassen?« und dem Satz »Es ist vollbracht«. Dieser Film gibt Maria Magdalena (Barbara Herschey) eine größere Handlungsabfolge als die meisten anderen Filme. In der Phantasie am Kreuz – wenn es sich denn um eine Phantasie handelt – wird sie als Jesu Frau inszeniert.

Maria Magdalena erscheint zum ersten Mal am Anfang des Filmes, als sie den Zimmermann Jesus trifft und sieht, wie er, masochistisch mit einem Nietengürtel bekleidet, ein Kreuz für die Römer trägt. Der erste flüchtige Eindruck, den das Publikum von Maria Magdalena erhält, ist ein tätowierter Fuß mit Knöchelkette und Glocken (Abb. 2). Dann schwingt die Kamera zu ihrem Gesicht hinauf. Es ist zunächst hinter einem silbernen Schleier versteckt. Maria Magdalena enthüllt es, um Jesus ins Gesicht zu spucken. Ihre Charakterisierung als Prostituierte wird also ersichtlich, bevor die junge Frau überhaupt ein Wort spricht. Die Charakterisierung wird in der Erzählung *gezeigt*, während gleichzeitig die Aufmerksamkeit der Zuschauerin auf dieses Merkmal gelenkt und dem Publikum etwas Wichtiges *erzählt* wird. Zu diesem Zeitpunkt erscheint die Figur statisch, fixiert in ihrer Rolle als Prostituierte. Dieses Element wird durch eine weitere Szene verstärkt, in der Jesus mit anderen Männern auf Maria Magdalenas Dienste wartet. Er wartet bis zuletzt vor einem dünnen Vorhang, hinter dem die Handlung abläuft, um sie schließlich um Vergebung zu bitten, bevor er in die Wüste geht. Hier erfährt man von Maria, dass die Trennung von Jesus ihr das Herz gebrochen hat, und wird damit in die Vorgeschichte eingeführt. An dieser Stelle kann man anhand Forsters Zugang hervorheben, dass beide Gestalten bereits einen Entwicklungsprozess durchgemacht haben. Dieser wird den Zuschauern jedoch vorenthalten, was sie dazu bewegt, die Lücken der Erzählung selber auszufüllen.[8] Es folgt ein komplizierter Austausch. Beide Gestalten sind abwechselnd besänftigt und verärgert. Die Zuschauer erfahren, dass die beiden in ihrer Kindheit Freunde waren. Maria bittet Jesus schließlich zu bleiben und garantiert ihm den Schutz seiner Keuschheit. Jesus weist sie ab. Er geht in die Wüste und lässt die Prostituierte zurück. Maria ist hier durch viel weniger Passivität charakterisiert als in den anderen Filmen. Später im Verlauf der Geschichte wird sie,

---

8 Die Vorstellung des Lesenden und/oder der Adressaten, die narratologische Lücken füllt, wurde von Isler vorgeschlagen und sehr stark in narratologischen Untersuchungen von biblischen Texten rezipiert.

der Konvention dieser Art von Filmen folgend, mit der Ehebrecherin identifiziert, während die Männer, die sie steinigen wollen, unkonventionell von Zebedäus, dem Vater von Jakob und Johannes angeführt werden. Maria wird, nachdem ihr vergeben wurde, zur Anhängerin Jesu und erscheint wieder unter den Zuhörern in der stark verkürzten Szene der Bergpredigt. Schließlich ist sie ein zuerst abgelehnter, dann doch zugelassener Gast bei der Hochzeit von Kana, wo Jesus ganz beiläufig Wasser in Wein verwandelt. Maria begleitet Jesus auf seinem Weg nach Jerusalem, ohne dabei eine große Rolle zu spielen. Sie wohnt dann unter anderen mit Martha und Maria von Bethanien der Auferweckung des Lazarus bei, der kurz danach von Zeloten wieder getötet wird. Später erscheint sie nochmals als Gast beim letzten Abendmahl. Von ihrem Gesinnungswandel an, das heißt von dem Zeitpunkt an, als dem Zuschauer ihre Vergebung durch Jesu mitgeteilt wird, bis zum letzten Abendmahl finden keine nennenswerten Entwicklungen der Figur Maria Magdalenas mehr statt. Es ist anzunehmen, dass Maria eine treue Begleiterin ist. Sie tritt dabei in dieser Erzählung, die an manchen Stellen deutliche homoerotische Züge aufweist, viel weniger prominent auf als die Männer. Auf Golgatha führen Scorsese (und Kazantzakis) eine radikale Veränderung im Handlungsablauf aus, indem sie stark von der Evangeliengeschichte abweichen. Vor der Kreuzigung schauen sich Maria Magdalena und Jesus in die Augen. Ihre Gedanken treffen sich, die anschließende Traumsequenz der im Titel des Films erwähnten letzten Versuchung ist vorweggenommen. Die langatmige Traumsequenz, gespielt während Jesus am Kreuz hängt, zeigt ihn als eingespielten Ehemann. Er wird dabei von einem Schutzengel geführt, der auf unglaubwürdige Weise von einem hübschen kleinen Mädchen mit reinem englischem Akzent (eine Gestalt unmittelbar von einer viktorianischen Weihnachtskarte) gespielt wird. Aus der Perspektive von Maria Magdalena, die als Braut abseits steht, scheint alles besser zu werden. Doch dann stirbt sie plötzlich und glücklich lächelnd. Der Engel erklärt dem bestürzten Jesus, dass Gott sie zu sich genommen hat, als sie noch glücklich war, dass es »nur eine Frau auf der Welt gibt, eine Frau mit vielen Gesichtern. Eine fällt, eine andere lebt«. So getröstet, heiratet Jesus Maria von Bethanien, zieht mit ihr eine Familie groß und lebt ein langes Leben. Zum Zeitpunkt seines Todes wird die Geschichte wieder zur ursprünglichen Handlung zurückgeführt, und Jesus hängt wieder am Kreuz. Der Engel wird als Teufel entlarvt – weibliche Versionen des Teufels mit flüchtigen Blicken auf Schlangen und Äpfel sind in solchen Filmen allzu häufig – und die Kreuzigung wird vollzogen. Die letzte Versuchung ist überwunden. Maria Magdalena steht immer noch am Fuße des Kreuzes. Hier wird Marias Figur als eine dynamische gezeigt: Von der Kindheitsfreundin wird sie zur Prostituierten, zur Anhängerin und letztendlich zur Fantasiefrau.[9] Diese Maria Magdalena, die sowohl als Prostituierte als auch als Freundin emotional und

---

9 An dieser Stelle werden verschiedene Perspektiven in den Film eingebaut. Die dominierende Perspektive, die im Allgemeinen mit der Gottesvorstellung des Regisseurs identisch ist, wird durch diese satanischen Elemente gebrochen. Damit wird gerade dort eine seltsame Wirkung entfaltet, wo die Figur von Maria Magdalena am stärksten charakterisiert wird. Ich danke Sean Ryan für diese Beobachtung.

energisch ist, verblasst als Figur, sobald sie Jesus bis zum Tod folgt: Damit wird verdeutlicht, welch eine patriarchale Interpretation der Erzählung Scorsese gewählt hat. Dies wird filmisch durch Marias Knöchelglocken und die Schlange im Garten Gethsemane untermauert.[10]

3.3 JESUS CHRIST SUPERSTAR

Dieser 1973 von Norman Jewison gedrehte Film ist vielleicht der beliebteste unter den Jesus Filmen. Das Theaterstück im Film, das die dramatischen Bemühungen einer jungen Truppe in Jerusalem zeigt, ist eine Rockoper. Wie in THE LAST TEMPTATION OF CHRIST ist auch hier Judas (Carl Anderson), durch dessen Augen die Handlung aufgerollt wird, in Anlehnung an Foster die rundeste Figur. Die Handlung spielt in der letzten Woche vor Jesu Tod. Judas, der dominierenden Hauptgestalt des Films, sind die anderen Figuren untergeordnet; Maria Magdalena (Yvonne Elliman) ist hingegen die attraktivste und lebhafteste Figur, ihrer blassen Kleider zum Trotz. Wie üblich wird ihr Hintergrund als Prostituierte deutlich. Dennoch wird auch gezeigt, wie sie Jesu Kopf und Füße wäscht; ein Widerhall aus der Evangelientradition, wo unbekannte Frauen Jesus salben. Das Echo auf Frauen als Ehebrecherinnen wird auch klar ausgedrückt in Jesu Antwort »wenn deine Tafel rein ist, kannst du Steine werfen«. Später singt Maria »Schlaf und ich werde dich beruhigen und dich salben...«. Hier schließt ein Angriff durch Judas mit einem Hinweis auf die Verschwendung der kostbaren Salbe und auf die Geschehnisse an, die in Markus 14,3–9 erzählt werden. Die Figur von Maria Magdalena wird, sobald sie als Mitglied des inneren Kreises um Jesus anerkannt ist und ihrem früheren Leben abgeschworen hat, sehr statisch. Sie wird zur getreuen Anhängerin, geht mit Jesus nach Jerusalem, ist im Hof während des Gerichts, trifft Jesus nach dem Herodianischen Prozess und ist völlig verzweifelt am Kreuz. Indem sie mit Petrus, Judas oder mit Jesus selber singt, tritt sie als verbindende Gestalt auf. Maria wird den Zuschauern meistens *gezeigt*;

Abb. 3.: JESUS CHRIST SUPERSTAR (Regie: Norman Jewison, USA 1973).

10 Ich danke Suzanne Rees Glanister für die Gespräche über die symbolischen Aspekte dieses Films.

ihr Gesang hingegen *erzählt* den Zuschauern, was sie wissen müssen. Im Lied »I don't know how to love him (…)«, das sie alleine neben dem schlafenden Jesus aufführt, tritt ihre deutlichste Charakterisierung hervor: Der Regisseur *erzählt* etwas über sie, er ergründet Marias Gefühle für diesen enigmatischen Mann auf eine Art und Weise, die psychologisch viel deutlicher ist als in den anderen betrachteten Filmen. Das Konzept eines Theaterstückes im Film betont die beabsichtigte Künstlichkeit und trägt damit stark zur Figurencharakterisierung bei, nicht zuletzt, weil die Mitglieder des Stückes als Freunde vorgestellt werden, die im Film eine Rolle im Theater übernehmen. Dies führt zu einer Spannung, die bei konventionelleren Jesus Filmen fehlt. In der letzten Szene erreicht der Pathos den Höhepunkt: Alle Schauspieler steigen nacheinander und in gedrückter Stimmung wieder in den Bus ein, um Israel zu verlassen. Maria und Judas schließen sich den anderen als letzte an; nur Jesus ist nicht mehr dabei. Weit davon entfernt der Held des Stückes zu sein, taucht er einfach nicht mehr auf und lässt somit viele offene Fragen zurück.[11] Die attraktive, tröstende und treue Maria Magdalena ist in diesem Film der Zement, der die ganze Produktion zusammenhält.

Ein Blick auf die drei betrachteten Filme zeigt, wie stark der Einfluss der früheren auf die später gedrehten ist. Solche Intertextualität ist typisch im Film und trägt wesentlich zur filmischen Wirkung bei. Im Folgenden möchte ich die Aufmerksamkeit auf die Charakterisierung von Maria Magdalena in den kanonischen Evangelien lenken, um schließlich zu zeigen, wie stark die unterschiedlichen Filmversionen davon abhängig sind.

4   Maria Magdalena in den kanonischen Evangelien

Wie oben diskutiert, tendieren die besprochenen Filme dazu, das Material der verschiedenen Evangelien zu harmonisieren.[12] Harmonisierung ist nichts Neues, man kennt dieses Vorgehen bereits von Tatian im 2. Jahrhundert – und von jedem Krippenspiel, das je gespielt wurde. Die Evangelien porträtieren die Figuren jedoch innerhalb ihrer Erzählungen auf unterschiedliche Art und Weise, dies auch in Bezug auf Maria Magdalena.[13]

4.1   *Das Evangelium nach Lukas*

Ich beginne beim *Evangelium nach Lukas*, weil es Maria Magdalena als Figur im Kontext der Mission Jesu vorstellt und nicht erst in der Passions- und/oder der Auferstehungsgeschichte, wie dies in den anderen drei Evangelien der Fall ist. Der Auf-

---

11 Einen aufschlussreichen Beitrag dazu bietet Goodacre (1999).
12 Eine deutliche Ausnahme dazu stellt Pasolinis Il Vangelo secondo Matteo dar, ein Film, der klar Bezug auf das *Matthäusevangelium* nimmt.

13 Für nützliche Bemerkungen zu Maria Magdalena in den Evangelientraditionen vgl. de Boer (2005) und D'Angelo (1999).

tritt Maria Magdalenas in der kurzen Erzählung *Lukas* 8,1–3 ist zu einem guten Teil für die Charakterisierung der Figur in der Kunst, der Literatur und im Film verantwortlich: Sie wird nämlich eng mit der unmittelbar vorangehenden Geschichte der Sünderin verbunden, die Jesu Füße wäscht und sie mit ihren Haaren trocknet (Lk 7,36–50). Im Text selber findet sich kein Anhaltspunkt, um Maria mit dieser Sünderin-Gestalt zu identifizieren. Die Maria, die in Lk 8,1–3 vorkommt, scheint eine reiche Bürgerin zu sein, die zusammen mit Susanna, Johanna und anderen die Mission Jesu mit eigenen Mitteln unterstützt. Bemerkenswert in Lk 8,1–3 ist, dass Maria nicht nur wohlhabend ist, sondern auch als eine geheilte Frau vorgestellt wird. Sie wurde von sieben Dämonen befreit. Dies wird, wie schon oben erwähnt, den Lesern *gesagt* und nicht durch eine Handlung *gezeigt*. Maria verschwindet im weiteren Verlauf der Erzählung: Es ist aber aus der Logik der Erzählung anzunehmen, dass sie bei Jesu Einzug in Jerusalem und bei der Kreuzigung dabei sein musste und zu den Frauen am leeren Grab gehörte. Erst in Lk 24,10–11 wird sie wieder explizit erwähnt: »Maria aus Magdala und Johanna und Maria des Jakobus und die übrigen mit ihnen sagten dies zu den Aposteln. Und diese Worte kamen ihnen vor wie leeres Gerede, und sie glaubten ihnen nicht«.[14] Diese Charakterisierung Maria Magdalenas unterscheidet sich stark von jener in Lk 8,2, denn sie betont dieselben Eigenschaften, auf die man bereits in den Filmen stößt: Maria ist eine getreue Anhängerin bis zum Ende. Die Figur trägt Züge, die aus einer patriarchalen Sicht schwerlich anzuerkennen sind. Deswegen kommt Maria erst in einigen nicht-kanonischen Evangelien als aktive Lenkerin ihrer eigenen Sache zur Geltung.

Im *Lukasevangelium* weist die Figur von Maria eine gewisse Dynamik auf: Sie steigt von der niedrigen Stellung der von Dämonen Besessenen zur Gehilfin Jesu in seinem Missionsauftrag auf. Marias Präsenz mit Petrus im Hof während der Gerichtsszene, die in Jesus Christ Superstar eine bedeutende Rolle spielt, ist zwar nicht-kanonisch, würde aber gut zu ihrer Charakterisierung im *Lukasevangelium* passen, obwohl in diesem Werk keiner der Frauen Glauben geschenkt wird.

4.2   Die Evangelien nach Markus und Matthäus

Das *Markus*- und das *Matthäusevangelium*, ebenso wie das *Johannesevangelium*, führen Maria Magdalena erst gegen Ende des Passionsgeschehens in die Geschichte ein. Frauen waren dem Jesus des *Markusevangeliums* von Galiläa an gefolgt und hatten ihn umsorgt. Unter ihnen waren »Maria aus Magdala und Maria, die Mutter von Jacobus dem Jüngern und von Joses, und Salome« (Mk 15,40–41). Im *Matthäusevangelium* ist die Geschichte ähnlich, wenn auch mit einer anderen Besetzung: »Es sahen aber dort viele Frauen von ferne zu, die Jesus von Galiläa her gefolgt waren, um ihm zu dienen; und unter diesen waren Maria aus Magdala und Maria, die Mutter des Jacobus und Joses, und die Mutter der Söhne des Zebedäus« (Mt 27,55–56). In jedem Fall wird Maria Magdalena als erste in den Listen genannt, was

---

14 Übersetzung nach der Zürcher Bibel (1982).

andeuten könnte, dass der implizierte Autor den Lesern etwas über ihren Status in der Gruppe sagen möchte.[15] In Mk 15,47 taucht Maria wieder mit Maria, der Mutter des Jacobus, aber ohne Salome als Zeugin am Grab Jesu auf; alle drei Frauen erscheinen nach Mk 16,1–8 am leeren Grab, also in der Szene, die im *Markusevangelium* das Auferstehungsgeschehen dokumentiert. Wie die anderen Frauen ist auch Maria Magdalena von den Ereignissen ergriffen und gehorcht dem Gebot des jungen Mannes am Grab nicht, sondern sagt aus Furcht niemandem etwas (Mk 16,8).[16]

Hier haben wir eine Figur, die spät als treue Zeugin erscheint und dann doch nicht gehorcht, etwas, was früheren Leser zwar bekannt gewesen sein mag, aber ein Element der Unsicherheit in die Erzählung bringt. Man kann nicht sagen, dass Maria eine besonders runde oder dynamische Figur ist, dafür ist sie zu wenig zentral. Es findet sich hier aber eine Grundlage, auf der andere Erzählungen aufbauen können, eine solide Basis für andere Evangelisten (und später für Filmregisseure), um Maria Magdalena als jemanden zu behandeln, der – fast – bis zum Ende durchhält. Im *Matthäusevangelium*, wo das Ende nicht ganz so abrupt ist, bekommt Maria Magdalena eine etwas andere Rolle. Sie und die andere Maria sitzen gegenüber der Gruft, als Joseph von Arimathea Jesus ins Grab legt, und werden somit zu statischen Zeuginnen des Begräbnisses. Nach dem Sabbat kommen sie zum Grab zurück und erleben ein großes Erdbeben. Anschließend erscheint ein Engel des Herrn, der wie der Blitz leuchtet und ein Gewand, weiß wie Schnee, trägt. Diese beiden Frauen empfangen die Worte des Engels, einschließlich des Auftrages, den Jüngern das Erlebnis zu berichten. Begeistert, aber verängstigt laufen die Frauen weg, treffen den auferstandenen Jesus, beten ihn an und umfassen seine Füße. Jesus wiederholt die Botschaft des Engels. Damit ist die Szene für die Auftragsmission in Galiläa gesetzt, wo interessanterweise nur die elf männlichen Jünger mit dem Herrn anwesend sind.

Hier übernimmt Maria Magdalena also eine wichtige Funktion als Zeugin des Begräbnisses, der Erscheinung des Engels und der Auferstehung Jesu. Sogar in diesem kurzen Textabschnitt (Mt 28,1–10) kann man eine Entwicklung der Figur beobachten. Obwohl der Autor die Geschehnisse für sich reden lässt und wenig erzählerisch interveniert, bewegen sich die beiden Marias, die erst nur von weitem zuschauen, zum Mittelpunkt des Geschehens. Sie entwickeln sich zu unentbehrlichen Figuren für die weitere Erzählung. Anders als die demoralisierte Maria im *Markusevangelium* sehen wir hier eine Frau, die eine grundlegende Leitungsfunktion in der Erzählung innehat.

---

15 Oft wird angenommen, dass Maria, die Mutter von Jacobus und Josef (oder Joseph) die Mutter Jesu ist, aber hier bekommt sie keinen speziellen Status in der Gruppe.

16 Ich gehe davon aus, dass eine frühere Form des *Markusevangeliums* mit 16,8 endete. Der Schluss in 16,9–20, wo Maria Magdalena die erste Auferstehungszeugin ist, der jedoch nicht geglaubt wird, ist sekundär und vom Lukas- und vielleicht auch vom *Johannesevangelium* abhängig.

4.3   Das Evangelium nach Johannes

Im vierten Evangelium treffen wir Maria Magdalena namentlich erst ganz spät, am Fuße des Kreuzes. Aus der Perspektive der Rezeptionsgeschichte übt diese Figur am meisten Einfluss aus, nicht zuletzt auf die Darstellung der Maria Magdalena in der Kunst und im Film. Dieser starke Einfluss gründet auf zwei Elementen. Einerseits wird Maria Magdalena zusammen mit der Mutter Jesu (im *Johannesevangelium* nie mit dem Eigennamen genannt), Maria, sowie der Frau von Clopas und dem Jünger, den Jesus liebte, in dem Schlüsselmoment erwähnt, wo Jesus sie alle vom Kreuz aus anspricht. Diese Gruppe von Getreuen am Kreuz wurde in den visuellen Künsten ausgesprochen stark rezipiert. Andererseits wird die Figur von Maria Magdalena in vielen Kunstwerken mit früheren Szenen des *Johannesevangelium* verbunden und wirksam umgesetzt. Die Frau, die des Ehebruches angeklagt wird, kommt aus dem Sekundärmaterial von Joh 8,1–11, wahrscheinlich beeinflusst von Elementen aus Lk 7–8; auch Maria von Bethanien, die Schwester des Lazarus, die die Füße Jesu in Joh 12,1–8 salbt, wird hier oft ins Spiel gebracht.[17] Durch die Harmonisierung verschiedener Linien, die im *Johannesevangelium* vorkommen, wird die Tendenz zur Verwechslung der Marien in der sich entfaltenden Tradition verstärkt. Die Charakterisierung der Figur von Maria Magdalena im Evangelium selber ist erst nach der Auferstehung bedeutsam. Sie ist zunächst eine schweigende Zeugin am Kreuz, vom sterbenden Jesus nicht direkt angesprochen. Erst im Garten kommt sie richtig zur Geltung, wo sie den auferstandenen Herrn für einen Gärtner hält (Joh 20,11–18). Vor dem Grab stehend und weinend, hört sie die Worte der zwei Engel. Sie ist allein, als der auferstandene Jesus sie als erste anspricht: »Frau, warum weinst Du?« (20,13). Maria, treu bis zum Ende, berichtet den Jüngern, dass sie den Herrn gesehen hat, und verlässt damit die Geschichte. Diese Maria, wie die anderen Marien von Magdala, die wir in der kanonischen Evangelientradition treffen, ist weder Sünderin noch Prostituierte. Da sie vor 19,20 nicht erwähnt wird, ist es schwierig eine Entwicklung dieser Figur fest zu machen. In Joh 20 tritt sie plötzlich in den Vordergrund als sozusagen starke schwache Figur, die dem Leser *gezeigt* und nicht *erzählt* wird. Trotzdem übernimmt sie dann eine Rolle, die für die Handlung absolut notwendig ist. So sprengt hier Maria Magdalena das fostersche Schema der runden oder dynamischen Figuren. Eigentlich sind es die anderen Figuren im Evangelium, die retrospektiv mit ihr identifiziert wurden, die soviel zur starken Charakterisierung von Maria in Kunst und Film beigetragen haben.

---

17 Es ist interessant zu beobachten, dass in der Texttradition von f[13] Joh 8,1–11 nach Lk 21,38 vorliegt, während 1333^s diesen Text am Ende des *Lukasevangeliums* bringt.

5 Schlussfolgerung

Wie man aus der Analyse der Gestalt von Maria Magdalena im Film und in den kanonischen Evangelien sehen kann, hängt die Figurencharakterisierung häufig mehr von den korrelierten Geschichten als von der unmittelbaren Magdalena-Tradition ab. Maria wird in den kanonischen Evangelien durchwegs als durchschnittliche, manchmal als geheilte Frau dargestellt. Erst im Laufe der Interpretationsgeschichte wurde sie als Sünderin und Prostituierte charakterisiert. Dies geschah in einem so hohen Masse, dass diese Verbindung und ihr Einfluss auf die Wahrnehmung und Behandlung von Frauen allgemein nicht ignoriert werden kann. Die Charakterisierung von Maria Magdalena in der Tradition kann als Beispiel dafür gelesen werden, wie in westlichen patriarchalen Systemen so genannte »gefallene« Frauen betrachtet wurden.[18] Die negative Besetzung der Figur von Maria Magdalena ist nicht ein Produkt der Evangelien, sondern ihrer Rezeptionsgeschichte im Rahmen eines patriarchalen Systems, das Frauen wegen ihres Geschlechts direkt beschuldigt und ihnen als Alternativen nur die Perfektion oder das Dasein als Sünderin – die Jungfrau oder die Hure – nahe legt. Diese Diskurse werden im Rahmen von religiösen Machtstrukturen mythologisch untermauert.

Bibelübersetzung

Die heilige Schrift des Alten und Neuen Testaments, Zürich, Verlag der Zürcher Bibel, [18]1982 (1942).

Weitere Literatur

Abrams, Meyer Howard ([8]2005), A Glossary of Literary Terms, Boston (MA), Thomson Wadsworth.

Arp, Thomas R. ([9]1998), Perrine's Story and Structure, Fort Worth, Harcourt Brace Publishers.

Bal, Mieke (1997), Narratology: Introduction to the Theory of Narrative, Toronto, University of Toronto Press.

de Boer, Esther (2005), The Gospel of Mary: Listening to the Beloved Disciple, London/New York, T&T Clark.

Brown, Dan (2004), The Da Vinci Code, New York, Doubleday Publishing.

Capel Anderson, Janice/Moore, Stephen D., Hg. (1991), Mark and Method: New Approaches in Biblical Studies, Minneapolis, Fortress Press.

Chatman, Seymour (1978), Story and Discourse: Narrative Structure in Fiction and Film, Ithaca (NY), Cornell University Press.

---

18 Dieser Blickwinkel auf Frauen wird beispielsweise in einem Film wie THE MAGDALENE SISTERS kritisch thematisiert.

– (1990), Coming to Terms: The Rhetoric of Narrative in Fiction and Film, Ithaca (NY), Cornell University Press.

Christianson, Eric S./Francis, Peter/Telford, William R., Hg. (2005), Cinéma Divinité: Religion, Theology and Bible in Film, London, SCM Press.

Culpepper, Richard Alan (1983), The Anatomy of the Fourth Gospel: A Study in Literary Design, Philadelphia, Fortress Press.

D'Angelo, Mary Rose (1999), Reconstructing »Real« Women from Gospel Literature: The Case of Mary Magdalene, in: Kraemer, Ross Shepard/D'Angelo, Mary Rose, Women and Christian Origins, New York, Oxford University Press, 105–128.

Emmerich, Anna Katharina (1923), The Dolorous Passion of Our Lord Jesus Christ, London, Burns, Oates and Washbourne.

Forster, Edward Morgan (1927), Aspects of the Novel, New York, Harcourt Brace Publishers.

Francis, Peter (2005), Table Talk: Reflections on The Passion of the Christ (Mel Gibson 2004), in: Christianson, Eric S./Francis, Peter/Telford, William R., Hg., Cinéma Divinité: Religion, Theology and Bible in Film, London, SCM Press, 310–330.

Goodacre, Mark (1999), »Do you think you're what they say you are?«, Reflections on Jesus Christ Superstar, Journal of Religion and Film 3 (http://www.unomaha.edu/jrf/jesuscss2.htm)

Iser, Wolfgang (1978), The Act of Reading: A Theory of Aesthetic Response, Baltimore, Johns Hopkins University Press.

Resseguie, James L. (2005), Narrative Criticism of the New Testament: An Introduction, Grand Rapids (MI), Baker Academic.

Struthers Malbon, Elizabeth (1991), Narrative Criticism: How Does the Story Mean?, in: Capel Anderson, Janice/Moore, Stephen D. (Hg.), Mark and Method: New Approaches in Biblical Studies, Minneapolis, Fortress Press, 23–49.

Filmographie

IL VANGELO SECONDO MATTEO (Regie: Pier Paolo Pasolini, I 1964).

JESUS CHRIST SUPERSTAR (Regie: Norman Jewison, USA 1973).

THE LAST TEMPTATION OF CHRIST (Regie: Martin Scorsese, USA 1988).

THE MAGDALENE SISTERSRegie: Peter Mullen, GB/Irland 2002).

THE PASSION OF THE CHRIST (Regie: Mel Gibson, USA 2004).

Teil IV

Gender und Medien der religiösen Kommunikation

Einleitung[1]

Ann Jeffers

Die Frage nach der religiösen Kommunikation ist verbunden mit dem Problem der Repräsentation, bzw. mit der Erforschung der Mimesis. Eine solche Frage ist beispielsweise die nach der Beziehung zwischen künstlerischen Bildern und der Realität. Wie jene Relation verstanden wird, bestimmt unser Denken über Kunst, Literatur und Repräsentation. Diese Diskussion ist nicht neu. Sie begann mit Platon und Aristoteles und dauert – man denke an Judith Butler – bis heute an. Es finden sich zwei grundlegende Weisen, wie Mimesis ausgedrückt wird: Zum einen kann man, Platon folgend, sich vorstellen, dass Kunst die Welt so widerspiegelt, wie sie ist, dass Kunst also eine exakte Kopie einer objektiven und materiellen Realität ist. Andererseits kann man, wie schon Aristoteles das tut, Kunst bestimmen als »a self-contained ›heterocosm‹ that simulates a familiar world, and in effect copies our ways of knowing and understanding things« (Halliwell in Potolsky 2006, 3).

Die Annahmen, die diesen beiden Konzepten zugrunde liegen, zeugen von zwei verschiedenen Weltsichten: Die eine versteht die Welt als eine objektive Realität, während die andere davon ausgeht, dass Realität ein Produkt der Interaktion zwischen einem Subjekt und der Welt ist. In einer wechselseitigen Dynamik kreieren Menschen die Welt und werden gleichzeitig durch diese verändert: Repräsentation ist also verbunden mit der jeweiligen Kultur und dem Glaubenssystem. Diese Weltsicht prägt die unterschiedlichen Methodologien, die für die Analyse religiöser Kommunikation unentbehrlich sind. Der erste Artikel *Religion, Repräsentation und Geschlecht* von Susanne Lanwerd stützt diesen theoretischen Rahmen.

Lanwerd bringt eine Übersicht über mehrere Untersuchungen zum Thema Repräsentation. Die vorgestellten Methodologien reichen von religiösen wissenschaftlichen Methoden (Tillichs und Biezais) zu solchen der vergleichenden Religionswissenschaft und Werken von Cassirer und Geertz, mit zwangsläufig unterschiedlichen Schlussfolgerungen über die Bedeutung von Repräsentation und die Funktion von Symbolen. In einem weiteren Schritt gilt es, Repräsentation als ein kulturelles System zu betrachten. Religion wird als ein komplexes System aus symbolischer Interpretation und Kommunikation gesehen, das den ganzen menschlichen Erfahrungsraum umschließt: vom Reich der Sinneswahrnehmungen (sehen, fühlen etc.) zur

1 Die Übersetzung aus dem Englischen stammt von Fabian Perlini, dem ich herzlich dafür danke. Außerdem danke ich Jonathan Norton für seine Hilfe beim Verfassen des vorliegenden Beitrags.

räumlichen Orientierung und Bewegung. Lanwerd geht außerdem auf die westliche Kunst- und Kulturwissenschaft ein, für die Sehen und Blicken sozial determinierte Handlungen sind. Der weibliche Körper wird darin sowohl metaphorisch als auch allegorisch verwendet. Kunst wird als eine Repräsentation gesellschaftlicher Ideale in religiösen und nationalen Kontexten gesehen. Dies macht Lanwerd anhand von Beispielen vom Gebrauch der Pietà deutlich. Diese Beispiele zeigen, dass Repräsentation keine Darstellung absoluter Realitäten, sondern immer ein Teil einer sozialen, religiösen oder kulturellen Konstruktion ist.

Ein anderes Hauptinteresse von Gender-Analysen als kommunikative Symbolsysteme ist es, auf den Kontrast zwischen dem Leben der Frauen, das in den »privaten« Sphären des Hauses und der Familie angesiedelt ist, und dem Leben der Männer, das sich in den »öffentlichen« Sphären der Arbeit und der politischen Aktivität zeigt, aufmerksam zu machen. Die Wechselbeziehungen zwischen diesen Domänen und den unterschiedlichen alltäglichen Verhaltensweisen, Erlebnissen und Möglichkeiten von Frauen und Männern, bilden einen wesentlichen Bestandteil dieses Forschungsgebietes. Untersuchungen fokussieren Probleme der Macht, die gesellschaftliche Stellung oder das Verhalten von Männern und Frauen. Es wird danach gefragt, wie eine solche Situation entsteht und wie die gegenwärtigen Verhältnisse zu verstehen und zu ändern sind.

Von den zwei wichtigsten Ansätzen, die sich mit Gender-Fragen auseinandersetzen, zieht der eine patriarchale Modelle heran. Der andere setzt Gender dagegen in einen größeren Rahmen von sozialen Beziehungen, die in der Gesellschaft existieren. Darin eingeschlossen sind andere Faktoren wie gesellschaftliche Schicht, Ethnie, Religion oder Geografie. Daraus entsteht ein subtiles und komplexes Bild der Gesellschaft, das einen Einfluss darauf hat, wie die Rollen der Frauen dargestellt werden. Es ist dieser multidisziplinäre Ansatz, der in diesem Teil des Buches verwendet wird.

Ein Beispiel dafür ist der Artikel von Anne Bielman Sánchez mit dem Titel *Den Priester benennen, die Priesterin zeigen*. Aufgrund des öffentlichen Charakters von Grabstelen bietet uns ihre Arbeit einen interessanten Einblick in damalige Normen. Die Studie fokussiert Stelen vom 4. Jh. v. u. Z. bis zum 2. Jh. u. Z., im Blick sind sowohl Epitaphe als auch Basreliefs. Bielman untersucht die Unterschiede, wie diese Monumente Priester und Priesterinnen und ihre entsprechenden religiösen Handlungen darstellen. Es werden eine Anzahl wichtiger priesterlicher Motive und ihre Bedeutung für unser Verständnis von Vorstellungen über priesterliche Aufgaben für Männer und Frauen diskutiert. Die Unterschiede in der Darstellung von Priestern und Priesterinnen auf diesen Denkmälern liefern uns Informationen über die sozialen Dimensionen der Aufgaben von Priesterinnen im Gegensatz zu denen von Priestern. Sie geben aber auch Auskunft über die Vorstellungen von der Beziehung der Priesterinnen zu ihren jeweiligen Gottheiten und zu den beabsichtigten Betrachtern der Epitaphe und Basreliefs. Da sowohl Männer als auch Frauen einen wichtigen religiösen Status innehatten, stellt sich die Frage, inwiefern ihre Funktionen ähnlich waren, ob sie das gleiche Ansehen genossen, ob der Status der Frauen anders dargestellt wurde, und wenn ja, warum. Die Beziehung zwischen Text und Bild zeigt, dass diese beiden Medien sich gegenseitig ergänzen und ein abgerundetes Bild sowohl des öffentlichen, als auch des privaten Lebens der Frauen geben.

Die Vermutung, die hinter solchen Ansichten liegt, ist die einer Dichotomie zwischen der Welt/dem Körper von Frauen und der Welt/dem Körper von Männern. Die damit verbundenen Implikationen sind weitreichend. Diesen Sichtweisen liegen nämlich zwei gänzlich verschiedene Weltbilder zu Grunde. Aus ihnen lassen sich die ideologische Kontrolle von so wichtigen Aspekten wie Verhalten, moralischen Werten, Theologie, Kleidervorschriften, wie man sich bewegen soll etc. begründen. *»Mehr verschandelt als verwandelt«* von Anna-Katharina Höpflinger reflektiert über »Kleidung«, »Geschlecht« und »Religion« als konstruierte und wandelbare Vorstellungen. In Gesellschaften, in denen öffentliche Nacktheit verboten ist, konstituiert Kleidung eines von mehreren physischen Geschlechtscharakteristiken. Kleidung bestimmt Geschlechterunterschiede oder verwischt sie und formt physische Geschlechterideale. Bekleidung kann zusammen mit Sprache, Bild, Handlung, Musik und sinnlichen Bestandteilen als eines der Medien religiöser Symbolsysteme betrachtet werden. Zwei Beispiele werden aufgeführt: Die Priester der Dea Syria in Apuleius *Metamorphosen* (2. Jh. u. Z.) verletzten durch ihre Kleidung absichtlich Geschlechtergrenzen, um ihren speziellen Status hervorzuheben. Im Prozess gegen Jeanne d'Arc wird der Angeklagten dagegen vorgeworfen, dass sie ihr kriegerisches männliches Verhalten mit dem Anspruch auf göttliche Befürwortung rechtfertige. Mehrere Anklagepunkte behandeln ihre männliche Kleidung und Haartracht als öffentliche Perversion von Geschlechtergrenzen. Diese Beispiele zeigen, dass Kleidung und Geschlechtervorstellungen nicht voneinander getrennt werden können. Kleidung kann entweder eine gewünschte soziale Zweideutigkeit anzeigen (die selbst ernannten »weibischen« Priester) oder eine Warnung vor Geschlechterstörung sein (Jeanne). Die Studie zeigt, dass Kleidung mit anderen religiösen Medien interagiert und nicht unabhängig davon untersucht werden sollte.

Eine andere Möglichkeit der Vermittlung zwischen Gender und religiösem Symbolsystem geschieht durch räumliche Kategorien: Alle Gesellschaften bedienen sich räumlicher Vorstellungen, die oft den ganzen Kosmos widerspiegeln und mit moralischen, sozialen und hierarchischen Weltbildern korrespondieren. Damit wird ein komplexes soziales Abbild kreiert. Raum wird von Geschlechtervorstellungen durchdrungen. Wenn dieser Raum von Frauen bewohnt wird, wird er von patriarchalen Kräften kontrolliert und manipuliert, die dem anderen Geschlecht unvorteilhafte hierarchische Positionen zuschreiben. So bestimmt der Raum die Menschen, die wiederum den Raum definieren. Die Dialektik dieser komplexen Beziehung hat einen großen Einfluss auf die Rollen der Frauen in religiösen Symbolsystemen. Ann Jeffers zieht in ihrem Aufsatz *Kosmologie und geschlechtsspezifische Weltbilder* Darstellungen und Vorstellungen antiker Kosmologien und Kosmographien heran und untersucht die Beziehung zwischen Vorstellungen von Kosmos und Gender. Es wird dargelegt, wie die jüdische Wahrnehmung von Frauen- und Geschlechtskonstruktionen durch sich konkurrierende Kosmologien während der persischen und der hellenistischen Zeit erheblich beeinflusst wurde. In ihrem Artikel wird Raum neu als

Kommunikationsmittel von Gender in religiösen Symbolsystemen bestimmt. Die Untersuchung geht den Fragen nach, wer Raum definiert und konstruiert, wer ihn und das religiöse Symbolsystem kontrolliert, wo, im komplexen Wechselspiel zwischen privater und öffentlicher Sphäre die himmlischen Erfahrungen der Frauen zu verorten sind, und wie innerhalb dem von religiösen Symbolsystemen entworfenen Raum Geschlecht festgelegt wird.

In neuerer Zeit werden das Private und das Öffentliche voneinander unterschieden. Diese moderne Trennung ist eine Verdeutlichung dessen, was in aller Stille schon immer so war. Die moderne Beziehung zwischen privat und öffentlich führte zu der Teilung ehemals stillschweigend als Einheit deklarierter Größen in gegensätzliche und voneinander unabhängige Teile. Nicht nur öffentlich und privat wurden getrennt, sondern auch institutionelle und individuelle Religion. Es ist wichtig daran zu erinnern, dass die Vorstellungen von privat und öffentlich als universell entgegengesetzte Kategorien mit den Geschlechtskategorien von männlich und weiblich gekoppelt sind. Ein beträchtlicher Teil dieser feministischen Debatte basiert auf marxistischen Theorien, die den Ursprung von Eigentum und Familie betreffen (Ardener 1993, 88). Frauen, so argumentieren Feministinnen, sind sowohl im sozialen als auch im ökonomischen Bereich fast gänzlich auf die private Sphäre eingeschränkt. Obwohl diese Unterscheidung nützlich ist, um den jeweiligen Status von Männern und Frauen in verschiedenen Kulturen und zu unterschiedlichen Zeiten zu erforschen, sind hier zwei Bemerkungen wichtig: Erstens haben wir es dabei weder mit einem einfachen noch mit einem homogenen Muster zu tun (Ardener 1993, 87). Die Unterscheidung zwischen privat und öffentlich ist keine einfache Dichotomie: Private Dinge, wie die Sexualität zum Beispiel, können in Wirklichkeit sehr öffentlich sein, worauf Foucault bekanntermaßen hinwies. Auch die Art, wie wir uns kleiden, ist eine öffentliche Angelegenheit. Wie die bisherigen Artikel gezeigt haben, herrscht eine große Mehrdeutigkeit zwischen den Vorstellungen von privat und öffentlich, und es gibt diesbezüglich auch große kulturelle Unterschiede.

Zu der Dichotomie von privat und öffentlich müssen wir die von Körper und Geist, von Gefühl und Verstand hinzufügen, die häufig auf Frauen und Männer in religiösen Symbolsystemen übertragen wird. An diesem Status quo rüttelt Valeria Ferrari Schiefer in ihrem Aufsatz *Repräsentation des Weiblichen*. In jüdisch-christlichen Symbolsystemen sind es Männer, die dominante theologische Konzeptionen erschaffen und propagieren. Deshalb bedarf die Entdeckung und Anerkennung eigener theologischer Konzeptionen von Frauen besonders guter Kenntnisse des sozialen, kulturellen, theologischen und philosophischen Umfeldes, auf das sich diese Entwürfe beziehen. Die westliche theologische Anthropologie hat den Männern traditionellerweise einen besseren Verstand und eine höhere Spiritualität zugesprochen, während der weibliche Körper verachtet wurde und Frauen für physisch, spirituell und moralisch unterlegen galten. Etablierte männliche göttliche Archetypen wurden als universell betrachtet; weibliche Archetypen, wenn anerkannt, als unterdrückend. Die traditionelle Lesart von Genesis, worin »der Mann« als Träger des göttlichen Bildnisses erschaffen wird, erlaubt den Männern die Teilhabe am göttlichen Archetypus. Umgekehrt macht die Einzigartigkeit Marias Frauen unfähig dazu, das weibliche Bild der Gottesmutter zu teilen. Die Schriften von Domenica da Paradiso und Lucrezia Marinella entsprangen einer Widerstandsbewegung gegen theologische Frauenfeindlichkeit in Europa zwischen dem fünfzehnten und dem achtzehnten Jahrhundert. Von unterschiedlichen sozialen und bildungsständischen Hintergründen her beschreibt jede der Frauen ihre eigene Situation. Beide benützen die Schönheit der Frau als Mittel, um dem weiblichen Körper (der in den damaligen frauenfeindlichen Schriften diskreditiert wurde) göttliche Gunst zuzusichern. Die eine stellt den Mutterleib als Wirkstätte des Heiligen und die Frau als Mitwirkerin der Menschwerdung dar. Die andere beschreibt die Frau platonisch als die göttliche Schönheit, die sich sowohl in ihrer Weisheit als auch in ihrer Güte widerspiegelt. Beide bedienen sich etablierter Vorstellungen, um die spirituelle und moralische Integrität der Frauen ihrer Zeit wieder herzustellen.

Wie bereits erwähnt, stellt Ideologie ein weiteres Hauptkonzept für das Verständnis von Gender in religiösen Symbol- und Kommunikationssystemen dar. Von der klassisch marxistischen Position aus wird Ideologie als »illusorische oder falsche Darstellung der Welt« verstanden, während sie später Althusser als »imaginierte Beziehung zwischen Individuen und ihren realen Existenzbedingungen« definiert (zitiert in Potolsky 2006, 128). Potolsky sagt weiter »ideology constitutes us socially and politically, inculcates the underlying presuppositions about selfhood and identity with which we habitually operate« (Potolsky 2006, 128). Dies erinnert an Simone de Beauvoirs berühmte Formel, dass man nicht als Frau geboren, sondern dazu gemacht wird (Potolsky 2006, 128), und illustriert die Problematiken hinter der Geschlechterkonstruktion. Die Vorstellung von Ideologie als Kommunikationsmittel religiöser Symbolsysteme liegt allen Artikeln zugrunde. Demonstrieren werde ich diesen Gedanken anhand der Artikel von Séverine Desponds und Rafael Walthert.

Séverine Desponds Artikel (*Eugenik und die Konstruktion der weiblichen Übernatur*) fokussiert die Dynamiken der Legitimation von weiblicher religiöser Autorität in der nachchristlichen Gesellschaft. Untersucht wird die Verwendung eugenischer Theorien bei der »Übernaturalisierung« des weiblichen Körpers. Eine Diskussion über Eugenik bietet sich an, um ein Verständnis von ideologischer religiöser Kommunikation zu erlangen, die bekanntermaßen vom Darwinismus und seiner Evolutionstheorie – und vom Kolonialismus – geformt wurde. In einer Fallstudie wendet sich Desponds der Mazdaznan-Bewegung in den 1940er Jahren zu. Sie zeigt, wie sich die führenden Vertreter besonders mit der Konstruktion von Geschlecht befasst haben. Die Eugenik trug zu einer Aufwertung und zu einer ideologischen Konstruktion von weiblicher religiöser Autorität bei, indem Frauen Mütter wurden und damit zur »Verbesserung der Rasse« beitrugen. Paradox ist, dass diese positive religiöse Rolle der Frau auf einer widersprüchlichen Neudefinierung der hierarchischen sozialen Struktur basiert und sich in komplexen »emanzipatorisch-konservativen« Mustern bewegt. Frauen werden mit einem übernatürlichen Prinzip identifiziert, der Mutter Natur, was zu einer Umkehrung der gesellschaftlichen Werte führt. Diese symbolische Neudefinierung der weiblichen Natur geschieht aber wieder über eine relativ »traditionelle Rolle« als Mütter einer neuen, besseren Rasse.

Ein anderes Beispiel für die Rolle der Ideologie wird in *Religion, Geschlecht und Religionsunterricht* von Rafael Walthert illustriert. Walthert beginnt mit der Feststellung, dass die meisten empirisch soziologischen Untersuchungen über das Verhältnis von Religiosität und Geschlecht feststellen, dass Frauen »religiöser« sind als Männer. »Gender« wird von verschiedenen Gesellschaften ausgesprochen unterschiedlich wahrgenommen. Über die Begriffe »Sex« und »Gender« kann nicht einfach gesagt werden, dass sie sich jeweils auf eine »biologische Tatsache« oder auf eine »soziale Konstruktion« beziehen. Gender ist eine Eigenschaft einer Person und wird als »Rolle« wahrgenommen, die diese Person durch ihr Handeln in gegebenen Kontexten interpretiert. Studien versuchen empirische Objekte von Religiosität zu ermitteln. Die Grenzen der fraglichen »Religion« festzulegen und vom signifikanten Verhalten von Subjekten mit Bezug zu dieser Religion abzugrenzen, sind problematische Angelegenheiten. Die »Structural Location Theory« erklärt auf der Grundlage von Faktoren wie sozialem oder beruflichem Status, warum Frauen in Untersuchungen religiöser erscheinen als Männer. Waltherts Studie konzentriert sich auf christliche Religiosität und fokussiert im Kanton Zürich, Schweiz, arbeitende, männliche und weibliche Mittelschullehrer. Die sozialen Strukturen der Subjekte sind deshalb bezüglich Einkommen und Status generell vergleichbar. Die Studie stellt fest, dass weder »Sex« einen Einfluss auf die persönliche Religiosität hat noch geschlechtsspezifische Rollenerwartungen den Religionsunterricht beeinflussen.

Aus den oben behandelten Artikeln geht hervor, dass das Konzept von Geschlecht komplexer und weniger »natürlich« ist als angenommen. Die neusten Diskussionen über Geschlecht als ein Kommunikationsmittel können als eine »compulsory performance« gesehen werden, wie es Judith Butler sagte (Potolsky 2006, 129). Geschlechtsidentität wird in mehreren Artikeln als Performance dargestellt. Obwohl Gender-Performance (*womanliness*) Ausdruck einer defensiven Strategie sein könnte, könnte sie auch als eine potentiell subversive Strategie benutzt werden (Potolsky 2006, 130). Wie dem auch sei: Theateraufführungen sind auf jeden Fall dynamisch. Theater als Kommunikationsmittel religiöser Ideen über Geschlecht geht nicht immer aus der Unterscheidung zwischen einem echten Original und einer illusionären Kopie hervor, sondern aus einer »particular kind of action and attention, from the ›doings‹ of the actor and audience rather than the being of the spectacle« (Potolsky 2006, 74). Dies wird am deutlichsten in *Der Körper und seine Sprache* von Katia Légeret. Légeret zeigt, wie der Darsteller oder die Darstellerin an viele hundert Jahren Tradition gebunden ist und gleichzeitig seine und ihre Kreativität ausdrücken kann. Im Bharata-nāṭyam, einer der alten Hauptformen des künstlerischen indischen Tanztheaters, sind Geschlechterkonstruktionen äußerst wichtig: In diesem System gründet Geschlecht auf der Kosmologie und auf der Vorstellung eines harmonischen Universums, in welchem der Tänzer und Schauspieler die Götter Śiva und Pārvatī repräsentiert. Er sucht das Gleichgewicht zwischen den zwei Geschlechterpolen und dem Individuum, der Gesellschaft und dem Universum. Als Mann oder Frau interpretiert der Künstler auf der Bühne viele weibliche und männliche Rollen im gleichen Stück und ohne das Kostüm zu wechseln. Dies geschieht durch Körpersprache, welche die Geschlechtergrenzen auskundschaftet und an deren Grenzen stößt. Die theoretische und praktische Analyse der vier Stufen der Geschlechterkonstruktion wird durch vier Wissensformen dargestellt, die immer in Interaktion stehen: das technische Wissen über das Vokabular antiker Regeln, das Wissen um literarische und poetische Metaphern, um religiöse und kulturelle Codes und mündliche Überlieferung der Schauspiellehrer. Dies garantiert, dass neben dem Gewicht der religiösen Codes immer noch eine künstlerische Freiheit existiert.

Der zweite Artikel, der sich mit Performance auseinandersetzt, ist *Jüdin sucht Jude* von Marie-Thérèse Mäder. Mäder verbindet die Frage nach der Performance mit filmtheoretischen Ansätzen. Wir haben gesehen, dass alles von einem Sinn für Dichotomie durchdrungen wird: Vorstellungen über den intellektuellen Wert oder die intellektuellen Leistungen von Frauen, die Kleidungsvorschriften, das Verhalten und auch die Selbstdarstellung: Alles ist von Geschlechtervorstellungen geprägt, die entlang bestimmter ideologischer Linien verlaufen. Es ist unsere Aufgabe, diese zu entschlüsseln und aufzuzeigen, was sie sind: nämlich gesellschaftliche Bestrebungen, Frauen durch das religiöse Symbolsystem zu kontrollieren. Des weiteren ist es wichtig, eine subversive Linie zu entdecken: Frauen können die Darstellungsform betrachten und sie umstürzen. Dies ist der Fall im Film MATCHMAKER (CH 2005) von Gabrielle Antosiewicz. In diesem Film wird überprüft, wie Religion in den Medien dargestellt wird. Dies geschieht auf eine subtile Art durch symbolische Kommunikation. Es wird davon ausgegangen, dass Symbole sowohl die Wirklichkeit darstellen als auch ein Modell für sie liefern. Die Autorin erinnert uns daran, dass eine wichtige Dialektik besteht zwischen der Darstellung der Wirklichkeit und ihrer Interpretation durch den Film. Beide sollen untersucht werden. Gabrielle Antosiewicz benutzt die Metapher der Heiratsvermittlung, um die religiöse Haltung zeitgenössischer jüdischer Frauen und Männer zu portraitieren. Die Analyse des Filmes zieht die verschiedenen Ebenen der Kommunikation in Betracht. Die filmische Geschlechtskonstruktion der jüdischen Frau und des jüdischen Mannes wird auf der Ebene des Dokumentarfilmes dargestellt. Durch Interviews mit jüdischen Paaren wird ein stereotypes Bild von Geschlechterrollen suggeriert. Auf einer anderen Stufe aber werden Geschlechterrollen dekonstruiert, was mittels eines Filmes im Film geschieht. Ausschnitte des russischen Filmes JEWISH LUCK (Russland 1925) kommentieren parodistisch die Heiratsvermittlung im Hauptfilm. Doch auch in der Rahmenhandlung des Filmes kommt es zu einer Umkehrung von Geschlechterrollen. Die vier (männlichen) Kandidaten versuchen ein Sabbatbrot zu backen und werden dabei von der Filmregisseurin interviewt. MATCHMAKER beabsichtigt offensichtlich keine objektive Darstellung vom Jüdischsein, sondern bietet mit dem traditionellen Thema der Suche nach einem Ehemann eine Dekonstruktion von Geschlechterrollen. Die Regisseurin drückt ihre Sicht auf Geschlecht dadurch aus, dass sie eine weite Bandbreite von möglichen Geschlechterrollen aufzeigt. Der Sinn von Antosiewiczs Film wird durch scheinbar unvereinbare Szenen kreiert, deren Bedeutung durch das Neben-

einanderstellen vermittelt wird. So wird klar, dass durch die Umverteilung von Geschlechterrollen und -funktionen eine persönliche und subversive Sicht von Jüdischsein kreiert wird.

Was diese Sammlung von Artikeln zeigt, ist die Sichtbarkeit der Frauen in der
Kunst, im Film, in der Literatur und der Theologie. Die Frage, der alle Artikel nachgehen, ist die der Interpretation: Wie verstehen wir diese Sichtbarkeit? Wo sind Geschlechter, insbesondere Frauen wahrnehmbar? Hat die Dichotomie zwischen pri-
vatem und öffentlichem Raum Gültigkeit? Damit verbunden ist die Frage nach der
Repräsentation: Wie werden spezifische Geschlechterrollen dargestellt? Was hat es
für Folgen, wenn Frauen einem Publikum auf die eine oder andere Weise präsentiert
werden? Das Bild, das aus diesem Teil des Buches hervorgeht, ist das einer Verlage-
rung weg von Dichotomien und das Aufkommen einer vielgestaltigen und möglicherweise subversiven Darstellung von Geschlechterrepräsentationen und -funktio-
nen.

Zitierte und weiterführende Literatur

Ardener, Susan (1993), Women and Space. Ground Rules and Social Maps. Cross Cultural
Perspectives on Women, New York/Providence, Berg.

Butler, Judith (1990), Gender Trouble: Feminism and the Subversion of Identity, New York/
London, Routledge.

De Lauretis, Teresa (1987), Rethinking Women's Cinema: Aesthetics and Tool NIST Theory,
in: Technologies OF Gender. Essay on Theory, Film and Fiction, Basingstoke/Hampshire
u. a., Macmillan Press.

Douglas, Mary (1970), Natural Symbols. Explorations in Cosmology, London, Cresset Press.

Foucault, Michel (1978 [franz. Publ. 1976]), The History of Sexuality, Bd. 1: An Introduction,
übers. von Robert Hurley, New York, Pantheon.

Hill, John/Church Gibson, Pamela O.D. (1998), The Oxford Guide to Film Studies, Oxford,
Oxford University Press.

Ortner, Susan B. (1996), Making Gender: The Politics and Erotics of Culture, Boston, Beacon
Press.

Potolsky, Matthew (2006), Mimesis, New York/London, Routledge.

Religion, Repräsentation und Geschlecht
Religionswissenschaftliche Bemerkungen zur Funktion weiblicher Körperbilder

Susanne Lanwerd

Das tertium, das im logischen Satz tertium non datur bestritten wird, hat der Berliner Religionswissenschaftler Klaus Heinrich einmal als »nichts anderes als unser Leben« bezeichnet.

Judith Butler bemerkt in ihrer Kritik der ethischen Gewalt, daß das Leben sich auch als das verstehen ließe, was über jeden unserer Erklärungsversuche hinausgeht.

1 Zeichen, Symbol, Repräsentation

In der Geschlechterforschung spielen die Symbolisierungen des Geschlechts eine wesentliche Rolle; ihren Formen und historischen Veränderungen widmet sich mittlerweile eine Reihe von Arbeiten, die zunehmend auch Forschungen zur Repräsentation berücksichtigen. Im Rahmen meines Beitrags geht es um Prozesse der Symbolisierung und Repräsentation, die sich an Gegenständen der kultur- und religionswissenschaftlichen Forschung exemplifizieren lassen. Ich werde zunächst einige Positionen aus der Wissenschaftsgeschichte sowie aktuelle Forschungsansätze vorstellen.

Für das religionswissenschaftliche Symbolverständnis waren einige theologische Positionen relevant, von denen hier zumindest der Ansatz Paul Tillichs genannt sei. Der evangelische Theologe betonte in einem seiner Aufsätze zu Symbol und Zeichen eine »magische Kraftgeladenheit der Bildsymbole der religiösen Kunst«, »mit deren Verlust sie zu einer reinen Zeichensprache (würden) und den echten Symbolcharakter fast einbüßten.« Der »echte Symbolcharakter« beziehe sich auf die »Selbstmächtigkeit des Symbols«, das ist eine der vier, von Tillich vorgenommenen Bestimmungen (Uneigentlichkeit, Anschaulichkeit, Anerkanntheit der Symbole). Die Selbstmächtigkeit des Symbols besage, dass »das Symbol eine ihm selbst innewohnende Macht hat«, die es vom bloßen Zeichen unterscheide. »Das Zeichen ist willkürlich austauschbar. Es hat keine Notwendigkeit, weil es keine innere Macht hat. Das Symbol hat Notwendigkeit«. Tillich weist auf zwei Gefahren hin, die ein »Vergehen der religiösen Symbole« bewirken können. Zum einen die »Profanisierung des Symbols«, die sich im Zuge der wissenschaftlichen Kritik vollziehe und zur Aufdeckung ihres Symbolcharakters führe. Zum anderen eine »Dämonisierung« der Symbole. Da die religiösen Symbole an dem teil hätten, auf das sie hinweisen, setze sie der menschliche Geist an die Stelle dessen, worauf sie hinweisen sollen. Damit aber würden sie zu Götzen. »Götzendienst ist nicht anderes als die Verabsolutierung der Symbole der Heiligen und ihre Identifizierung mit dem Heiligen selbst«.[1]

Mit dem Religionshistoriker Haralds Biezais ist hier anzumerken, dass Tillich von »einer sachlichen Darstellung des Wesens des Symbols zu einem Bekenntnis seiner religiösen Überzeugungen übergewechselt ist«.[2] Biezais akzentuiert das Problem anders, indem er die Frage diskutiert, von wem es abhänge, dass ein besonderes Symbol mit etwas Bestimmten, was symbolisiert werden soll, verbunden wird. Die Antwort ist nur scheinbar banal: Es sind die Subjekte, die die Auswahl bestimmen und nicht das Objekt des religiösen Erlebnisses. Darüber hinaus legt auch er sich die Frage vor, woher die »Macht« des Symbols, das dieses im Gegensatz zum Zeichen besitze, herrührt. Er entwickelt die These, dass das Symbol durch existentielle und emotionale Motive bestimmt ist, und nimmt dessen Verknüpfung mit dem menschlichen Wertebewusstsein vor.

Sowohl Tillich als auch Biezais konstatieren also einen Unterschied zwischen Zeichen und Symbol und beide bescheinigen dem Symbol existentielle, emotionale Dimensionen.

Neben Tillich und Biezais sind auch Ernst Cassirers Überlegungen zur Symbolisierung von wissenschaftsgeschichtlicher Relevanz. In seiner »Logik der Kulturwissenschaften« bindet Cassirer zum Beispiel Sinn und Bedeutung (über die Wahrnehmung) an den Körper und die Sinnesreize. Inhaltlich berühren sich an diesem Punkt die »Logik der Kulturwissenschaften« und die »Philosophie der symbolischen Formen«. Schon dort hatte Cassirer den Gedanken einer »Urfunktion« der Repräsentation entwickelt; und sowohl hier wie dort spricht er zugleich auch stets von den symbolischen Formen oder den Ausdrucksweisen der symbolischen Funktion. Unter symbolischen Formen versteht Cassirer die Formen der menschlichen Kultur: Mythos, Religion, Sprache, Kunst, Geschichte, Wissenschaft. Nur sehr sporadisch wird anderes: Recht und Moral, auch Technik erwähnt. Die symbolischen Formen verdanken sich (zum einen) der spezifischen Eigenart menschlicher Erkenntnisfähigkeit. Zum anderen koppelt Cassirer sie an die Intersubjektivität oder, um es mit Judith Butler zu sagen, an die Tatsache, dass wir am Anfang nur in der Adressierung des Anderen sind. Noch einmal Cassirer: Ich und Du können »nicht mehr als selbständige Dinge oder Wesenheiten beschrieben werden, als für sich daseiende Objekte, die gewissermaßen durch eine räumliche Kluft getrennt sind (...) Das Ich wie das Du bestehen vielmehr nur insoweit, als sie ›füreinander‹ sind, als sie in einem funktionalen Verhältnis der Wechselbedingtheit stehen. Und das Faktum der Kultur ist eben der deutlichste Ausdruck und der unwidersprechlichste Beweis dieser wechselseitigen Bedingtheit«.[3]

---

1 Alle Zitate aus Tillich (1978), 196–218.
2 Biezais (1979), VII–XXIX.

3 Cassirer (1961), besonders 34–55, hier 51.

In den Kultur- und Religionswissenschaften werden mittlerweile, maßgeblich beeinflusst von Clifford Geertz, der schon zu Beginn der siebziger Jahre des letzten Jahrhunderts die »Religion als kulturelles System«[4] bestimmt hatte, Religionen als komplexe Deutungs-, Symbol- und Kommunikationssysteme mit unterschiedlichen Zeichenvorräten interpretiert. Das breite Spektrum der religiösen Zeichen schließt neben den hörbaren Klängen, Wörtern und Sätzen der Sprache auch alle anderen Formen der sinnlichen Wahrnehmung mit ein: räumlich-orientierende, geruchs- oder geschmacksspezifische (»olfaktorische«) und visuelle Zeichen, sowie haptische oder taktile »Zeichen der Berührung«.[5]

Ein Beispiel, das auf beeindruckende Weise den »Zeichencharakter« religiösen Repertoires bezeugt, war mit der Ein- und Aufführung der indischen Künstlerin Aparna Sindhoor gegeben, die sie im Rahmen der Internationalen Frauenuniversität des Jahres 2000 präsentierte. Sie erläuterte – bereits in indischer Kleidung, entsprechend geschminkt und schon auf der Bühne stehend – den Kontext und die Bedeutung ihres (später aufgeführten) Tanzes, indem sie den Bezug zu traditionellen indischen Tanzfiguren und Elementen hinduistischer Ikonographie herstellte. Aparna Sindhoor resignifizierte diese symbolischen Zeichen innerhalb ihrer eigenen Aufführung und stellte sie in selbstgewählte Kontexte. Ohne ihre Einführung hätten die nicht-indischen Teilnehmerinnen nicht nur nicht verstehen können, was die Gesten und Figuren des Tanzes bedeuten, sondern ebenso wenig, an welcher Stelle die Tänzerin von der vorgesehenen Ordnung abwich und wie Bedeutung damit verschoben wurde. Der Beitrag von Aparna Sindhoor machte deutlich, dass Tänze Symbolsysteme sind, die – wie andere »Zeichensysteme« auch – als in Kultur eingebettete Sprache entziffert werden können.[6]

Die kunst-, kultur- und religionswissenschaftlichen Forschungen zu Repräsentation und Geschlecht wiederum verdanken ihre wichtigsten Impulse verschiedenen Wissenschaftlerinnen, von denen ich hier nur drei erwähne: Teresa de Lauretis, US amerikanische Filmtheoretikerin,[7] die Kunsthistorikerin Marina Warner sowie die Historikerin Joan Wallach Scott, deren einschlägige Artikel zu Gender als analytischer Kategorie bahnbrechend waren. Die Hauptbefunde ihrer Untersuchungen sind – stark vereinfacht und zusammengefasst – die Folgenden:

Darstellungen weiblicher Körperbilder spiel(t)en bedeutende Rollen in gesellschaftlichen Diskursen: Sie stehen für Gerechtigkeit, Sünde, Tugenden, Laster und repräsentieren Gemeinschaftsideale z.B. religiöser und nationaler Couleur; diese Rollen und Funktionen haben nichts mit der geschlechtsspezifischen Körperlichkeit, Subjektivität und Geschichte von Frauen zu tun. Auch werden in vielen Sprachen die abstrakten Substantiva, die Tugenden, Kenntnisse oder geistige Fähigkeiten bezeichnen, grammatikalisch als weiblich behandelt. Der Grund für diese seltsamen

---

4 Geertz (1994), 44–95.
5 Mohr (2000), 620–633.
6 Schade (2002), 77 f.
7 Sie trug mit ihren Untersuchungen: *Technolo-*

gies of Gender (1987) und *Alice doesn't* (1984) maßgeblich zu Fragen nach Funktion und Bedeutung der Repräsentation bei.

Pfade der Sprache aber war niemals eine besondere Übereinstimmung mit biologischer Weiblichkeit, wohl aber Anlass für zahllose Kommentare.

In den Untersuchungen zu Repräsentation und Geschlecht wird schließlich ein direkter Bezug zwischen Repräsentation und Repräsentiertem durchgestrichen. Insofern von der Unhintergehbarkeit der Repräsentation ausgehend, gilt Repräsentation nicht länger als Darstellung vorgängiger Realitäten, sondern als deren soziale Konstruktion.

Sigrid Schade definierte Repräsentation im Sinne dieser Diskussion einmal so: Adressiert werde der Komplex von Bild, Text und Praktiken als verschränkte Elemente von Sprache, die Subjekten vorausgeht. »Der Prozess der Subjektwerdung, der mit der sexuellen Differenzierung einhergeht, ist eingelassen in einen ständigen Prozess der Formulierung und Reformulierung von Bedeutungen innerhalb der symbolischen Ordnung, die immerfort in die verkennende, imaginäre Selbstwahrnehmung des Subjekts als einem Ideal-Ich interveniert (…) Repräsentation bedeutet also nicht Bild oder Kunst im Besonderen, sondern eine sprachliche (kommunikative?, S. L.) Struktur, in der Bilder und Texte aufeinander verwiesen sind, um zu bedeuten (…) Das Konzept der Repräsentation, die als Schnittstelle zwischen Gesellschaft und den einzelnen Subjekten figuriert, überzeugt insbesondere dadurch, dass es auch eine Vorstellung davon bietet, wie sich ›Sprachliches‹, d. h. Konstruiertes in Körpern materialisiert«.[8]

Sind schon diese Befunde für die zur Diskussion stehenden Allegorien relevant, so gilt dies besonders auch für Arbeiten, die sich dem Missverhältnis von Weiblichkeit als Repräsentationsfigur und der gesellschaftlichen Relevanz von Frauen als handelnde Subjekte widmen; ich verweise hier nur auf Silke Wenks einschlägige Studie zu *Versteinerte Weiblichkeit* (1996) und auf Marina Warners Untersuchung *In weiblicher Gestalt* (1989).

Gemeinsam ist den Arbeiten zu Repräsentation und Repräsentationskritik eine veränderte Forschungsrichtung, die sich auf Praktiken des Sehens und Blickens als sozial determinierte Handlungen richtet; also auf Wahrnehmungspraktiken (Beobachten, Visieren), auf Blickkonstellationen, auf gesellschaftliche und politische Aspekte der Visualisierungen. Auch teilen Religionsästhetik und Repräsentationskritik das gemeinsame Forschungsinteresse, stets nach dem zu fragen, was nicht gesagt, gezeigt wird oder nur verstellt zum Ausdruck kommt. Psychoanalytisches Vokabular steht hierbei Pate.

Religionswissenschaftliche Studien profitieren von den skizzierten Ansätzen in mehrfacher Hinsicht: Erstens nehmen sie Geschlechterbeziehungen als Repräsentationen religiöser Regelsysteme in den Blick; zweitens reflektieren sie den Wert, der den Unterschieden zwischen männlich und weiblich beigemessen wird; drittens fragen sie danach, wer das Recht hat, die Unterschiede zu definieren und zu bewerten.[9]

---

8 Schade (2002), 85.   9 Hof (1995), 2–33.

2 Symbolisierung als Kulturtechnik

Als *starting point* für jedes wissenschaftliche Verständnis der Geschlechterdifferenz sowie ihrer religiösen Prägungen und Wirkungen gilt gemeinhin die Analyse der Darstellung von Weiblichkeit im/als Bild (Repräsentation). Am Beispiel von Gedächtnisorten, die seit langem als symbolische Vergegenwärtigungen von Ereignissen und Personen gelten, werde ich einige dieser Darstellungen von Weiblichkeit thematisieren.

In der Diskussion um Überlieferungsformen des sozialen Gedächtnisses wird von einem gemeinsamen Merkmal ausgegangen, einem sogenannten Schema, das dazu tendiere, ein bestimmtes Ereignis oder eine bestimmte Person in der Form eines anderen Ereignisses oder einer anderen Person darzustellen oder tatsächlich zu erinnern.[10]

Um mit einem recht aktuellen Beispiel zu beginnen (das zugleich eine Feminisierung zahlreicher Toter bezeugt): Die Bronzeskulptur *Stürzende Frau* (des Künstlers Eric Fischl) stand – zum Gedenken an die Opfer des 11. September – im September 2002 nur sehr wenige Tage im Rockefeller Center, Manhattan, New York City. Sie zeigte eine unbekleidete, weibliche Figur kopfüber im Fall; aufgrund von Beschwerden wurde sie vorzeitig wieder entfernt.

Wie ließe sich dieser Prozess genauer bestimmen, der ein historisches Ereignis (den Einsturz der Türme des World Trade Centers mit seinen über 3000 zu Tode gekommenen Menschen) in der Form eines anderen Bildes thematisiert (im Bild einer nackten Frau, kopfüber im Fall)?

In der Psychoanalyse versteht man beispielsweise unter Verschiebung, dass die intensive, affektive Besetzung einer Vorstellung sich von dieser lösen und auf andere, ursprünglich weniger affektiv besetzte Vorstellungen übergehen kann. Hier handelt es sich um Affektverschiebungsprozesse. Sie gelten als zentral auch für die Symbolisierung. Im Rahmen der individuellen psychoanalytischen Kur bedeutet dieser Begriff der Symbolisierung, dass die unbewusste Beziehung bearbeitet und das Symbol aufgelöst werden kann. Angewandt auf kulturelle, gesellschaftliche Produktionen ermöglicht ein solcher Symbolbegriff die Frage nach den zugrunde liegenden – nicht notwendig unbewussten – Affektverschiebungen, somit auch die Frage nach den in den geschichtlichen und gesellschaftlichen Prozessen verschütteten, überdeckten Spuren. Prozesse der Affektverschiebung dienen insgesamt der Abwehr und der Angstbannung, sie sorgen auf diese Weise für Entlastung.

Ich möchte diese psychoanalytischen Einsichten kurz an einem Beispiel aus Berlin erläutern, der Diskussion um die im November 1993 eröffnete *Zentrale Gedenkstätte für die Opfer von Krieg und Gewaltherrschaft*.

In der Gedenkstätte steht seit der Eröffnung die Skulptur von Käthe Kollwitz *Mutter mit totem Sohn*, auch *Pietà* genannt. Dieser Ort diene, so der offizielle Anspruch, der Erinnerung: Erinnert werden soll an die »Opfer von Krieg und Gewalt-

---

10 Burke (1996), 98 f.

Abb. 1: Käthe Kollwitz, *Pietà* (*Mutter mit totem Sohn*), 1937/38, Bronze, 38 × 28,5 × 39 cm (© VG Bild-Kunst, Bonn 2006).

herrschaft«. Käthe Kollwitz selbst hatte im Jahr 1921 ein »schlimmes Symptom« beschworen: »Nicht nur eine Sache nicht zu Ende denken, sondern auch ein Gefühl nicht zu Ende fühlen«. Zu vermuten ist, dass sie hier auf die problematische Trauerarbeit anlässlich des Todes ihres Sohnes Peter rekurriert, der sich, von ihr maßgeblich unterstützt, zur Teilnahme am Ersten Weltkrieg gemeldet hatte und kurz darauf ums Leben kam. Am 10. Oktober 1937 schrieb sie in ihr Tagebuch: »Ich arbeite an der kleinen Plastik, die hervorgegangen ist aus dem Versuch, den alten Menschen zu machen. Es ist nun so etwas wie eine Pietà geworden«.[11] Die vierfache Vergrößerung dieser Plastik steht heute in der Neuen Wache.

Es ist ihrer Inszenierung geschuldet, dass Erinnerung unmöglich gemacht wird und schon seiner Zeit Kritikerinnen und Kritiker auf den Plan rief. Die Skulptur wurde einerseits als Pietà, als christliche Ikone interpretiert, die die Angehörigen anderer Religionen vom neu geschaffenen Ort des Gedenkens ausschließe. Zum anderen wurde der Opferbegriff im Zusammenhang mit der Skulptur kritisiert, da er die Ermordeten der Weltkriege und des Nationalsozialismus in einem gemeinsamen Sinnzusammenhang mit Mutter-Erde-Natur-Heimat aufgehen lässt.[12] Hildegard Cancik-Lindemaier bemerkte über die Kollwitz-Skulptur, dass durch die »Instrumentalisierung von Männerphantasien um den mütterlichen Schoss, des christlichen Bildtypus der Pietà und der Aura sakraler Legitimation indem Wort ›Opfer‹ ein Intimraum konstruiert (wird), der die historische Erinnerung zu ersticken droht«.[13]

Erst die kritische, psychoanalytisch geschulte Interpretation kultureller Phänomene gibt zu erkennen, dass die intendierte Botschaft, Erinnerung stiften zu wollen, durch die Wahl der Mittel konterkariert wird. Vor dem Hintergrund der Tatsache, dass auch den gesellschaftlichen Symbolformen Affektverschiebungsprozesse zugrunde liegen können, die der Bannung von Angst dienen und Entlastung verschaffen, fungiert hier die Bildformel Pietà als ein Symbol, das historische Zusammenhänge nur sehr verstellt zum Ausdruck bringt: Qua Mobilisierung der imaginären

---

11 Käthe Kollwitz zitiert nach Schmidt-Linsenhoff (1996), 194 und 198.
12 Vgl. zur Kontextualisierung und Geschichte der Skulptur: Akademie der Künste (1993).

13 Cancik-Lindemaier (1997–1999), 176.

Subjekte des christlichen Bildhaushalts entsteht ein verschleierndes Gewebe, das Faden für Faden aufgelöst werden kann.

Wie eng verzahnt die Prozesse der Symbolisierung, der Repräsentation und der geschlechtlichen Konnotation letztlich sind, dürfte durch das Beispiel der Kollwitz-Skulptur deutlich geworden sein: Ihre Platzierung, Vergrößerung und Inszenierung dient der Thematisierung der Gewaltverbrechen des 20. Jahrhunderts im Bild der Mutter. Oder anders gesagt: Verschoben auf die Figur der Mutter findet die Enthistorisierung realer historischer Geschehen statt. Solche Verschiebungsprozesse verdanken sich allgemeinen Funktionen des Gedächtnisses: Das Vergessen steht in keinem Gegensatz zum Erinnern, sondern ist als eine Funktion des Gedächtnisses dem Erinnern in einer gemeinsamen Ökonomie untrennbar verbunden. Eine zentrale Funktion des Gedächtnisses ist die Umarbeitung der Dauerspuren von Schmerz oder Unlust in Erinnerungsbilder. Das heißt auch, das jedes Vergessen selbst Bilder hervorbringt, Erinnerungsbilder, in denen die Besetzungen verschoben, unaushaltbare Erlebnisse durch andere Szenen verdeckt oder durch jüngere Ereignisse überlagert sind. Genau an dieser Stelle treten Bilder der primordialen Beziehungen auf den Plan, so auch das Bild der Mutter und die mit ihm transportierten Imaginationen, Wünsche und Hoffnungen.

Diese Einsichten, die sich Überlegungen Freuds und seiner Nachfolgerinnen verdanken, werden durch die Neurobiologie bestätigt. Wolf Singer hat darauf hingewiesen, dass bereits gefestigte Gedächtnisspuren eben durch ihre Aktualisierungen, also wiederholtes Erinnern, wieder labil werden können. Dies bedeutet, dass »Engramme nach wiederholtem Erinnern gar nicht mehr identisch sind mit jenen, die vom ersten Lernprozess hinterlassen wurden. Gedächtnisspuren werden beim Erinnern neu geschrieben«. Die Konsequenzen für die Beurteilung der Authentizität von Erinnerungen sind einschneidend. Insgesamt bekommt Erinnerung auch aus neurobiologischer Sicht den Charakter »datengestützter Erfindungen«. Diese Erfindungen, die labile Daten in einen sinnvollen Zusammenhang bringen und zugleich das individuelle Gedächtnis immer wieder modifizieren, folgen spezifischen Narrativen, die in sozialen Interaktionen im Rahmen der Vorgaben des kulturellen Gedächtnisses entwickelt und, so muss man schlussfolgern, mit jeder Inszenierung öffentlichen Gedenkens, mit jedem Museumsbesuch, mit jeder Betrachtung eines Films zu historischen Ereignissen aktualisiert bzw. überlagert werden.[14]

3 Weibliche Allegorien, die einen Transfer religiöser Formensprache zeigen

Im Jahr 1923 entwarf Max Liebermann die Zeichnung mit dem Titel *Den Müttern der 10'000*. Ein Jahr später führte er sie, leicht abgewandelt und unter dem Titel *Den*

---

14 Singer (2000), 10. Vgl. auch Ellwanger (2005), 5–16.

DEN MÜTTERN DER ZWÖLFTAUSEND

Abb. 2: *Der Schild*, aus dem Titelblatt der Zeitschrift des Reichsbundes jüdischer Frontsoldaten e. V., Berlin, 22. Februar 1926, Reproduktion der Zeichnung Liebermanns (Mikrofilmausgabe Leo Baeck Institut Berlin).

Müttern der 12'000 für den Reichsbund Jüdischer Frontsoldaten als Lithographie aus. Der Reichsbund schließlich reproduzierte die Zeichnung zum Volkstrauertag 1926 als Titelblatt seiner seit November 1921 wöchentlich erscheinenden Zeitung *Der Schild*.

Man sieht die Figur einer halbentblößten Frau im Klagegestus, die rechte Hand über die Stirn gelegt, auf einem Gräberfeld; neben ihr befindet sich eine zweite Frau, die kniend an einem Grab wahrscheinlich Pflanzungen vornimmt. Auf dem rechts und links unten im Bild liegenden Grabplatten erkennt man (rechts) das Zeichen des Reichsbundes, (links) einen Davidstern. Bis zum Horizont erstrecken sich die jüdischen Gedenksteine. Die Trauernde und Klagende scheint mehr zu schweben denn fest auf dem Boden zu stehen. Sie tritt in ihrem Klagegestus, dem über Kopf und Haar fallenden Trauerschleier und dem halbentblößten Körper aus dem Erzählgeschehen heraus und symbolisiert in ihrer Stellvertreterposition der klagenden »jüdischen Mütter« das Volk Israel. Die Abbildung ist insofern außergewöhnlich, als sie eine Frauengestalt nicht in gefasster, stummer Trauerhaltung, sondern klagend und entsetzt zeigt, zugleich aber (über die Nacktheit) vom individuellen Schmerz abstrahiert und die Klagende als Allegorie für das alte und neue Israel fungieren lässt.

Andere Abbildungen, die als Flugblatt in verschiedenen Versionen ebenfalls vom Reichsbund in Umlauf gebracht wurden, richteten sich »An die deutschen Mütter!«. Sie wurden aufgerufen, gemeinsam mit den jüdischen Frauen gegen Grabschändungen zu protestieren. Der die Fläche des Flugblatts dominierende Text lautete unter anderem: »Deutsche Frauen, duldet nicht, dass die jüdische Mutter in ihrem Schmerz verhöhnt wird«. Diese Darstellung folgt in ihrer Reduktion der – ob christlichen, ob jüdischen – Frau auf die Figur der Mutter tradierten ikonographischen Mustern der zeitgenössischen Denkmalskunst.[15]

Dass es im Blick auf die Denkmalfülle nach dem Ersten Weltkrieg auch Ausnahmen gab, bezeugt unter anderem eine Collage von Hannah Höch aus dem Jahr

---

15 Das Flugblatt des Reichsbundes jüdischer Frontsoldaten (RjF) *An die deutschen Mütter! 12'000 Juden fielen im Kampf!*, eine Druckschrift

um 1920 mit den Maßen 20,4 × 28,8 cm, gehört zu den Beständen des Deutschen Historischen Museums, Do2 94/2779.

1922. Die Künstlerin schuf die, an Schnittmuster, Rädelvorlagen und Entwürfe für Modedesign erinnernde Collage als künstlerische Auseinandersetzung mit den Denkmälern, die landauf, landab in Deutschland für die getöteten Soldaten des Ersten Weltkrieges, auch als Huldigung der militärischen Revanche, entstanden. Sie ironisiert die Heldendenkmäler durch Material und Widmung: Sie nannte die Collage *Entwurf für das Denkmal eines bedeutenden Spitzenhemdes.* Zugleich zersetzt Höch das Bild des antiken Krieges durch Collagearbeit und feminin adressiertes Handarbeitsmaterial. In ihrer Würdigung eines zivilen Kleidungsstücks kann man eine Entheroisierung soldatischer Männlichkeit erkennen.[16]

Abb. 3: Fritz Cremer, *Die Trauernde* und *Die Anklagende*; Bronzewiederholungen der Steinskulpturen vom Wiener Zentralfriedhof, sie stehen heute überlebensgroß in der Nähe des Schlosses in Oranienburg (Nationalgalerie, Berlin 1948).

Nach dem zweiten Weltkrieg waren es erneut weibliche Klagefiguren, die die Überlieferungsformen des sozialen Gedächtnisses bestimmten. Man denke beispielsweise an die *Mutter Heimat* betitelten Gedenklandschaften in Berlin Pankow (Schönholzer Heide), auch Treptow aus den Jahren 1947. Oder an die Skulpturen des Künstlers Fritz Cremer *Die Trauernde* und *Die Anklagende.*

Eine andere Skulptur von Fritz Cremer steht zwischen Berliner Dom und Alter Nationalgalerie (in Berlin) und trägt bekanntlich den Titel *Oh Deutschland, bleiche Mutter* (1964–1965), sie ist eine Replik der Skulptur für die Gedenkstätte Mauthausen, Österreich.

Weibliche Trauerallegorien und Klagefiguren sind nicht auf den deutschsprachigen Raum begrenzt. Die israelische Historikerin Judith Baumel entdeckte im Rahmen ihrer Untersuchung der Shoah-Denkmäler in Israel eine auffallende Stereotypie, die sie wiederum zu der Frage veranlasste, in welcher Weise Geschlecht im Allgemeinen und Frauen im besonderen dargestellt sind. Sie kommt zu dem Resultat einer vierfachen Geschlechtertypologie: Am häufigsten begegnet die Mutter mit Kind, gefolgt von der Kämpferin, der Jungfrau und schließlich älteren, weinenden Frauen.[17]

Versteht man Religion als ein kulturelles Deutungssystem neben anderen Deutungssystemen, so ist als Differenz zu markieren, dass in der christlichen Religion

---

16 Hoffmann-Curtius (2002), 225–236. 17 Baumel (2002), 343–361.

der Sinn primär über die Offenbarung und eine damit einhergehende Weltdeutung vermittelt wird. Andere kulturelle Deutungssysteme vermitteln Sinn eher über Natur- und/oder Geschichtsinterpretationen. Nun scheint das Bild der Mutter besonders geeignet, Assoziationen aus offenbarungsreligiösen und geschichtsphilosophischen Deutungszusammenhängen zu bündeln. Es handelt sich hierbei um Imaginationen von Frau, Natur, Religion und Opferbereitschaft.

Ein recht aktuelles Beispiel aus genuin christlichem Kontext: Eine überlebensgroße Holzskulptur mit den Titel *Synagoga und Ecclesia* von Franz Hämmerle steht seit 1999 in der Evangelischen Erlöserkirche auf dem Gelände des ehemaligen Konzentrationslagers Dachau. Sie zeigt in grober Holzbearbeitung zwei Personen gleicher Größe: An das Gnadenstuhlmotiv erinnernd hält Maria, von hinten seitlich, den nackten Sohn mit einer Hand. Der aufschlussreiche, die jüdische und christliche Religion in ein chronologisches, quasi genealogisches Verhältnis setzende Begleittext lautet:»Mutter und Sohn, Mirjam und Jesus, Judentum und Christentum, Synagoge und Kirche, ein einziger Stamm, Narben und Wunden«.

Das verbindende, gemeinsame Element der beschriebenen Darstellungen von Weiblichkeit ließe sich als Pathosformel für allgemein menschliche Leiderfahrung umschreiben. Von paradigmatischer Bedeutung für eine solche Pathosformel ist die im Kontext der christlichen Tradition entwickelte Pietà.

4   Exkurs zur *Pietà* [18]

Das semantische Feld der Pietà umfasst Mitleid, Frömmigkeit, Pflichterfüllung, Barmherzigkeit, Trauer. Um nur den letzten Aspekt aufzugreifen: Trauer kann Menschen in eine Situation der Vereinzelung bringen; Trauer bezeugt die Bande, die wir zu anderen Menschen knüpf(t)en und Trauer verweist zugleich auf die konstitutive Sozialität des Selbst.

Die europäische Religionsgeschichte offenbart, wie andere Religionsgeschichten auch, eine Reihe kultureller Praktiken, mit denen der Erfahrung der Trauer und des Schmerzes begegnet werden kann; die Pietà ist eine davon. Der Fundus des Bildgedächtnisses zur Pietà gibt die folgenden, ikonographischen Vorgaben des Pietà-Schemas zu erkennen: sie umfassen sowohl weibliche als auch männliche Gestalten, sie treten allein, zu zweit in haltender, stützender Position oder als Gruppe um einen Toten auf, sie sind sitzend oder stehend, still oder laut klagend, leidend, weinend dargestellt. Diese Vorgaben zeigen deutlich, dass die unter dem Topos der Pietà thematisierten Empfindungen der Trauer, des Schmerzes und der Barmherzigkeit historisch und regional je unterschiedlich auf die Geschlechter verteilt waren; sie bezeugen eine Vielgestaltigkeit von Bildtypen, aus denen sich erst allmählich die Pietà als Bildschema der trauernden Gottesmutter Maria mit ihrem Sohn Christus herausgebildet hat.

---

18 Vgl. Lanwerd (2006), 30 ff.

Maria Eleusa (griechisch: die Mitleidende, die Erbarmerin) gilt ebenso wie der Bildtypus des Schmerzensmannes (*imago pietatis*) als byzantinische Vorläufer(in) des so genannten Vesperbildes (oder: Pietà); es taucht um 1300 in monumentaler plastischer Gestaltung zunächst in Deutschland auf und zeigt das Mitleiden (*Compassio*) Marias mit ihrem Sohn, mit seiner Passion. Vesper bezieht sich auf die Tageszeit am Karfreitag, in der die Kreuzabnahme und Beweinung Christi erfolgt sein soll. Seit dem 11. Jahrhundert wurde die Darstellung der vielfigurigen Beweinungsszene, die aus Christus, Maria, Maria Magdalena, Johannes, Joseph von Arimathia sowie Engeln bestehen kann, so disponiert, dass sich aus der Gesamtheit der Trauernden in immer bedeutsamerer Weise die Gestalt Maria herauslöst.[19] Das Vesperbild zählt neben dem Schmerzensmann, dem »Gnadenstuhl« und der Engel-Pietà sowie der Christus-Johannes-Gruppe zu den so genannten Andachtsbildern; mit dem Begriff ist zugleich eine Funktion dieser Bildgruppe benannt: das Leiden Christi möglichst eng nachzuvollziehen. Dieser in religions- und geschlechtergeschichtlicher Perspektive bedeutsame Prozess impliziert also zugleich ein *gendering* der Empfindungen der Trauer und Barmherzigkeit.

Zur Erklärung des sozialgeschichtlichen Entstehungskontext der Pietà liegen bislang nur vereinzelte Forschungsergebnisse vor. Ältere Positionen setzen einen Zusammenhang zwischen der Verbreitung des Bildschemas und der zunehmenden, religiösen Frauenbewegung in diesem Zeitraum; ein Zusammenhang, der mit »weiblichen Bedürfnissen« begründet wird.[20] Diese Positionen werden mittlerweile hinsichtlich ihrer – der Thesenbildung zugrunde liegenden – geschlechterpolitischen Implikationen kritisiert. Caroline W. Bynum hingegen erkennt in den Aktivitäten und Frömmigkeitspraktiken der Mystikerinnen des 13., 14. und 15. Jahrhunderts eine stärkere Akzentuierung der Körperlichkeit und des Todes Christi. Vor dem Hintergrund ihrer Überlegungen ließe sich neben anderen Darstellungen Marias auch die Pietà nicht nur als duldendes, sondern als handelndes Subjekt interpretieren: Sie sei es, die das Leiden, die Trauer und zugleich die Erlösung in Szene setze.[21]

In Studien zur Rezeptionsgeschichte der Pietà wird bis heute der Aspekt der Passio und Compassio besonders hervorgehoben. Die Compassio steht nicht als privates Zeugnis des Glaubens zur Diskussion, sie gerät erst im Moment ihrer Veröffentlichung, d.h. ihres Einsatzes in gesellschaftlichen und politischen Kontexten ins Blickfeld der wissenschaftlichen Aufmerksamkeit. So klingt das Bildschema, die trauernde Frau mit einem Leichnam auf dem Arm, auch in Will Lammerts Mahnmal die *Tragende* (1959) für das ehemalige Konzentrationslager Ravensbrück an.

Die Interpretation dieser Skulptur als Pietà, das heißt ihre Lesart auf der Folie der christlichen Religion, reproduziert zum einen eine Universalisierung des Mütterlichen als das schlechthin Gute und suggeriert auf diese Weise einen Ordnungszusammenhang, indem das reale Geschehen, also nationalsozialistisches Lagersystem und Genozid, aufgehoben scheinen. Zum anderen ermöglicht die mit dem Bild-

---

19 Vgl. Panofsky (1927), 261–283.
20 Von Simson (1978), 667.

21 Walker Bynum (1996), 61–108.

Abb. 4 und 5: Will Lammert, *Tragende*, letzte Fassung, 1957, Bronze, Höhe 143 cm, Modell (rechts) und Will Lammert, *Tragende*, Bronze, Höhe 4,30 und 7 Meter, vergrößert nach der letzten Fassung, seit 1959 am Ort der Mahn- und Gedenkstätte Ravensbrück (Veröffentlichung der Deutschen Akademie der Künste. VEB Verlag der Kunst, Dresden 1963).

schema Pietà transportierte Vorstellung der jungfräulichen Geburt des Sohnes die Imagination eines von Realbedingungen scheinbar unberührten Ursprungs und damit ideale Bedingungen eines »neuen Anfangs«: die Gedenkstätte Ravensbrück wurde 1959 auf dem Terrain der ehemaligen deutschen demokratischen Republik eröffnet und stand fortan im Dienste nationalpolitischer Repräsentation.

Übrigens hatte Will Lammert, der 1957, also noch vor der Aufstellung der *Tragenden* starb, eine Figurengruppe am Fuß der Skulptur vorgesehen; auf sie wurde ganz verzichtet. Einige dieser Figuren stehen seit 1985 in Berlin vor dem Alten Jüdischen Friedhof an der Grossen Hamburger Strasse.[22]

Durchaus im Sinne einer neuen, ethischen Fundierung politischer Handlungsmöglichkeiten beschrieb kürzlich Judith Butler spezifische Qualitäten der Trauer: »Vielleicht trauert man dann, wenn man akzeptiert, dass man durch den Verlust, den man erleidet, verändert werden kann, und zwar möglicherweise für immer. Vielleicht hat Trauern damit zu tun, dass man sich bereit erklärt, sich einer Veränderung zu unterziehen, deren ganzes Ergebnis man nicht im voraus wissen kann« (»a

---

22 Zu Lammert, zur Historisierung der Skulptur
vgl. Lanwerd (1999), 39–54.

transformation the full result of which you cannot know in advance«).[23] Eine solche Erfahrung könnte den Rahmen, der mit dem Pietà-Schema gegeben ist, in zweifacher Hinsicht überschreiten: Sie ermöglicht Erfahrungsräume jenseits des christlich ausformulierten Heilsversprechens, und sie bezieht sich, trauernde Mütter und ihre Söhne umfassend, auf alle Menschen, gleich welchen Geschlechts auch immer.

5 Abschließende Überlegungen

In den bislang skizzierten Bildern spielt die Figur der Mutter, je unterschiedlich konnotiert und Bestandteil spezifischer Konzepte von Weiblichkeit und kultureller Zuschreibung, eine entscheidende Rolle. Dieser Befund findet seinen Niederschlag unter anderem in der Aktualisierung des Konzepts der symbolischen Repräsentation. Dem ursprünglichen Konzept, wie es in der ersten Hälfte des 20. Jahrhunderts entwickelt wurde, lagen Mutter-Imagines[24] zugrunde, die mittlerweile unter der Forderung, »die Mutter hinter sich zu lassen« (Insa Härtel)[25] transformiert und übersetzt werden; diese um den Körper, die Repräsentation und das Geschlecht kreisenden Diskussionen korrespondieren mit dem bereits oben erwähnten Befund der Affektverschiebung. Denn auch sie gehen von einer retrospektiv angenommenen Identität mit dem mütterlich konstruierten Körper aus, der im Zuge von »Verlust«-Erfahrungen zum privilegierten Ort der Phantasmen wird.

Das Konzept der symbolischen Repräsentation handelt von Abwesenheit, von Dingen, die für anderes stehen, von Identifizierung und Gleichsetzung, von Lust und Angst. Zugrunde liegt die Einschätzung, dass Symbolisierungsprozesse mit jeder Phantasietätigkeit und Sublimierung zusammenhängen und auch der Angstbewältigung dienen. Unterschieden wird – und das ist für den vorliegenden Kontext ausschlaggebend – die symbolische Gleichsetzung von der symbolischen Repräsentation. In der symbolischen Gleichsetzung wird das »Symbol« mit dem, was es repräsentiert, identifiziert oder eben gleichgesetzt. In der symbolischen Repräsentation dagegen wird das Symbol in seiner Vertretungsfunktion erkannt. Hier ist etwas geglückt, was in der symbolischen Gleichsetzung fehlt.

Eine ähnliche Leistung der Distanzierung klingt an in einigen Überlegungen Susan Sontags: Als Schwäche des naturalistischen Theaters und des naturalistischen Films diagnostiziert Sontag, dass sie sich durch ihre unmittelbare Zugänglichkeit leicht um ihre Wirkung bringen. Die größte Quelle des Emotionalen in der Kunst liege nicht in irgendeinem besonderen Stoff, sie liege in der Form. Die Distanzierung der Gefühle durch das Bewusstsein der Form mache sie am Ende weit stärker und intensiver. Quasi als Kontrastprogramm zur Compassio der Pietà ließe sich ihre

---

23 Butler (2004), 18.

24 Klein (1923), Klein (1930); Segal (1996). Zur kritischen Diskussion dieser und anderer Symbolbegriffe vgl. Lanwerd (2002).

25 Härtel (2002).

Überlegung verstehen, dass jede Identifikation mit den Gestalten eine Unverfrorenheit darstelle, ein Affront gegen das Geheimnis des menschlichen Herzens.[26]

Um zu resümieren:

a) Mit verschiedenen Positionen zu Zeichen, Symbol und Repräsentation wurde, am Beispiel Tillichs und Biezais', die Differenz im Symbolverständnis von Theologie und Religionswissenschaft deutlich; mit Cassirer geriet eine Traditionslinie in den Blick, die die vergleichende Religionsforschung kulturhistorisch fundiert. Die Ansätze, Religion als kulturelles System und Symbolisierung als Kulturtechnik zu begreifen, geben ebenso wie ein innovativer Repräsentationsbegriff heuristisch wertvolle Instrumente zur Erforschung der Gegenstandsfelder von Religion und Gender an die Hand.

b) In der westlichen (rhetorischen und ikonographischen) Tradition wurde und wird der weibliche Körper metaphorisch und allegorisch eingesetzt, als Repräsentation spezifischer Fähigkeiten und als Gemeinschaftsideale in religiösen und nationalen Kontexten (Beispiele: Pietà, Ecclesia und Synagoga, Französische Revolution, Gedenkpraktiken zur Thematisierung von Gewaltverbrechen u. v. m.).

c) Repräsentation ist nicht Darstellung vorgängiger Realitäten, sondern deren soziale, religiöse oder kulturelle Konstruktion.

d) Das repräsentatorische Zeichen ist Teil eines ganzen semiotischen Netzwerkes, eines sozial geregelten Kodes. Modelle der Geschlechterbeziehungen gelten in diesem Zusammenhang als Repräsentationen kultureller und religiöser Regelsysteme.

Literatur

Akademie der Künste, Hg. (1993), Streit um die Neue Wache. Zur Gestaltung einer zentralen Gedenkstätte, Berlin, Akademie der Künste.

Baumel, Judith Tydor (2002), Mütter und Kämpferinnen. Geschlechterbilder in israelischen Shoah-Denkmälern, in: Eschebach, Insa/Jacobeit, Sigrid/Wenk, Silke, Hg., Gedächtnis und Geschlecht. Deutungsmuster in Darstellungen des nationalsozialistischen Genozids, Frankfurt a. M./New York, Campus, 343–361.

Biezais, Haralds (1979), Die Hauptprobleme der religiösen Symbolik, in: Ders., Hg., Religious Symbols and their Functions, Uppsala, Almquist & Wiksell International.

Burke, Peter (1996), Geschichte als soziales Gedächtnis, in: Hemken, Kai-Uwe, Hg., Gedächtnisbilder: Vergessen und Erinnern in der Gegenwartskunst, Leipzig, Reclam, 92–112.

Butler, Judith (2004), Undoing Gender, London/New York, Routledge.

Cancik-Lindemaier, Hildegard (1997–1999), Arcana Aedes, Eine Interpretation zum Heiligtum der Vesta bei Ovid, in: Assmann, Aleida/Assmann, Jan, Hg., Schleier und Schwelle. Archäologie der literarischen Kommunikation V, Bd. 1, München, Fink, 163–177.

Cassirer, Ernst (1961), Zur Logik der Kulturwissenschaften, Darmstadt, Wissenschaftliche Buchgesellschaft.

---

26 Sontag zitiert nach Faber (2006), 26.

Ellwanger, Karen (2005), Formationen des Gedächtnisses. Einführende Überlegungen, in: Gender-Memory. Repräsentationen von Gedächtnis, Erinnerung und Geschlecht. Frauen, Kunst, Wissenschaft 39 (Juni 2005), 5–16.

Faber, Richard (2006), Avancierte Ästhetin und politische Moralistin. Die universelle Intellektuelle Susan Sontag, Würzburg, Königshausen & Neumann.

Geertz, Clifford (1994), Religion als kulturelles System, in: Ders., Dichte Beschreibung, Frankfurt a. M., Suhrkamp, 44–95.

Härtel, Insa (2002), Die Mutter hinter sich lassen. Zur Produktion und Ersetzung des Mütterlichen im Raum, in: Schade, Sigrid/Härtel, Insa, Hg., Körper und Repräsentation, Opladen, Leske + Budrich, 137–143.

Hof, Renate (1995), Die Entwicklung der Gender Studies, in: Dies./Bussmann, Hadumod, Hg., Genus. Zur Geschlechterdifferenz in den Kulturwissenschaften, Stuttgart, Alfred Kröner, 2–33.

Hoffmann-Curtius, Kathrin (2002), Dada-Antike: Hannah Höchs Denkmalschnitt, in: Auffarth, Christoph/Rüpke, Jörg, Hg., Epitome tes oikoumene, Studien zur römischen Religion in Antike und Neuzeit, Stuttgart, Franz Steiner Verlag, 225–236.

Klein, Melanie (1923), Zur Frühanalyse, in: Imago, Zeitschrift für Anwendung der Psychoanalyse auf die Geisteswissenschaften IX, 2, Wien, Internationaler Psychoanalytischer Verlag, 222–259.

– (1930), Die Bedeutung der Symbolbildung für die Ich-Entwicklung, in: Internationale Zeitschrift für Psychoanalyse 16, Wien, Internationaler Psychoanalytischer Verlag, 57–72.

Lanwerd, Susanne (2002), Religionsästhetik. Studien zu Symbol und Sinnlichkeit, Würzburg, Königshausen & Neumann.

– (1999), Skulpturales Gedenken. Die »Tragende« des Bildhauers Will Lammert, in: Eschebach, Insa/Jacobeit, Sigrid/Dies., Hg., Die Sprache des Gedenkens, Zur Geschichte der Gedenkstätte Ravensbrück, 1945–1995, Berlin, Edition Hentrich, 39–54.

– (2006), Gender Imagery, Zur Frage der Geschlechterbilder, in: Evangelischer Frauenbund der Schweiz, Hg., Pietà. Vom religiösen Vesperbild zum Sinnbild für Verlust und Trauer, in: Schritte ins Offene, Zeitschrift für Emanzipation, Glaube, Kulturkritik 36,2, 30 ff.

Lauretis, Teresa de (1984), Alice Doesn't. Feminism, Semitotics, Cinema, Bloomington: Indiana University Press.

– (1987), Technologies of Gender. Essays on Theory, Film and Fiction, Bloomington, Indiana University Press.

Mohr, Hubert (2000), Wahrnehmung/Sinnessystem, in: Auffahrt, Christoph/Bernard, Jutta/Ders., Hg., Metzler Lexikon Religion, Bd. 3, Stuttgart/Weimar, Metzler, 620–633.

Panofsky, Erwin (1927), Imago Pietatis, in: Friedländer, Max J., Festschrift für Max Friedländer, Leipzig, Verlag E. A. Seemann, 261–283.

Schade, Sigrid (2002), Körper-Zeichen-Geschlecht, ›Repräsentation‹: zwischen Kultur, Körper und Wahrnehmung, in: Dies./Härtel, Insa, Hg., Körper und Repräsentation, Opladen, Leske + Budrich, 77–87.

Schmidt-Linsenhoff, Viktoria (1996), Kohl und Kollwitz, Staats- und Weiblichkeitsdiskurse in der Neuen Wache 1993, in: Graczyk, Annette, Hg., Das Volk. Abbild, Konstruktion, Phantasma, Berlin, Akademie Verlag, 185–203.

Segal, Hanna (1996), Traum, Phantasie und Kunst, Stuttgart, Klett-Cotta.

Simson, Otto von (1978), Art. Andachtsbild I, Theologische Realenzyklopädie, Bd. 2, Berlin/New York, de Gruyter, 661–668.

Singer, Wolf (2000), Eröffnungsvortrag des 43. Deutschen Historikertags, in: Frankfurter Allgemeine Zeitung, 28.9.2000, 10.

Tillich, Paul (1978), Das religiöse Symbol, in: Ders., Gesammelte Werke, Bd. 5, Stuttgart, Evangelisches Verlagswerk, 196–218.

Walker Bynum, Caroline (1996), Fragmentierung und Erlösung, Geschlecht und Körper im Glauben des Mittelalters, Frankfurt a. M., Suhrkamp.

Warner, Marina (1989), In weiblicher Gestalt. Die Verkörperung des Wahren, Guten und Schönen, Reinbek bei Hamburg, Rowohlt.

Wenk, Silke (1996), Versteinerte Weiblichkeit. Allegorien in der Skulptur der Moderne, Literatur-Kultur-Geschlecht 5, Köln, Böhlau.

Den Priester benennen, die Priesterin zeigen: Geschlecht und religiöse Rollen anhand griechischer Grabstelen aus der hellenistischen Epoche und der Kaiserzeit[1]

Anne Bielman Sánchez

1 Religionsgeschichte, Geschlechtergeschichte und die griechischen Grabmäler

Im antiken Griechenland konnten Priesterämter sowohl von Männern als auch von Frauen ausgeübt werden. Manche hatte man ein Leben lang inne, andere wurden ihren Amtsträgern nur für eine kurze Zeitdauer, beispielsweise für ein Jahr, übertragen. Mit Ausnahme einiger weniger Ämter (insbesondere in Zusammenhang mit dem Kult der Artemis), welche die Jungfräulichkeit voraussetzten und den jungen Mädchen lediglich für die Dauer eines Jahres übertragen wurden, setzte ein Priesteramt keinen spezifischen Lebenswandel, wie Ehelosigkeit oder Keuschheit, voraus. Daher war es den Priesterinnen und Priestern möglich, familiäres und gesellschaftliches Leben zu vereinen.

Seit dem Archaischen Zeitalter (8. Jh. v.Chr.) stand der Bereich der Religion sowohl den Männern als auch den Frauen offen. Da es für die Griechen keine Trennung zwischen Religion und Politik gab, wurden die Priesterämter, gleich den Magistraturen, als öffentliche Ämter angesehen. Es war also der sakrale Weg, über welchen die Griechinnen zu einer öffentlichen Funktion gelangten. Priesterinnen waren verantwortlich für rituelle Zeremonien und führten ebenso wie die Priester verschiedene Kulthandlungen aus: Führung von Prozessionen, Gebete, Trankopfer, Opfergaben und Schlachtopfer (wobei die Priesterinnen, im Gegensatz zu den Priestern, die Schlachtung der Tiere im Prinzip nicht selber durchführen durften). Wie die Priester wurden auch die Priesterinnen von ihrer Stadt dazu auserwählt, über die Harmonie zwischen menschlicher und göttlicher Welt zu wachen. Der offizielle Charakter ihrer Tätigkeit verhalf den Priesterinnen und Priestern zu großem öffentlichen Ansehen.

Das Ansehen eines Individuums kam in Griechenland auf der Grabstele zum Ausdruck, welche nach dessen Tod errichtet wurde. Jeder Grieche, ob Mann oder Frau, hatte, falls es die finanzielle Situation des Verstorbenen oder seiner Familie er-

1 Die deutsche Übersetzung des Artikels stammt von Patricia Schmidiger, Universität Lausanne. Ich danke ihr herzlich für die Zusammenarbeit.

laubte, Anspruch auf ein solches Denkmal. Mit ihrer Errichtung entlang der Strassen und in unmittelbarer Nähe städtischer Zentren sollten die Grabmäler die Erinnerung an die Verstorbenen bewahren. Dafür wurde auf einigen Stelen eine Inschrift angebracht: das Epitaph. Andere zeigten an Stelle oder zusätzlich zum Epitaph ein in den Stein gehauenes Bild: das Basrelief.

Die griechischen Grabstelen sind zu Tausenden überliefert und datieren vom archaischen Zeitalter bis in die späte Kaiserzeit (5. Jh. n.Chr.). Sie stammen aus allen von der hellenischen Kultur berührten Gebieten. Indessen wurden durch archäologische Funde und Nachforschungen Monumente aus zwei geographischen Zonen hervorgehoben: Athen und Kleinasien.

Die griechischen Grabsteine waren öffentliche Denkmäler, denn der Friedhof, auf welchem sie sich befanden, unterlag der Verantwortung der Behörden, und die durch die Stele vermittelte Botschaft wurde der Beurteilung aller überlassen. Da sie aus dem öffentlichen Bereich stammten, widerspiegelten die griechischen Grabstelen die Normen der zeitgenössischen Gesellschaft; sie vermittelten von jedem Verstorbenen ein idealisiertes, auf seine Tugenden oder seine bedeutendsten Handlungen beschränktes Bild.

Zu diesen bedeutenden Handlungen eines Individuums zählte nun auch die Ausübung eines Priesteramtes und, somit wurde dieses auf den Grabstelen erwähnt. Infolgedessen bilden die griechischen Grabmäler eine aufschlussreiche Gruppe von Dokumenten in Bezug auf die griechische Religion und die auf diesem Gebiet tätigen Menschen. Auf Grund ihres häufigen Vorkommens und dadurch, dass sie sowohl für Männer als auch für Frauen errichtet wurden, eignen sie sich gut für eine Studie in Geschlechtergeschichte. Aus diesem Grund stehen sie im Zentrum meiner Untersuchungen zum Verhältnis der Geschlechter in der griechischen Religion.[2]

Die Fülle der Dokumente machte gewisse Einschränkungen notwendig. Einerseits definierte ich einen genauen chronologischen Rahmen – für die hellenistische Epoche und die frühe römische Kaiserzeit (4. Jh. v.Chr. – 2. Jh. n.Chr.) wurden sowohl in Griechenland als auch in Kleinasien eine Vielzahl von Zeugnissen erfasst. Die Wahl des zu untersuchenden Zeitraumes wird durch die Tatsache gerechtfertigt, dass seit dem 4. Jahrhundert v.Chr. die von den Verstorbenen zugunsten der Gemeinschaft ausgeübte Tätigkeit auf den Grabstelen hervorgehoben wird. Andererseits beschränkte ich mich auf eine bestimme Kategorie von Grabmälern und zwar auf solche, die gleichzeitig Epitaph und Basrelief aufweisen.

Ziel der Untersuchung ist die Beurteilung der aus den Dokumenten ersichtlichen geschlechterspezifischen Unterschiede anhand dreier Forschungsaspekte:
a) Die Art und Weise, wie die Denkmäler Zeugnis ablegen von den religiösen Aktivitäten der Priester resp. der Priesterinnen sowie die zwischen den Individuen und der verehrten Gottheit gezogenen Verbindungen.

---

2 Aus der Bibliographie ist jedoch ersichtlich, dass dieses Material bisher nur selten für eine solche Betrachtungsweise verwendet wurde. Vgl. dazu die Referenzen bei Bielman (2006 und 2007).

b) Die Häufigkeit des Vorkommens von Basreliefs (im Gegensatz zu Stelen nur mit einem Epitaph) in Bezug auf das Geschlecht der verstorbenen Person.

c) Die gegenseitige Ergänzung von Basrelief und Epitaph entsprechend dem Geschlecht der verstorbenen Person.

2 Die griechischen Grabmäler als Zeugnisse ritueller Handlungen oder religiöser Funktionen

In der von den Griechen praktizierten, ritualistischen Religion übertraf die Orthopraxie (korrekte Ausübung sakraler Handlungen) die Orthodoxie (Festhalten an religiösen Lehrmeinungen). Folglich erscheint es interessant zu untersuchen, welche Angaben die Grabstelen zu den religiösen Handlungen der griechischen Priesterinnen und Priester liefern.

2.1 Die Grabmäler der Priesterinnen

Auf Grabmälern für Frauen werden drei ikonographische Elemente, welche drei religiösen Handlungen entsprechen, erfasst.

2.1.1 Gebogene Schlüssel

Die attische Keramik (6.–5. Jh. v.Chr.) zeigt die mythologischen Figuren von Priesterinnen oft mit einem gebogenen Schlüssel in der Hand. So auch die Priesterin Iphigenie (Abb. 1), welche stehend auf einem auf die Zeit um 400 v.Chr. zu datierenden Krater (Krug, in dem Wein mit Wasser gemischt wurde) vor dem Tempel der Artemis dargestellt ist.[3]

Diesen gebogenen Schlüssel findet man auf mehreren attischen Grabstelen von Frauen. Dies beispielsweise auf einer aus Eleusis stammenden und aus den Jahren 370–360 v.Chr. datierenden Stele (Abb. 2). Darauf sehen wir eine stehende Frau in langem Gewand (*chiton*), in der Hand einen Schlüssel hal-

Abb. 1: Ferrara, Museo archeologico, T 1145 (Bielman 2006, Tf. 26,2).

---

3 Krater des Malers der Iphigenie, Museo di Ferrara.

Abb. 2: Privatsammlung Schweiz (Bielman 2006, Tf. 26,1).

tend. Eine Inschrift nennt den Namen der Toten:

Choirine

(Bielman 2006, Nr. 1).

Zwei weitere attische Stelen aus dem 4. Jahrhundert v.Chr. zeigen einen mit der Stele der Choirine identischen Aufbau.[4] Zweifellos handelt es sich auch bei diesen um Grabstelen für Priesterinnen.

Der Schlüssel ist kein unbedeutender Gegenstand. Er steht symbolisch für die Befugnisse der Priesterin als Hüterin der religiösen Bauten und insbesondere des heiligen Schatzes, welcher an einem für die Öffentlichkeit unzugänglichen Ort im Heiligtum aufbewahrt wurde. Der Schlüssel zeigt folglich, dass die Priesterin Verwaltungspflichten gegenüber dem Heiligtum hatte. Als Herrin über den Tempel und die sich in ihm befindlichen wertvollen Objekte – gleich der griechischen Frau, welche Herrin über die Speisekammer und den Vorratsschrank ihres Hauses war – musste die Priesterin den Finanzbehörden der Stadt jährlich eine Abrechnung vorlegen.

2.1.2 Schlüssel und Opferbändchen

Im 2.–1. Jahrhundert v.Chr. wird auf den attischen Stelen der Schlüssel auch in einer anderen ikonographischen Darstellungsform verwendet. Es handelt sich um kleine, säulenförmige Grabmäler, welche auf ihrem Basrelief einen Schlüssel und schmale Opferstreifchen, jedoch keine menschliche Abbildung zeigen. Oberhalb oder unterhalb des Reliefs ist eine kurze Inschrift angebracht. Die Stele der Abryllis ist dafür beispielhaft (Abb. 3). Ihr Epitaph lautet:

Abryllis, Tochter des Mikion aus dem Demos Kephisia

(Bielman 2006, Nr. 5).

---

4 Bielman (2006), Nr. 2 und Anm. 13. Zwei attische Grablekythen (Henkelkrug mit schlankem Hals) zeigen eine Frau mit gebogenem Schlüssel, jedoch zusammen mit mehreren Personen: Clairmont (1993), Nr. 3.390b und Nr. 4.358. Auf dem ersten Beispiel gehört die Frau mit Schlüssel zu den Verwandten eines sitzenden Alten, sicherlich der Verstorbene; ohne Epitaph. Im zweiten Fall hält eine stehende Frau mit Schlüssel die Hand eines älteren, sitzenden Mannes; auf Grund des fehlenden Epitaphs ist nicht mit Sicherheit zu sagen, welcher der beiden Personen die Grablekythos geweiht wurde.

Wie im Epitaph der Choirine (siehe 2.1.1) wird auch hier kein religiöses Amt genannt. Die religiöse Funktion der Verstorbenen ist lediglich aus den auf dem Relief dargestellten Gegenständen ersichtlich. Diese beschreiben die Qualifikationen der Frau im religiösen Bereich. Die Bedeutung des Schlüssels wurde bereits oben erörtert, die Opferbändchen ihrerseits schmückten die Hörner der Opfertiere und weisen dadurch auf die Führerrolle der Priesterin in der Prozession und ihren Vorsitz während der Opferhandlung hin. Das Epitaph unterstreicht den nationalen Charakter des Priesteramtes, indem es – durch die Nennung des Patronymikons (der vom Namen des Vaters abgeleitete Name) und des Demos (staatlicher Verwaltungsbezirk) – die bürgerliche Stellung der Verstorbenen angibt: Sie stammte aus Athen und war Tochter eines athenischen Bürgers. Dies führt zu der Annahme, dass das Grabmal für eine Priesterin der Stadtgöttin, Athena Polias, errichtet wurde. Vier weitere attische und vier böotische Grabmäler, welche in die hellenistische Epoche und die Kaiserzeit zu datieren sind,[5] zeigen den gleichen Aufbau und wurden wahrscheinlich für Priesterinnen von Schutzgöttern dieser Städte errichtet.

Abb. 3: Athen, Nationalmuseum, 1727 (Bielman 2006, Tf. 27,3).

2.1.3 Opferphiale und Altar

Auf einer aus Makedonien stammenden Grabstele wird auf eine weitere, von Priesterinnen ausgeübte religiöse Handlung hingewiesen. Es handelt sich um die ins 2. Jahrhundert n. Chr. zu datierende Stele der Nike (Bielman 2006, Nr. 9) (Abb. 4).

Das Denkmal setzt sich aus zwei Bildflächen und einem Giebel zusammen. Zwischen den Bildflächen steht folgende Inschrift:

> Strenos für Nike, seine Frau, auch sie Priesterin. Zu ihrem Gedenken.

In der Mitte des Giebels ist eine Siegesgöttin (Griechisch *Nike*) abgebildet, einen Kranz haltend. Auf dem oberen Relief sehen wir einen Mann und eine Frau, beide mit Mantel und Phiale (flache Schale ohne Fuß). Sie stehen um einen Altar, der mit Tannenzapfen, einem Symbol der Trauer, geschmückt ist. Auf dem unteren Relief wenden drei Figuren dem Betrachter ihr Antlitz zu: auf der linken Seite ein Mann, bekleidet mit einer Toga, in der Mitte ein junger Mann mit nacktem Oberkörper und rechts eine Frau.

---

5 Bielman (2006), Anm. 18, 20 und 21 gibt die Referenzen sowie die Übersetzung der betreffenden Dokumente.

Während sich auf dem Giebel ein Wortspiel mit dem Namen der Verstorbenen, Nike, befindet, zeigt das obere Relief dieselbe in der Ausführung ihres Amtes als Priesterin an der Seite ihres Mannes: Mit der Phiale in der Hand bereitet sie sich auf ein Trankopfer am Altar vor. Man beachte hierbei die im Relief geschaffene Gleichstellung zwischen Nike und ihrem Mann während der sakralen Handlung; sie sind symmetrisch auf beiden Seiten des Altars dargestellt. Das Relief illustriert hier den in der Inschrift verwendeten Ausdruck »auch sie Priesterin«. Dies ist Ausdruck einer zeitgenössischen Realität: Während der Kaiserzeit war ein praktizierendes Priesterehepaar im religiösen griechischen Umfeld die Regel. Das untere Bildfeld befasst sich mit den familiären Verhältnissen der Verstorbenen, dargestellt mit ihrem Mann und dem gemeinsamen Sohn. Darauf werde ich unter 4.2 zurückkommen.

2.2   Die Grabmäler der Priester

Abb. 4: Verlorenes Denkmal, Archiv der Ecole Française d'Athènes (Bielman 2006, Tf. 28,4).

Die griechische Literatur nennt drei Attribute, mit welchen ein Priester charakterisiert werden kann: das Zepter (Instrument des Chryses, des Priesters des Apollon in Homers *Ilias*), die Krone oder das Diadem und die um den Kopf geknoteten Bänder. Auf den Grabstelen jedoch wird keines dieser Attribute zur Beschreibung einer von einem Mann ausgeübten sakralen Funktion verwendet.

2.2.1 Das Opfermesser

Auf vier aus dem 4. Jahrhundert v. Chr. stammenden Grabstelen aus Athen findet sich hingegen die Darstellung eines mit einem Messer bewaffneten Mannes.[6] Als Beispiel wollen wir die Stele des Simos betrachten (Abb. 5):

---

6 1. Clairmont (1993), Nr. 1.250. 2. Clairmont (1993), Nr. 1.186: bärtiger Mann mit Messer; ohne Epitaph. 3. Clairmont (1993), Nr. 2.341b: Auf der Lekythos findet sich ein Männername und ein Demos; ein bärtiger Mann mit Messer, gekleidet in Chiton und Mantel, reicht einer sitzenden Frau die Hand. 4. Clairmont (1993), Nr. 2.412a: Diese Grablekythos trägt zwei Namen und zeigt

Der aufrecht stehende Verstorbene, im Profil dargestellt, trägt einen Bart. Bekleidet mit einer langen Tunika (*chiton*) mit kurzen Ärmeln, hält er in seiner rechten Hand ein langes spitzes Messer. Die Inschrift über dem Relief besagt:

Simos, aus dem Demos Myrrhinus.

Die Nennung des Demos ermöglicht es, den Mann als Bürger Athens zu identifizieren.

Der lange Chiton mit kurzen Ärmeln ist kein männliches Kleidungsstück, das auf Grabstelen häufig verwendet wird und ist daher von besonderem Interesse. Das Messer seinerseits erinnert in seiner Form an eine *machaira*, mit welcher den Opfertieren die Kehle durchschnitten wurde. Diese Verbindung zwischen ungewöhnlicher Bekleidung und Opfermesser könnte auf einen Priester hinweisen. Die Wahl der *machaira* als Symbol der männlichen sakralen Funktion kommt nicht von ungefähr. Da Priesterinnen in der griechischen Religion nicht mit Blut in Berührung kommen durften, hatten sie folglich nicht das Recht, die Tötung der Opfertiere

Abb. 5: Athen, Nationalmuseum, 772 (Clairmont 1993, Abb. Nr. 1.250).

selbst vorzunehmen. Dafür nahmen sie die Dienste eines Fachmannes, des Opferers, in Anspruch. Auch die Priester griffen oft auf solche Opferer zurück, insbesondere für die Tötung großer Tiere, welche ein gewisses technisches Können voraussetzte. Falls sie dies jedoch wollten, besaßen die Priester das Recht, die Opferung selbst vorzunehmen. Die Charakterisierung des Priesters durch eine *machaira* verweist folglich auf eine Unterscheidung der Geschlechter im rituellen Bereich, auf die unterschiedlichen religiösen Funktionen des Mannes/Priesters und der Frau/Priesterin.

Auf den Basreliefs der bisher betrachteten Stelen werden lediglich Gegenstände dargestellt, welche auf die rituellen Handlungen der Priesterinnen und Priester hinweisen, ohne jedoch die Gottheiten, in deren Dienst sie standen, zu bezeichnen. Andere Grabstelen hingegen verweisen auf die spezifischen, identifizierbaren Götter.

---

zwei stehende Männer in langem Chiton mit kurzen Ärmeln und mit je einem Messer; handelt es sich hierbei um das Grabmal für zwei Priester?

3   Griechische Grabmäler als Zeugnisse einer bevorzugten Verbindung zwischen der Gottheit und der in ihrem Dienst stehenden Zelebranten

Im antiken Griechenland unterhielten, so glaubte man, die Priesterinnen und Priester als Vermittler zwischen Göttern und Menschen eine besondere Beziehung zu der Gottheit, in deren Dienst sie standen. Dies verlieh ihnen das Privileg, die betreffende Gottheit während der religiösen Zeremonie zu vertreten, um nicht zu sagen zu »verkörpern«. Die anthropomorphe Gestalt der Götter unterstützte diese physische Annäherung. Während den Panathenäen beispielsweise trug ein athenisches Mädchen vornehmer Herkunft ein Kostüm der Athena, samt Helm und Ägide. C. Bérard (1984, 107) weist in diesem Zusammenhang darauf hin, dass die Kultstatuen der Götter für die Priesterinnen und Priester eine Vorbildfunktion erfüllten, während diese ihrerseits in den Augen der Gläubigen die göttliche Macht verkörperten.

3.1   Die Grabmäler der Priesterinnen

Einige für Frauen errichtete Grabstelen zeugen in erstaunlicher Art und Weise vom Wunsch der Priesterinnen, mit der jeweiligen Göttin identifiziert zu werden. Um eine solche Identifikation zu unterstreichen, werden verschiedene Mittel eingesetzt.

3.1.1   Göttliche Attribute
So findet man beispielsweise auf einigen attischen Grabreliefs aus dem 4. Jahrhundert v.Chr. ein Tympanum, ein für den Kult der Kybele typisches, tamburinartiges Instrument. Es ist auch auf der Stele der Chairestrate abgebildet (Bielman 2006, Nr. 3) (Abb. 6).

Das Basrelief stellt eine Frau im Profil, auf einem Stuhl sitzend, dar. Eine Dienerin reicht ihr ein Tympanum. Oberhalb des Reliefs trägt die Stele eine Inschrift in Versform:

> Chairestrate, Frau des Menekrates aus dem Demos Ikaria. Die ehrwürdige und achtenswerte Dienerin der Mutter allen Seins, Chairestrate, ruht in diesem Grabe, von ihrem Gatten geliebt zu Lebzeiten und beweint nach ihre Tode. Doch verließ sie das Licht des Tages dankbar, die Kinder ihrer Kinder erblickt zu haben.

Abb. 6: Athen, Piräusmuseum, 1031 (Bielman 2006, Tf. 27,1).

Das Epitaph beschreibt Chairestrate als »Dienerin der großen Göttermutter«, also als Priesterin der Kybele. Es weist darauf hin, dass der Ehemann der Priesterin die Stele errichten liess, und es betont die familiäre Rolle der Chairestrate. Das Relief hingegen verweist durch das Tympanum auf die religiöse Funktion dieser Frau.

Dank dieser Stele gilt die Verbindung zwischen Tympanum und dem Priesteramt der Kybele als gesichert. Zudem bemerkt man zwischen den bekannten Kultdarstellungen der Kybele – meist auf einem verzierten Sessel sitzend – und der Figur des Basreliefs, welche auf einem geschnitzten Stuhl sitzt, eine Parallelität. Die Darstellung eines Tympanums findet sich auch auf sechs weiteren Grabstelen für Frauen. Sie datieren aus der hellenistischen Epoche und stammen aus Athen oder Kleinasien.[7] Aufgrund der Ähnlichkeit dieser Grabstelen mit dem ikonographischen Schema, welches für das Basrelief der Chairestrate verwendet wurde, kann man darin Priesterinnen der Kybele erkennen.

3.1.2 Göttliche Attribute und Namen

Andere Städte, andere Götter. Im 2. Jahrhundert v.Chr. bilden in Smyrna ein Dutzend Grabmäler eine homogene Gruppe.[8] Die Stele der Demo liefert uns ein Beispiel dafür (Bielman 2006, Nr. 6) (Abb. 7).

Abb. 7: Verona, Museo Maffeiano (Bielman 2006, Tf. 28,1).

Die Stele besitzt einen Giebel und eine Nische, in deren Zentrum sich eine Frau in langem Chiton und Mantel erhebt. Ihre linke Hand umfasst eine Mohnblume, ihre rechte Hand hält eine große, brennende Fackel. Die zentrale Figur ist von zwei Dienerinnen umgeben. Auf dem Band zwischen Giebel und Nische stehen, gerahmt von einem Blätterkranz, die Worte

Das Volk.

---

7 Die Referenzen zu den Dokumenten bei Bielman (2007), Nr. 4 und Anm. 15.

8 Die Referenzen zu den Denkmälern bei Bielman (2006), Anm. 22.

Unterhalb dieses Kranzes findet man den Namen der Verstorbenen, ihr Patronymikon und den Namen ihres Ehemannes:

> Für Demo, Tochter des Dionysios, Frau des Euxenos.

Drei Grabstelen, die für Ehepaare errichtet wurden, schließen sich dieser dokumentarischen Einheit an, denn die jeweilige weibliche Figur weist dieselben Merkmale auf, wie sie die Stele der Demo zeigt. Betrachten wir beispielsweise die Stele der Herophanta und des Posideos (Bielman 2006, Nr. 7) (Abb. 8).[9]

Die stehende, dem Betrachter zugewandte Frau trägt einen langen Chiton und Mantel. In der einen Hand hält sie Getreideähren, in der anderen eine große, brennende Fackel. Der Mann steht aufrecht neben ihr; zwei Dienerinnen ergänzen die Szene. Das Epitaph nennt die Namen der beiden Verstorbenen:

> (Im linken Kranz, oberhalb des Kopfes des Mannes):
> »Das Volk«
> (Unter dem Basrelief):
> (unterhalb der männlichen Figur links):
> »Für Posideos, Sohn des Demokles«
> (unterhalb der weiblichen Figur rechts):
> »Für Herophanta, Tochter des Timon«.

Abb. 8: Verlorenes Denkmal (Bielman 2006, Tf. 28,2).

Die auf den Reliefs dargestellten weiblichen Figuren tragen die für die Göttin Demeter charakteristischen Attribute (Mohnblume, Getreideähren, brennende Fackel, langer Chiton und Mantel). Daraus lässt sich schließen, dass es sich bei den Verstorbenen um Priesterinnen der Demeter handelt. Der im Namen des Volkes angebrachte Kranz zeigt, dass die Verstorbenen in ihrer Stadt eine offizielle Stellung erlangt hatten und ihnen anlässlich der Trauerzeremonie öffentliche Ehren zuteil wurden. Das Epitaph nennt keine religiösen Titel. Es ist nur das Bild, das mit Hilfe von Gegenständen, welche für die Passanten leicht zu identifizieren waren, auf die priesterliche Funktion der Verstorbenen hinweist. Die Nennung des Volkes im Kranz unterstreicht das öffentliche Ansehen dieser

9　Zu den zwei anderen vergleichbaren Denkmälern: Pfuhl/Moebius (1977), Nr. 872 und 530.

Frauen. Auf den Grabstelen, die für Paare errichtet wurden, ist es offensichtlich die weibliche Figur, welche durch die ihr zugeordneten religiösen Attribute in den Vordergrund gerückt wird. Der Mann ist mit keinem signifikanten Gegenstand (z. B. einer Papyrusrolle) ausgestattet, der über seine Talente oder seinen Geschmack Auskunft geben könnte. Im Gegensatz zur Mehrheit der hellenistischen Paarstelen erscheint der Mann hier als bloße Begleitfigur der Frau. Aus der Betrachtung der Stelen ergibt sich der Eindruck, dass sich die Aura der Priesterin auf die ihr nahe stehenden Personen übertrug und dass es für einen Ehemann selbstverständlich war, sich mit seiner Ehefrau, die ein Priesteramt inne hatte, auf einer gemeinsamen Grabstele abbilden zu lassen. Auf den Grabstelen der Isispriesterinnen findet man eine hohe familiäre Präsenz (vgl. 3.3).

Die Nähe zwischen der Göttin und ihren Priesterinnen ist auch aus den Namen der Verstorbenen ersichtlich: Demo wird aus der gleichen Wortwurzel wie Demeter gebildet, ebenso wie der Name einer anderen Priesterin aus Smyrna, Metreis. Der Name Herophanta seinerseits bezieht sich auf eine religiöse Funktion in Zusammenhang mit dem Mysterienkult in Eleusis. Dies sind sicherlich keine Zufälle; es handelt sich vielmehr um Leihnamen, welche von den Priesterinnen beim Antritt ihres Amtes gewählt wurden. Selbstverständlich betraf die Gleichsetzung mit einer Göttin mittels des Namens ausschließlich priesterliche Funktionen mit langer Amtsdauer. Es handelt sich hierbei nicht um ein dem Demeterkult eigenes Merkmal. Beispiele gleicher Art finden sich auch im Kult der Isis (siehe 3.3) mit Priesterinnen namens Isias oder Sarapias.

3.2   *Die Grabmäler der Priester*

Die für Männer errichteten Grabstelen bieten kaum überzeugende Beweise für die Ähnlichkeit des Erscheinungsbildes zwischen dem Gott und seinem Priester. Es konnte lediglich eine Serie von Beispielen zusammengestellt werden.

3.2.1 *Göttliche Attribute*
Oben (2.2.1) wurde auf den langen Chiton mit kurzen Ärmeln als ein Charakteristikum griechischer Priester hingewiesen. Er findet sich auf einer Stele aus Athen (4. Jh. v.Chr.), deren Epitaph nur einen Namen nennt

Chairedemos

(Clairmont 1993, Nr. 1.469) (Abb. 9).

Der dargestellte Mann trägt einen Bart und schwenkt in seiner Hand einen Kantharos, eine für den dionysischen Kult typische Trinkvase. Die Frisur des Mannes erinnert an einige Skulpturen des Dionysos, welche den Gott mit üppig gelocktem Haar darstellen. Die Verbindung von langem Chiton, Kantharos und Locken legt eine Interpretation des Chairedemos als einen Priester des Dionysos nahe. Auch auf einer attischen Grablekythos aus dem 4. Jahrhundert v.Chr., welche den Namen

Pantaleon

Abb. 9: Durham, Museum of Art, DCC 69.7
(Clairmont 1993, Nr. 1.469).

trägt, führt die Präsenz des langen Chitons und des Kantharos dazu, in der dargestellten Figur einen Priester des dionysischen Kultes zu erkennen (Clairmont 1993, Nr. 1.377). Auf den Reliefs zweier weiterer Denkmäler – eines aus Athen, das andere aus Bulgarien stammend – ist ein bärtiger Mann mit langem Chiton und Kantharos abgebildet. Die sie umgebende Szenerie unterscheidet sich jedoch von derjenigen der beiden besprochenen Beispiele;[10] dies macht eine Identifizierung der Verstorbenen als Priester des Dionysos schwierig.

3.3   Die Grabstelen der Isisdiener und -dienerinnen: eine gewisse Gleichheit der Geschlechter?

Eine Gruppe von Denkmälern erinnert an die Ausübenden des griechisch-ägyptischen Kultes der Isis und des Serapis, genannt Isisdiener und -dienerinnen. Im Gegensatz zu den bereits besprochenen Beispielen weisen diese für Männer und Frauen errichteten Grabstelen der Isisdiener und -dienerinnen untereinander eine gewisse Ähnlichkeit auf. Ein Blick auf zwei aus dem attischen Raum stammende Beispiele aus dem 2. Jahrhundert n.Chr. bestätigt dies:

Die Stele der Amaryllis (Abb. 10) (Bricault 2005, Nr. 101/0238) nennt die Namen zweier Verstorbener:

> Mousaios, Sohn des Antipatros, aus dem Demos Alopeke; Amaryllis, Tochter des Antipatros aus dem Demos Alopeke.

Wie aus ihrer identischen Abstammung und Demenzugehörigkeit erkennbar ist, handelt es sich bei den Verstorbenen – beide Bürger Athens – um Bruder und Schwester. Auf dem Relief, das die Stele schmückt, sind jedoch nicht zwei, sondern drei stehende Figuren mit zugewandtem Gesicht abgebildet: Auf der linken Seite ha-

---

10 1 Clairmont (1993), Nr. 157: Auf diesem attischen Lutrophoros (schlankes Kultgefäß mit zwei oder drei Henkeln) ohne Epitaph umstehen zwei junge Menschen einen Mann mit Kantharos; handelt es sich hierbei um die Darstellung eines verstorbenen Priesters mit seinen Assistenten? 2. Pfuhl/Moebius (1977), Nr. 816: Das Relief dieser ins 3. Jahrhundert v.Chr. zu datierenden und aus Mesembria/Bulgarien stammenden Stele zeigt einen sitzenden Mann (erhalten ist lediglich der obere Teil des Oberkörpers) im Chiton mit kurzen Ärmeln und Mantel. Er hält einen Kantharos und sitzt einem stehenden Kind gegenüber; das Epitaph nennt zwei Männernamen: »Herophilos, Parmios«.

ben wir die Figur eines Mannes – zweifellos Mousaios – mit Mantel und Tunika. Er hält eine Papyrusrolle. Im mittleren Teil und rechts auf dem Relief ist je eine weibliche Figur dargestellt. Die Frau in der Mitte trägt ihr Haar offen über den Schultern und ist mit einem auf Brusthöhe geknoteten Mantel bekleidet; in ihrer linken Hand hält sie eine Situla (kleiner Eimer mit Henkel), in ihrer rechten Hand ein Sistrum (Rasselinstrument). Wahrscheinlich handelt es sich um Amaryllis.

Situla und Sistrum sind Instrumente des Isiskultes. Auch zeigen die Kultstatuen der Isis die Göttin mit einem vorne geknoteten Mantel. Eine weibliche Figur mit ähnlichem Aussehen findet sich auf ungefähr zwanzig Grabmälern mit Relief aus der römischen Kaiserzeit, welche überwiegend aus dem attischen Raum stammen.[11] Ob-

Abb. 10: Athen, Nationalmuseum, 1233 (Bricault 2005, Nr. 101/0238, Taf. X).

wohl die Verstorbenen in dem zur Stele gehörenden Epitaph nicht mit einem Priestertitel bedacht sind, führt doch die Gleichsetzung der Isisstatuen mit den im Basrelief dargestellten Figuren zu einer Identifikation derselben als Isispriesterinnen. Dies war denn auch sicherlich die Funktion der Amaryllis.

Hingegen bringt kein visueller oder wörtlicher Hinweis Mousaios, Bruder der Amaryllis, oder die andere weibliche Figur, welche zwar auf dem Relief dargestellt, im Epitaph jedoch nicht erwähnt wird, mit dem Isiskult in Verbindung. Einer der letzten Besprechungen des Denkmals zufolge könnte es sich bei der weiblichen Figur um die Mutter des Mousaios und der Amaryllis handeln. Diese Interpretation erscheint plausibel, da das gemeinsame Auftreten von Isispriesterinnen mit Mitgliedern ihrer Familie – in Epitaphen oder auf Grabreliefs – oft belegt ist.

Die zweite Stele (Abb. 11) (Bricault 2005, Nr. 101/0801) nennt ebenfalls zwei Namen, den eines Mannes und denjenigen seiner Ehefrau:

Sosipatros, Sohn des Hipposthenes; Epiteugma, Tochter des Poplios, Frau des Sosipatros.

---

11 Die Referenzen dazu bei Bielman (2006), sv Nr. 10 und 11 und Bielman (2007), Anm. 30. Die Isispriesterinnen werden auf dem Relief teils allei-

ne, teils mit einer oder zwei anderen Personen dargestellt.

Abb. 11: Archäologisches Museum Brauron, BE 794
(Eingartner 1991, Taf. LXVII).

Auf dem Relief ist ein stehendes Paar abgebildet: links der Mann, in der einen Hand ein Sistrum, in der anderen Hand eine Situla haltend, rechts die Frau ohne charakteristische Merkmale. Die Gegenstände, welche der Mann in seinen Händen hält, entsprechen denjenigen, mit denen auch die zentrale Figur auf dem Relief der Amaryllis ausgestattet ist; er trägt hingegen kein charakteristisches Gewand. Einen solchen, mit den Instrumenten des Isiskultes ausgestatteten Mann findet sich lediglich noch auf zwei anderen Grabreliefs.[12] Jedoch zeigt eine aus dem Norden Griechenlands stammende Grabstele – mit gemaltem Bild anstelle eines Reliefs – einen Mann in ägyptischer Kleidung, mit geschorenem Kopf, ein Sistrum und eine Situla (oder eine Phiale) haltend. Aus dem Epitaph erfahren wir, dass es sich dabei um

Ouaphres, Sohn des Horos, aus Busiris, Priester der Isis

handelt.[13] Das Denkmal erlaubt uns also das männliche Priesteramt des Isiskultes nicht nur mit bestimmten rituellen Gegenständen (Sistrum, Situla), sondern auch mit einer gewissen körperlichen Erscheinung und Kleidung in Verbindung zu bringen. So tragen auch die oben als Isispriesterinnen identifizierten Figuren, wie Amaryllis, eine charakteristische Frisur und einen charakteristischen Mantel. Aufgrund der Abwesenheit einer typischen Bekleidung sowie der Tonsur, erscheint es schwierig zu bestimmen, ob es sich bei den auf den oben erwähnten Stelen dargestellten männlichen Verstorbenen um Priester oder um einfache Anhänger der Göttin handelt.

Die mit dem Isiskult verbundenen Reliefstelen für Männer und Frauen weisen trotz ihrer anscheinenden Ähnlichkeit beachtliche Unterschiede auf:

---

12 1. Bricault (2005, 101/236), Athen, Ende 1. Jahrhundert n.Chr.: Im Epitaph werden ein Männer- und ein Frauenname genannt; das Relief zeigt einen Mann mit Sistrum und eine stehende Frau. 2. Bricault (2005, 202/1002), Paros, Reliefsarkophag, 2. Jahrhundert n.Chr.: Das Epitaph nennt einen Männernamen; im Relief ist ein Mann mit Sistrum und Situla abgebildet.
13 Bricault (2005, 112/0701, leider ohne Abbildung), Demetrias, um 250 v.Chr.

- bezüglich der Zahl der erhaltenen Zeugnisse (ca. 20 für Frauen, lediglich drei für Männer).
- bezüglich der jeweiligen Identifikation der religiösen Rolle anhand des Reliefs. Die Stelen der Frauen sind eindeutig als solche von Priesterinnen erkennbar; diejenigen der Männer lassen in diesem Punkt gewisse Zweifel offen.

4 Die Grabstelen der Priester und Priesterinnen: Unterschiede und Gemeinsamkeiten

An dieser Stelle soll eine Synthese erstellt werden. Ziel der Untersuchung (siehe Einführung) war es, die Form und die Aussage von Grabstelen im Hinblick auf das Geschlecht der verstorbenen Person zu analysieren. Daraus sollten Schlüsse auf die von Männern und Frauen ausgeübten religiösen Rollen gezogen werden.

4.1 Das Priesteramt des Mannes, Etappe einer politischen Karriere

Von verschiedenen Archäologen (darunter Clairmont 1993) wurde betont, dass die Darstellung eines Mannes in langem Chiton mit kurzen Ärmeln auf einem Grabrelief ausreicht, um den Verstorbenen als Priester zu identifizieren. Diese Folgerung scheint etwas voreilig gezogen worden zu sein; lehnt man sie jedoch ab, so bedeutet dies, dass sich die als gesichert geltenden Darstellungen von Priestern auf Grabreliefs auf die oben erfassten Denkmäler (siehe 2.2.1, 3.2.1, 3.3) beschränken. Daraus muss man also schließen, dass in der hellenistischen Epoche und der Kaiserzeit in der griechischen Welt viel weniger Grabreliefs für Priester als für Priesterinnen errichtet wurden.

Man bemerkt auch, dass die Grabreliefs der Priester in Bezug auf ihre bildliche Gestaltung weniger Einfallsreichtum zeigen als diejenigen der Priesterinnen. Es konnten lediglich zwei spezifische Darstellungsschemen für Priester erkannt werden: die Kombination von langem Chiton und *machaira*, welche auf die Opfertätigkeit des Priesters hinweist, sowie die Verbindung von langem Chiton und Kantharos, womit an den dionysischen Kult erinnert wird. Beim Isiskult handelt es sich um einen Sonderfall, da die wenigen betroffenen Denkmäler für Männer einzelne Teile des ikonographischen Codes der Priesterinnen übernehmen: Die rituellen Objekte werden beibehalten, jedoch nicht die Bekleidung.

Bedeutet dies, dass es in Griechenland weniger Priester als Priesterinnen gab? Oder dass die Priester bei ihren Grabstelen auf einen Hinweis auf ihr religiöses Amt verzichteten? Wohl kaum. Untersucht man Grabstelen, die ausschließlich ein Epitaph aufweisen (d.h. ohne Basrelief), so finden sich in diesen häufig Angaben zu männlichen Priesterämtern. Als Beispiel betrachten wir das Epitaph des Gorgos (Notion/Kleinasien, 1. Jh. v.Chr.; Peek 1960, Nr. 134):

Den Liebhaber vieler Bücher, den Alten, der jegliche Erzählung der Sänger Seite um Seite sorgfältig und emsig studierte, den hochgemuten Gorgos, der die Weisheit liebte in seinem Herzen, den Diener bei den Dreifüssen des klarischen Apollon birgt des Kekrops Erde in ihrem Schoss. Doch um seiner Frömmigkeit willen kam er nach seinem Tode zum Sitz aller Frommen.

Das Epitaph nennt Gorgos den »Diener bei den Dreifüssen des klarischen Apollon«; es handelt sich hierbei um eine poetische Beschreibung des Priesteramtes im Orakelheiligtum des Apollon in Klaros, das sich in einigen Kilometern Entfernung von Notion befand. Trotz der großen Berühmtheit des Heiligtums von Klaros steht das dort von Gorgos ausgeübte Priesteramt nicht im Zentrum seines Epitaphs. Hingegen wird durch wiederholte Hinweise auf die intellektuelle Betätigung des Verstorbenen die Bildung desselben hervorgehoben. Das Priesteramt wird hier zur bloßen Nebenerscheinung; es ist Teil einer bestimmten Aufzählung, welche eine globale Wahrnehmung des Verstorbenen und seiner intellektuellen Bildung ermöglichen soll.

Das Epitaph des Gorgos unterstreicht eine Offenkundigkeit der griechischen Gesellschaft: Den Männern ergaben sich zahlreiche Gelegenheiten, innerhalb ihrer Stadt Bekanntheit zu erlangen; die Priesterämter waren dabei nur eine von vielen Möglichkeiten. Da es zudem üblich war, auf einem Grabstein an *alle* Tätigkeiten eines Verstorbenen zu erinnern, so waren die Priesterämter auf den männlichen Grabstelen in der Regel weder alleiniges, noch zentrales Thema. Aus diesem Grund wurde das Priesteramt auf den für Männer errichteten Grabstelen nicht bildlich im Basrelief dargestellt, sondern vorzugsweise in Worten, innerhalb einer Auflistung aller Aktivitäten und öffentlichen Ämter, aufgeführt.

4.2   Das Priesteramt der Frau, Drehpunkt eines Lebens

Gänzlich anders präsentieren sich die Grabmäler der Priesterinnen. Wie wir feststellen konnten, wurden auf den Reliefs der Frauen die für die verschiedenen religiösen Rollen (Aufsicht über den Tempel, Führung der Prozession, Ausübung des Trankopfers, Repräsentation oder Inkarnation der Gottheit während Volksfesten) repräsentativen Gegenstände dargestellt. Auf mehreren Denkmälern wird die zwischen einer Göttin und ihrer Priesterin bestehende direkte Verbindung betont.

Des weiteren kommt in der Mehrzahl der untersuchten, für Frauen errichteten Stelen das Priesteramt im Basrelief und nicht im Epitaph zum Ausdruck. Im Epitaph werden lediglich bestimmte Angaben zu der Verstorbenen (Bürgerin oder Fremde, verheiratet oder ledig) gemacht; jedoch kann dabei der Name der Toten bereits auf die religiöse Funktion hindeuten. Zudem legitimiert der Hinweis auf die rechtliche Stellung der Verstorbenen das Ausüben eines Priesteramtes mit stark nationalem Charakter. Die im Namen des Volkes angebrachten Kränze bestätigen die ewige öffentliche Anerkennung gegenüber der Ausführung des religiösen Amtes.

Im Hinblick auf die zwischen Epitaph und Basrelief herrschende Verbindung sind zwei Stelen von besonderem Interesse: diejenigen der Chairestrate (siehe 3.1.1) und der Nike (siehe 2.1.3). Die Stele der Chairestrate erwähnt in ihrem Textfeld das Priesteramt der großen Göttermutter, während das Relief eine Frau zeigt, die mit den Attributen der Kybele ausgestattet ist: Epitaph und Relief sind hier aufeinander abgestimmt. Allerdings wird in der Inschrift zusätzlich auf das Privatleben der Verstorbenen, auf die Tatsache, dass sie verheiratet war und ihre Enkelkinder kannte, hingewiesen; Text und Bild sind folglich komplementär.

In gleicher Weise wird auf der Stele der Nike das Priesteramt im Text erwähnt, während das Relief eine Frau mit Phiale darstellt; die beiden Bestandteile des Denkmals sind einander angepasst. Jedoch wird hier das Epitaph durch das Relief ergänzt, welches Nike, abgebildet mit Ehemann und Sohn, in ihrem familiären Rahmen darstellt. Der Wunsch, beide Teile einer Stele (Epitaph und Basrelief) zu nutzen, um ein möglichst umfassendes und zusammenhängendes Bild der Verstorbenen zu entwerfen, indem das private und das öffentliche Leben miteinander verbunden werden, ist bemerkenswert.

Es ist unbestritten, dass das Priesteramt einer Frau überwiegend im Bild und nicht im Text zum Ausdruck gebracht wird. Richtete sich die bildhafte Mitteilung der Grabstelen für Priesterinnen in erster Linie an ein weibliches Publikum, welches vielleicht weniger stark alphabetisiert oder zumindest in geringerem Masse als die männlichen Betrachter an die Schrift gewohnt war? Die Grabreliefs der Priesterinnen hätten dadurch bewusst die Aufmerksamkeit der Frauen gesucht, sowie, durch die Aufzeigung des sie erwartenden ewig währenden Ruhmes, die Anwerbung neuer Anwärterinnen für das Priesteramt bezweckt. Abgesehen von den Priesterämtern boten sich für Frauen in der Tat wenige Gelegenheiten, sich in der Öffentlichkeit einen Namen zu machen. Zwar stand gewissen Frauen, dank besonderer familiärer oder politischer Umstände, in der hellenistischen Epoche und der Kaiserzeit die Möglichkeit offen, eine Magistratur zu erlangen. Es handelte sich dabei jedoch um Ausnahmefälle; zudem entsprach ein derartiges politisches Engagement nicht der traditionellen Rolle der griechischen Frau. Die den Frauen offen stehenden Priesterämter waren hingegen zahlreich und mit großem Ansehen verbunden. Daher wird auf den für Frauen errichteten Grabstelen ein Priesteramt stets als die von der Frau ausgeübte Haupttätigkeit hervorgehoben; ging diese öffentliche Beschäftigung zudem mit einem glücklichen Familienleben, mit Ehemann und Kindern, einher, so war die Verstorbene des Ruhmes würdig. Es war daher nur natürlich, dass die Priesterinnen ihr Amt möglichst gut sichtbar zu verewigen wünschten, indem sie ihm ein Basrelief auf ihrer Grabstele widmeten.

In eine geschriebene Auflistung von Ämtern und Tugenden eingefügte Worte für die Priesterämter der Männer, die Betonung von Gegenständen und eine der Gottheit angenäherte Figur für die Priesterämter der Frauen: Diese unterschiedlichen Ausdrucksweisen entsprechen zwar zwei gesellschaftlichen Realitäten – derjenigen der Männer und der Frauen – beziehen sich jedoch auf ein und denselben griechischen religiösen Bereich, in welchem Männer und Frauen in gleicher Weise tätig waren.

Literatur

Bérard, Claude (1984), La cité des images, Lausanne/Paris, LEP-Nathan.

Bielman Sanchez, Anne, (2006), Bilder (fast) ohne Worte: die griechischen Grabstelen für Priesterinnen, in: Schroer, Silvia, Hg., Images and Gender, Contributions to the Hermeneutics of Reading Ancient Art, Orbis Biblicus et Orientalis 220, Freiburg (Schweiz)/Göttingen, Universitätsverlag/Vandenhoeck and Ruprecht, 351–378, Taf. 26–29.

– (2008), L'éternité des femmes actives. Remarques sur une série de stèles funéraires grecques hellénistiques et impériales, in: Dies./Frei-Stolba, Regula, Hg., Egypte, Grèce, Rome: la diversité des femmes antiques, ECHO 8, Bern, Lang.

Bricault, Laurent (2005), Recueil des inscriptions concernant les cultes isiaques, 3 Bde., Paris, Diff. de Boccard.

Clairmont, Christoph Walter (1993), Classical Attic Tombstones, 1–6, Kilchberg, Arkanthus.

Eingartner, Johannes (1991), Isis und ihre Dienerinnen in der Kunst der römischen Kaiserzeit, Leiden, Brill.

Peek, Werner (1960), Griechische Grabgedichte, Schriften und Quellen der alten Welt 7, Berlin, Akademie-Verlag.

Pfuhl, Ernst/Moebius, Hans (1977), Die ostgriechischen Grabreliefs, Mainz, von Zabern.

»Mehr verschandelt als verwandelt«
Kleidung als Medium der Geschlechterkonstruktion in religiösen Symbolsystemen

Anna-Katharina Höpflinger

1   Das Korsett der Kodierungsebenen

Fragt man nach einem Zusammenhang zwischen Kleidung, Geschlecht und Religion, setzt man drei sehr unterschiedliche Größen in eine Verbindung zueinander. Es wird nach Relationen und Relationsmechanismen zwischen diesen drei Begriffen und den Konzepten, die sich hinter diesen Termini verbergen, gesucht. Im Folgenden soll über einige mögliche solcher Wechselwirkungen nachgedacht werden. Den Ausgangspunkt bildet dabei die Kleidung.

Kleidung verdeckt zunächst – zumindest dort auf der Welt, wo Nacktheit in der Öffentlichkeit nicht zum alltäglichen Leben gehört[1] – einen Teil der biologischen Geschlechtsmerkmale. Gleichzeitig ist Kleidung mitverantwortlich für die Konstruktion des Geschlechts als soziale Kategorie. Sie trägt dazu bei, Geschlechterdifferenzen gegen außen zu präsentieren oder aufzulösen. Dies geschieht anhand mehr oder weniger eindeutiger Signale, die mit einem bestimmten Geschlecht verbunden werden oder Geschlechterdifferenzen verwischen. Wenn durch Kleidung Geschlechter konstruiert werden sollen, dann sind dies nicht irgendwelche beliebigen Geschlechter, sondern die Konstruktion richtet sich nach Idealbildern der jeweiligen Gemeinschaft.[2] Dies ist zunächst – da gegen außen am offensichtlichsten – ein körperliches Idealbild: Kleidung formt den Körper so, dass er den zu der jeweiligen Zeit vorherrschenden Schönheitsvorgaben oder moralischen Ansprüchen genügt.[3] Eine solche Formung geschieht mit allen möglichen Mitteln, die zur Verfügung stehen. Der Körper wird zum Beispiel mit Hilfe von Korsetts in die richtige Linie gebracht. Heute, wo die zumindest in Mitteleuropa gängige Mode solche formgebenden Materialien nur noch eingeschränkt fördert, wird die vorherrschende körperliche Idealform

1 Für ein mögliches Zusammenspiel von Nacktheit und Kleidung in unseren Breitengraden siehe Lietzmann (2001).
2 Lehnert (1997), 26.
3 Die Designerin Eva Gronbach umreißt genau diesen Punkt, indem sie in einem Interview sagt: »In Deutschland gibt es ein wunderbares Wort: ›Modeschöpfer‹. Es geht also um Menschen, die

zu Schöpfern werden. Der Schöpfer verkörpert den Geist in der Materie. Er gibt einer Idee, einer Inspiration eine äußere Form. Der Modeschöpfer greift Ideen und spirituelle Strömungen auf und legt sie den Menschen auf den Leib. Als zweite Haut sozusagen, als zeitgemäße äußere Hülle des Menschen« (Gronbach 2003, 184). Siehe auch Russo (1998), 162 f.

auch gerne durch körperliches Training oder durch operative Eingriffe hergestellt.[4] Diese körperliche Idealform ist geprägt von den in der jeweiligen Kultur vorherr-schenden Persönlichkeitsidealen der Geschlechter. Diese äußern sich in Bereichen wie Charakter, Benehmen, Tätigkeiten, Sprache, Denkformen, etc. Kleidung ist ein Mittel, um nicht nur den Körper zu formen, sondern sie soll helfen, das angestrebte Persönlichkeitsbild zu erreichen.[5]

Das Zusammenspiel von Kleidung und Geschlechterkonstruktion ist augenfällig. Wie kann diese Beziehung nun aber mit Religion in Verbindung gebracht werden? Kleidung nimmt in religiösen Kontexten vielerorts eine wichtige Bedeutung ein. Religiöse Spezialisten und Spezialistinnen können durch besondere Kleidung gekennzeichnet sein. Bei religiösen Ritualen erkennt man nicht selten auch andere Hauptpersonen an ihrer speziellen Kleidung, es sei nur an das Brautkleid oder das Taufgewand erinnert. Dass Kleidung auch im religiösen Kontext für die Konstruktion von Geschlechterdifferenzierungen verwendet wird, liegt auf der Hand.[6]

Die folgenden Überlegungen schließen an eine Definition von Religion als Kommunikationssystem an.[7] Diese theoretische Verortung erlaubt eine Fokussierung der Vermittlung von Botschaften, die durch unterschiedliche Medien, Formen von Kodierung, realisiert wird. Als eine solche Kodierungsform, als ein mögliches Medium zur Übermittlung religiöser Kommunikationsinhalte kann auch Kleidung betrachtet werden.[8]

Nicht zu vergessen ist dabei allerdings, dass Kleidung aufgrund ihres Materials und ihrer alltäglichen Verwendung ein sehr vergängliches Medium ist. Aus der Antike sind kaum mehr als einzelne Textilfragmente erhalten, und auch aus dem Mittelalter sind nur wenige textile Utensilien bis heute bestehen geblieben.[9] Zur Betrachtung von Kleidung in vergangenen Zeiten muss deshalb oft auf andere Quellen zurückgegriffen werden. Kleidung als (primäre) Kodierungsform von Religion ist für vergangene Kulturen also meistens nicht direkt zugänglich.

Auf der Basis dieser Überlegungen werden im Folgenden zwei Texte betrachtet. Die beiden Beispiele stammen aus sehr unterschiedlichen Kulturen und Zeiten. Beiden gemeinsam ist, dass festgelegte Regeln von Geschlechterdifferenzen in einem re-

---

4 Brandes (2003), 160.

5 Dabei vereint Kleidung gleichzeitig individuelle und gemeinschaftliche Aspekte in sich. Sie kann Ausdruck des persönlichen Geschmacks sein, der individuellen Weltansicht, sie ist aber immer beeinflusst von gemeinschaftlichen Normen, Werten, Bekleidungsregeln. Oder anders formuliert: Selbstinszenierung macht nur Sinn mit Blick auf gemeinschaftliche Ideale (Würtz/Eckert 1998, v.a. 178f).

6 Mikaelsson (2004), 295 erklärt, dass Religion ein möglicher Faktor ist, um durch Interpretationen von Mythen, Ritualen, durch sittliche Gesetze, durch ikonographisches Material, etc. Ge-

schlechter zu konstruieren. In diese Aufzählung kann auch Kleidung eingefügt werden.

7 Zum Beispiel Stolz (2001), 80–145.

8 Stolz (2004), 14.

9 Außer sorgfältig aufbewahrten, meist religiösen Prunkgewändern ist das v.a. durch Zufall konservierte Kleidung wie z.B. die 1921 von dänischen Archäologen/innen unter der Leitung von P. Nørlund geborgenen, im dauergefrorenen Boden erhalten gebliebenen Textilfunde aus dem Friedhof des ehemals wikingischen Hafens Herjólfsnes in Grönland (13.–15. Jh.). Siehe als Einführung zu Herjólfsnes den Artikel von Capelle (1999), 421f.

ligiösen Umfeld, oder konkreter: durch religiöse Motivation, überschritten werden. Bei beiden Quellen spielt Kleidung eine Rolle bei dieser Überschreitung der für die jeweilige Zeit typischen Geschlechterkategorien.

2   »Deformierte« Wanderpriester: Apuleius, *Metamorphosen*

Das erste Beispiel für einen Blick auf mögliche Relationen zwischen Kleidung, Geschlecht, Religion stammt aus dem Roman *Metamorphosen* oder *Der goldene Esel*[10] von Apuleius aus Madaura, geschrieben im 2. Jh. u. Z. In diesem Roman erzählt der Autor auf witzige und oft derbe Weise die Abenteuer von Lucius. Jener ist ein von Neugier getriebener junger Mann aus gutem Hause, der aufgrund einer Zauberpanne in einen Esel verwandelt wird. In dieser Gestalt wird er unter anderem von Philebus, einem Wanderpriester der Syrischen Göttin,[11] als Tragtier für die Götterstatue gekauft. Apuleius räumt der äußeren Beschreibung jener Wanderpriester großen Platz ein, der Kleidung wird besondere Aufmerksamkeit gewidmet. Auf diese äußerliche Beschreibung soll im Folgenden der Fokus gelegt werden, denn es ist interessant, wie und weshalb Apuleius das Aussehen seiner Priester schildert. Dabei muss aber im Hinterkopf behalten werden, dass aus unserer Betrachtungsweise keine historisch verifizierbare Aussage über die Priester der Dea Syria gemacht werden können.[12] Möglicherweise existierten sie in der von Apuleius beschriebenen Form nur als literarische Fiktion. In der folgenden Betrachtung wird also durch die Brille von Apuleius Roman geschaut.

Apuleius beschreibt den Käufer des in einen Esel verwandelten Lucius folgendermaßen:

> Ein Wüstling und zwar ein alter Wüstling, halbkahl, sonst langhaarig mit halbgrauen und hängenden Haarlocken, einer vom unflätigen Gassenvolk, welche in Strassen und Städten Zymbeln und Klappern erschallen lassen und die syrische Göttin, die sie herumtragen, zum Betteln zwingen (Apuleius, Met. 8,24,2).[13]

Etwas später folgt eine polemische Beschreibung des Aussehens der Priester während eines öffentlichen Auftritts:

---

10 Der Titel *Asinus aureus* ist durch Augustin und Fulgentius überliefert. Die Haupthandschrift, der Laurentianus 68,2, ein im Kloster Monte Cassino im 11. Jh. entstandenes Manuskript, das sich heute in Florenz befindet, nennt das Buch *Metamorphoseon libri*. Wie Apuleius selbst sein Werk betitelt hat, ist unklar.
11 Apuleius bezeichnet die Göttin nicht mit einem Eigennamen. Brandt/Ehlers setzen die Dea Syria des Apuleius mit Atargatis gleich (siehe Apuleius 1980, 526). Die einzelnen ekstatischen Kulte verschiedener aus dem vorderasiatischen

Raum stammender Göttinnen ähneln sich aber stark und können nicht immer klar voneinander abgegrenzt werden.
12 Um etwas über die Art der »realen« Existenz solcher Priestern aussagen zu können (falls man das überhaupt kann), müsste man eine Anzahl unterschiedlicher Quellen über sie sichten. Eine Aufzählung der wichtigsten Quellen bringt Sanders (1972).
13 Sämtliche Zitate aus Apuleius Werk sind übersetzt nach dem Text von Brandt/Ehlers (1980).

Am folgenden Tag treten einer nach dem anderen öffentlich auf, in Übertuniken unterschiedlicher Farben gekleidet und mehr deformiert als wohlgeformt,[14] das Gesicht mit morastiger Schminke bemalt und die Augen malerisch umrundet, sie haben Kopfbinden und Safrankleider aus Musselin und Seide angelegt; einige haben weiße Tuniken, verziert mit purpurner Stickerei, die sich lanzenartig nach allen Seiten ausbreitet, mit einem Gürtel befestigt, die Füße sind in gelbe Halbstiefel geschlüpft (8,27,1–2).

Weiter berichtet Apuleius über das Benehmen der Priester in dieser Aufmachung. Er erzählt, dass sie ekstatische Waffentänze aufführen, sich dabei mit Schwertern schneiden und sich selbst mit Peitschen prügeln.

Trotz Apuleius Polemik und Übertreibung erkennt man, dass beide Aspekte, die der Autor hier betont, nämlich Aussehen und Benehmen der Wanderpriester, herausstechen. Die Priester ziehen sich außergewöhnlich an, und sie benehmen sich merkwürdig. Apuleius lässt seine Wanderpriester typische Elemente von damaliger Frauenkleidung wie die bunten Übertuniken oder das Make-up anlegen.[15] Trotz solcher typisch weiblicher Kleidungselemente werden die Priester bei Apuleius aber nicht als Vertreter des weiblichen Geschlechts vorgestellt und wahrgenommen. Sondern die Priester gewanden sich in einem für sie typischen, fremdartigen Stil.

Die besondere Kleidung nimmt bei Apuleius die Funktion eines religiösen Identifikations- und gleichzeitig Abgrenzungsmerkmals ein. Die Gewänder sind nicht die Kleidung der anderen Leute, sondern die besondere Kleidung verweist auf den Status des Trägers. Sie weist ihn als religiösen Spezialisten, der einem bestimmten Kult zugehörig ist, aus. Im Fall der Wanderpriester der Dea Syria bei Apuleius hat das Anlegen der besonderen Gewandung seinen Beginn und Grund in einer körperlichen Veränderung. Apuleius bezeichnet in seinem Roman die Priester als *semivir*, Halbmann, und *effeminatus*, verfraulicht. Beide Begriffe werden unter anderem für Eunuchen verwendet. Religiöse Spezialisten der Art, wie Apuleius sie beschreibt, wurden von unterschiedlichen Autoren mit der Tradition der Selbstkastration in Zusammenhang gebracht.[16] Dass auch Apuleius seine Priester in diese Kategorie einteilt, kann man zum Beispiel aus folgendem Abschnitt herauslesen. Soeben hat Philebus den Esel Lucius gekauft.

Dann nahm jener den neuen Diener entgegen und zog zu seinem Haus, und dort rief er schon von der Schwelle aus: »Mädchen (*puellae*), seht, was sie (*mercata*) euch für einen hübschen Diener gekauft und mitgebracht hat!« Jene Mädchen waren aber ein Chor von Wüstlingen, die sofort in Freude ausbrachen und mit einer unmännlichen, schrillen und weibischen Stimme (*fracta et rauca et effeminata voce*) misstönendes Geschrei erhoben,

---

14 »Die sequenti variis coloribus indusiati et deformiter quisque formati (…) prodeunt.« Brandt/Ehlers übersetzen sehr geschickt mit »mehr verschandelt als verwandelt« (329) – eine Wendung, die im Titel meines Aufsatzes zitiert wird.
15 Sanders (1972), 1020 ff, Vermaseren (1977), 97. Zu römischer Frauenkleidung siehe z. B. Scharf (1994), Scholz (1992).

16 Für Quellen siehe Sanders (1972), Vermaseren (1977), 96 f. Bei den Galli, den Priestern der Kybele, die den von Apuleius beschriebenen Priestern in Manchem gleichen, wird als Grund für die Entmannung auf den Mythos von Attis verwiesen.

natürlich in der Meinung, man habe ihnen irgendeinen richtigen menschlichen Sklaven für ihre Dienste besorgt (8,26,1–2).

Apuleius spielt in diesem Abschnitt mit Geschlechtsüberschreitungen. Der Käufer Philebus, der einen klar männlich konnotierten (und sprechenden) Namen trägt, spricht von sich selbst in der weiblichen Form (*mercata*) und redet auch seine Kollegen mit den Quitschestimmen so an (*puellae*). Die Priester sind aus Apuleius Sicht also keine richtigen Männer, sondern irgendetwas zwischen den gängigen zwei Geschlechtskategorien.

Die Wanderpriester sind in den *Metamorphosen* durchgehend negativ konnotiert. Apuleius setzt die Kastration – ganz entgegen heutigen Vorstellungen von einer Verbindung von Entmannung und Abtötung des sexuellen Drangs – mit ausgeprägter, in Apuleius Augen perverser sexueller Lust in Beziehung (z. B. auch Kapitel 8,29,3 f).[17] Außerdem sind die Priester jähzornig (8,30,2 f). Sie lügen, betrügen und geben falsche Orakel (8,29,2; 9,8,2 ff). Und sie sind geldgierig (8,29,1). Die äußere, sichtbare Aufmachung ist für Apuleius ein Zeichen für ein besonderes moralisches Verhalten der Priester. Oder in seiner wertender Sicht ausgedrückt: Das betrügerische, perverse Verhalten der Priester zeigt sich in scheußlicher Kleidung. Vermutlich ist dies auch der Grund, weshalb er der Beschreibung der priesterlichen Aufmachung solche Bedeutung zumisst.

Als Fazit der Quellensichtung kann man sagen: Das Aussehen kennzeichnet die Priester bei Apuleius zunächst als religiöse Spezialisten eines bestimmten Kultes. Die Wanderpriester heben sich aber nicht nur durch ihre äußerliche Aufmachung, ihre Selbstkastration und ihr Benehmen, sondern auch bezüglich ihrer Geschlechtseinteilung von anderen Leuten ab. Sie werden bei Apuleius weder in das damalige Spektrum von »Mann« noch von »Frau« eingeordnet. Gleichzeitig findet der Autor keine adäquaten Worte für die Geschlechtsüberschreitung. Die Priester werden an den gängigen zwei Geschlechtskategorien gemessen und über sie benannt. Die Schaffung eines eigentlichen dritten Geschlechts findet nicht statt. Unabhängig davon, ob hinter Apuleius Beschreibung reale Begebenheiten stehen oder ob der Autor auf einen gängigen, aber fiktiven Topos des kastrierten Wanderpriesters zurückgreift, zeigt Apuleius polemische Erzählung, wie schwer es sich die römische Umwelt macht, emotionslos auf eine absichtliche und freiwillige Geschlechterverwischung zu reagieren. Die Kastration, das Aussehen der Priester, aber auch ihr ekstatischer und blutiger Kult wecken ebenso Neugier wie Abscheu. Dennoch wird deutlich, dass die Überschreitung gängiger Geschlechterdifferenzen durch körperliche Veränderung und Kleidung aus religiöser Motivation heraus denkbar und möglicherweise durchführbar ist. Es ist diese Einbettung der Geschlechterüberschreitung in einen religiösen Kontext, die es möglich macht, mit dieser freiwilligen Geschlechterverwischung umzugehen.

---

17 In 8,29,3 f erzählt Apuleius, dass die Priester noch vor dem Essen einen stämmigen Bauern-burschen nackt ausziehen und mit ihm oral verkehren.

3   Eine Jungfrau in Wams und Hosen: Der Prozess gegen Jeanne d'Arc

Die zweite Quelle für das Zusammenspiel von Kleidung, Geschlecht, Religion stammt aus einer ganz anderen Epoche und einem anderen Kulturraum als Apuleius Roman. Hauptperson dieses Beispiels ist ein Individuum, eine Frau. Ihr Name ist Jeanne d'Arc.[18] Der Ort des Geschehens ist Frankreich im 15. Jh. Jeanne d'Arc wurde 1412 in Domrémy-la-Pucelle in Lothringen geboren. Sie starb am 30. Mai 1431 in Rouen, Haute-Normandie, nach einem am 9. Januar 1431 begonnenen Prozess auf dem Scheiterhaufen. Man hat unterschiedliche zeitgenössische Quellen über die Herkunft und Taten der jungen Frau. Die wichtigsten sind die amtlichen Protokolle der beiden sich auf den Fall Jeanne d'Arc beziehenden Prozesse. Des weiteren hat man Erzählungen, Berichte und Gedichte über die Jungfrau von Zeitgenossen und Zeitgenossinnen wie Christine de Pizan,[19] Jacques Gélu (er war Erzbischof des Bistums Tours von 1414–1426), Clément de Fauquemberque (dem damaligen Pariser Parlamentssekretär, dem man übrigens auch das erste Bild von Jeanne verdankt) und anderen. Anhand solcher Quellen ist es möglich, das Leben, die Taten und die Wirkung der jungen Frau zumindest in groben Zügen nachzuzeichnen. Wie man das Ganze auslegt, ist natürlich eine andere Frage.[20] Jeanne d'Arc ganz ins Reich der Legenden zu verbannen, ist aufgrund solcher Quellenbefunde sicher nicht angebracht. Ihre historische Gestalt wurde aber bereits zu Lebzeiten von idealisierten Vorstellungen überlagert.[21] Jeanne wurde zu einer Nationalheldin in Frankreich, sie wurde zum Idealbild einer Frau in Waffen und nicht zuletzt auch zum Inbegriff einer Frau in Männerkleidung.[22] Letzteres lässt sich besonders gut anhand von Bildern darlegen. Viele Darstellungen zeigen Jeanne entweder ganz in Männerkleidung oder in einer Mischung aus jeweils typisch weiblichen und typisch männlichen Kleidungsstücken. Ein Beispiel dazu muss genügen (Abb. 1):[23] Jeanne wird in dieser Darstellung aus dem 15. Jahrhundert bekleidet mit Rüstungsteilen und langem Rock bei der Attacke von Paris gezeigt. Sie hebt sich durch diese Kleidung klar von den umgebenden Soldaten ab. Jeanne ist auf diesem Bild eben genau keine(r) der Soldaten. Die besondere Kleidungsmischung konstruiert sowohl Jeannes Geschlecht als auch ihre besondere Position als »Auserwählte«.

Im Folgenden soll ein Ausschnitt aus den schriftlichen Akten des Prozesses gegen die Jungfrau von 1431 im Zentrum stehen. Diese Prozessdokumente sind wie bereits

---

18 Jeanne d'Arc ist ein postum populär gewordener Name. In zeitgenössischen Quellen wird sie in der Regel *Jehanne la Pucelle* genannt. Für Genaueres zum Namen siehe Müller, 2004, XV. Der Einfachheit halber verwende ich hier aber den geläufigen Namen.
19 Siehe Fussnote 26.
20 Es gibt über Jeanne d'Arc vermutlich fast so viele Thesen wie Bücher. Vertreten wird z. B. die

Meinung, Jeanne sei eine uneheliche königliche Prinzessin gewesen. Für einen ersten kompakten Blick auf solche und andere Thesen siehe z. B. Nette (1977), v. a. 116 ff, Müller (2004), 11–19.
21 Müller (2004), 11.
22 Simon-Muscheid (1996).
23 Einen Überblick über unterschiedliche Darstellungen bietet z. B. Wienker-Piepho (1988), v. a. 284 ff.

Abb. 1: Jeanne wird in Helm und mit Rüstungsteilen, aber gleichzeitig mit einem langen Rock bei der Attacke auf Paris gezeigt. Aus den Vigiles von Charles VII, fol. 66v.[24]

erwähnt die umfassendste Quelle über Jeanne d'Arc und das grundlegende Material für die meisten Untersuchungen über die junge Frau. Das Zustandekommen dieser Prozessakten kann weitgehend rekonstruiert werden:[25] Vor allem die beiden geistlichen Notare Guillaume Manchon und Guillaume Colles, genannt Boisguillaume, machten während des Verfahrens Notizen über die Befragungen und die Beratungen unter den Richtern. Im Anschluss an die Sitzungen wurden diese Aufzeichnungen untereinander verglichen und ein gültiges Protokoll erstellt. Die Verhöre wurden auf Französisch geschrieben, alles andere auf Latein. Später wurde dieses französische Protokoll in ein offizielles lateinisches Dokument übertragen.[26] Von jenem Dokument wurden fünf von den Notaren beglaubigte Ausfertigungen gemacht. Eine davon wurde 1456 während des Prozesses zur Nichtigerklärung der Verurteilung als Zeichen für Jeannes Unschuld zerrissen, eine weitere Kopie ist verloren. Die drei anderen sind erhalten geblieben.[27] Die Quellenlage lässt darauf schließen, dass der Prozess nicht reine Fiktion ist, sondern dass diesen Akten ein wirklich abgehaltener Prozess im 15. Jh. zugrunde liegt. Die Prozessakten stellen aber natürlich keinen neutralen Bericht über die Taten und Denkweisen der historischen Jeanne dar, auch

---

24 Autor ist Martial d'Auvergne, verfasst wurde das Werk von 1477–1483. Heute befindet es sich in der Bibliothèque Nationale de France in Paris, Département des Manuscrits Nr. 5054 (Bildabdruck mit freundlicher Genehmigung der BnF).
25 Müller (2004), 139 ff.
26 Seit Ende des 19. Jhs. herrscht in wissenschaftlichen Kreisen die Meinung vor, dass der Text nicht vor 1435 geschrieben wurde. Hobbins und Müller plädieren dagegen für eine Abfassung der lateinischen Version kurz nach dem Prozess,

siehe Hobbins (2005), 9 f; Müller (2004), 143–147.
27 Eine davon befindet sich heute in der Bibliothek der französischen Nationalversammlung (Nr. 1119), die anderen beiden in der Bibliothèque Nationale in Paris (lat. 5965 und lat. 5966). Neben diesen von den Notaren beglaubigten Ausfertigungen gibt es eine Reihe jüngerer Manuskripte, darunter auch Abschriften des französischen Originaldokuments. Siehe zur Quellenlage Hobbins (2005), 8 ff; Müller (2004), 139–163.

nicht in den Teilen, die als Antworten Jeannes auf die Beschuldigungen konzipiert sind. Sondern sie sind sorgfältig zusammengestellte und bearbeitete Dokumente aus dem Blickwinkel der Anklage mit der Absicht, die junge Frau der Ketzerei zu überführen.

Für einen Blick auf ein Zusammenspiel von Kleidung, Religion und Geschlecht ist es interessant, dass das Tragen der Männerkleidung ein nicht zu unterschätzender Anklagepunkt in diesen Prozessakten ist. Das Anlegen von Männerkleidung wird Jeanne d'Arc unter anderem im ordentlichen Verfahren vom 26. März bis 24. Mai 1431 in den Anklagepunkten XII und XIII vorgeworfen.[28] Einige wichtige Stellen sollen im Folgenden zitiert werden.

> Um ihr Vorhaben besser und mit größerer Öffentlichkeitswirkung umsetzen zu können, forderte Jeanne von dem besagten Kapitän [gemeint ist Robert de Baudricourt], man solle für sie Männerkleidung mit entsprechenden Waffen anfertigen, was er auch widerwillig und mit großem Widerstreben tat, indem er schließlich Jeannes Ansinnen billigte. Und nachdem die Kleidungsstücke und Waffen angefertigt und beigeschafft waren, legte Jeanne, die sich ihre Haare nach Art der jungen Männer hatte rund scheren lassen, ihr Frauengewand ab und bekleidete sich mit einem Hemd, Kniehosen, einem Wams und hohen Gamaschen, die mit dem Wams durch zwanzig Schnürbänder verbunden waren, hohen, außen geschnürten Schuhen, einem kurzen, ungefähr bis an die Knie reichenden Mantel, einem ausgeschnittenen Hut und engen Stiefeln mit langen Sporen; dazu bewaffnete sie sich nach Art der Krieger mit einem Schwert, einem Dolch, einem Panzerhemd, einer Lanze und anderen Waffen, mit denen sie ihre kriegerischen Aktionen ausführte. Und sie behauptete, damit erfülle sie den ihr durch die Offenbarungen eröffneten Willen Gottes, handele also in seinem Namen.[29]

Im Anklagepunkt XII wird genau beschrieben, wie sich Jeanne anzog.[30] Dies zeigt, wie wichtig den Anklägern die Kleidungsfrage ist. Die Ankläger werfen Jeanne vor, sie verkleide sich als Mann und überschreite damit die von der damaligen Gesellschaft bestimmten, nach außen hin sichtbaren Signale einer klaren Geschlechterzuteilung eines Individuums. Als Beweggrund für diesen Kleiderwechsel wird von den Anklägern Selbstinszenierung (größere Öffentlichkeitswirkung) angeführt. Bedeutungsspektren dieses Kleidungswechsels werden im nächsten Anklagepunkt (XIII) genannt. Da heißt es:

> Jeanne schreibt also Gott, seinen Engeln und seinen Heiligen Weisungen zu, die gegen die Wohlanständigkeit des weiblichen Geschlechts verstoßen, durch das göttliche Gesetz untersagt, in gleicher Weise Gott und den Menschen zuwider und durch die kirchlichen Gesetze unter Androhung des Kirchenbanns verboten sind, nämlich ärmliche, kurze und liederliche männliche Kleidungsstücke – Unterkleidung, Hosen und andere – anzulegen.

---

28 Die beiden Anklagepunkte sind Teil der siebzig Anklageartikel. Eine weitere wichtige Rolle spielt die Männerkleidung im zweiten Teil von Jeannes Prozess, dem Verfahren wegen Rückfalls vom 28.–30. Mai 1431. Siehe dazu z. B. Müller (2004), 1303 ff; Hobbins (2005), 196 ff.

29 Alle Prozessakten-Zitate stammen aus Müller (2004).

30 Erklärungen zu und Rekonstruktionen von Kleidung, Rüstung, Bewaffnung im 15. Jh. sind z. B. zu finden bei Embleton (2002), 32–85.

Es folgt eine Beschreibung weiterer Kleidungsstücke, welche die junge Frau trug, z. B. einen an der Seite offenen goldenen Umhang. Weiter wird im selben Anklagepunkt berichtet:

> Ganz allgemein hat sie – ohne jedes weibliche Schamgefühl und gegen jeden weiblichen Anstand sowie den aller zivilisierten Menschen – Kleidungsstücke getragen, wie sie die liederlichsten Männer[31] gerne anlegen, und sie hat sogar Angriffswaffen geführt.

Von den Anklägern wird eine auch durch Kleidung gezogene, klare Grenze zwischen den Geschlechtern vertreten. Diese wird als gottgegeben und natürlich angesehen. Jeannes Beharren darauf, dass die Stimmen der Heiligen ihr diesen Kleidungswechsel befohlen hätten, ist für die Ankläger Gotteslästerung. Mit Jeannes Männerkleidung wird von den Anklägern also das ganze Spektrum damaliger Unordnung verbunden. So heißt es weiter im Anklagepunkt XIII:

> Dies alles dem Auftrag Gottes, seiner Engel und heiligen Jungfrauen zuschreiben, heißt Gott und die Heiligen lästern, das göttliche Gebot leugnen, das kanonische Recht verletzen, dem weiblichen Geschlecht und seiner Ehrbarkeit Ärgernis geben, auf jede Anständigkeit der äußeren Kleidung verzichten, die Beispiele der Liederlichkeit des Menschengeschlechts billigen und die anderen Menschen zu dem nämlichen Tun verleiten.

In den als Jeannes Antwort auf den Anklagepunkt XII konzipierten Zeilen wird zunächst betont, dass die Kleidung keine Bedeutung habe. Gleichzeitig wird als Grund für den Wechsel der Kleider eine religiöse Motivation angegeben:

> Am Dienstag, dem 27. Februar, befragt, ob die Stimme ihr befohlen habe, Männerkleidung anzunehmen, erwiderte sie, die Kleidung sei unbedeutend und ganz unwichtig; sie habe sie nicht auf den Rat irgendeines Menschen dieser Welt angenommen, und sie habe weder dieses Gewand angelegt noch etwas getan, wenn nicht auf Geheiß unseres Herrn und der Engel.

Kleidung dient in den Anklagepunkten also einer klaren sozialen Kennzeichnung einer Person. Eine Überschreitung dieser bedeutet ein Missachten gemeinschaftlicher Geschlechter- und Standesgrenzen. Jeanne zieht aus der Sicht der Ankläger nicht nur einen Wams und Hosen an, sie reitet damit auch in die Schlacht. Jeanne schneidet sich nicht nur die Haare in der Art der jungen Männer, sie mischt sich als Nichtadlige auch aktiv in die Politik ihres Landes ein. Und sie kleidet sich nicht nur in einen offenen goldenen Überwurf, sondern sie behauptet als Nicht-Geistliche, direkt mit Heiligen in Kontakt zu stehen und wertet die Meinung der »Stimmen« höher als die Lehren der Kirche. Jeanne ändert also nicht nur ihre Kleidung, sondern sie überschreitet die damals anerkannten Rollenmuster für eine Frau ihres Standes. Die Kleidung ist dabei ein äußeres Signal für diese unkonventionelle Handlungsweise.

---

31 Mit den liederlichsten Männern sind modische junge Herren gemeint, die körperbetonte Kleidung trugen. Kirche und Obrigkeit tendierten schon immer zu einer konservativen Einstellung gegenüber modischen Neuigkeiten.

Oder anders ausgedrückt: Ein Überschreiten gängiger Geschlechtervorstellungen geht in diesem Fall mit einer Veränderung der äußeren Signale überein.

4   Kleidung, Geschlecht, Religion: Gedanken im Anschluss an die Quellensichtung

Begonnen habe ich den Aufsatz mit der Frage nach möglichen Relationen von Kleidung, Geschlecht und Religion. Die darauf folgende Quellensichtung hat gezeigt, dass diese drei Größen auf vielfältige Weise zusammengebracht werden können. Im Folgenden soll eine Auswahl der an den Quellen gemachten Beobachtungen geordnet und einander gegenübergestellt werden.

Kleidung und Körperlichkeit – und damit auch Kleidung und Geschlechtlichkeit – können nicht voneinander getrennt werden.[32] Kleidung verlangt einen Körper, um ihn zu »verhüllen« und auch um ihn in Szene zu setzen. In Apuleius Roman verweist die besondere Gewandung der dort beschriebenen Wanderpriester auf die Art des Körpers unter der Kleidung. Die Wanderpriester werden als Eunuchen vorgestellt. Apuleius zieht also eine Verbindungslinie zwischen einer Veränderung des Körpers und dem Anziehen spezieller Kleidung, die diese körperliche Veränderung nach außen signalisieren. Jeanne d'Arc verfährt aus der Sicht der Ankläger, festgehalten in den betrachteten Punkten des Prozessdokuments, dagegen umgekehrt. Sie verwirrt die Zeitgenossen und Zeitgenossinnen, indem sie Kleidung wählt, die für ihre Mitmenschen nicht zu ihrem Körper passt.

Die Sichtung der beiden Textausschnitte hat gezeigt, dass Kleidung aber nicht nur mit dem von ihr verdeckten Körper in Relation gebracht wird, sondern auch auf weiterführende Bedeutungsfelder verweisen kann. Von den Autoren beider betrachteten Texte wird z. B. eine Verbindung zwischen der moralischen Haltung und der äußeren Aufmachung des Kleidungsträgers, der Trägerin gezogen und an Idealbildern gemessen. Äußere Aufmachung und Persönlichkeitsbild werden miteinander in Relation gebracht. Ein erstes Fragespektrum fokussiert also den Verweischarakter von Kleidung. Bezüglich der ausgewählten Beispiele können Verweise – sie funktionieren über visuelle Signale – auf sehr unterschiedliche Bedeutungsfelder rekonstruiert werden. Jeannes Männerkleidung kann für Zeitgenossen und -genossinnen einen Verweis auf mythologische kriegerische Frauen wie biblische Kämpferinnen und damit auf göttliche Sendung beinhalten.[33] Die Ankläger sehen im Kleidungswechsel der jungen Frau dagegen einen Beweis für deren Ketzerei. Aus Anklägersicht

---

32 Brandes (2003), 156: »Es ist klar: Körper und Mode hängen unauflöslich zusammen. Nicht so klar allerdings ist, ob die Mode am Körper oder der Körper an der Mode hängt«. Die Auflösung zugunsten eines »vertrackten Ineinanders« erfolgt auf S. 162 ff. Siehe auch Russo (1998), 163.
33 Christine de Pizan setzt in ihrem 1429 er-

schienen Werk *Ditié de Jehanne d'Arc* Jeanne ans Ende einer Reihe alttestamentlicher Helden und Heldinnen, durch die Gott gewirkt hat, u. a. Moses, Josua, Gideon, Esther, Judith, Deborah (XXIII–XXVIII) (siehe De Pisan 1977, 32 f; Opitz 1994, 115 ff).

verweist die Kleidung auf Unmoral und Ungehorsam gegen Gott, die Bibel (man denke an das Transvestieverbot in Dtn 22,5), die Natur und die Obrigkeit. Dies zeigt, dass Kleidung oft gleichzeitig auf verschiedene Bedeutungsfelder verweisen kann.[34] Bei derselben Kleidung können von verschiedenen Personen oder aus verschiedenen Sichtweisen unterschiedliche Bedeutungsspektren betont oder sogar wahrgenommen werden.

Einen anderen Fokus legt die Frage, wie, von wem und wo Kleidung verwendet wird und welche Funktionen mit ihr verbunden werden. Apuleius konstruiert die Wanderpriester der Dea Syria als eine Gruppe. Die Vertreter dieser Gruppe tragen in seinem Roman alle dieselbe besondere Kleidung und üben darin unter anderem ekstatische Rituale aus. Die Kleidung dient Apuleius zur Identifikation der Wanderpriester und gleichzeitig zur Abgrenzung gegenüber anderen Figuren seines Romans. Die Angeklagte in den betrachteten Prozessakten ist dagegen ein Individuum. Die Männerkleidung wird zu etwas wie Jeannes persönlichem Markenzeichen. Es geht bei ihr aus der Sicht der Ankläger um Selbstinszenierung.

Die Kleidung in den betrachteten Beispielen ist nicht willkürlich. Es gibt bei der Kombination von Kleidungselementen Regeln. Und es gibt ebenso Freiräume. Während die Farbe der Stiefel der Wanderpriester bei Apuleius geregelt ist,[35] ist die Farbe der Fußbekleidung von Jeanne scheinbar im damals technisch möglichen Rahmen frei wählbar (und somit auch nicht erwähnenswert für die Ankläger).

Auch für die Verwendung von Kleidung gibt es oftmals – und zwar nicht nur in Texten – einen (mehr oder weniger durchlässigen) Regelkatalog. Gewisse Gewänder werden nur in gewissen Situationen und nur von bestimmten Leuten getragen, man denke z. B. an das Brautkleid oder Priestergewänder. Ein Blick auf die Quellentexte zeigt aber, dass gerade Kleidung durch ihre sofortige Wirkung als Zeichen für Innovation verwendet werden kann. Dabei werden zum Beispiel gewisse Regeln befolgt, gewisse nicht. Oder es werden die gängigen Kleidungsregeln befolgt, sie werden aber in einen neuen Kontext, in einen anderen Verwendungszusammenhang gestellt. Jeanne zieht sich gemäss den Prozessakten ganz nach den Regeln für damals modische junge Männer an. Sie ist bezüglich der Zusammenstellung von Kleidungselementen nicht innovativ. Aber durch die Kombination von Männerkleidung und Frauenkörper werden neue Verweis- und Verwendungszusammenhänge der Gewandung möglich. So wird Jeanne z. B. zur Auserwählten. Dies funktioniert aber natürlich nur, wenn die Adressaten und die Adressatinnen wissen oder merken, dass Jeanne eine Frau und kein Mann ist.

Ein weiteres Fragespektrum kann also Regelsysteme hinter Bekleidung fokussieren. Beide Textausschnitte zeigen dabei aber, dass die Verbindung von Zeichen und Bezeichnetem nicht universal menschlich ist. Über Kleidung vermittelte Botschaft richtet sich an Kenner und Kennerinnen des hinter den Codes stehenden Regelkata-

---

34 Zur semantischen Mehrdeutigkeit bei der Interpretation von Kleidung siehe Würtz/Eckert (1998).

35 Gelbe Stiefel dienen in unterschiedlichen Tex-

ten als typisches Zeichen für diese Art von Priestern. Siehe dazu Sanders (1972), 1021; Vermaseren (1977), 97.

logs. Wie viel und was bezüglich Kleidung geregelt ist und wie groß die individuellen Freiräume sind, ist kultur- und gemeinschaftsspezifisch und zeitabhängig.

In den bisherigen Ausführungen wurde Kleidung als mehr oder weniger isolierte Kodierungsform von religiösen Symbolsystemen betrachtet. Die Sichtung der Quellen hat aber auch gezeigt, dass Kleidung in der Regel in Interaktion mit anderen religiösen Medien steht. Nur einige Beispiele zur Erläuterung: Kleider werden zu bestimmten Anlässen getragen. Kleidung ist also oft mit der Ebene der (religiösen) Handlung verbunden. Apuleius lässt seine Priester z.B. die besonderen Kleider für einen ekstatischen Waffentanz anziehen. Dabei spielt auch Musik, also ein weiteres Medium, eine Rolle; die Priester spielen Flöte und singen dazu (8,27,3). Auch die Ebene der Texte und die der Bekleidung können miteinander in Relation stehen. So sind z.B. beide betrachteten Quellen Textausschnitte. Texte können von Kleidung berichten, sie behandeln oder sie erfinden. Manchmal regeln Texte Kleidung, man denke an die oben erwähnte Bibelstelle Dtn 22,5. Von Jeanne d'Arc gibt es aber auch Bilder, auf denen die Heldin in besonderer Kleidung dargestellt ist. Kurz und gut: Den Kombinationsmöglichkeiten von Relationen zwischen unterschiedlichen Medien von Religion sind kaum Grenzen gesetzt. Auch Kleidung ist also immer nur ein – je nach Zusammenhang größerer oder kleinerer – Teil im rekonstruierten Puzzle religiöser Kommunikation.

Literatur

Apuleius (1980), Der goldene Esel/Metamorphosen, lateinisch-deutsch, hg. und übers. von Brandt, Edward/Ehlers, Wilhelm, München, Heimeran.

Brandes, Uta (2003), Vom Saum zum Bündchen – Körperkonstruktionen und Geschlechterinszenierungen, in: Brattig, Patricia (Hg.), In. Femme Fashion 1780–2004, Stuttgart, Arnoldsche, 156–165.

Capelle, T. (1999), Art. Herjólfsnes, in: Hoops, Johannes, Hg., Reallexikon der Germanischen Altertumskunde, Berlin/New York, De Gruyter, 421 f.

De Pisan, Christine (1977), Ditié de Jehanne d'Arc, hg. und übers. von Kennedy, Angus J./Varty, Kenneth, Medium Aevum Monographs New Series IX, Oxford, Society for the Study of Mediaeval Languages and Literature.

Embleton, Gerry (2002), Ritter und Söldner im Mittelalter. Kleidung, Rüstung, Bewaffnung, Herne, VS-Books.

Gronbach, Sebastian (2003), Modeschöpfer ziehen an! Interview mit der Designerin Eva Gronbach, in: Brattig, Patricia, Hg., In. Femme Fashion 1780–2004, Stuttgart, Arnoldsche, 182–197.

Hobbins, Daniel (2005), The Trial of Joan of Arc, Cambridge (Mass.)/London, Harvard University Press.

Lehnert, Gertrud (1997), Wenn Frauen Männerkleidung tragen. Geschlecht und Maskerade in Literatur und Geschichte, München, dtv.

Litzmann, Anja ([4]2001), Art. Kleidung und Nacktheit, in: Betz, Hans Dieter u.a., Hg., Religion in Geschichte und Gegenwart, Bd. 4, Tübingen, Mohr Siebeck, 1417 f.

Mikaelsson, Lisbeth (2004), Gendering the History of Religions, in: Antes, Peter/Geertz, Armin W./Warne, Randi R., Hg., New Approaches to the Study of Religion, Bd. 1, Berlin/New York, De Gruyter, 295–315.

Müller, Wolfgang (2004), Der Prozess Jeanne d'Arc. Quellen – Sachverhalt einschließlich des zeit- und geistesgeschichtlichen Hintergrundes – Verurteilung und Rechtfertigung – rechtliche Würdigung und Schlussbemerkungen, Rechtsgeschichtliche Studien 7, Hamburg, Verlag Dr. Kovač.

Nette, Herbert (1977), Jeanne d'Arc. In Selbstzeugnissen und Bilddokumenten, Hamburg, Rowolt Taschenbuch.

Opitz, Claudia (1996), Eine Heldin des weiblichen Geschlechts. Zum Bild der Jeanne d'Arc in der frühzeitlichen »querelle des femmes«, in: Röckelein, Hedwig/Schoell-Glass, Charlotte/Müller Maria E., Jeanne d'Arc oder Wie die Geschichte eine Figur konstruiert, Frauen-Kultur-Geschichte 4, Freiburg i. Br./Basel/Wien, Herder, 111–136.

Russo, Manfred (1998), Moderne Wilde. Mode und Körperbilder der Punks, Skins und Hooligans, in: Fröhlich, Gerhard/Mörth, Ingo, Hg., Symbolische Anthropologie der Moderne. Kulturanalysen nach Clifford Geertz, Frankfurt a. M./New York, Campus Verlag, 161–178.

Sanders, G. M. (1972), Art. Gallos, in: Klauser, Theodor, Hg., Reallexikon für Antike und Christentum VIII, Stuttgart, Hiersemann, 984–1034.

Scharf, Ursula (1994), Straßenkleidung der römischen Frau, Frankfurt a. M., Peter Lang.

Scholz, Birgit Ingrid (1992), Untersuchungen zur Tracht der römischen *matrona*, Köln/Weimar/Wien, Böhlau.

Simon-Muscheid, Katharina (1996), »Gekleidet, beritten und bewaffnet wie ein Mann«. Annäherungsversuche an die historische Jeanne d'Arc, in: Röckelein, Hedwig/Schoell-Glass, Charlotte/Müller, Maria E., Hg., Jeanne d'Arc oder Wie die Geschichte eine Figur konstruiert, Frauen-Kultur-Geschichte 4, Freiburg i. Br./Basel/Wien, Herder, 28–54.

Stolz, Fritz ([1]1988/2001), Grundzüge der Religionswissenschaft, Göttingen, Vandenhoeck & Ruprecht.

– (2004), Hierarchien der Darstellungsebenen religiöser Botschaft, in: Ders., Religion und Rekonstruktion. Ausgewählte Aufsätze, Göttingen, Vandenhoeck & Ruprecht, 13–27.

Vermaseren, Maarten J. (1977), Cybele and Attis. The Myth and the Cult, London, Thames and Hudson.

Wienker-Piepho, Sabine (1988), Frauen als Volkshelden. Geschichtlichkeit, Legendenbildung, Typologie, Artes Populares 16, Frankfurt a. M./Bern, Peter Lang.

Würtz, Stefanie/Eckert, Roland (1998), Aspekte modischer Kommunikation, in: Willems, Herbert/Jurga, Martin, Hg., Inszenierungsgesellschaft, Opladen/Wiesbaden, Westdeutscher Verlag, 177–191.

Kosmologie und geschlechterspezifische Weltbilder Beispiele aus der jüdischen Antike[1]

Ann Jeffers

1 Einführung

Sowohl auf diachroner als auch auf synchroner Ebene wurden bereits zahlreiche Komponenten religiöser Symbolsysteme wissenschaftlich untersucht. Der Aspekt des Raumes in Bezug auf das Verhältnis zwischen Gender und Religion wurde aber meines Erachtens bisher vernachlässigt. Erst seit kurzem richtet sich das Interesse der Forschung auf räumliche Kategorien. Es ist deshalb das Ziel dieser Arbeit, die Beziehung zwischen der Konzeptualisierung von Raum und Gender zu erforschen. Dass ich mich dabei auf Texte konzentriere, die der antiken, insbesondere der hellenistischen Welt angehören, ist ein Ausdruck meines professionellen Interesses. Obwohl diese kurze Studie in einem spezifischen Bereich angesiedelt ist – Frauen der Antike im griechisch-römischen Ägypten – zweifle ich nicht daran, dass Methode, Hinweise und Fragen hilfreich sind für ein Publikum mit einem breiten Interesse an religiösen Symbolsystemen auf der ganzen Welt.[2]

Es gab eine Zeit, während der die Historizität und das doppelte Interesse an Konzepten wie Zeit und Chronologie die akademischen Bestrebungen dominierte. Zweifellos sind diese wichtig, und es ist nicht mein Ziel sie abzuwerten. Nichtsdestotrotz ist es ein Kennzeichen der Postmoderne, Beziehungen zwischen Raum und Gesellschaft sowie die ihnen innewohnenden Ideologien zu untersuchen und ein Bewusstsein zu entwickeln für die Subjektivität und die Interessen, die bei der Konstruktion von Konzepten von Raum involviert sind.

Mein Ziel ist es, die Verbindung zwischen Kosmologie und Kosmografie zu analysieren, das heißt, die Art und Weise, in welcher die Erschaffung der Welt ausgedrückt und wie die Welt dargestellt wurde. Es ist an dieser Stelle wichtig anzumerken, dass Geografie, welche heute normalerweise mit der formalen Untersuchung von Raum assoziiert wird, in der antiken Welt mit Kosmologie gleichzusetzen ist.

---

1 Herzlichen Dank an Marcia Bodenmann für die Übersetzung aus dem Englischen und an Sean Ryan für die Durchsicht des Manuskripts.
2 J. Neusner stellte bekanntlich fest, dass das Judentum als Musterfall gelten könnte, was zentrale methodologische Fragestellungen anbelangt. So zitiert in Smith (1987), 53.

1.1 Raum in der Antike

Zunächst sollen einige einleitende Bemerkungen gemacht werden:

a) Der Aussage von Smith folgend kann man sagen, dass das religiöse Symbolsystem des Mannes in der Antike durch »cosmological conviction« gekennzeichnet ist. Gemäss dieser Auffassung teilen sich die Menschen »the conviction that the meaning of life is rooted in an emcompassing cosmic order in which human society and the gods all participate«.[3]

b) Raum ist immer ein gesellschaftliches Konstrukt: »Spatial forms are produced by human action. They will express and perform the interests of the dominant class: they will express and implement the power relationships of the state in a historically defined society. They will be realised and shaped by the process of gender domination«.[4]

c) Raum ist folglich dialektisch: Der patriarchale Mann erschafft Grenzen und Demarkationslinien. Die von ihm konstruierte Welt, in anderen Worten die Kosmologie, beeinflusst die Gesellschaft, während die Gesellschaft gleichzeitig den Kosmos formt.

d) Raum verfügt über eine zeitliche Komponente: Die Konzeption von Raum ist historisch ererbt. Als solche ist sie dynamisch und unterliegt Veränderungen. Damit wäre sie geeignet, neue und möglicherweise subversive Interessen »from oppressed subjects and from dominated women«[5] aufzunehmen. Wir werden sehen, dass diese Faktoren in der jüdischen Kosmologie der Antike reflektiert werden. Sie können gleichzeitig »persistence and change«[6] beinhalten. Bestimmte Elemente verkörpern Beständigkeit, andere zeugen von Umgestaltungen. Letztere erlauben, gesellschaftliche Größen und mögliche Gender-Verhältnisse neu zu definieren.

e) Der Ausdruck »Mann« wurde in dieser Arbeit bisher mit Absicht verwendet: Da Frauen bekanntlich aus der Geschichte gestrichen werden, sind sie auch bezüglich ihrer Geografie verborgen?[7]

Traditionellerweise war die Dichotomie zwischen dem Öffentlichen und dem Privaten ein Hauptanliegen des Feminismus. Der Handlungsbereich der Frau liegt im privaten Heim, derjenige des Mannes im öffentlichen Raum. Indem die feministische Theorie die patriarchale Natur der Gesellschaft postuliert, argumentiert sie, dass diese verschiedenen Sphären dem Vorteil der Männer dienen, welche ungleiche Machtverhältnisse festlegen: In praktischer Hinsicht kontrollieren Männer, wo Frauen tätig sind und was sie tun. Diese Begrenzungen sind räumlicher und gesellschaft-

---

3 Smith (1993), 132.
4 Castells, zitiert in Soja (1985), 115.
5 Wie oben. Obwohl diese Überlegungen den unmittelbaren Kontext der gegenwärtigen Welt und im Besonderen kapitalistischer Strukturen betreffen, können sie auch auf die Welt der Antike angewandt werden.

6 Tabor (1986), 63.
7 Ich verdanke diese Formulierung der *Women and Geography Study Group of the IBC* (1984), 19.

licher Natur.[8] Sie definieren, wer einem bestimmten Ort zugehörig ist und wer davon ausgeschlossen wird. Interessant ist in diesem Zusammenhang, dass das Benehmen einer Frau in klassischen und hellenistischen Städten mit dem Ausdruck *eukosmia* bezeichnet wurde. *Eukosmia* kann mit »in Harmonie mit dem Kosmos sein« als auch mit »sich gut benehmen« oder »sich in einer ordnungsgemäßen Weise verhalten« übersetzt werden. Dieses sprachliche Beispiel macht deutlich, dass zumindest eine symbolische Beziehung zwischen Gender und Kosmologie besteht.

Wenn der Hellenismus, wie oft dargelegt wird, eine Umgebung ist, die jede Religion in ihrem Umfeld zu beeinflussen und zu formen vermag, dann kann auch die jüdische Religion keine Ausnahme davon bilden. Tatsächlich können zahlreiche Beispiele angeführt werden um aufzuzeigen, wie das Judentum auf eine kreative Art und Weise Elemente der umgebenden hellenistischen Weltanschauung in die eigene Kultur integrierte. Wie aber wirkte sich dieser Prozess auf jüdische Frauen aus? Die vorliegende Arbeit versucht zumindest teilweise eine Antwort auf genau diese Frage zu geben. Erlangen jüdische Frauen durch die äußeren Einflüsse Bewegung und eine Pluralität von Orientierungen oder sind sie unwiderruflich gefangen innerhalb eines doktrinalen und starren, hierarchischen Universums?

Die Rolle jüdischer Frauen wird über eine zweifache Kosmologie definiert: Ein Model basiert auf altorientalischen Glaubensinhalten und Bilderwelten, das andere auf dem griechischen Kosmos. Beide Systeme teilen die Idee einer kosmischen Ordnung und einer entsprechenden Anthropologie. Diese hat wiederum Auswirkungen auf den von Frauen besetzten Raum und die für das weibliche Geschlecht aufgestellten sozialen, politischen und religiösen Grenzen.

1.2 Zur Auswahl der Quellen

Antike Kosmologien sind gemacht, das heißt, der Konstruktion des Kosmos haftet keinerlei Objektivität an. Dem menschlichen Denkprozess, welcher bestimmt wird durch die Bemühungen die Welt zu verstehen und abzubilden (bei Berger als »externalisation« bezeichnet), folgt ein Bedürfnis die Resultate als objektiv darzustellen. Dies führt mit der Zeit zu einer Verinnerlichung von Weltbildern, von Vorstellungen gesellschaftlicher Beziehungen und Verhältnissen und damit zur Konstruktion von Gender.[9]

Es soll aufgezeigt werden, dass konkurrierende Kosmologien zur persischen und hellenistischen Zeit die Wahrnehmung von Frauen und die Konstruktion von Gender maßgeblich beeinflusst haben. Dies wird verdeutlicht anhand einiger Texte aus der hebräischen Bibel und jüdischen Schriften aus frühjüdischer Zeit. Eine Anzahl Beispiele soll die Ideologie, die auf die Abbildung und Vorstellung des Kosmos einwirkt, illustrieren und hervorheben. Weiter soll veranschaulicht werden, inwiefern ein Weltbild die Darstellung von Frauen in Erzählungen von himmlischen offen-

---

8 Siehe McDowell (1999), 4.
9 Siehe *Study of the Dialectic of Society* von P.
Berger, zitiert bei Smith (1993), 143.

barenden Erfahrungen beeinflusst. Die Texte, die für diese Analyse herangezogen werden, sind *Joseph und Aseneth, Das Testament Hiobs* und Philos *De Opificio Mundi.*

Weiter ist es unumgänglich, das *erste Buch Genesis* hinzuzuziehen und mit dessen Verhältnis zur Darstellung Evas zu beginnen. Der Grund für diese Wahl ist qualitativer Art: Die hebräische Bibel setzt mit einer Kosmologie ein. Eng verbunden damit ist die Erschaffung Evas. Dem Umstand, wie eng die beiden miteinander in Beziehung stehen, schenkten Wissenschaftler, beschäftigt mit Fragen nach der Historizität und dem theologischen Stellenwert, jedoch wenig Aufmerksamkeit. Die Literaturwissenschaft stellt eine größere Auswahl an Methoden und einen präziseren Fokus zur Untersuchung der inhärenten Ideologie von Texten zur Verfügung. Mein Interesse gilt hier der Begleitgröße von Zeit: Raum. Es soll untersucht werden, wie eine solche Erzählung im räumlichen Kontext zu verstehen ist, unter dem Vorbehalt, dass es keinen »neutralen Raum« gibt, dass er vielmehr immer schon ein ideologisches Konstrukt ist.[10]

Die Kriterien für die Auswahl der Texte sind schlicht. Nur wenige Texte der antiken jüdischen Literatur beschreiben die Himmelfahrt von Frauen, ihre Reisen oder gar ihren Zugang zur himmlischen Welt. Es kann zwar diskutiert werden, ob in allen zu analysierenden Texten eine eigentliche himmlische Reise vorliegt. Dennoch besteht kein Zweifel, dass in jeder der Situationen eine Frau oder eine Gruppe von Frauen beschrieben wird, die sich in nächster Nähe zur himmlischen Welt befindet.

Nachdem ich das Feld nun soweit vorbereitet habe, möchte ich einige Texte der hellenistischen Periode genauer betrachten. Diese stimmen nicht nur darin überein, dass Frauen in einem eindeutig kosmologischen Kontext beschrieben werden, sondern es bestehen weitere ihnen zugrunde liegende Gemeinsamkeiten:

a) Ursprung (soweit ein solcher ausgemacht werden kann): Alle Texte entstammen der ägyptischen Diaspora. Dieser Umstand mag bedeutend sein für Fragestellungen, welche die symbolische Konstruktion von Gender und Religion der zu jener Zeit ansässigen jüdischen Frauen betreffen.[11] Die Forschung über hellenistische Frauen konnte zeigen, dass diese im Laufe der Zeit mehr Visibilität und Bewegungsfreiheit erlangt haben. Wie dieser Umstand in Bezug auf einen »faktischen« Zugang zu Macht interpretiert werden kann, ist jedoch umstritten.[12] Um die gesellschaftliche Position der Frauen fundiert beurteilen zu können, wäre die Auswertung eines komplexen Datenmaterials epigrafischer, narrativer und juristischer Art erforderlich.

b) Raum: Alle in die Untersuchung einbezogenen Frauen werden im Rahmen eines kosmologischen Systems dargestellt.

---

10 Die Konstruktion von Raum ist nie neutral: Jede Konstruktion drückt eine bestimmte kulturelle, gesellschaftliche und geschlechterspezifische Ordnung der Welt aus. Man könnte sagen, dass eine Verschiebung von »objektiv« und »wissenschaftlich« zu »gesellschaftlich« erfolgt.

11 Siehe beispielsweise Pomeroy (1984).

12 Siehe Pomeroy (1984) und van Bremen (1996) für entgegengesetzte Meinungen.

c) Status: Aseneth und Hiobs Töchter werden beschrieben als »Jungfrauen«. Dieser Aspekt ist von Bedeutung und soll später genauer besprochen werden.

2 Raum, Gender und Macht in der jüdischen Bibel

2.1 Raum als neue Dimension

Raum und Zeit sind grundlegende Konstitutive der menschlichen Erfahrungswelt. Dass in den klassischen Werken über die Anthropologie in der hebräischen Bibel[13] oder selbst in klassischen Werken über Gender-Fragen der Aspekt des zeitlichen Kontextes oder die Beziehung von Raum und Gender nicht angesprochen wird, ist vor diesem Hintergrund erstaunlich. Im Gegensatz dazu rückt Smith die räumliche Dimension ins Zentrum: »The question of the character of the place on which one stands is the fundamental symbolic and social question: what is the place on which I stand? What are my horizons? Limits? It is though an understanding of place that a society or individual creates itself«.[14] In anderen Worten, die drei Aspekte Raum, Gender und Macht sind miteinander verbunden.

2.2 Kosmologie in der jüdischen Bibel: ein lebendiges Universum

Kosmologie wird im weitesten Sinne verstanden als Abbildung oder Karte des Universums als einen begreifbaren und sinnstiftenden Ort. Erwähnenswert ist jedoch an dieser Stelle, dass das israelitische Universum weit davon entfernt ist, ein einziges, eindeutiges Bild des Kosmos wiederzugeben. In den Psalmen beispielsweise wird das israelitische Universum als vierschichtig,[15] dreischichtig[16] oder als zweischichtig[17] dargestellt und wiederspiegelt auf diese Weise andere altorientalische Kosmologien. Tatsächlich wurde eingewendet, dass so etwas wie eine spezifisch israelitische Kosmologie nicht existiert.[18] Das israelitische Universum ist in seiner Vielgestaltigkeit, wie es in der hebräischen Bibel dargestellt wird, nicht statisch oder objekthaft, sondern eher vergleichbar mit einem leeren Haus, das darauf wartet, von Leuten bevölkert und mit allem ausgestattet zu werden: Es umspannt die gesamte existierende Realität, alles was die Himmel, die Erde und die Meere füllt. In Keels Worten: »Rather than the objective structure of the cosmic system, it is the powers which determine the world. Creation is alive, it is dynamic, it is not, ever, ›just matter‹«.[19]

---

13 Bei Wolff (1996) beziehen sich alle Abschnitte und Unterabschnitte auf »Männer«, ohne Bezugnahme auf räumliche Komponenten. »Frauen« werden einzig in einem Abschnitt über Heirat, Liebe und deren »Störungen« erwähnt. Auch bei Rogerson (1984) findet sich keiner dieser Aspekte.
14 Smith (1993), 143.

15 Himmel, Erde, Meer und Scheol, Ps 139,8–9.
16 Himmel, Erde und Wasser, Ps 115,15–17; 33,6–8.
17 Himmel und Erde, Ps 50,4.
18 Siehe Wright (2000), 88; auch Jacobs (1975), 66–86.
19 Keel (1978), 57.

Wie Gender in diesem räumlichen Kontext konstruiert wird, wird anhand von zwei Texten untersucht: *Genesis* 1–3 und *1. Samuel* 28.

2.3   Gender und Raum in Genesis 1–3: Evas Geschichte

Die Erschaffung des Menschen zu Beginn der hebräischen Bibel ist eine der meist-kommentierten Passagen in der gesamten hebräischen Bibel überhaupt. Bei deren Bearbeitung wurden sowohl diachrone als auch synchrone Methoden herangezogen: Anhand beider Fragerichtungen wurde die Stellung, die Rolle und die Funktion Evas untersucht. Feministische Studien berücksichtigten Texte wie die Erschaffung Evas im Kontext von *Genesis* 1,26 ff und ihrer Erzeugung aus der Rippe Adams. Weiter wurde nachgedacht über die Inklusivität Evas im Hinblick auf das göttliche Gebot die Schöpfung gut zu verwalten, wie auch über die Rolle Evas bei der abschließen-den Vertreibung aus dem Paradies. Fragen nach der Gleichstellung von männlich/weiblich wurden ebenso hitzig diskutiert. Bis jetzt fand jedoch keine der Deutungen vollständige Akzeptanz. Eine gewisse Ambiguität bleibt hinsichtlich vieler der dis-kutierten Themen bestehen.

Wenn wir nun *Genesis* 1–3 im Kontext von Räumlichkeit anschauen, müssen drei Bemerkungen angebracht werden.

1. Der Kosmos, der in *Genesis* 1 dargestellt wird, ist, wie wir im ersten Abschnitt festgestellt haben, ein ideologisches Konstrukt. Die kosmologische Vielgestaltig-keit, auf die ich mich in 2.2 beziehe, ist nicht mehr länger vorhanden: Es existiert nur noch ein Universum und dieses ist »geordnet«. Die Natur dieser Ordnung und ihre Auswirkungen auf die Rolle und Funktion der Frau ist Gegenstand der Untersuchung in diesem und im nächsten Abschnitt (Die Frau aus Endor).

2. Es besteht zweifellos eine Beziehung zwischen der Kosmologie und der Ordnung der Welt, der Konstruktion von Gender und Sozialisation. In diesem Zusammen-hang drängen sich folgende Fragen auf: Wer bestimmt die Grenzen des Kosmos? Wer entscheidet, welche Rolle die nach Geschlecht unterschiedenen Geschöpfe erfüllen? Wessen Interesse dient die räumliche Organisation der Welt?

3. Der Text wird der Perserzeit zugeordnet und ist vor dem Hintergrund einer tief-gehenden sozialen und religiösen Krise zu betrachten. Er entstand zu einer Zeit, in der kosmologische und soziale Grenzen ausgelotet und neu definiert wurden.

Um einige Antworten auf die oben gestellten Fragen zu erhalten, ist es hilfreich, *Genesis* 1–3 als Ausdruck einer kosmologischen Erzählung zu betrachten, die Aus-gangspunkt der Thora ist und gleichzeitig die Thora zu weiten Teilen umspannt. Mit der Kosmologie einzusetzen, heißt auch, sich der Liturgie, die der Thora zu-grunde liegt, bewusst zu werden. Wie die Welt geordnet ist, wird in diesem ersten Text anhand von Erzählungen und Gesetzen definiert und erklärt. Ohne die Wich-tigkeit und die Notwendigkeit von positiven Deutungen von Evas Geschichte[20] he-

---

20 Siehe beispielsweise Trible (1978).

rabzusetzen, muss *Leviticus*, eines der Gesetzbücher, die den Kern der Thora darstellen,[21] als hermeneutischer Schlüssel für die Interpretation betrachtet werden.

Dies ist nicht der Ort, um eine komplette Untersuchung aller Gesetze, die Frauen betreffen, zu machen. Ich beschränke mich deshalb auf zwei Passagen, welche die Spezifität der biologischen Funktion der Frau besonders hervorheben: Lev 12,1–8 und 15,19–24. Diese beiden Texte vermitteln klare Richtlinien bezüglich räumlichen und zeitlichen Einschränkungen, welchen Frauen während der Menstruation und Geburt unterliegen. Obwohl die Details der Texte die Forschung noch beschäftigen, konnte ein klarer Bezug hergestellt werden zwischen der wiederholten Verwendung der Zahl Sieben und der Kosmologie, die in *Genesis* 1 etabliert wird.[22] Dadurch werden die Gesetze, welche die Reproduktion der Frau regeln, kosmisch legitimiert. Dies zeigt auf, dass biologische und natürliche Prozesse nie frei von Weltbildern sind, was ebenfalls verdeutlicht wird an der Geburt Evas aus der Rippe Adams. Bei der Bewertung von Beziehungen zwischen den Gesetzen der Thora und der Kosmologie könnte die Berücksichtigung der folgenden anthropologischen Perspektive von Bedeutung sein: Je repressiver eine Gesellschaft in Bezug auf Frauen ist, desto eher werden sie räumlich eingeschränkt. Damit wird Frauen eine – in Bezug auf den Mann – untergeordnete Position zugewiesen, die Kosmologie wird eingesetzt, um die Position der Frauen in der Gesellschaft zu kontrollieren.

Selbst wenn wir mit einer größtmöglich positiven feministischen Lesart an *Genesis* 1–3 herantreten und davon ausgehen, dass darin ein geordnetes Universum dargestellt wird, in dem Mann und Frau einen gleichwertigen Platz einnehmen, müssen wir darauf bedacht sein, die Interpretation in den Kontext einer erweiterten Erzählung zu stellen, die den Raum, in welchem Frauen situiert sind, ausformt. Es stellt sich die Frage, ob die Rolle Evas in *Genesis* 1–3 abgewertet wird. Diesbezüglich ist *Genesis* 3,16 von Interesse. In diesem Vers wird gleichzeitig die Wichtigkeit der Frau bezüglich der Fortpflanzung hervorgehoben und eine Hierarchie des Begehrens, ein Machtverhältnis zwischen Mann und Frau, hergestellt. Vor dem kosmologischen Hintergrund deutet der Kontext deutlich auf folgende Vorstellung hin: »[women] are more passive, less knowing and less discerning in their ›love‹. Female desire is constantly suspect and needs regulating by a knowing, that is a male agent«.[23] Die in dieser Art festgelegte Hierarchie wird durch die Kontextualisierung im kosmologischen Rahmen der Erzählung legitimiert. Die Diskussion um die mögliche Gleichstellung von Mann und Frau in *Genesis* 1 ist geprägt von einer tiefgehenden Ambivalenz gegenüber Frauen. Die Frauen betreffenden Gesetze kreisen um Fragen, die mit der Fortpflanzung in Zusammenhang stehen. Sie versuchen die biologischen Unterschiede zwischen Mann und Frau zu erklären und in Beziehung zu setzen mit der geordneten Welt, wie sie in *Genesis* 1 beschrieben wird. Durch Eva sind Frauen

---

21 Gemäss Balentine (1989) umfasst die Liturgie der Torah *Exodus* 19 bis *Numeri* 10.
22 Siehe Whitekettle (1996), 376–391. Whitekettle argumentiert, dass sich der Ausdruck »sieben Tage« auf eine Zeit der Erneuerung vor der

Neuerschaffung durch Fortpflanzung bezieht, das heißt auf die Zeit, bevor die Frau erneut empfangen und gebären kann.
23 Brenner (1984), 54.

in die kosmische Ordnung integriert als biologisch funktionierende Wesen, die, um der Ordnung willen, eine »niedrigere« Position einnehmen müssen als Männer.

2.4 Die Frau aus Endor (1. Samuel 28): Eine Frau an den Grenzen der Welt

Ein weiteres Beispiel für eine Erzählung, die eine Veränderung in der Kosmologie mit verheerenden Auswirkungen für die soziale, politische und religiöse Position der Frau schildert, findet sich in *1. Samuel* 28. Dabei handelt es sich um eine in dieser Form einzigartige Geschichte in der hebräischen Bibel. Sie berichtet von einer Totenbeschwörung, welche von einer Frau ausgeführt wird. In der Erzählung, die von Betrug und Versagen handelt, konsultiert König Saul eine Frau und bittet sie, den Propheten Samuel aus dem Reich der Toten heraufzubeschwören, damit er ihn ein letztes Mal um Rat fragen könne.[24] Obwohl es verschiedene Lesarten des Textes gibt, wurde in der Regel sein deuteronomistischer Kontext besonders hervorgehoben.[25] Ich dagegen schlage vor, den Fokus auf die räumliche Funktion zu richten.

Sozioanthropologische Analysen der Perserzeit (derjenigen Zeit, in der die meisten Bearbeitungen der hebräischen Bibel vorgenommen wurden) haben ergeben, dass Gesellschaften, die sich stark gegen außen abgrenzen und über geringe Möglichkeiten zur gesellschaftlichen Integration verfügen, zu Akten der »Reinigung« tendieren, wenn Ängste und Missstimmungen in der Gesellschaft ein kritisches Ausmaß erreicht haben. Anhand eines solchen Modells werden starke Kontraste hergestellt zwischen Mitgliedern der Gemeinschaft und allem, was sowohl auf einer physischen als auch auf einer ideologischen Ebene als fremd erscheint. Mary Douglas weist in diesem Zusammenhang darauf hin, dass »when individuals within a society are exposed to a number of worldviews and systems of morality, internal social ambiguity will be the result and internal boundaries will weaken«. Meiner Ansicht nach bietet uns dieses Denkmodell einen Rahmen, der zum Verständnis der Geschehnisse in der frühpersischen jüdischen Gemeinschaft beiträgt. Diese Zeit war geprägt von großer Ungewissheit und einer Pluralität von konkurrierenden Kosmologien sowie miteinander wetteifernden religiösen und moralischen Systemen. Mit Hilfe der Erzählung vom Fall von König Saul haben deuteronomistische Historiker zwei Fliegen mit einer Klappe geschlagen: Sie konnten seine Ungnade und seinen Tod erklären *und* klare Grenzen aufzeigen, indem sie Hierarchien in Bezug auf göttliche Mittel der Kommunikation und in Bezug auf den Status von religiösen Spezialisten errichteten.

---

24 Für eine vollumfängliche Analyse dieser Passage und ihrer räumlichen Implikationen siehe den in Kürze erscheinenden Artikel von A. Jeffers »Nor by Dream, nor by Urim, nor by Prophets«: Die Erzählung über die Totenbeschwörerin in *1. Samuel* 28, in: Voss, Angela (Hg.), Seeing With Different Eyes, Kap. 5, Cambridge Scholars Press, Cambridge.

25 Hierbei handelt es sich um eine Schule von Autoren, die maßgebliche Teile der hebräischen Bibel editierten und Judahs Fall und das Exil der babylonischen Bevölkerung auf folgende Weise zu begründen versuchen: Das Volk hat sich versündigt, es wurde von einigen Königen in die Irre geführt, deshalb erfolgt die Bestrafung durch Yahweh, mit der Folge von Land- und Tempelverlust und dem Auszug seines Volkes.

Die Frau in *1. Samuel* 28, welche die Totenbeschwörung vornimmt, steht eindeutig innerhalb einer Kosmologie. Es ist eine Kosmologie, die Gemeinsamkeiten mit derjenigen anderer altorientalischer Nationen aufweist, so zum Beispiel die Vorstellung eines in Himmel, Erde und Unterwelt dreigeteilten Universums. Kommunikation mit den Toten erfolgt über einen Zugang zur Unterwelt. Ein Schacht, ein Fluss oder eine Quelle stellen mögliche Zugänge zu jener Welt dar.

Einige der Begebenheiten im Text können mit Hilfe des Konzeptes des »mental mapping« untersucht werden. »Mental maps« sind Konstrukte, die aufgrund »shared national, cultural and religious viewpoints« erstellt werden.[26] Einige Beispiele müssen hierzu genügen.

Endor ist ein verschlüsselter Ortsname: Er erinnert an mythisch göttliche Orte, an denen Offenbarungen und Visionen stattfinden und ruft weiter das Bild einer geografischen Lageveränderung hervor.[27] Ich würde vorschlagen, die Erzählung im Sinne einer *mythischen Geografie* zu lesen und Endor als Ort zu betrachten, welcher der »Peripherie« zuzuordnen ist. Diese Betrachtungsweise wird unterstrichen durch die Assoziation mit einem »Schacht« oder einer »Grube«. Dies ist eine in Hebräisch bekannte Bezeichnung für das Reich der Toten.[28] Des Weiteren ist *Raum* in *1. Samuel* 28 im Wesentlichen verbunden mit Vertikalität: Das Ritual der Totenbeschwörung wird gekennzeichnet durch die wiederholte sprachliche Verwendung von »herauf bringen« (*bring up*) oder »hinauf steigen« (*raise*).[29] Hier ist anzumerken, dass der Ausdruck »aus der Tiefe/aus dem Grunde« im Hebräischen das Aufsteigen aus der Unterwelt, aus dem Reich der Toten, bedeuten kann.

Die »mythische Karte«, welche der Erzählung von *1. Samuel* 28 zugrunde liegt, erinnert auch an die mythische Geografie des Maqlu-Rituals. Bei diesem jährlich wiederkehrenden mesopotamischen Ritual werden Hexen vertrieben und an die Grenzen der Welt, in die Nähe des Eingangs der Unterwelt verbannt.[30] Zwischen dem Maqlu-Ritual und der Zeremonie von Endor bestehen Parallelen, die über die Gemeinsamkeit des nächtlichen Schauplatzes hinaus gehen. Die Totenbeschwörerin aus Endor erinnert in ihrer Liminalität (sie befindet sich wörtlich und metaphorisch an der Grenze: ihr gesellschaftlicher Status ist unklar, sie besitzt keinen Namen, sie lebt alleine, und es werden keine Verwandtschaftsbeziehungen erwähnt) an die Erzählung der vertriebenen Hexen des Maqlu-Rituals. Durch diese Assoziation wird die Frau aus Endor dämonisiert.

---

26 Gould/White (1986), 90–94.
27 In *1. Samuel* 29,1 befinden sich die Philister noch in Aphek. Sie treffen nicht vor 29,11 in Jesreel ein. Die Episode in Endor dürfte demnach chronologisch nach Kapitel 29 und 30 eingeordnet werden.
28 Es gibt viele Beispiele für Totenbeschwörungen in der antiken Welt. Siehe dazu Johnson (2002). Die bekannteste Erzählung aus dem antiken Griechenland handelt von Odysseus, der ein Stieropfer darbringt, um mit dem verstorbenen Teiresias in Verbindung zu treten (*Odyssee* 11,13 ff). In Aischylos' *Die Perser* (619 f) wird der Geist des Darius heraufbeschworen, um seine Königin zu führen.
29 Siehe beispielsweise Vers 14: »Es kommt ein alter Mann herauf (…)«.
30 Siehe Abusch (1995), 467–494 und (1974), 251–262 für eine vollständigere Diskussion des Maqlu-Rituals.

Die Erzählung der Totenbeschwörerin deutet darauf hin, dass das Universum hierarchisch geworden ist. Divination »aus der Tiefe« wird jetzt verurteilt und als »schlecht« oder gar illegal verworfen. Man kommt dabei nicht um den Schluss herum, dass die Errichtung einer Hierarchie bezüglich Divination, die als »göttliches Wissen« neu definiert wird, auch die Errichtung einer Gender-Hierarchie wiederspiegelt. Der Status von Frauen, die sich mit chthonischen Erscheinungsformen assoziieren, wird jetzt abgewertet. Er verlagert sich vom Rang einer Spezialistin zu einer Stellung an der Peripherie, einschließlich der Gefahr, die damit einhergeht. Es besteht eine Parallele zwischen dem Los dieser Frauen und der Unterwelt: Im besten Fall wird beiden ein entschieden negativer moralischer Wert zugesprochen, im schlechtesten Fall werden sie dämonisiert.

Die deuteronomistische Neudefinition des Kosmos ist erfolgreich durch die Bereitstellung einer unmissverständlichen und monolithischen Weltanschauung. Frauen kennen ihren Platz. Der Zugang zum Göttlichen liegt in der Hand einiger weniger Männer.

1. Samuel 28 kann als Zeugnis einer Neudefinition von religiösen Grenzen und einer Beschränkung hin zu einer einzigen Kosmologie, die kontrolliert wird von einer machtvollen Minderheit, verstanden werden. Diese Neuordnung der Welt führt zu einer gestrafften Kontrolle über das Leben der Menschen und hat Auswirkungen auf die gesellschaftliche und religiöse Situation der Frau, insbesondere über die Kontrolle des Wissenszugangs.

3 Alles ändert sich: Aufstieg hellenistisch-jüdischer Frauen

3.1 Kosmologie in der hellenistischen Welt

Dieser Zeitabschnitt ist geprägt von großen Veränderungen: Die Errichtung und Ausdehnung des Reiches von Alexander dem Grossen und die damit einhergehende Veränderung von räumlichen Grenzen stellt für den größten Teil der Bevölkerung, die in dieser neu definierten Welt lebt, eine Herausforderung dar. Traditionelle Grenzen, in der Vergangenheit assoziiert mit der *polis*, sind unterdrückend und unzureichend geworden. Es besteht Bedarf an einer neuen Kosmologie, die die gesellschaftliche Instabilität ausdrückt und mit ihr übereinstimmt. Dieser Umstand wurde auf unterschiedliche Weisen untersucht und bewertet, es bleibt jedoch die Tatsache bestehen, dass die hellenistische Zeit einen »axial breakthrough«[31] erlebt hat. Die sich verändernde politische Welt verlangt nach einer Neubewertung des Kosmos. Die Menschheit leidet an einer »kosmischen Paranoia«.[32] Oder wie Smith es ausdrückt: »man is no longer defined by the degree to which he lives in harmony but by the degree to which he can escape the patterns«.[33] Die Flucht in okkulte Spekulationen, mystische Religionen, himmlische Reisen und Ähnliches kann verstan-

---

31 Diese Terminologie findet sich bei S. N. Eisenstadt, zitiert in Wright (2000), 98, Fußnote 1.

32 Smith (1993), 138.
33 Smith (1993), 139.

den werden als Reaktion auf die erheblichen politischen Veränderungen. Diese Ausbrüche bieten eine Möglichkeit, den Strukturen eines oft unterdrückenden politischen Regimes, über das die Bevölkerung keine Kontrolle besitzt, zu entfliehen.

Die Empfindung, dass der Mensch sein Gefühl für Raum verloren hat, verlangt nach einer Neudefinition von kosmischen religiösen Symbolen: Der Mensch muss sich neu ausrichten und die Welt mit religiösen Symbolen neu erklären. In gewisser Hinsicht kann man die Verschiedenartigkeit hellenistischer Kosmologien als Abbild einer größeren Verschiebung ausdrücken, die Religionen während der hellenistischen Zeit durchlaufen haben, seien diese griechisch, jüdisch oder christlich. Grundlegender Rahmen ist oft ein platonisches Modell, welches die Vorstellung einer fest im Himmel angesiedelten Wirklichkeit vermittelt. Dem gegenüber steht ein verschiedenartig bewertetes irdisches Leben, das neu als »Fall« oder als notwendiger Übergangsort, der vom Individuum auf seinem Weg zum »wirklichen Leben« durchquert werden muss, verstanden wird. Das »wirkliche Leben« wird aus dieser Sichtweise als das in jeder Hinsicht bessere Leben betrachtet. Ziel ist mögliche Unsterblichkeit.[34]

Wie wirkt sich dieser Umstand auf Frauen aus? Und, konkreter, wie sollen himmlische Reisen von Frauen bewertet werden? Ist das Aufsteigen in eine andere Welt mit mehr Freiheit oder größeren Einschränkungen gleichzusetzen? Welche Funktion kommt den Erzählungen über den himmlischen Aufstieg von Frauen zu? Markieren solche Geschichten einen Statuswechsel?

3.2 Anthropologie

Da innerhalb des Kosmos eine Dichotomie eingeführt wurde, muss die Position der Frauen neu definiert werden. Die hellenistische Weltanschauung von Gender setzt nur ein männliches Geschlecht voraus. Gemäss dieser Auffassung sind Frauen degenerierte, von der Norm abweichende Exemplare: Sie sind unvollkommene Männer.[35] Allerdings ist eine gewisse Flexibilität im System vorhanden,[36] vielleicht aufgrund der Tatsache, dass Frauen besser gebildet und mobiler sind als zuvor.

3.3 Die Juden in der hellenistischen Welt

Die Juden in der hellenistischen Welt sahen sich konfrontiert mit konkurrierenden Kosmologien, die in groben Zügen einerseits aus der altorientalischen Welt (ein dreigeteiltes Universum) übernommen und andererseits dem griechischen Modell (multiple Himmel) nachempfunden wurden. Zusätzlich wird das Bild durch die Tatsache verkompliziert, dass es zwischen den beiden Modellen keine lineare Entwicklung gibt. Trotzdem bestehen Gemeinsamkeiten: Der Kosmos wird nämlich in beiden Modellen durch ethische und religiöse Werte, die gekoppelt sind an die räumliche Organisation des Kosmos, definiert. »Oben« wird im Allgemeinen in Ver-

34 Tabor (1986).
35 Carson (1990).

36 Die Epikuräer und die Zyniker scheinen Frauen in ihren Reihen akzeptiert zu haben.

bindung gebracht mit positiven Werten, »unten« mit negativen. Wie die Juden im Hellenismus die beiden unterschiedlichen Modelltypen aushandeln und welche Auswirkungen dies auf die Konstruktion von und das Verhältnis zu Gender hat, wird in den nächsten Abschnitten besprochen.

3.4   Eva in Philo von Alexandriens De Opificio Mundi

Die jüdischen Gemeinden, die während der Zeitenwende in der multikulturellen Umgebung des hellenistischen Ägyptens in der Diaspora lebten, weisen eine vergleichbare Dynamik zu denen im Perserreich auf: Es besteht kein Zweifel daran, dass die Juden in Alexandria wie die Juden im persischen Reich eine möglicherweise selbstzerstörerische Identitätskrise durchlebten. Philo von Alexandrien wirkte dieser entgegen, indem er strikte Abgrenzungen gegen außen aufstellte. Diese Abgrenzungen ermöglichten eine Neudefinition der jüdischen Identität, innerhalb welcher sich eine neue jüdische Kosmologie herausbilden konnte. Philos Werk *De Opificio Mundi* ist eine Abhandlung, die die kosmologischen Grenzen der jüdischen Gemeinschaft von Alexandrien eindeutig neu ordnete. An dieser Stelle sind Macks berühmte Ausführungen zu zitieren, welche die neue jüdische Kosmologie als ein »Grecian universe with Israel at its centre« beschreiben.[37]

Die Wichtigkeit des Werkes von Philo kann nicht zu gering geschätzt werden, es handelt sich immerhin um die Einführung zur Gesamtheit seiner Kommentare zum Pentateuch. Hauptthema ist die Seele, die zurück zum Himmel und zu Gott reist. Von Bedeutung ist, dass Philo von der platonischen Kosmologie ausgeht und durch den Einbezug einer bekannten griechischen Kosmologie äußerliche Grenzen neu definiert. Platos *Timeus* folgend, besteht bei Philo eine klare Vorstellung von hierarchischen Werten im Universum. Philo beschwört durch die Repräsentation der Vernunft durch den Mann und der sinnlichen Wahrnehmung durch die Frau eine Hierarchie der Menschen herauf. Die Irrationalität der Frau muss sogar vom Mann gelenkt werden.[38]

Eine solche Darstellung der uranfänglichen Ereignisse hat einen großen Einfluss auf die Wahrnehmung, den Status und die Funktion der Frauen. Im *Timeus* und bei Aristoteles werden Frauen als »das zweite Geschlecht«[39] betrachtet, um Simone de Beauvoirs vielzitierten Begriff zu verwenden. Frauen werden im Kontrast zur rationalen Seele der Männer als »sinnliche Wahrnehmung« definiert und allegorisiert und dabei direkt verantwortlich gemacht für die Einbringung von sexueller Begierde und Tod.[40] Philos Auffassung von körperlicher »Jungfräulichkeit« im Sinne von spiritueller »Jungfräulichkeit« ist aus diesem Grund hilfreich für das Verständnis der folgenden zwei Erzählungen.

---

37 Mack (1991).
38 Sly (1990).
39 Simone de Beauvoirs Klassiker »Le deuxième sexe« wird in der deutschen Ausgabe üblicherweise mit »Das andere Geschlecht« übersetzt (Anmerkung der Übersetzerin).
40 *De Opificio Mundi* (LIII, 152).

3.5 Aseneths himmlische Reise

Die Erzählung *Joseph und Aseneth* wird im Allgemeinen als jüdischer Roman betrachtet, der dem Ägypten der ersten Jahrhunderte unserer Zeitrechnung entstammt und eine Ausarbeitung von *Genesis* 41,45–50 ist.[41] Im Wesentlichen handelt die Erzählung von der Konversion Aseneths, Josephs ägyptischer Frau.

3.5.1 Kosmologie

Die Kosmologie, die der Erzählung zugrunde liegt, basiert auf einem altorientalischen Model. Es wird nur ein Himmel erwähnt, was übereinstimmt mit der Verschiebung in der Kosmologie, die den Himmel als Ort privilegiert, an dem Begegnungen und Transformationen des Menschlichen und des Göttlichen erfolgen können. In der Erzählung gibt es eine Vielzahl an Bezügen zu Raum und Vertikalität, zu den offensichtlichsten zählen der Garten, der Brunnen und der Fluss beim Haus von Aseneths Vater. Dies soll *Genesis* 1–3 und damit den Tempel von Jerusalem[42] in Erinnerung rufen und den Leser darauf hinweisen, dass er sich auf heiligem Terrain bewegt. Gleichermaßen weisen der Turm,[43] die drei Räume im Turm, die drei Fenster (*1. Henoch* vgl. Wright) und der Gebrauch der Zahl Sieben (sieben Dienerinnen), um nur einiges zu nennen, auf einen kosmischen Hintergrund hin.[44]

Dass Aseneth in der Erzählung eine himmlische Transformation erlebt, steht außer Frage. Sie befindet sich sozusagen in einem symbolischen Tempel, einem Ort, der Himmel und Erde verbindet. Dort begegnet sie dem Göttlichen und erfährt dadurch eine Veränderung. Ihre Einkleidung in neue Gewänder deutet auf eine Transformation in ein engelhaftes Wesen hin (XIV, 12–13). Zieht man in Erwägung, dass die Anthropologie in einem dialektischen Verhältnis zur Kosmologie steht, ist es bemerkenswert, dass Aseneth durch ihre vorübergehende Versetzung ins himmlische Reich zum vollständigen Menschen wird: »Du bist eine keusche Jungfrau, und dein Haupt ist wie das eines jungen Mannes« (XV, 1). Indem sich diese komplexe Erzählung mit spezifischen Problemen der damaligen jüdischen Gemeinschaft in der Diaspora befasst, adaptiert sie einen »traditionellen« Kosmos und führt eine »neue« Anthropologie ein.

3.5.2 Auswertung

Die feministische Theorie konstatiert die patriarchale Natur der Gesellschaft und argumentiert, dass die verschiedenen Sphären zum Vorteil der Männer gereichen, wel-

41 Die Erzählung von *Joseph and Aseneth* hat in letzter Zeit viel Beachtung erfahren. Siehe beispielsweise Philonenko (1968) für den Text, Humphries exzellente Studie (2000) und Kraemers einflussreiche Analyse (1998). Obwohl Fragen nach Zeit und Herkunft nicht mit abschließender Sicherheit beantwortet werden können, scheint eine Situierung der Erzählung in Alexandrien während der Zeitenwende wahrscheinlich.

Es ist jedoch anzumerken, dass Kraemer sie aufgrund ihrer Bezüge zur mystischen Literatur des späten Judentums zeitlich später einordnet.
42 Wright (2000), 131 und Levenson (1986).
43 Aseneths »Ort der Ruhe« ist »in den höchsten Höhen« (XXII,13).
44 Die meisten dieser Details werden in *1. Henoch* 33 erwähnt; im Rahmen von Henochs zweiter Reise in die Gegenwelt.

che ungleiche Machtverhältnisse festlegen: Männer kontrollieren in praktischer Hinsicht, wo Frauen tätig sind und was sie tun. Die Begrenzungen sind räumlicher und gesellschaftlicher Art.[45] Sie bestimmen, wer zu welchem Ort gehört und wer ausgeschlossen wird und legen den Raum des Erlebens fest. In *Joseph und Aseneth* bewegt sich Aseneth innerhalb eines männlichen kosmischen Raums. Komponenten der »traditionellen« Kosmologie werden vermischt mit Elementen der »neuen«. Einige Teile des Texts deuten auf eine Neudefinierung von Aseneth als männliches Wesen hin: Aseneth gelangt also nicht aufgrund eines eigenen weiblichen Anrechts ins himmlische Reich. Dies kann damit erklärt werden, dass die jüdisch hellenistische Literatur Himmelsreisen in Zusammenhang mit einer Kosmologie bringt, die das himmlische Reich mit männlichen Attributen ausstattet (zum Beispiel Vernunft), während weibliche Eigenschaften (zum Beispiel sinnliche Wahrnehmung, Sexualität) der Erde zugeschrieben werden. Damit verbunden ist eine Kosmologie, die von einem einzigen Geschlecht ausgeht und die Frau als Abweichung des Mannes betrachtet. Himmlische Reisen und Transformationen in einem männlichen heiligen Raum bedingen daher eine Veränderung vom (jungfräulich) Weiblichen zum Männlichen.

Aseneths Raum ist »privat« und wird als ausschließlich Frauen vorbehaltener Ort definiert, zu dem Männer keinerlei Zutritt haben; dies freilich nur aus dem Grund, dass der Raum von Männern eingegrenzt, von ihnen für die Frau geschaffen und sie darauf beschränkt wurde.

3.6   Die magischen Gürtel von Hiobs Töchtern (Testament Hiobs 46–53)

Das *Testament Hiobs* ist eine Erzählung, die aus Ägypten während der Zeitenwende stammt. Es handelt sich um eine freie Nacherzählung der biblischen Geschichte von Hiob. Sie enthält Material, das im biblischen Text nicht erwähnt wird.[46] Eine der Geschichten handelt von den Töchtern Hiobs, die ihm von seiner zweiten Frau Dinah geboren wurden. Auf seinem Totenbett übergibt Hiob den drei Töchtern Hemera, Kasia und Amaltheias Keras ihr Erbe. Dieses besteht aus drei Gürteln, »die so schön [sind], dass kein Mensch ihr Aussehen beschreiben kann; denn sie stammen nicht von der Erde, sondern vom Himmel« (XLVI, 7–8). Es sind dieselben Gürtel, die Gott Hiob gegeben hatte, um ihn von seiner Krankheit zu heilen (XLVII, 4–7). Sobald die Frauen die Gürtel umgeschnallt haben, erhalten sie »ein anderes Herz« und sind nicht mehr länger besorgt um »irdische Dinge« (XLVIII, 2).

3.6.1 Kosmologie
Obwohl der Mangel an Details eine Untersuchung der Kosmologie im *Testament Hiobs* erschwert, scheint sie eindeutig einem »traditionellen« ägyptischen Modell[47]

---

45 McDowell (1999), 4.
46 Vgl. Sparks (1984), 617–648.
47 Es sind eindeutige Elemente im Text vorhan- den, die an das Bild der Göttin Nut erinnern, welche ihren Körper über die Erde spannt und jeden Abend die Sonne verschluckt (XXXVII, 8).

zu entsprechen, das von einem Kosmos mit einem Himmel ausgeht.[48] Klar ist jedenfalls, dass die drei Töchter einen himmlischen Aufstieg und eine Transformation erleben, wie der Ausdruck »ein anderes Herz« andeutet.[49] Auf jeden Fall erlauben
ihnen die Gürtel zu heilen, sich in der Gegenwart der himmlischen Heerscharen
aufzuhalten und vollumfänglich teilzunehmen an der Engelsliturgie,[50] wie dies von
Hiobs Bruder berichtet wird. Auch erleben die drei Frauen einen Einblick in himmlische Gefielde: An Hiobs Sterbebett sehen sie die »hell leuchtenden Wagen«, die die
Seele ihres Vaters abholen sollen (LII, 6).

3.6.2 Auswertung

Der Ort, an dem sich die drei Töchter Hiobs befinden, während sie in den Himmel
versetzt werden, ist ein privater Raum, die Todeskammer ihres Vaters. Im Gegensatz
zur Erzählung von Aseneth handelt es sich jedoch nicht um einen ausschließlich
Frauen vorbehaltenen Raum. Die Teilnahme der Töchter an der himmlischen Liturgie und die dementsprechend positive Darstellung ihrer prophetischen und ekstatischen Rollen könnte möglicherweise einen Anstieg von Frauen in religiösen Machtpositionen reflektieren.[51]

4   Schlussfolgerung

Das Konzept von Raum auf antike Texte anzuwenden, heißt, ein tieferes Verständnis
hinsichtlich der Konstruktion von Gender zu gewinnen. Obwohl sich die vorliegende Analyse hauptsächlich auf antike jüdische Literatur der griechisch-römischen
Zeit konzentriert, sind die gestellten Fragen von allgemeinem Wert und können auf
andere religiöse Symbolsysteme bezogen werden. Eine Untersuchung von Kosmologien und insbesondere der Art und Weise, wie Raum im Hinblick auf die gesellschaftliche und ideologische Welt, mit der er interagiert, konstruiert wird, hat eine
große Bedeutung für die Konstruktion von Gender. Wie wir gesehen haben, ist Anthropologie, das heißt, die Art, wie menschliche Wesen konzeptualisiert werden,
verbunden mit der Kosmologie, die religiösen Symbolsystemen innewohnt. Dies hat
Auswirkungen auf den Status und die Funktion der Frau.

In den folgenden fünf Punkten sollen die Ergebnisse dieser Untersuchung zusammengefasst werden.

1. In den griechisch-römischen Texten, die in dieser Arbeit untersucht wurden, sind
   alle Frauen, die eine Position von höherem religiösen Status erlangen und Zugang
   zur Offenbarung und zum verändernden Erleben des Göttlichen haben, »vor-

---

48 Wie im vorangehenden Text scheint eine Anlehnung an *1. Henoch* 33 zu bestehen.
49 Van der Horst (1989), 93–106.
50 Die Töchter sprechen in »engelhafter Sprache« (XLVIII, 3, XLIX, 2 und L, 1–2); Kasia be-
singt »das Werk des erhabenen Ortes« (XLIX, 2).

Weiter ist hier anzumerken, dass auch Philos
»Jungfrauen« in *De Vita Contemplativa* an der
himmlischen Liturgie teilnehmen. Sie scheinen
hingegen keine himmlische Reise erfahren zu haben.
51 Lesses (1994), 139–149.

geschlechtlich« (*pre-sexual*): Aseneth und die Töchter Hiobs sind Jungfrauen. Dies entspricht Philos Konzeption der Frau. Frauen können darin den Status der Vollständigkeit nur dann erreichen, wenn sie nicht durch ihre Sexualität herabgesetzt werden.

2. In einem der Texte, nämlich in *Joseph und Aseneth*, wird die Frau als »männlich« konstruiert.

3. Die Konzeption von Raum ist an zeitliche Umstände geknüpft und befindet sich dementsprechend laufend in einer Entwicklung. Trotz des Anspruchs auf Beständigkeit und Offenbarung muss die Vorstellung von Raum häufig adaptiert werden. Dies wird in unseren Texten daran deutlich, dass die Darstellungen von himmlischen Reisen von Frauen eine gewisse Anpassungsfähigkeit aufweisen. Möglicherweise reflektiert dies den Kampf der Frauen um eine Positionierung in der Welt und eine Neubewertung innerhalb des Kosmos.

4. Alle Beispiele von himmlischen Reisen von Frauen werden durch einen »traditionellen« Typus der Kosmologie ausgedrückt, gekennzeichnet durch einen einzigen Himmel. Dieses Modell war möglicherweise einer flexiblen Handhabung der Rolle der Frau angemessener als andere kosmologische Varianten.

5. Auch wenn die himmlischen Erfahrungen von Frauen räumlich in der privaten Sphäre angesiedelt sind, bringen sie die Visibilität einiger der Frauen zum Ausdruck.

Zum Schluss möchte man vielleicht Fragen stellen, die sich auf jedes religiöse Symbolsystem beziehen könnten: Wer definiert und konstruiert Raum? Wer kontrolliert ihn und das jeweilige religiöse Symbolsystem? Wo werden die himmlischen Erfahrungen von Frauen innerhalb der komplexen Dialektik des privaten und öffentlichen Raumes angesiedelt? Wie wird Gender innerhalb des konzeptualisierten Raumes des religiösen Symbolsystems konstruiert?

Bibelübersetzung

Die heilige Schrift des Alten und Neuen Testaments, Zürich, Verlag der Zürcher Bibel, [21]1996 (1942).

Weitere Literatur

Abusch, Tzvi (1974), Mesopotamian Anti-Witchcraft Literature: Texts and Studies, Part I: The Nature of Maqlu: Its Character, Divisions, and Calendrical Setting, Journal of Near Eastern Studies 33, 251–262.

– (1995), The Socio-Religious Framework of the Baylonian Witchcraft Ceremony Maqlu: Some Observations, in: Zevit, Ziony (Hg.), Solving Riddles and Untying Knots: Biblical, Epigraphic, and Semitic Studies in Honor of Jonas C. Greenfield, Winona Lake, Eisenbrauns, 467–494.

Balentine, Samuel (1989), The Torah's Vision of Worship, Minneapolis, Fortress Press.

Brenner, Athalya (1984), The Intercourse of Knowledge. On Gendering Desire and Sexuality in the Hebrew Bible, Sheffield, JSOT Press.

Burchard, Christoph (1983), Unterweisung in erzählender Form. Joseph und Aseneth, JSHRZ II.4, Gütersloh, Gütersloher Verlagshaus.

Carson, Anne (1990), Putting her in her Place: Woman, Dirt, and Desire, in: Halperin, David M./Winkler, John J./Zietlin, Froma I. (Hg.), Before Sexuality. The Construction of Erotic Experience in the Ancient World, Princeton, Princeton University Press, 135–169.

Gould, Peter Robin/White, Rodney (1986), Mental Maps, London, Routledge.

Humphrey, Edith McEwan (2000), Joseph and Aseneth. Guides to the Apocrypha and Pseudepigrapha, Sheffield, Sheffield Academic Press.

Jacobs, Louis (1975), Jewish Cosmology, in: Blacker, Carmen/Loewe, Michael (Hg.), Ancient Cosmologies, London, George Allen and Unwin, 66–86.

Johnston, Philip S. (2002), Shades of Shed. Death and Afterlife in the Old Testament, Leicester, Apollos.

Keel, Othmar (1978), The Symbolism of the Biblical World. Ancient Iconography and the Book of Psalms, London, SPCK.

Kraemer, Ross (1998), When Joseph met Aseneth. A Late Antique Tale of the Biblical Patriarch and his Egyptian Wife Reconsidered, New York/Oxford, Oxford University Press.

Lesses, Rebecca (1994), The Daughters of Job, in: Schüssler Fiorenza, Elisabeth (Hg.), Searching the Scriptures, Bd. 2., London, SCM Press, 139–149.

Levenson, Jon (1986),The Jerusalem Temple in Devotional and Visionary Experience, in: Green, Arthur (Hg.), Jewish Spirituality from the Bible through the Middle Ages, Bd. 13, New York, Crossroads, 46–58.

Mack, Burton L. (1991), Wisdom and Apocalyptic in Philo, in: Runia, David T./Hay, David M./Winston, David (Hg.), Heirs of the Septuagint: Philo, Hellenistic Judaism and Early Christianity, Festschrift für Earle Hilgert, Brown Judaic Studies 230, Atlanta, Scholars Press, 21–39.

McDowell, Linda (1999), Gender, Identity and Place. Understanding Feminist Geographies, Oxford, Blackwell.

Philonenko, Marc (1968), Joseph et Aseneth. Introduction, texte critique, traduction et notes, Leiden, E. J. Brill.

Pomeroy, Sarah (1984), Women in Hellenistic Egypt. From Alexander to Cleopatra, New York, Scholars Books.

Rogerson, John (1984), Anthropology and the Old Testament, Sheffield, The Biblical Seminars/JSOT Press.

Schaller, Berndt (1979), Unterweisung in erzählender Form. Das Testament Hiobs, JSHRZ III.3, Gütersloh, Gütersloher Verlagshaus.

Sly, Dorothy (1990), Philo's Perception of Women, Brown Judaic Studies 209, Atlanta, Scholars Press.

Smith, Jonathan Z. (1987), Imagining Religion, Chicago, University of Chicago Press.

– (1993), Map is not Territory. Studies in the History of Religions, Chicago/London, University of Chicago Press.

Soja, Edward (1985), The Spatiality of Social Life, in: Gregory, Derek/Urry, John (Hg.), Social Relations and Spatial Structures, Basingstoke, Macmillan, 90–125.

Sparks, Hedley Frederick Davis (Hg.) (1984), The Apocryphal Old Testament, Oxford, Clarendon Press.

Tabor, James D. (1986), Things Unutterable. Paul's Ascent to Paradise in its Greco-Roman, Judaic and Early Christian Contexts, Studies in Judaism, New York/London, University Press of America.

Trible, Phyllis (1978), God and the Rhetoric of Sexuality, Philadelphia, Fortress Press.

van Bremen, Riet (1996), The Limits of Participation. Women and Civic Life in the Hellenistic and Roman Period, Amsterdam, J.C. Grieben.

van der Horst, Pieter W./Cornelis, Pieter (1989), Images of Women in the Testament of Job, in: Knibb, M. Michael/van der Horst, Pieter W./Cornelis, Pieter, Studies on the Testament of Job, Cambridge, Cambridge University Press, 93–106.

Wolff, Hans Walter (1996), Anthropology of the Old Testament, Mifflington, SCM Press/Fortress Press/Sigler Press Edition.

Women and Geography Study Group of the IBC (1984), Geography and Gender. An Introduction to Feminist Geography. Hutchinson in association with the explorations in Feminist collective, London/Melbourne, Hutchinson and Co Ltd.

Whitekettle, Richard, (1996), Levitical Thought and the Female Reproductive Cycle: Wombs, Wellsprings, and the Primeval World, Vetus Testamentum 46, 376–391.

Wright, J. Edward (2000), The Early History of Heaven, Oxford, Oxford University Press.

Repräsentation des Weiblichen
Theologische Literatur von Frauen im italienischen
Cinquecento und *Seicento* am Beispiel von Domenica da
Paradiso und Lucrezia Marinella

Valeria Ferrari Schiefer

1 Einleitung

Die Suche nach theologischer Literatur von Frauen im männlich dominierten jüdisch-christlichen Symbolsystem ist immer mit einem großen Forschungsaufwand verbunden. Es deutet mehr auf ihre Nichtexistenz hin als auf die Chance einer erfolgreichen Entdeckung. Damals als maßgeblich geltende Entwürfe zur Theologie und Anthropologie wurden vor allem von männlichen Autoren verfasst. Es wurden fast ausschließlich Schriften männlicher Theologen weitertradiert und rezipiert. Die Schriften von Frauen oder Frauenfreunden wurden dagegen marginalisiert (Gössmann 1998, 9–31; Ferrari Schiefer 1998, 54–176). Um frauenfreundliche Schriften dennoch zu finden und die zum Teil sehr nuancierte Originalität ihrer Konzeptionen herauszukristallisieren, bedarf es der Kenntnis des jeweiligen soziokulturellen Kontextes und des theologisch-philosophischen Hintergrundes, auf den sie sich beziehen.

Frauen wurden in der herrschenden Tradition einerseits kaum als Autorinnen berücksichtigt, andererseits wurde eine bis heute nachwirkende Anthropologie der Geschlechter mit einer starken Asymmetrie zu Ungunsten von Frauen entworfen. Vor allem die ersten drei Kapitel der *Genesis* galten dabei in der theologischen Anthropologie als grundlegend und wurden frauenfeindlich ausgelegt. Zum Beispiel wurde Adam, mit dem zunächst allgemein der aus Erde erschaffene Mensch gemeint ist, als männliches Individuum verstanden. Aus seiner Ersterschaffung wurde der Vorrang des Mannes abgeleitet, aus der Zweiterschaffung Evas dagegen die Unterordnung der Frau. Die sogenannte Sündenfallgeschichte wurde einseitig interpretiert: Die Frau galt nicht nur als Zweiterschaffene, sondern als Erste in der Sünde (Schüngel-Straumann 1989 und 1998). Daraus wurde eine Reihe von Schlussfolgerungen gezogen, unter anderem dass nur der Mann eine vollständige Gottebenbildlichkeit besitze, er deshalb alleine die Herrschaft über die Welt inne habe und die Frau ihm unterworfen sei (Gössmann 2000, 11–44; Schüngel-Straumann 1989; Schüngel-Straumann/Gössmann 2002, 125–131). Die abendländische Philosophie hat darüber hinaus dazu beigetragen, den Vorrang des männlichen Geschlechts und seine Privilegien zu bestätigen, indem Zuordnungen geschaffen wurden, die die Unterordnung der Frau festgelegt haben. Zum Beispiel wurden der höher bewertete Bereich des Geistigen und der Vernunft, sowie das aktive und formgebende Prinzip auf das Männliche bezogen, dem weiblichen Geschlecht dagegen die als minderwertig betrachtete Materie und das passive Prinzip zugewiesen. Der Körper der Frau wurde für schwächer und als eher der Krankheit zugeneigt als der des Mannes gehalten. Er galt deshalb als Hindernis für die Entfaltung einer gleichen Seele. Nach dieser Vorstellung konnte allein der Mann in vollem Umfang intellektuelle und moralische Fähigkeiten besitzen. Als normativ für das Menschliche galt der Mann, die Frau wurde dagegen als *mas occasionatus*, als unvollkommener Mann, betrachtet (Ferrari Schiefer 1998, erster Teil).

Meist besteht eine Wechselwirkung zwischen Menschenbild und Gottesbild, daher werden für das Göttliche Metaphern, Bilder und Symbole aus den besten menschlichen Kategorien entnommen. Da das Frauenbild wie oben dargelegt negativ besetzt war, konnte es kaum für die Benennung des Höchsten in Frage kommen. Deshalb sind auch die herrschenden Symbole für Gott im Christentum männlich geprägt. Die in der Bibel und Tradition durchaus vorhandenen weiblichen Gottesbilder fanden nur eine geringe Berücksichtigung (Johnson 1994; Ferrari Schiefer 2002 und 2006). In der christlichen Tradition römisch-katholischer Ausprägung hat zwar die Figur der Maria als starkes weibliches Symbol dominiert, dieses Symbol hat aber lange Zeit ambivalente Züge getragen. Maria wurde zum Teil zu Ungunsten des weiblichen Geschlechts benutzt, vor allem dann, wenn sie als einzige Ausnahmefrau betrachtet wurde und ihre Vollkommenheit dazu diente, alle anderen Frauen in ihren Schatten zu stellen (Gössmann 1989; Schottroff/Gössmann/Spendel/Valtink 2002).

Zu allen Zeiten waren deshalb in der Öffentlichkeit wirkende und schreibende Frauen mit vielen Hindernissen konfrontiert und mussten sich mit einem Ballast an misogynen Äußerungen auf allen Gebieten auseinander setzen und dagegen antreten. Jedoch blieb diese herrschende Tradition nie unwidersprochen. Schon sehr früh entwickelten Frauen und frauenfreundliche Autoren philosophisch-theologische Gegenentwürfe, die das Frauenbild korrigierten, ein frauengerechteres Marienbild propagierten und immer wieder auch weibliche Gottesbilder verwendeten. Bereits zur Zeit der Kirchenväter findet sich zum Beispiel eine frauenfreundliche Interpretation der ersten drei Kapitel der *Genesis*. Sie vertritt eine gleiche Gottebenbildlichkeit für Mann und Frau und verteilt die Verfehlung in *Genesis* 3 auf beide Geschlechter oder schlägt zumindest eine Entlastung Evas vor (Gössmann 2000, 11 ff). Ebenfalls gab es philosophisch-theologische Entwürfe, die sich vor allem auf den Platonismus und Neoplatonismus stützen und die unter anderem aufgrund der auf das Göttliche bezogenen Schönheit die Vortrefflichkeit des weiblichen Geschlechts betonen (Ferrari Schiefer 1998, 2000a und 2000b; Gössmann 2000). Seit der Wende zum 15. Jahrhundert beginnt mit den Schriften von Christine de Pizan (Echtermann 1994) ein Geschlechterstreit, der sich über ganz Europa ausbreitete und bis 1800 andauerte. In dieser Geschlechterdebatte reagierten frauenfreundliche Schriften auf

die frauenfeindlichen und versuchten das Frauenbild zu korrigieren und frauenge-
rechtere Entwürfe vorzuschlagen. Dieser Geschlechterstreit ist in die Literaturgeschichte als *Querelle des Femmes* oder *Querelle des Sexes* eingegangen (Gössmann
1998; Zimmermann 1995 und 1997).

Die vielfältigen Zeugnisse des Wirkens von Autorinnen und ihrer geschlechterge-
rechteren Entwürfe sind aber noch nicht hinreichend bekannt. Im Folgenden wird
es vor allem darum gehen, die Repräsentation des Weiblichen im theologischen Entwurf von zwei ganz unterschiedlichen italienischen Frauen darzustellen. Diese stammen aus verschiedenen sozialen Schichten und haben eine unterschiedliche Bildung
genossen. Wie wir sehen werden, war Domenica da Paradiso eine Mystikerin des
16. Jahrhunderts aus der Nähe von Florenz, die wahrscheinlich kaum lesen konnte.
Sie kann deshalb nicht zu den Vertreterinnen der frauenfreundlichen Richtung des
oben genannten Geschlechterstreits gerechnet werden, zumal es sich dabei um eine
literarische Auseinandersetzung gehandelt hat. In ihren Visionen können aber
durchaus frauenapologetische Aspekte entdeckt werden, und ihre Theologie ist von
ihrer Erfahrung als Frau geprägt. Lucretia Marinella, aus einer gelehrten Familie
stammend, war hingegen eine Literatin des 17. Jahrhundert aus Venedig und hat
sich mit ihren Schriften maßgeblich in den neuzeitlichen Geschlechterstreit einge-
mischt.

2   Theologische Literatur von Frauen im *Cinquecento* und *Seicento*

Eine zunehmende Anzahl literarischer Texte von Frauen findet sich im 16. und
17. Jahrhundert in Italien, nicht zuletzt bedingt durch die Aufwertung der Landes-
sprache (Dionisetti 1977). Es finden sich Schriften unterschiedlicher Gattungen, Visionen, Lyrik, Meditationen und Gebete, in Prosa und in Versen verfasste Viten von
großen Persönlichkeiten und von Heiligen, religiöse Texte, Briefe, philosophisch-
theologische Abhandlungen, frauenapologetische Schriften und Werke über Maria.
Die Zahl dieser Texte ist sehr umfangreich. Die zwei ausgewählten Beispiele sollen
eine Ahnung davon vermitteln, welche Bandbreite sich in diesen Entwürfen von
Frauen findet. Da das einzelne Werk auch immer eng mit dem Leben der jeweiligen
Autorin verbunden ist, möchte ich mit einigen biografischen Daten beginnen.

2.1   *Biografische Notizen*

2.1.1   *Die Predigerin und Visionärin Domenica Narducci da Paradiso (1473–1553)*
Das Leben der in Paradiso, einem Wohngebiet am Rande von Florenz, geborenen
Domenica Narducci ist nicht geradlinig verlaufen. Domenica fühlte sich bereits als
Kind für ein religiöses Leben bestimmt, aber die für Frauen damals angebotenen
Möglichkeiten waren für ihre charismatische und eigenständige Persönlichkeit zu
eng. Sie fühlte sich zum Predigen berufen. Da sie dieser Tätigkeit nachging, musste
sich Domenica vielfach vor den Kirchenoberen rechtfertigen, das hinderte sie aber

nicht daran, ihren Weg zu gehen. Domenica orientierte sich zuerst an den Brigittinnen, nahm auch ihr Ordenskleid an, folgte deren Regel aber nicht. Sie trat dann als Terziarin in den Dominikanerorden ein. Da jedoch Frauen zu wenig Mitgestaltung und Autonomie zugestanden wurde, versuchte sie sich mit ihren Mitschwestern dem Einfluss der Dominikaner zu entziehen und gründete später einen eigenen Orden, *Il Monastero della Santa Croce*, kurz *La Crocetta* (Das kleine Kreuz) genannt, der noch heute in Florenz existiert.

Domenica bezeichnete sich als *ortolana* (Gärtnerin) und *analfabeta* (Analphabetin), sie hatte kaum Schulbildung. Es ist nicht sicher, ob sie lesen konnte. Sie musste aber eine begnadete Predigerin gewesen sein, da *La Crocetta* sich bald zu einem spirituellem Zentrum entwickelte. Viele Menschen strömten dorthin zu ihr, um sie zu hören und sich von ihr Rat zu holen (Valerio 1990 und 1992; Librandi/ Valerio 1999). Viele ihrer Visionen und Predigten wurden von ihren Beichtvätern und Mitschwestern aufgeschrieben und sind zum Teil veröffentlicht worden (Antignani 1984 und 1985; Librandi/Valerio 1999). Für unser Thema möchte ich Teile einer Vision vorstellen, die *Visione del Tabernacolo* genannt wird. Darin wird beschrieben, wie Domenica in ihrer Vision die Person der Maria als Gebärerin des göttlichen Sohnes Jesus Christus im Bild eines wunderschönen Tabernakels vorgestellt wird.[1] Die Vision des Tabernakels wurde auch *Stellario* genannt, weil im achten Kapitel die zwölf leuchtenden Sterne auf der Krone Marias ihren außerordentlichen Eigenschaften zugewiesen werden.

2.1.2 Die Literatin Lucretia Marinella (1571–1653)

Ganz anders als Domenica da Paradiso, die wahrscheinlich kaum lesen konnte, genoss Lucretia Marinella etwa ein Jahrhundert später eine umfassende Bildung. Sie kann als *mulier docta* bezeichnet werden. Lucretia Marinella war Tochter des renommierten Arztes und Philosophen Giovanni Marinelli, der selber einige Werke hinterlassen hat. Vermutlich konnte sie in der reich ausgestatteten Bibliothek des gelehrten Vaters die Klassiker der Philosophie, Theologie und Literatur lesen. Ihr umfangreiches Werk ist der platonischen und neoplatonischen Philosophie verpflichtet und brilliert mit Zitaten von Philosophen wie Platon und Plotin, aber auch von Dichtern wie Dante und Petrarca. Sie genoss zu ihrer Zeit auch über die Landesgrenze Italiens hinaus einen gewissen Ruhm (Ferrari Schiefer 2000b und 2001).

Lucretia Marinella gehört zusammen mit Moderata Fonte (Huber 1996) und Arcangela Tarabotti (Huber/Gössmann 1994) zum so genannten »Venezianischen Dreigestirn«. Sie waren Teil jener Frauen, die bei der zur Wende vom 16. auf das 17. Jahr-

---

1 »Tabernakel« stammt aus dem lateinischen *tabernaculum*, das die Übersetzung von Zelt/Hütte ist. Aufgrund der vielen Referenzen im ersten und zweiten Testament hat Tabernakel auch die Bedeutung der Wohnung Gottes unter den Menschen bekommen (vgl. etwa Off 21,3 in der Vulgata: »ecce tabernaculum dei cum hominibus et

habitabit cum eis [...]«). Der Tabernakel ist in den katholischen Gotteshäusern ein künstlerisch gestalteter kleiner Schrank mit massiven Wänden, der als Aufbewahrungsort des eucharistischen Brotes fungiert (Maas-Ewered 2006). In der Vision klingen all diese und noch mehr Bedeutungen in der Metapher des Tabernakels an.

hundert in Italien neu entbrannten *Querelle des Femmes* die Feder zur Verteidigung des weiblichen Geschlechts gegen frauenverschmähende Schriften ergriffen. Mit ihrem frauenapologetischen Werk *Le Nobiltà et Eccellenze delle Donne et i Diffetti, e Mancamenti de gli Huomini* »Über den Adel und die Vortrefflichkeit der Frauen und die Fehler und Laster der Männer«, das zum ersten Mal 1600 in Venedig erschien, richtete sich Lucretia Marinella vor allem gegen das misogyne Buch von Giuseppe Passi, *I Donneschi Diffetti* »Die weiblichen Laster«, das 1595 zum ersten Mal veröffentlicht wurde.[2]

Le Nobiltà et Eccellenze delle Donne et i Diffetti, e Mancamenti de gli Huomini ist das heute bekannteste Werk von Lucretia Marinella. Sie hat aber auch eine Vielzahl anderer Werke geschrieben. Sie hat zum Beispiel das Leben von wichtigen Persönlichkeiten und von Heiligen in Versen und in Prosa verfasst, etwa die Vita des Heiligen Franziskus, der Heiligen Chiara und der Heiligen Katharina. Ihr damals erfolgreichstes Buch ist *La Vita di Maria Vergine* »Das Leben von der Jungfrau Maria«, das zum ersten Mal in Venedig 1602 und zum letzten Mal in erweiterter Form 1617 erschienen ist. Darin erreicht Lucretia Marinellas Theologie und Anthropologie der Schönheit ihren Höhepunkt.

2.2 Die Repräsentation des Weiblichen bei Domenica Narducci da Paradiso und Lucretia Marinella

Gegen eine frauenfeindliche und den weiblichen Körper verachtende Tradition war es wichtig, die Frau gerade in ihrer Leiblichkeit positiv darzustellen. In den folgenden Entwürfen findet sich deshalb eine besondere Hervorhebung des weiblichen Körpers in all seinen positiven Eigenschaften, vor allem in seiner strahlenden Schönheit bis hin zu einer Idealisierung der Frau.

Dabei spielt Maria eine wichtige und paradigmatische Rolle. Denn als Gottesgebärerin wird gerade ihre Leiblichkeit zentral für die Heilsgeschichte. Daraus wird allgemein für die Frauen gefolgert: Wenn Gott *die Frau* Maria für die Menschwerdung ausgewählt hat, bedeutet dies, dass Gott es als würdig erachtet hat, im weiblichen Körper zu wohnen. Während die herrschende Tradition Maria deswegen als die Ausnahmefrau emporhob und sie als die *Einzige* unter den Frauen darstellte, zog die Frauentradition eine andere Schlussfolgerung: Maria wird als unmissverständliches und unbestreitbares Zeichen dafür gesehen, dass Gott das gesamte weibliche Geschlecht liebt.

Für Frauen war das Marienlob eine Möglichkeit, sich selbst darin gespiegelt zu sehen, ohne es explizit benennen zu müssen. Deshalb sind Aussagen über Maria immer auf zwei Deutungsebenen zu lesen: zum einen im mariologischen Kontext, zum anderen als Entwurf einer frauengerechteren Anthropologie.

---

2 Diese Werke wurden mehrmals aufgelegt. Eine erweiterte Ausgabe der *Nobiltà* von Lucretia Marinella wurde bereits ein Jahr danach, 1601 veröffentlicht, die letzte Ausgabe erschien noch 1621. Auch das misogyne Buch von Giuseppe Passi ist mehrfach aufgelegt worden; ich konnte die Ausgabe von Venedig 1599 heranziehen (Ferrari Schiefer 2000b, 45–58).

Vor diesem Hintergrund betrachten wir einige Aspekte der *Visione del Tabernacolo* von Domenica Narducci da Paradiso und der Anthropologie der Schönheit von Lucretia Marinella und deren Auswirkungen für ihre Mariologie.

2.2.1 Maria Tabernakel – Vorbild des gläubigen Menschen

Die *Visione del Tabernacolo* wird auf den 26. März 1508 datiert, hat aber wahrscheinlich erst 1509 stattgefunden (Antignani 1985, 196). Eine Zusammenfassung der Vision gibt uns der Dominikanerpater Francesco Onesti da Castiglione, einer der Schreiber und zugleich der Beichtvater von Domenica, in der Einleitung: Nachdem Domenica da Paradiso lange gebetet und gefastet hat, gerät sie mit Hilfe Marias in den Genuss der göttlichen Schau, in der sie zehn Stunden verweilt. Danach kommt Jesus Christus zu ihr und stellt der Visionärin Maria als seine glorreiche Mutter im Bild eines wunderschön geschmückten Tabernakels vor (Antignani 1985, 1999).

Nachdem Domenica Jesus Christus, den sie als ihren Bräutigam bezeichnet, inbrünstig gebeten hat, ihr seine Mutter sowohl in ihrer inneren als auch äußeren Schönheit zu zeigen, eröffnet er ihr nach einem ersten Zögern die Schätze seiner Mutter im Innersten des Tabernakels. Darin erblickt Domenica eine goldene Schale, aus deren Mitte eine außergewöhnlich glänzende Flamme herausstrahlt. Unterhalb der Schale ist eine schneeweiße, duftende Rose zu sehen. Auf deren Rand befinden sich »drei sehr kostbare Edelsteine von wundervollstem Glanz und ebensolcher Schönheit, die in Form eines Dreiecks auf dem kreisförmigen Rand angeordnet sind« (Antignani 1985, 206; Ferrari Schiefer 2006, 35).[3] Bei der Beschreibung des Gesehenen verwendet die Vision eine Reihe von Superlativen, wie *preziosissimo* (sehr kostbar), *mirabilissimo* (wunderschön), *ardentissima* (sehr glühend), *bellissima* (sehr schön) usw., was auf die Fülle und die Vollkommenheit der mit Worten nicht mehr zu erfassenden Schönheit hindeutet. Die Gegenstände werden Domenica von Jesus Christus nicht nur gezeigt, sondern auch gedeutet: Die Schale, die auf der Rose ruht, ist der Schoss der Mutter, in dem Jesus neun Monate lang gewohnt hat (Antignani 1985, 209). Das strahlende Licht und die schneeweiße Rose sind Jesus Christus. »Jene glühende Flamme, die auf der Schale so glänzt, war ich, weil ich die glühendste Liebe bin« (Antignani 1985, 209). »Wie eine wundervolle und große Rose bin ich; wundervoll und wunderbar sind alle meine Dinge« (Antignani 1985, 208). Die drei Edelsteine symbolisieren die trinitarische Gottheit:

> Jene drei kostbaren Edelsteine, die du in Form eines Dreiecks siehst, bedeuten dieselbe ungeteilte und heiligste Dreifaltigkeit. Wenn auch ich es war, der in jenen reinsten Schoss hinabstieg, war die ganze heiligste Dreifaltigkeit dennoch stets dabei, indem sie an jenem Ort immer mit ihrem prachtvollen Licht und Glanz strahlte und obwohl ich in jenem Schoss Mensch war, dennoch war ich immer mit ihr, der heiligsten Dreifaltigkeit auf das Innigste verbunden (Antignani 1985, 210).

---

3 Alle Übersetzungen aus der im Italienischen verfassten Vision stammen von der Autorin.

Die Einwohnung der gesamten Trinität im Schoss Marias auch bei der Inkarnation macht ihren weiblichen Körper zum Ort des Heils und der Menschwerdung. Zugleich wird Maria zum Zeichen der ständigen Gegenwart Gottes. Sie wird außerdem als Vorbild für die Gläubigen dargestellt, die im eucharistischen Brot Gott empfangen:

> Oh meine Braut, ich komme in die Geschöpfe, um in ihnen zu wohnen, ihnen gebe ich mich selbst als sakramentale Nahrung, um den Tabernakel, also ihre Körper, zu heiligen und zu verherrlichen (Antignani 1985, 213).

Die Metapher des Tabernakels erweist sich somit als mehrdeutig: Sie steht einerseits für den Körper Marias und ihre Funktion als Trägerin und Gebärerin des göttlichen Sohns. Andererseits steht sie für Maria als glorreiche Mutter, die eine zentrale Rolle in der Inkarnation gespielt hat. Maria wird so dargestellt, dass sie in einer ständigen Beziehung zu ihrem Sohn und zur dreifaltigen Gottheit steht. Im Laufe der Vision wird aber deutlich, dass diese Metapher nicht exklusiv auf Maria angewandt wird. Maria ist der schönste Tabernakel, aber nicht der einzige. Denn dieses Bild steht für jeden Menschen, der das Göttliche in sich trägt (etwa beim Empfang der Eucharistie). Maria wird somit als Modell für alle gläubigen Frauen und Männer hervorgehoben.

2.2.2 Maria Tabernakel als leuchtendes Gestirn

Nachdem Jesus Christus die Schönheiten Marias im Inneren des Tabernakels gedeutet hat, erscheint der Visionärin ein weiterer wundervoller Anblick:

> Gleich tritt die ruhmreiche Mutter des Herrn auf, wie eine sehr edle (*nobilissima*) und bedeutsame Königin mit einem Mantel bekleidet, der mit Juwelen (*gioie*) und sehr kostbaren (*preziosissime*) Edelsteinen geschmückt und aus Silberfäden gewebt war. Darüber hinaus war er mit wundervollen goldenen Sternen verziert. Und zwischen den Sternen und den Juwelen kamen von allen Seiten viele kleine sehr strahlende Flammen heraus, die sich zusammen vereinigten. Und auf den mit verschiedenen und sehr schönen Blumen geschmückten goldenen Haaren saß eine wunderschöne und sehr elegante Krone, die mit zwölf strahlenden Sternen verziert und von einem wunderschönen und sehr großem Licht erleuchtet war (Antignani 1985, 223).

Die Anspielung auf die Frau in der Offenbarung des Johannes im Kapitel 12 ist offensichtlich. Es ist nun von der in den Himmel aufgenommenen und gekrönten glorreichen Mutter die Rede, die neben ihrem Sohn sitzt, und unter deren Füße der strahlende Mond liegt. Charakteristisch ist die leuchtende Kraft der Königin; so wird zum Beispiel gesagt, dass ein glanzvoller Edelstein auf ihrem Ring an der linken Hand den ganzen Himmel erleuchtet (Antignani 1985, 223). Wieder erklärt Jesus Christus die Bedeutung:

> Wenn du jene Sterne in den Strahlen ihres Kranzes siehst, bedeutet dies, dass meine ruhmreiche Mutter immer in meiner Gegenwart wie ein sehr leuchtender strahlender Stern glänzte (…) Die zwölf Sterne bedeuten die Geheimnisse ihres Lebens und zuerst die fünf

leiblichen Sinne, mit denen sie in ihrem irdischen Leben immer zu meiner Ehre gehandelt hat (Antignani 1985, 223).

Die ersten fünf Sterne werden Marias menschlichen Qualitäten zugewiesen. Ihr Wille erhält dabei den ersten Stern zugewiesen, weil er immer auf das Göttliche ausgerichtet war. Der zweite Stern wird ihrer Fähigkeit beim (Zu-)Hören, der dritte dem Riechen, der vierte dem Schmecken und der fünfte dem Tastsinn zugeordnet (Antignani 1985, 223). Die Bedeutung der Sinne wird einzeln aufgeführt und erläutert. Ich möchte nur den letzten hervorheben: »Der fünfte Stern bezieht sich auf den Tastsinn meiner ruhmreichen Mutter, wodurch sie immer zu meiner Ehre gearbeitet hat. Mit ihren Händen und auf ihren Armen hat sie mich getragen, in Windeln gewickelt, mit den gleichen Händen hat sie mich gewaschen, mir die Milch gegeben, mich mit gefalteten Händen angebetet« (Antignani 1985, 223 f), Werke der Barmherzigkeit vollzogen, für die Sünder gebetet und die Arme des Gekreuzigten gestützt (Antignani 1985, 224).

Die anderen sieben Sterne werden den Werken und den körperlichen Organen Marias zugewiesen und zugleich aufeinander bezogen: Der sechste Stern ehrt die Würde des Schosses der Mutter, in dem »sie mich immer wohlwollend, sorgfältig, mit Gefühlen und Seufzern der Liebe getragen hat« (Antignani 1985, 224). Der siebte Stern bezieht sich auf ihre reinste (*purissima*) Jungfräulichkeit, »mit der sie mir Tag und Nacht gefallen, mir dienen und sich mit mir vereinigen wollte« (Antignani 1985, 224). Der achte Stern ist »ihrem glühendsten Licht gewidmet, das für mich immer gebrannt hat«, nämlich ihrem Herzen (Antignani 1985, 224). Der neunte Stern ist auf die inneren Organe bezogen, die für die Aufnahme und Ausscheidung der Nahrung notwendig sind. Die Vision lässt also keinen Teil des Körpers aus, auch keinen, der eventuell für minderwertiger gehalten werden könnte. Der zehnte und elfte Stern sind dem Busen Marias zugewiesen, mit dem sie mit viel Liebe und Fürsorge Jesus gestillt hat. Der zwölfte Stern wird dem Intellekt der Mutter zugeschrieben, der immer in Kontemplation verweilte und Tag und Nacht trotz Schlaf immer für Jesus wachsam war. Dieser Stern konnte in seinem wunderschönen Glanz weder von Finsternis noch Dunkelheit zugedeckt werden (Antignani 1985, 224 f).

Hervorzuheben ist die Richtung der Strahlen, die aus Marias Tabernakel hervorgehen:

> Wie die Sterne überreich vom Himmel ihre Strahlen und ihr Licht auf die Erde verbreiten, so sandte jener Stern seine Strahlen in den Himmel. Dafür und für die wundervollen Dinge, die sie verrichtet hat und von dem die Rede war, (…) habe ich sie mit diesem sehr edlen Sternenkranz ausgestattet und gekrönt (Antignani 1985, 225).

In der von Domenica da Paradiso gewählten Metapher des Tabernakels wird Maria in ihrer gesamten Leiblichkeit als Gestirn dargestellt, das von der Erde aus den Himmel erleuchtet. Wenn wir diese Vision vor dem Hintergrund einer frauenfeindlichen Tradition betrachten, die vor allem den weiblichen Körper verachtete und der Frau Passivität und Materie zuwies, können diese Aussagen über Maria meiner Meinung nach als eine Würdigung des gesamten weiblichen Geschlechts und seiner spezifischen Tätigkeiten gelesen werden. Nicht zufällig ist etwa, dass die Sinne und die Organe zwischen dem ersten Stern, dem Willen, und dem zwölften, dem Intellekt, eingebettet sind. Das Tragen von Kindern im Schoss und auf den Armen, das Stillen, das Pflegen und Erziehen, sowie die Tätigkeiten mit den Händen, die im Haus und außerhalb des Hauses verrichtet werden, werden besonders hervorgehoben und als Aktivitäten dargestellt, die Wille und Intelligenz einbeziehen. Das leuchtende Gestirn Maria schließt somit implizit alle anderen Frauen mit ein.

2.2.3 Die Schönheit der Frau, Abglanz der göttlichen Schönheit

Etwa ein Jahrhundert später entwirft Lucretia Marinella in ihrem oben genannten frauenapologetischen Werk *Le nobiltà et Eccellenze delle donne et i Diffetti, e Mancamenti de gli Huomini* ein Frauenbild, das ganz auf der Schönheit gründet. Aus ihr leitet sie den Adel und die Vortrefflichkeit des weiblichen Geschlechts ab. Lucretia Marinellas Anthropologie stützt sich auf die platonische beziehungsweise neuplatonische Philosophie, wie sie vom Humanismus der Renaissance rezipiert wurde. Sie vertritt eine Deutung der Welt, die auf der Hierarchie der Unterschiede basiert: Ausgehend von der Welt der Mineralien über die pflanzliche und tierische Welt bis hin zum Menschen wird jedes Schöpfungswerk im Blick auf das jeweils nachfolgende erschaffen. Da die Frau in der Schöpfungsordnung die Letzte ist, ist sie demnach das Meisterwerk der Schöpfung:

> Und dass die weibliche Natur weit wertvoller ist als die der Männer, beweist auch ihre Entstehung, denn da die Frau nach dem Mann entstanden ist, ist es notwendig, dass sie auch hervorragender ist als er, so wie die weisen Schriftsteller sagen, dass die zuletzt entstandenen Dinge edler seien als die ersten. Ich spreche von jenen, die zu einer gemeinsamen Ordnung oder Art gehören. Auch sind die ersten wegen der letzten geschaffen und auf sie hingeordnet. Daher könnte man sagen, der Mann sei (…) von der göttlichen Güte hervorgebracht, um aus seinem Körper die Frau zu schaffen, indem Gott für den Adel eines solchen Geschlechtes einen würdigeren Stoff suchte als bei der Erschaffung des Mannes (Ferrari Schiefer 2000a, 203; Ferrari Schiefer 2000b, 83).

Es wird hier auf den Lehm angespielt, der für die Erschaffung Adams gebraucht wurde. Die Rippe, die für die Erschaffung der Frau verwendet wurde, ist demnach wertvoller, weil sie bereits aus einem lebendigen Leib, aus dem Adams, entnommen wurde.

Nach Lucretia Marinella ist aber vor allem die Schönheit des Körpers der Frau das, was sie vortrefflich und edel macht. Denn ihre Schönheit ist einerseits »ein Strahl und Licht der Seele, die den Körper formt« (Ferrari Schiefer 2000b, 84), andererseits hängt sie direkt von der göttlichen Schönheit ab: »Also ist die erste und hauptsächliche Ursache der weiblichen Schönheit die göttliche Schönheit, der gemäss sich auch die Sterne, der Himmel, die Natur, die Liebe und die Elemente bewegen« (Ferrari Schiefer 2000b, 85).

Die Schönheit führt, Lucretia Marinella zufolge, den Menschen zu einer höheren Gotteserkenntnis:

Welcher auch noch so grobe Dichter ist nicht in jedem Falle offen dafür, deutlich zu machen, dass die Schönheit ein Weg, eine Richtung ist, die uns direkt dahin führt, wo wir die göttliche Weisheit betrachten können? (Ferrari Schiefer 2000 b, 74).

Für Lucretia Marinella ist also alles Schöne Abglanz der göttlichen Schönheit. In Maria findet diese Schönheit ihren Höhepunkt.

2.2.4 Maria, das überragende Beispiel weiblicher Schönheit und Weisheit

In der *Vita di Maria Vergine* geht es nicht mehr darum, über die Schönheit nur philosophisch zu schreiben, vielmehr wählt Lucretia Marinella in ihrem auch in Prosa verfassten Buch eine »poetische Sprechweise« (*elocutione poetica*), um das Überragende an Maria zu loben (Ferrari Schiefer 2000 b, 103). Die manierierte und barocke Sprache, mit der Marinella die »Königin des Himmels« preist, hat die Menschen in der ersten Hälfte des 17. Jahrhunderts bestimmt begeistert – wie bereits gesagt, es war ihr erfolgreichstes Buch –, sie macht es aber den heutigen Leserinnen und Lesern schwer, das Werk zu lesen. Mir scheint es deswegen wichtig, beide Schriften nebeneinander zu stellen und die *Nobiltà* als Leseschlüssel zu sehen. Denn in der *Nobiltà* geht es darum, mittels der Schönheit die Vortrefflichkeit der Frau philosophisch und theologisch zu begründen. In der *Vita di Maria Vergine* wird dagegen die Schönheit mit allen Mitteln der Sprache offen gelegt.

Lucretia Marinella verarbeitet in ihrer Schrift zum Lobe Marias die tradierten Erzählungen der apokryphen Kindheitsevangelien, vor allem des Protoevangeliums des Jakobus und des Pseudo-Matthäusevangeliums. Darin wird vom älteren kinderlosen Ehepaar Joachim und Anna erzählt. Joachim wird vom Hohepriester aufgrund der fehlenden Nachkommenschaft aus dem Tempel ausgewiesen. Er zieht sich daraufhin in die Wüste zurück und trauert. Auch Anna trauert, allerdings zu Hause. Die Gebete von Anna und Joachim werden erhört, und beide, Joachim in der Wüste und Anna zu Hause, erfahren den Trost vom Himmel. Ein Engel übermittelt ihnen die Botschaft, dass sie eine Tochter bekommen werden. Danach treffen sich Joachim und Anna an der goldenen Pforte und umarmen sich voll Freude (Ferrari Schiefer 2000 b, 107 f).

In der Rede des Engels kommen wesentliche Aspekte der Mariologie von Lucretia Marinella zutage, die auch für unser Thema von Interesse sind. Nach dem Grußwort teilt der Engel Joachim mit, dass er und seine Frau in ihrem betagten Alter eine Tochter bekommen werden, die er folgendermaßen beschreibt:

In ihrer Schönheit werden alle Vortrefflichkeiten und all jene Wohlgefälligkeiten zusammentreffen, die die Natur und der Himmel mit dem höchsten Maß ihrer Macht bewirken können. Du wirst sie mit dem ehrwürdigen und bewundernswerten Namen MARIA nennen (Ferrari Schiefer 2000 b, 109).

Auch Anna bekommt die freudige Nachricht, dass sie eine Tochter empfangen wird, die für eine besondere Aufgabe von Gott auserwählt ist:

Sie wird in ihrem Schoss das Vortrefflichste und Vollkommene an Tugend tragen, das auf der Erde den Menschen glücklich und im Himmel heilig und glückselig machen wird. Deswegen werden sich vor ihr, die Herrscherin im Himmel war und Frau (*donna*) auf der Erde ist, nicht nur die Könige und die wichtigsten Herrscher der Welt verbeugen, sondern es werden ihr Tempel und Altäre, Weihrauch und Gelübde gewidmet werden. Sie wird das Wunderwerk jener Macht ausüben, die ihr Gott seit Ewigkeit gewährte (…) Ihr Name wird MARIA sein (Ferrari Schiefer 2000 b, 110).

Es wird deutlich, dass alles, was in der *Nobiltà* über die Frau gesagt wurde, für Maria im höchsten Masse zutrifft. Maria ist nach Lucretia Marinella das Kompendium aller menschlichen Schönheit und Güte. Die Vortrefflichkeit der Frau findet in ihr die umfassendste Verwirklichung.

3   Schlussgedanken

Vor dem Hintergrund einer frauenfeindlichen philosophisch-theologischen Tradition, die vor allem dem Körper der Frau mit Verachtung begegnete, können sowohl die *Visione del Tabernacolo* von Domenica Narducci da Paradiso – wenn auch diese nicht explizit frauenapologetisch verfasst wurde – als auch die Schriften von Lucretia Marinella als Versuch gewertet werden, das tradierte negative Frauenbild zu korrigieren. Indem zum Beispiel in der Vision von Domenica da Paradiso die Bedeutung des Leibes Marias ins Zentrum des heilsgeschichtlichen Geschehens gerückt wird, kann dies als Aufwertung des Körpers allgemein, aber vor allem als eine positive Hervorhebung des Körpers der Frau interpretiert werden. Seine menschlichen und spezifisch weiblichen Funktionen werden dabei in den verschiedensten Variationen herausgestrichen: Auf die Sinne und auf die Organe – selbst auf den Verdauungstrakt – weisen leuchtende Sterne hin. Es gelingt Domenica Narducci da Paradiso mit dieser Metaphorik, die im abendländischen Denken viel verachtete Materialität im wörtlichen Sinn zum Leuchten zu bringen.

Die Metapher des Tabernakels macht es außerdem möglich, den Menschen in einer nicht dualistischen Form wahrzunehmen. Der Leib-Seele-Dualismus wird vermieden. Ebenso werden frauenfeindliche Zuordnungen, nach denen die höher bewerteten Größen Geist/Seele/Vernunft dem Mann, die als minderwertig betrachteten Leib/Materie/Sinnlichkeit der Frau zugewiesen werden, umgangen. Domenica da Paradiso gelingt es, eine nicht dualistische und nicht körperfeindliche Anthropologie zu entwerfen, die in der abendländischen Tradition meiner Meinung nach in dieser Form einzigartig ist.

Die Anthropologie der Schönheit von Lucretia Marinella ist ein Entwurf gegen den für selbstverständlich erachteten Vorrang des männlichen Geschlechts. Marinella vertritt eine Konzeption der Vortrefflichkeit der Frau aufgrund der im platonischen beziehungsweise neoplatonischen Sinn verstandenen Schönheit, deren Ursprung die göttliche Schönheit ist. Als paradigma des Menschlichen gilt nicht mehr der Mann, sondern die Frau, die in Maria – Kompendium aller menschlichen Schönheit, Weisheit und Güte – die höchste Verwirklichung findet.

Die *Visione del Tabernacolo* und die Schriften von Lucretia Marinella, vor allem das Marienleben, können im Kontext ihrer Zeit als eine ästhetische Form des Marien- und Frauenlobes betrachtet werden.

Literatur

Antignani, Gerardo, Hg. (1984), Scritti spirituali della ven. suor Domenica dal Paradiso, Bd. 1, Siena, Edizioni Arti Grafiche Nencini.

– Hg. (1985), Scritti spirituali della ven. suor Domenica dal Paradiso, Bd. 2, Siena, Edizioni Arti Grafiche Nencini.

Dionisetti, Carlo (1977), La letteratura italiana nell'età del concilio di Trento, in: Ders., Geografia e storia della letteratura italiana (Piccola Biblioteca Einaudi 163), Torino, Edizioni Einaudi, 183–204.

Echtermann, Andrea (1994), Christine de Pizan und ihre Hauptwerke zur Frauenthematik (1399–1405). Eine Einführung, in: Gössmann, Elisabeth, Hg., Kennt der Geist kein Geschlecht?, Archiv für philosophie- und theologiegeschichtliche Frauenforschung 6, München, Iudicium, 1–75.

Ferrari Schiefer, Valeria (1998), La Belle Question. Die Frage nach der Gleichheit der Geschlechter bei François Poullain de la Barre (1647–1723) vor dem Hintergrund der (früh-)neuzeitlichen Querelle des Femmes, Luzern, Exodus.

– (2000a), Die Frau – Vollendung und Krönung der Schöpfung. Die Anthropologien von Agrippa von Nettesheim (1486–1535) und Lucretia Marinella (1571–1653) im Vergleich, in: Berlis, Angela/Methuen, Charlotte, Feministische Zugänge zu Geschichte und Religion, in: Jahrbuch der Europäischen Gesellschaft für theologische Forschung von Frauen (ESWTR) 8, Leuven, Peeters, 185–208.

– ([2]2000b), Lucretia Marinella (1571–1653): Die Schönheit der Frau, Abglanz des Göttlichen. Drei ihrer philosophisch-theologischen und frauenbezogenen Schriften, in: Gössmann, Elisabeth, Hg., Eva Gottes Meisterwerk, Archiv für philosophie- und theologiegeschichtliche Frauenforschung 2, München, Iudicium, 45–113.

– (2001), La teologia della bellezza di Lucrezia Marinella (1571–1653) in tre delle sue opere, in: Istituto Trentino di Cultura Centro per le scienze religiose, Hg., Annali di Studi religiosi 2, Trento, Edizioni Dehoniane, 187–207.

– (2002), Dio Padre, Dio Madre? La necessità di ampliare il discorso di Dio, in: Giorgio, Giovanni, Hg., Dio Padre Creatore. L'inizio della fede, Edizioni Dehoniane, Bologna, 115–132.

– (2006), Nie nennen wir dich zu Ende. Ansätze zu einer inklusiven Gottesrede, in: Riedel-Spangenberger, Ilona/Zenger, Erich, Hg., »Gott bin ich, kein Mann«, Beiträge zur Hermeneutik der biblischen Gottesrede, Paderborn/München/Wien/Zürich, Schöningh, 27–39.

Gössmann Elisabeth/Bauer, Dieter R., Hg. (1989), Maria für alle Frauen oder über allen Frauen?, Freiburg im Breisgau, Herder.

Gössmann, Elisabeth (1998), Die Gelehrsamkeit der Frauen im Rahmen der europäischen »Querelle des Femmes«, in: Dies., Hg., Das wohlgelahrte Frauenzimmer, Archiv für philosophie- und theologiegeschichtliche Frauenforschung 1, München, Iudicium, 9–31.

- (²2000), »Eva« in der hebräischen Bibel und in der Deutung durch die Jahrhunderte, in: Dies., Hg., Eva Gottes Meisterwerk, Archiv für philosophie- und theologiegeschichtliche Frauenforschung 2, München, Iudicium, 11–44.

Huber, Mara/Gössmann, Elisabeth (1994), Arcangela Tarabotti (1604–1652): La semplicità ingannata, in: Gössmann, Elisabeth, Hg., Kennt der Geist kein Geschlecht?, Archiv für philosophie- und theologiegeschichtliche Frauenforschung 6, München, Iudicium, 109–134.

Huber, Mara (²1996), Moderata Fonte: Il merito delle donne, 1600, in: Gössmann, Elisabeth, Hg., Ob die Weiber Menschen seyn, oder nicht?, Archiv für philosophie- und theologiegeschichtliche Frauenforschung 4, München, Iudicium, 125–162.

Johnson, Elizabeth A. (1994), Ich bin die ich bin. Wenn Frauen Gott sagen, Düsseldorf, Patmos.

Librandi, Rita/Valerio, Adriana, Hg. (1999), I sermoni di Domenica da Paradiso. Studi e testo critico, Firenze, Edizioni del Galluzzo.

Maas-Ewerd, Theodor (2006), Art. Tabernakel, in: Walter, Kasper, Hg., Lexikon für Theologie und Kirche, Bd. 9, Sonderausgabe (= ³2000), Freiburg i. Br., Herder, 1223.

Schottroff, Luise/Gössmann, Elisabeth/Spendel, Stefanie Aurelia/Valtink, Eveline (²2002), Art. Maria/Mariologie, in: Gössmann, Elisabeth/Kuhlmann, Helga u. a., Hg., Wörterbuch der Feministischen Theologie, Gütersloh, Gütersloher Verlagshaus, 392–400.

Schüngel-Straumann, Helen (1989), Die Frau am Anfang. Eva und die Folgen, Freiburg im Breisgau, Herder.

- (1998), Genesis 1–11. Die Urgeschichte, in: Schottroff, Luise/Wacker, Marie-Theres, Hg., Kompendium Feministische Bibelauslegung, Gütersloh, Gütersloher Verlagshaus, 1–11.

Schüngel-Straumann, Helen/Gössmann, Elisabeth/Leisch-Kiesel, Monika (²2002), Art. Eva, in: Gössmann, Elisabeth/Kuhlmann, Helga u. a., Hg., Wörterbuch der Feministischen Theologie, Gütersloh, Gütersloher Verlagshaus, 125–133.

Valerio, Adriana (1992), Domenica da Paradiso. Profezia e politica in una mistica del Rinascimento, Perugia, Centro Italiano di Studi del Medio Evo.

- (1990), Fede e politica in una mistica del '500: Domenica da Paradiso, in: Dies., Hg., Cristianesimo al femminile, Napoli, M. D'Auria Editore, 127–150.

- (1999), Le prediche di Domenica da Paradiso tra esperienza mistica e riforma della chiesa, in: Librandi, Rita/Valerio, Adriana, Hg., I sermoni di Domenica da Paradiso. Studi e testo critico, Firenze, Edizioni del Galluzzo, XV–LXXVIII.

Zimmermann, Margarete (1995), Vom Streit der Geschlechter. Die französische und italienische Querelle des Femmes des 15. bis 17. Jahrhunderts, in: Die Galerie der Starken Frauen. Die Heldin in der französischen und italienischen Kunst des 17. Jahrhunderts, Katalog der gleichnamigen Ausstellung, bearbeitet von Bettina Baumgärtel und Silvia Neysters, Düsseldorf, Klinkhardt & Biermann, 14–33.

Zimmermann, Margarete/Bock, Gisela, Hg. (1997), Die europäische Querelle des Femmes. Geschlechterdebatten seit dem 15. Jahrhundert (Querelles. Jahrbuch für Frauenforschung, Bd. 2), Stuttgart, Metzler.

Der Körper und seine Sprache
Tanz und Theater in Indien[1]

Katia Légeret

1 Einleitung

Ein Originalzug des indischen Tanztheaters liegt in seiner auf der Kosmologie gründenden Auffassung und Inszenierung von Geschlecht. Es geht um die Suche nach einem stets zu überprüfenden und neu zu situierenden Gleichgewicht zwischen den weiblichen und männlichen Polen des Gottes Śiva und seines Gegenparts, der Göttin Pārvatī. Sollte einer der Pole verschwinden, würde das ganze Universum zusammenbrechen.

Unabhängig davon, ob Mann oder Frau, der Regisseur, der Interpret und die Figur haben die gleiche Aufgabe: Sie sollen durch die Körpersprache stets zwischen Weiblichem und Männlichem wechseln, den Mann und die Frau aufführen, die Polarität der Welt gewährleisten. Diese Kunst führt die Körpersprache an die Grenzen des Nennbaren.

Die Frau zu spielen bedeutet beispielsweise, sie in unzähligen Elementen der Natur verschwinden zu lassen. Das Spiel mit der Geschwindigkeit der Rhythmen verweist auf die Auflösung jeglicher Grenzen zwischen Weiblichem und Männlichem, ohne jedoch die Illusion eines neutralen oder androgynen Körper zuzulassen. Diese Freiheit der Interpretation des Geschlechts räumt den traditionellen und zeitgenössischen Künstlern trotz des tausendjährigen Gewichts der religiösen Codes einen großen kreativen Freiraum ein.

In der indischen Tradition ist der Tänzer nicht vom Schauspieler zu trennen. Im Sanskrit gibt es ein Wort, *nāṭaka*, für beide. Das Schauspiel hat traditionellerweise zum Ziel, drei Welten – die irdische, die zwischenweltliche und die himmlische – auf die Bühne zu bringen, oder auch den Mikrokosmos (das Individuum), den Mesokosmos (die Gesellschaft) und den Makrokosmos (das Universum). Der Schauspieler-Tänzer spielt ständig mit der Darstellung dieser Welten, indem er nach und nach zu Gott und Göttin, Holzfäller und Prinzessin, Reh und Adler, Baum und Blume wird.

---

1 Die deutsche Übersetzung des Artikels stammt von Elizabeth Kargil. Herzlichen Dank für diese Arbeit!

In einigen Tanzstilen, wie z.B. dem südindischen Bharata-nāṭyam, tritt der Schauspieler als Solist auf, als Mann oder Frau, und stellt mehrere Dutzend Personen aus einem Repertoire dar. Die große Schwierigkeit der Darstellung liegt in der Wahrung des harmonischen Gleichgewichts zwischen zwei Polen: auf der einen Seite strenge, tausendjährige Regeln, um ein bestimmtes Wesen zu verkörpern, und auf der anderen Seite eine gewisse Kreativität, die darin besteht, von einem Wesen in ein anderes überzugehen. Wie aber verwandelt sich eine Frau in wenigen Augenblicken in einen Mann? Und wie können die Gesten eines Mannes zu weiblichen werden?

Die Hand ist der bedeutendste Körperteil des Schauspielers, um eine weibliche oder männliche Figur darzustellen. Es gibt seit ungefähr zweitausend Jahren Abhandlungen zum Schauspiel, die diese symbolische Gestensprache, die *mudrā* oder hasta genannt wird, beschreiben. Durch keine dieser technischen Beschreibungen der jeweiligen Gesten kann aber ein Schauspieler wirklich spielen oder ein Tänzer tanzen lernen. Nur die mündliche Überlieferung durch einen Meister lehrt, wie eine Geste richtig anzuwenden und v.a. wie eine Bewegung richtig auszuführen ist, die den Übergang von einer Rolle zur anderen möglich macht. Keine Schrift zeugt von diesem vergänglichen Wissen, außer den Linien der Choreographie auf der Bühne.

Die Kunst der Hände erfordert die Kenntnis der alltäglichen Gesten der Hindus, ihres kulturellen und religiösen Lebens. Von den vier Handgesten, die wir näher betrachten werden, repräsentiert nur eine zugleich einen Mann und einen Gott. Es handelt sich um Śiva, den Gott des kosmischen Tanzes. Als *mahākala*, Herrscher über die Zeit, kann er mit jeder Geste eine andere Zeit ausdrücken. Der Gott Śiva stellt in einem freien Tanz die Geschichte der Welt dar, denn, so das Haravijayam, er hat niemanden nachzuahmen außer sich selbst, und dies nach dem Prinzip eines bestimmten Rhythmus, in dem sich ständig Entstehung und Zerstörung, Auftauchen und Verschwinden abwechseln. In derselben Weise wie der Tänzer kann auch der Schauspieler von der reinen Erzählung einer Geschichte abweichen, um aus bloßer Freude am Rhythmus die drei Welten, die drei Zeiten, den Mann und die Frau, das Weibliche und das Männliche darzustellen.

So oszillieren die weiblichen und männlichen Figuren ständig zwischen Auflösung und Entstehung. Sobald man diesen Prozess verstanden hat, ist es auch nicht mehr möglich, die kodifizierten Gesten des indischen Theaters auf die reine Illustrierung eines Wortes zu reduzieren. Nichts steht von vornherein fest, denn die gestische Symbolik sagt nichts über das Spiel des Schauspielers aus. Damit das Publikum aber den Held von der Heldin unterscheiden kann, muss der ganze Körper – und nicht nur die Hand – an der Bewegung teilhaben. Die Kreativität, die so dem Schauspieler zukommt, ist wohl das Erstaunlichste an dieser Kunst. Dieser lernt mit Hunderten von gestischen Kombinationen zu spielen, mit Rhythmen, mit metaphorischen Beziehungen zwischen dem menschlichen Wesen und der Natur und v.a. mit dem persönlichen Streben nach einem Gleichgewicht zwischen dem weiblichen und dem männlichen Pol, ein Streben, das aus der künstlerischen Weisheit schließlich eine Lebenskunst macht. Indem man behauptet, dass sich die weiblichen und männlichen Rollen nach Belieben bilden und lösen, macht man gleichzeitig diese tausendjährige Kunst zugänglich für zeitgenössische Interpretationsansätze. So kann z. B. ein Schauspieler die Mythologie hinten anstellen und nur die Richtung einer Geste beibehalten, ihren rhythmisch weiblichen oder männlichen Charakter und nicht die Inkarnation eines der Millionen von Göttern und Göttinnen des hinduistischen Tempels.

Gemäss der drei Erkenntnisschritte dieser Kunst soll nun versucht werden, die Gestik des Weiblichen und Männlichen in drei Einheiten zu untersuchen: zuerst die Terminologie, dann die poetischen Metaphern und zuletzt die mündliche Überlieferung vom Meister an den Schüler.

2 Das Beherrschen der Terminologie

2.1 Der Wert der Texte

Um die Symbolik der Gesten zu studieren, beziehen sich die Schauspieler und Tänzer der wichtigsten traditionellen indischen Tänze (Bharata-nāṭyam, Kuchipudi, Mohiniyāṭṭam, Odissi, Kathak) auf das l'*Abhinayadarpaṇa*, ein in Altsanskrit verfasster Text aus dem 6. Jahrhundert. Eine erste Übersetzung ins Englische wurde 1944 von Manomohan Ghosh verfasst und in Kalkutta herausgegeben. Wir beziehen uns auf die Neuauflage dieses Textes von 1975 durch Manisha Granthalaya, Kalkutta, die auch eine kritische Ausgabe des Sanskrit-Textes beinhaltet.

Von den 28 Gesten einer einzigen Hand dient nur eine dazu, den Mann darzustellen (die zehnte, »Gipfel« genannt), und eine andere repräsentiert die Frau (die siebzehnte, »Hirschkopf« genannt). Die 24 Gesten mit zwei Händen beinhalten ebenfalls diese Referenz an das Geschlecht, und zwar mit zwei Bewegungen, die »Umarmung« und »Symbol des Śiva« genannt werden.

Dazu jetzt die jeweilige Beschreibung:

a) »Gipfel« (Nr. 10): Die Hand ist zu einer Faust geballt, der Daumen wird hochgehalten.

b) »Hirschkopf« (Nr. 17): Zuerst die Finger strecken, dann Daumen und Mittelfinger hochhalten.

c) »Umarmung« (Nr. 7): Zwei »Hirschköpfe« auf den Schultern platzieren.

d) »Symbol des Śiva« (Nr. 8): Die rechte Hand »Gipfel« liegt auf der Innenfläche der linken Hand mit gestreckten, aneinander liegenden Fingern außer dem Daumen, der als »Mondsichel« (Nr. 6) weggestreckt wird.

Es ist wichtig, schon zu Beginn dieses Überblicks zu wissen, dass diese vier Gesten auch noch anderes als einen Mann oder eine Frau symbolisieren können. So gibt es von der Nr. 10 insgesamt achtzehn Verwendungen, ebenso von der Nr. 17. Die Nr. 7. verfügt über vier Verwendungen und nur die letzte stellt ausschließlich den Gott Śiva dar. Die Bedeutungen variieren je nach Stellung der Hand im Hinblick auf den Körper, aber auch je nach Bewegung. Die oben zitierte Schrift präzisiert dies aber nicht näher. Nur die mündliche Überlieferung macht die Kenntnis dieser alten Tradition möglich. Die Künstler lesen auch mehrheitlich den Text nicht, sie wiederholen die vom Meister rezitierten Strophen, der sie auswendig kennt. Beim erstmaligen Erlernen einer Geste wird auch der Begriff im Sanskrit dazugesagt. Hier nun die Liste der verschiedenen Bedeutungen der Handstellungen nach dem l'*Abhinayadarpaṇa*:

a) *śikhara* (»Gipfel«): der Gott der Liebe, ein Bogen, ein Pfeiler, eine Entscheidung, Begräbniszeremonien, die Lippe, auf die Bühne treten, ein Zahn, eine Frage, das männliche Geschlecht, männlich, etwas verweigern, sich erinnern, erzählen, einen Gürtel öffnen, Aufeinanderfolge von Umarmungen der Liebenden, der Klang der Glocken.

b) *mṛgaśīrṣa* (»Hirschkopf«): eine Frau, die Wangen, ein Rad, die Grenzen, die Angst, ein Streit, ein Anzug, ein Anruf, die drei Shiva-Linien, der Hirschkopf, eine Liane, Bodenzeichnungen, Fuß- und Beinmassagen, Besitzungen, eine Begegnung, der Tempel der Liebe oder die verborgenen Teile der Frau, einen Sonnenschirm halten, gehen, den Geliebten einladen.

c) *utsaṅga* (»Umarmung«): eine Umarmung, Scham, Armreifen und andere Schmuckstücke, die Erziehung der Kinder.

d) *Śiva-liṅga*: anthropomorphes Symbol des Gottes Śiva.

2.2   Einen Mann oder eine männliche Figur darstellen

Nur wenige Zentimeter Unterschied, und der »Gipfel«, vor der Brust platziert, bekommt eine jeweils andere Bedeutung. Die Hand macht dabei winzige Bewegungen: nach oben bedeutet: entscheiden; nach unten: den Tod anzeigen oder ein Bestattungsritual, Wasser eingießen; gegen sich gerichtet: Fragen stellen; von rechts nach links: etwas verweigern.

Am Kopf oder Vorderkörper platziert, kann »Gipfel« auch einen Bogen, einen Pfeiler, einen Mann, den Geliebten, den Gott der Liebe oder auf die Bühne treten bedeuten. Wie lässt sich nun die Bedeutung »Mann« von den anderen unterscheiden? Das hängt von den Bewegungen der Arme und des Körpers ab, die den Tänzer die jeweilige Position einnehmen lassen, in der er unbeweglich verharrt. Um irgendeinen Mann darzustellen, bewegt sich die Hand von der Brust direkt nach vorne, von einem neutralen Blick begleitet. Um »Mann zu werden« wird diese Geste von einer vertikalen Positur des Rückens und einer leichten Vorwärtsbewegung der Brust begleitet. Der Blick bleibt auf ein Gegenüber gerichtet, bestimmt und unbeweglich. Wenn es sich um den Gott der Liebe handelt, schnellt der Schauspieler und Tänzer den Bogen mit seiner linken Hand nach vorne, in einer runden Bewegung, die am Oberschenkel ihren Ansatz nimmt. Wenn dieser Mann der Geliebte ist, dann geht die Bewegung der Hand vom Herzen aus, der Daumen ist dabei gegen die Brust gerichtet und wird langsam und gerade nach oben links an den Kopf geführt, der Blick folgt der Hand seitwärts in einer Rundbewegung, ohne dass dabei aber der Kopf gedreht wird, um so das Gefühl einer verliebten Frau auszudrücken. Und wenn es sich um den Gott Śiva handelt, platziert man die Nr. 8 vor sich auf der Höhe der Brust. Der Schauspieler kann sowohl eine Frau sein, die einen Mann mit ihrer Hand bezeichnet oder ein Mann, der einen anderen Mann darstellt oder eine Frau, die zu einem Mann wird und umgekehrt.

2.3   Eine Frau oder weibliche Figur darstellen

Der »Hirschkopf« wird dabei wie der »Gipfel« platziert. Keine einzige Göttin ist in den achtzehn Positionen verzeichnet. Die Frau kann auch durch ihr Geschlecht dargestellt werden, das als »geheimer Garten« bezeichnet und von zwei Händen bedeckt wird, oder auch, indem eine Hand die Brust bedeckt, wie in der Bedeutung »Scham« der Geste Nr. 7. In diesem Fall kann die Geste auch von Nichtindern verstanden werden. In indischen Erzählungen bezeichnet diese Bewegung sehr oft die Hirtenmädchen, die von Kṛṣṇa überrascht wurden, als sie nackt im Fluss badeten.

Die anderen Bedeutungen dieser Geste, die die Frau bezeichnen, betreffen ihre Nähe zu einem männlichen Körper. Sie kann den Geliebten »einladen«, indem sie eine Handbewegung auf der Körperseite macht, die nach vorne gerichtet ist, wobei die Handflächen zum Körper geführt werden. Wenn sie ihre Füße und Beine »massiert«, handelt es sich um eine Geste, die die Göttin Lakṣmī sehr oft an den Gott Viṣṇu gerichtet hatte, als dieser sich zwischen dem Erschaffen von zwei Welten ausruhte. Die »Begegnung« zwischen einem Mann und einer Frau wird mit zwei gekreuzten Unterarmen angezeigt, nachdem eine Kreisbewegung von vorne zum Körper ausgeführt wurde. Es handelt sich entweder um die Geste Nr. 7, wo beide Hände »Umarmung« bedeuten, oder auch um das »Aufeinanderfolgen von Umarmungen« der Geste Nr. 10. Im ersten Fall ist eine Hand »Gipfel« und die andere »Hirschkopf«, und im zweiten Fall sind beide Hände »Hirschkopf«.

Diese Kreisbewegung kann sowohl von einem Mann als auch einer Frau durchgeführt werden. Der einzige Unterschied besteht in der Ausführung der Gesten im Raum. Die männliche Umarmung ist direkter, schneller, dynamischer. Ist sie weiblich, so ist sie langsamer, mit grazilen Bewegungen der Handgelenke und des Oberkörpers. Ein Mann kann aber auch auf weibliche Art umarmen, wie es in den Gedichten der *Gītagovinda* erzählt wird. Ein Mann, der die weibliche Schönheit beschreibt, wird auch in seinen Gesten weiblich, zum Beispiel, um ihre Lippen, ihre Zähne, ihren Gürtel, ihre Wangen und ihren Gang zu beschreiben, und umgekehrt ist das genauso möglich. Diese Art der Beschreibungen kommt in den Aufführungen sehr häufig vor. Jemand erinnert sich an eine andere Person und beschreibt ihn oder sie, entweder um zu erzählen, woher er/sie kommt, was er/sie gemacht oder gedacht hat, oder weil er/sie in ihn/sie verliebt ist.

3   Die Kenntnis der poetischen Metaphern

Ein Tanz illustriert nicht unbedingt einen Text Wort für Wort oder Geste für Geste. Mit jedem Wort können mehrere Bedeutungen oder Bilder assoziiert werden. Deshalb kann ein Tanz, der nur wenige Minuten dauert, nach einem Vers getanzt werden, der dutzende Male wiederholt wird. Je gebildeter der Regisseur ist, umso vielfältiger sind die Varianten. Der Bharata-Nāṭyam-Meister K. Muralidhar Rao z.B. bezieht sich vor allem auf das Theater des Kālidāsa, eines Autors aus dem 13. Jahrhundert, und auf die Gedichte des *Jayadeva* (11. Jahrhundert). Er folgt in seiner Kunst zwei grundsätzlichen Interpretationsrichtungen:

a) Mehr noch als ein Wort ruft eine Geste ein Bild hervor und dies aus verschiedenen Gründen. Wenn eine Hand »Gipfel« oder »Hirschkopf« macht, kann die andere etwas anderes einbringen. Wenn ein Mann z.B. einen Brief schreibt, dann wird »Gipfel« zu einer Feder und die andere Hand zeigt durch das flache Handinnere ein Blatt. Eine Frau kann die Feder »Hirschkopf« mit dem Mittelfinger verwenden, um zu schreiben, und ihre Gesten sind graziler und runder, als ob sie in der Luft schriebe, nach Worten suchte oder überlegte. In einem anderen Fall kann »Gipfel« dem Bogen der linken Hand entsprechen, den der Gott der Liebe spannt. Und im nächsten Augenblick wird der Tänzer zu einer Heldin, die diesen Pfeil erhält, indem sie den »Gipfel« des Himmels auf ihr Herz richtet. Diese Ausdrucksweise lässt eine Geschichte in einer anderen entstehen, wobei auf die Mythologie zurückgegriffen wird. So gibt es zahlreiche Möglichkeiten, einen Bogen zu spannen. Handelt es sich dabei um den Gott der Liebe vor der Göttin Pārvatī, oder um den Prinz Rāma, der die Dämonin Mārīcha verletzt, die in eine Hirschkuh verwandelt worden war, oder um den Gott Śiva, der seinem Sohn Kārttikeya das Bogenschiessen beibringt?

Das Kapitel vierundzwanzig des *Nāṭyāśāstra* beschreibt auch verschiedene Frauentypen. Sie schlüpfen in die Gestalt des Fisches, der Schlange, des Vogels, des Elefanten, des Pferdes usw. Es gibt eine Hirschkuh, die der Geste »Hirschkopf« entspricht und die folgendermaßen beschrieben wird: ein kleiner Bauch, eine flache Nase, schmale Hüften, breite rote Augen, sie ist immer schnell unterwegs, immer verängstigt, selbst am Tag, sie ist nicht gefestigt, jähzornig und mag die Musik und die Liebe.

b) Die zweite Interpretationsrichtung dieses indischen Meisters bezieht sich auf die Gleichsetzung eines Körperteils mit einem Teil des Universums. Der Körper bildet und löst sich mit den verschiedenen Metaphern und Körperbewegungen. Der Schauspieler-Tänzer spielt einen Mann oder eine Frau, um gleich danach zu einem Teil der Natur zu werden, mit dem er verglichen wird. Wir können einige Bedeutungen dieser vier *mudrā* mit den gängigsten Metaphern der Lyrik von Kālidāsa und Jayadeva verbinden, die die Aufführungen von K. Muralidhar Rao beeinflussen. So z.B. Füße massieren, die die Form von zwei roten Lotusblüten haben; ein ganz junges Mädchen zeigen, das schamvoll zwei kleine weiße Seerosen (ihre Brust) bedeckt; den Umriss der Lippen nachzeichnen, deren Farbe im Morgenrot leuchtet; eine Jasminliane flechten, um daraus den vierten Blumenpfeil des Gottes der Liebe, Kāma, zu machen, der das Fieber der Liebe weitergeben soll; rosige Wangen streicheln, ein Lächeln blütenweiß wie Wasserlilien zeigen.

Der Schauspieler-Tänzer muss genau über die religiösen und kulturellen Regeln Bescheid wissen. Nur wenn der Künstler das alltägliche Leben in Indien kennt, kann er auch gewisse typisch weibliche oder männliche Gesten beherrschen. Die Darstellung auf der Bühne behält davon meistens nur den wichtigsten Teil oder eine ausgefeilte Stilisierung bei. So werden die oben genannten vier Gesten auch im Alltag verwendet. Der Shiva-Mann zeichnet mit dem »Hirschkopf« drei horizontale Linien auf seiner Stirn, die seine Religiosität und die Vollführung eines Rituals, bei dem er Asche verwendet, bezeichnen sollen. Mit derselben Handbewegung zeichnen die Frauen mit farbiger Kreide jeden Morgen geometrische Muster auf den Boden ihres Hauseingangs, die Kolams genannt werden. Mit der »Hirschkopf«-Geste kann die Frau aber auch ihre Armbänder überstreifen, und mit »Gipfel« läutet der brahmanische Priester zum Begräbnis.

4 Die Wichtigkeit der mündlichen Überlieferung

4.1 Repräsentation des Körpers

In der traditionellen Lehre geht es darum, den Meister ohne zusätzliche mündliche Erklärungen zu imitieren, was bedeutet, den Richtungen seiner Gesten im Raum und der Stellung seines Körpers genau zu folgen. K. Muralidhar Rao schließt in seinen Unterricht Bilder, Metaphern und Symbole ein, die jede einzelne Bewegung begleiten. Wenn man z. B. »Gipfel« verwendet, um einen Bogen darzustellen, so muss man zuerst zeigen, wie viel Kraft man braucht, um den Bogen aufzuheben und im Raum zu platzieren. Zur Geste kommt noch das Gefühl der Schwere des Armes hinzu. Dem unbewegten Körper wird z. B. noch ein Bild eines Berges hinzugefügt, und die Hand bewegt sich so im Raum, dass sie den Eindruck vermittelt, nicht etwas Leeres zu fühlen, sondern dass sich ihr etwas entgegenstemmt. Dabei ist die Grundidee diejenige, dass die Hände allein dem Publikum noch nicht zu verstehen geben können, ob es sich um einen Mann oder um eine Frau handelt. Der ganze Körper wird zum Ausdrucksmittel. Unbeweglich stellt er durch eine leichte, nach links gerichtete Hüftbewegung eine weibliche Haltung dar, dabei wird der Kopf ebenfalls nach links geneigt, während sich der Blick schräg nach rechts richtet und die Arme locker wie Lianen hängen (eine der Bedeutungen von »Hirschkopf«) oder auf die Schultern gelegt werden (»Umarmung«). So scheint von dieser Stellung, die der Statuenkunst nachgebildet wurde, ein Eindruck von Weichheit und Rundung auszugehen. Im Gegensatz dazu steht man für die männliche Haltung aufrecht, im Gleichgewicht auf beiden Beinen, den Rücken ganz gerade gehalten, den Körper leicht angespannt und den Blick weit nach vorne gerichtet. Diese Details findet man auch in einer der achtzehn Verwendungen des »Hirschkopfs« wieder, die das »Gehen« bezeichnet.

4.2   Die Grazie der Geste

All diese Charakterisierungen werden jedoch nie in striktem Gegensatz zueinander verwendet. So kann die Grazie *lāsya* zu einer männlichen Bedeutung werden. Das passiert z. B. bei der 33. *karaṇa* des *Nāṭyaśātra*, einer der einhundertacht Stellungen und Tanzschritte, die die Grundlage des Tanzdramas bilden. Sie trägt den Namen *lalita*, was »grazil« bedeutet. Dabei geht es darum, den Arm und die Hand von rechts nach links zu bewegen, in Einklang mit einem bestimmten Rhythmus der mit der ganzen Sohle auf dem Boden aufschlagenden Füße. Lalita heisst aber auch sinnlich, kokett, charmant, unschuldig, ersehnt, elegant, verliebt. *Lalita* ist eine der zehn Naturgaben, die im vierundzwanzigsten Kapitel der zitierten Abhandlung dargelegt sind und die jeder Schauspieler kennen muss, um Gefühle auszudrücken. Sie kann entweder die Rolle eines jungen Mädchens bedeuten, die mit kleinen Bewegungen der Faust, der Füße und der Augenbrauen dargestellt wird, oder aber auch einen Mann, der seine natürliche und sensible Zärtlichkeit durch spielerische, erotische und ständig wechselnde Gesten ausdrückt. Die Tänzerin vollführt dabei winzigste Bewegungen, beinahe ohne sich von der Stelle zu bewegen, während der Tänzer sich im Raum hin und her bewegt. *śobhā*, die Schönheit, ist eine weitere dieser zehn Gaben. Bei der Frau ist sie körperlich und wird sichtbar im Spiel der Verliebten. Beim Mann hingegen ist sie geistig und zeigt sich in der Verehrung eines wunderbaren Helden. Eine der am häufigsten vorkommenden Liebesszenen im indischen Theater findet auf einer Schaukel statt. Der männliche Darsteller vollführt mal heftige, mal zärtliche oder langsame Gesten, um die Hand der Heldin zu ergreifen. Diese zieht ihre Hand in derselben Weise zurück, oder macht jeweils das Gegenteil der männlichen Bewegung. Im indischen Tanztheater ist dieses Rollenspiel essentiell, die jeweilige Gabe geht von dem einen auf den anderen über, nicht aber um die zwei Rollen durcheinander zubringen, sondern um ein Gefühl der Einheit zu erzeugen.

4.3   Die Kreativität des Schauspielers und Tänzers

Man kann sich die Frage stellen, ob es in dieser Welt der traditionellen Überlieferungen überhaupt noch Eigenkreativität des indischen Schauspielers und Tänzers gibt, wo doch alle Bewegungen einem strengen Code unterliegen und auswendig gelernt werden müssen. Der Tanz zerstört die Einheit einer Person, da sie den Körper in kleinste Einheiten zerlegt (Finger, Augenhöhlen, Augenbrauen [...]). Diese Bezeichnungen zu verstehen, heißt aber noch nicht, wirklich tanzen zu können. Nur die mündlichen Lehren liefern das Wissen der Übergänge von einer Geste zur anderen und skizzieren die möglichen Zusammensetzungen in andere Körper. Einen Mann oder eine Frau darzustellen ist unmöglich, wenn man nicht weiß, wie man die eine Rolle verlässt, um in eine andere zu schlüpfen. Die Kunst dieser ständigen Transformation macht es möglich, einen Schüler von einem professionellen Künstler zu unterscheiden. Diesem gelingt es, nicht nur seinen eigenen, aus verschiedenen Teilen bestehenden Körper auf der Bühne wieder zusammenzusetzen, sondern er kann auch eine Vielzahl an möglichen Körpern darstellen, die von den Polen weiblich und männlich bestimmt sind. Diese Bewegung wird nie festgelegt und kann auch nicht beschrieben werden, sie entsteht immer neu und löst sich immer wieder. Sie ist sogar die Grundvoraussetzung der Kreativität (*utpatti*), die es dem Schauspieler erlaubt, zum Tänzer zu werden, d.h. während einer beschränkten Zeit nicht mehr dem wortwörtlichen Sinn des Textes verpflichtet sein zu müssen. Der Schauspieler gehorcht also einer anderen Sprache, der der Rhythmik, und kann so auch Bewegungen vollführen, die auf nichts verweisen als auf die Kunst der Drehung, der Umdrehung, auf das Sich-im-Kreis-Drehen und das Aufschlagen der Fußsohlen auf dem Boden.

Das Rollenspiel des Schauspielers und Tänzers hat eine wichtige Funktion, denn dadurch wird mehr Wert auf die Richtung der Gesten gelegt als auf ihre Bedeutungen selbst. Wenn ein Bogen im Raum platziert oder eine Bodenzeichnung vollführt wird, kann dabei die Intensität, die Geschwindigkeit, eine gerade Bewegung oder eine Kreisbewegung hervorgehoben werden. Der Zuschauer widmet so dem Rhythmus der Gesten mehr Aufmerksamkeit als dem Objekt selbst, das durch die Handgeste symbolisiert wird.

Eine intensive Möglichkeit, dies auszudrücken, findet sich in der Praxis der adavous, das sind rhythmische Bewegungen, die nichts Besonderes bedeuten und die vor allem das Aufschlagen der Füße und die Bewegungen der Arme und Hände miteinander verbinden. Es handelt sich dabei um eine Art Alphabet von Tanzschritten, wobei die Hände, die sich im Raum bewegen, die vier oben genannten Rollenstellungen bezeichnen. Aber hier werden diese nicht durchgeführt, um einen Mann oder eine Frau darzustellen, sondern einfach, um die Freude am Rhythmus auszudrücken. Die Hände begleiten nicht mehr die Wörter einer Geschichte, sondern die *śolukaṭṭu* oder Trommelsilben, und lassen so eine Wirkung wie eine Fremdsprache in einem Gedicht entstehen, eine Sprache, die es allen Zusehern eines mehrsprachigen Landes, wie es Indien ist, ermöglicht, diese Kunst zu schätzen, ohne erst eine Geschichte übersetzen zu müssen.

Um die Rolle zu wechseln, schreibt die Theatertradition vor, eine Umdrehung um sich selbst oder von einem Punkt zu einem anderen zu vollführen. Diese Kreisbewegung erinnert an das *maṇḍala* des Rituals, das jeder Aufführung eines traditionellen Tanztheaters vorangeht. Im ersten Kapitel des *Nāṭyaśāstra* heißt es nämlich, dass durch diese Geste die Welt der Finsternis, des Unwissens und der Dämonen verscheucht wird. Der Schauspieler-Tänzer bewahrt so die beiden Welten, die Sprachen und die verschiedenen Figuren. Durch ihn kann man die Geschichte besser verstehen, er macht die konfliktreichen oder friedlichen Beziehungen zwischen den symbolischen und reellen Orten klarer.

Im zwölften Kapitel der oben zitierten Abhandlung werden die Kreisbewegungen oder *maṇḍala* mit der Verwendung von Waffen im Kampf gleichgesetzt, die wiederum an jene Kämpfe erinnern, die die Götter mit den Dämonen führen. Diese ständige Arbeit mit dem Übergang, den Umdrehungen und Kreisen stellt einen wichtigen Teil der alltäglichen Praxis des indischen Schauspielers und Tänzers dar. Die Liste der möglichen Verwandlungen einer männlichen Figur in eine weibliche und umgekehrt ist so lang, dass der Künstler trotz der strengen Regeln sich kaum wiederholen oder während der Aufführung derselben Geschichte langweilen kann. Das Spiel des Schauspielers im Rollenspiel oszilliert ständig zwischen dem beherrschenden Rhythmus und der eigentlichen Bedeutung der Gesten, zwischen einer Sprache und ihrer Übersetzung, zwischen Musik und Poesie, zwischen dem Tanz des Gottes Śiva und der Menschheitsgeschichte.

Obwohl es sich um eine mehr als tausendjährige Tradition handelt, lassen die Codes der Gestik im indischen Tanztheater einen so großen individuellen Freiraum zu, dass sich seit einigen Jahrzehnten den Künstlerinnen neue Kreativitätformen und neue soziale Stellungen erschlossen haben. Europäerinnen wie Miléna Salvini für das Kathakali oder Cécile Gordon für das Kalarippayatt haben eine Pionierrolle eingenommen, um Männern vorenthaltene Stile zu interpretieren.

Immer mehr Regisseurinnen und Choreographinnen in Indien wählen aufgrund feministischer Überlegungen bestimmte Themen für die Interpretation der *Ramayana*-Epik aus der Sicht des Sita aus. Dies sind zum Beispiel der Status der Witwen, die arrangierten Eheschließungen oder das Gewicht der Brautgabe.

Literatur

Bansat-Boudon, Lyne (1996), Le théâtre de Kālidāsa, Paris, Gallimard.

Bharatamuni, Nāṭyaśāstra, übers. von Ghosh, M., Royal Asiatic Society of Bengal, Bd. 1–2, Calcutta, 1951 (Bd. 1), 1967 (Bd. 2).

Jayadeva (1991), Gîta-Govinda, übers. von Varenne, Jean, Paris, du Rocher/Unesco.

Légeret, Katia (1997), Les 108 pas du dieu Śiva, Paris, Shastri.

– (1999), Manuel traditionnel du Bharata-nâtyam, Paris, Geuthner.

– (2001), Esthéthique de la danse sacrée, Paris, Geuthner.

– (2004), La gestuelle des mains dans le théâtre dansé indien, Paris, Geuthner.

Muralidhar, Rao K. (1998), Nrityaloka, (Kannada), Mangalore, Athree Book Center.

Eugenik und die Konstruktion der weiblichen Übernatur
Eine Fallstudie über die Mazdaznan-Bewegung in den Vierzigerjahren[1]

Séverine Desponds

1 Einführung

Dieser Artikel behandelt die Verwendung der Eugenik durch eine um 1900 entstandene Neue Religiöse Bewegung mit dem Namen Mazdaznan. Es wird gezeigt, wie die Eugenik benutzt wurde, um den religiösen und sozialen Status der weiblichen Anhänger – durch Übernaturalisierung[2] – zu verändern, indem ihnen die spezifische religiöse Rolle der »Retterin der weißen Rasse« zugeschrieben wurde. Obwohl die Konstruktionen von Geschlecht und Rasse während dieser vom Kolonialismus geprägten Zeit einander gegenseitig beeinflussen und voneinander abhängig sind, werde ich mich vor allem mit der Konstruktion von Geschlecht befassen. Während im Abendland in den vorhergehenden Jahrhunderten der Zugang der Frauen zum Heiligen eingeschränkt wurde, stellt die Forschung seit dem neunzehnten Jahrhundert eine »Verweiblichung« der Religion fest.[3] Während sich die Männer von der Religion zurückziehen, wird sie immer mehr zu einem neuen Ort sozialen Handelns für Frauen. Auch auf der symbolischen Ebene ändert sich das Bild der Frau. Von der Trägerin der Sünde wird sie zur privilegierten Trägerin des Glaubens und des Heils. Auch in den Verehrungspraktiken, die die Gefühlswelt betonen, macht sich eine »Verweiblichung« bemerkbar (De Giorgio 2002, 225). Bei einer Analyse dieses Phänomens für den Katholizismus und den Protestantismus im neunzehnten und

---

1 Einen großen Dank an Fabian Perlini für die Übersetzung des Aufsatzes vom Französischen ins Deutsche.

2 Bei Thomas von Aquin bezieht sich der Begriff des Übernatürlichen auf die Kräfte des Heils: Der Menschheit wird durch Jesus Christus übernatürliche Gnade zu Teil. Vgl. Despland (2005). Aber hier wird der Begriff der Übernatur im Kontext der schleichenden Infragestellung des niederen sozialen (und religiösen) Status der Frauen im 19. und 20. Jahrhundert benutzt. Der in diesem Artikel verwendete Begriff der Übernaturalisierung (*surnaturalisation*) soll eine Strategie aufzeigen, den Status der Frauen durch einen Diskurs im religiösen Bereich zu erhöhen: Die Frauen werden auf solche Weise mit einem übernatürlichen Prinzip in Verbindung gebracht, das die vermuteten Wesensunterschiede nicht verneint. Die Frauen werden dadurch sogar aufgewertet, da den Männern keine gleich starke Identifikation mit dem Göttlichen zugesprochen wird. Die Übernaturalisierung der Frauen beabsichtigt im Bereich des Religiösen eine Umkehrung – und nicht eine Umstürzung – der dominanten Werte der Gesellschaft.

3 Dieser Begriff wurde von Barbara Welter in *Dimity Convictions* (1976) verwendet.

zwanzigsten Jahrhundert (Götz von Olenhusen 1995; Langlois 1991) müssen besonders auch die alternativen Religionen berücksichtigt werden, die dieser Veränderung als Testfall dienten. Besonders diejenigen unter ihnen, die der weiblichen religiösen Autorität einen Platz zuwiesen.[4] Die aus den esoterischen Strömungen entstandenen Alternativen zum Christentum können so für Frauen zu einem bevorzugten Ort des Zugangs zu religiöser Autorität werden. Auch lehnt sich zum Beispiel das Bild der Frau das in diesen Religionen konstruiert wird, mehr den verbreiteten neuen Vorstellungen über das Göttliche an, wie sie den orientalischen Religionen und den Wissenschaften frei entliehen wurden, und die, neuinterpretiert, die religiösen Vorstellungen über die Geschlechter verändern können. Die Verwendung der Eugenik (eine in der ersten Hälfte des zwanzigsten Jahrhunderts sehr populären Pseudowissenschaft) durch die Mazdaznan-Bewegung erlaubt es, eine Diskussion über deren Geschlechtsansichten und Heilslehre zu führen, die den Status und die Autorität ihrer Anhängerinnen erhöht.

2   Die Eugenik und die Übernaturalisierung der Frauen im Mazdaznan

2.1   Eugenik und alternative Religionen

Die Eugenik, als Pseudotheorie zur »Verbesserung der Rasse«, war zu Beginn des zwanzigsten Jahrhunderts im Aufschwung. Sie basiert auf zwei wesentlichen Ideen, die im vorangehenden Jahrhundert entstandenen sind: Der wissenschaftliche Rassismus – der die Menschen nach ihren morphologischen Unterschieden klassifiziert und hierarchisiert, indem er durch die Nachahmung zoologischer Methoden die Existenz von »Rassen« verkündet – und der Sozialdarwinismus, der in der sozialen Ungleichheit ein Ausdruck natürlicher Auslese sieht, die das Menschengeschlecht verbessern würde. Der irrationale Glaube an die Existenz von Rassen verbunden mit der Entdeckung der Genetik veranlasste die Psychiater, die Sexualwissenschaftler und die Sozialreformer Maßnahmen zum Schutz von dem zu entwickeln, was sie eine gesunde Erbanlage nannten. Diese Maßnahmen sollten der »Verbesserung der Rasse« dienen; und mit »Rasse« war die »weiße Rasse« gemeint. Tatsächlich stand dieser Diskurs in Zusammenhang mit den rassistischen Theorien, die die Überlegenheit der »weißen Rasse« postulierten. Diese »Rassenhygiene« war weit davon entfernt, ein marginalisiertes Phänomen zu sein. In den gebildeten Zirkeln der abendländischen Welt hatte sie sich gut etabliert: Die Eugenik hatte ihre Forschungsinstitute, ihre wissenschaftlichen Gesellschaften, ihre Symposien und ihre Publikationen. Bekanntlich wurde die Eugenik auch dazu benutzt, die Euthanasien in den Behindertenanstalten und den Genozid in den Vernichtungslagern während des Dritten Reiches zu rechtfertigen. Die entsetzlichen Konnotationen, die der Be-

---

4 In diesem Artikel beziehe ich mich vorwiegend auf die aus esoterischen Strömungen entstandenen alternativen Religionen. Für einen allgemei- nen Blick auf diese Frage siehe Wessinger (1993), die außerdem alternative christliche Bewegungen einbezieht.

griff heute hervorruft, dürfen nicht darüber hinweg täuschen, dass die Eugenik während der ersten Hälfte des zwanzigsten Jahrhunderts nicht etwa ein okkulter Glaube oder ein Randphänomen, sondern ein gesellschaftlich akzeptierter Diskurs war.[5] Sie wurde auch nicht nur von konservativen Kreisen, sondern von einer ganzen Reihe progressiver Persönlichkeiten gefördert.

Die von der Psychiatrie entwickelte Eugenik schlug zwei Arten von Maßnahmen vor: Zum einen die Ermutigung jener Kategorien der Bevölkerung, die als »rein und gesund« angesehen wurden, zur Zeugung von Kindern, zum anderen aber auch Zwangsabtreibungen, Zwangssterilisierungen, Heiratsverbote und Sterbehilfe für die anderen Kategorien der Bevölkerung. Im Verlauf dieses Artikels werden wir diesen Typen der Eugenik nicht begegnen, stattdessen aber einer spirituellen Art von Eugenik, die Singleton »spiritueller Darwinismus« nennt. Diese besteht aus der Vorstellung, dass Menschen durch die Aneignung gewisser spiritueller Techniken Vervollkommnung erreichen können.[6] Sie bezieht sich auf die Theorien, die die Erblichkeit erworbener Merkmale wie zum Beispiel Stärke oder Charakter postulieren. Diese pseudowissenschaftlichen Annahmen dienen gewissen religiösen Gruppierungen als Grundlage für die Propagierung eines spirituellen Werkzeugs, das darauf abzielt die Menschheit oder in diesem Fall die »weiße Rasse« zu verbessern. Die Mischung von wissenschaftlichen und moralischen Klängen im eugenischen Diskurs zeigt deutlich, dass diese alternativen Formen der Spiritualität von jenen esoterischen Strömungen abstammen, deren Lehren seit den späten 1890er Jahren auf der vorangegangenen Entwicklung einer »rassistischen Mystik« gründeten (Goodrick-Clarke 1985/1998). Zum Beispiel hat die Theosophische Gesellschaft, um die berühmteste Organisation zu nennen, die Menschheit in »Wurzelrassen« eingeteilt. Und die Beschreibung dieser Klassifizierung hat keine Randstellung innerhalb ihrer Lehren eingenommen.[7]

In diesem Artikel werde ich versuchen zu zeigen, wie durch einen eugenischen Diskurs eine Über-Frau konstruiert wird. Denn während dem zwanzigsten Jahrhundert konnten die Frauen nicht nur am Projekt der Vervollkommnung ihrer selbst teilnehmen, sondern sie hatten darüber hinaus das Potenzial »spezielle Kinder« zu gebären: Innerhalb des Eugenik Diskurses ist die Über-Frau zugleich auch die Über-Mutter der neuen Rasse und somit die Mutter des Übermenschen (*sur-homme*), mobilisiert für den Aufbau der Nation (Hermand 1984). Weiter unten werde ich zeigen, dass dies für Mazdaznan in den vierziger Jahren so war. Noch davor ist aber festzuhalten, dass die Konstruktion der spirituellen Überlegenheit der Frau, die auf

---

5 Vor dem Krieg, zum Beispiel, war der Schweizer Psychiater Rüdin Ehrenpräsident der Internationalen Föderation Eugenetischer Organisationen. Nach dem Krieg wurde ihm seine Staatsbürgerschaft aberkannt, weil er an der Ausarbeitung eines von Deutschland übernommenen Gesetzes zur Sterilisierung von Individuen mit bestimmten Erbkrankheiten arbeitete. Vgl. Mottier (2000), 546 f.

6 Singleton unterstreicht die Bedeutung von Nietzsches Übermenschen als spirituelles Vorbild im modernen Yoga (2006).

7 Der zweite Band von The Secret Doctrine von Helena Petrovna Blavatsky (1888–1897) trägt den Titel *Anthropogenesis*.

der Fähigkeit zur Reproduktion oder auf einer anderen mütterlichen Rolle basiert, am Ende des neunzehnten und im zwanzigsten Jahrhundert weder etwas Neues, noch etwas Seltenes war. Die Sakralisierung der Rolle der Frau als Gebährerin war ein geläufiges Thema während dieser Zeit, und nicht nur in den alternativen Religionen esoterischen Ursprungs, sondern auch im Protestantismus und im Katholizismus wurde die Mutter beschrieben als ein höheres spirituelles Wesen, als Urheberin und als privilegierte Wächterin über die Moral.[8]

2.2 Ariertum, Eugenik und Rassenlehre bei Mazdaznan: Die Regeneration der »weißen Rasse«

Mazdaznan ist eine Neue Religiöse Bewegung, die 1890 in Chicago von einem Mann gegründet wurde, der sich Otoman Zar-Adusht Hanish (1866–1936) nannte. Aller Wahrscheinlichkeit nach war er ein amerikanischer Bürger deutschen Ursprungs mit Namen Otto Hanisch (Linse 2001). Otoman behauptete, in zoroastrischen Klöstern im Iran und sogar im Himalaya ausgebildet worden zu sein und die wahre Religion des alten Iran zu lehren. Durch seinen Schüler David Amman breiteten sich seine Lehren sehr bald in Deutschland (seit 1907) und in der Schweiz (seit 1914–1915) aus. Zumindest in den vierziger Jahren hatte Hanish auch in Indien (Bombay) eine Anhängerin: Mother Gloria, mit richtigem Namen Clarence Gasque. Diese gab in den vierziger Jahren, nach dem Tod von Hanish, eine Zeitschrift mit dem Namen Mazdaznan heraus. Diese Zeitschrift repräsentiert die zweite Generation von Mazdaznan und bildet die primäre Quelle für diese Kapitel.[9] Wohl verstanden, das Interesse intellektueller Kreise am Avesta und am Zoroastrismus bestand schon vor Mazdaznan. Die Religion von Otoman Hanish entwuchs dem kulturellen Interesse des Abendlandes an diesem Thema.[10] 1762 lieferte Anquétil-Duperron die erste Übersetzung des Avesta in einer europäischen Sprache. Mehr als ein Jahrhundert später ist das durch diese Entdeckung entfachte Interesse noch immer lebendig: 1883 veröffentlicht Nietzsche *Also sprach Zarathustra*, womit dieses Thema in künstlerischen Kreisen genau so populär wird wie in intellektuellen. Man könnte also sagen, dass Otoman Hanish sich auf die Popularität des Zoroastrismus als literarisches Motiv abstützen konnte, um seinen Anhängern die »wahre« Religion zu bieten, mit

---

8 Für den Katholizismus siehe De Giorgio (2002).

9 Die hinzugezogenen Quellen datieren von 1942 bis 1944 und entstammen der Monatszeitschrift *Mazdaznan*, die von der Mazdaznan Association in Bombay herausgegeben wurde. Mehrere Artikel werden in allgemeiner Weise Hanish zugeschrieben, jedoch ohne ihn explizit als Verfasser anzugeben. Eine genauere Untersuchung dürfte die Autorschaft Hanishs in Frage stellen: Wahrscheinlich wurden die mündlichen Vorträge von seinen Schülern verschriftlicht und überarbeitet,

was besonders diejenigen Artikel nahe legen, die von zahlreichen Vermittlungen unterbrochen werden. Die Schüler konnten die ursprünglichen Mitteilungen von Hanish verändern, um zum Beispiel gewissen Themen ein bestimmtes Gewicht zu verleihen. Hanish hat also tatsächlich über die Rassenlehre und die Eugenik geschrieben, aber Mother Gloria macht die Eugenik und die Frauen zu ihren Lieblingsthemen.

10 Für die Rezeptionsgeschichte des Zoroastrismus siehe Stausberg (1998).

allen Formen einer gelebten Religion. Hanish beschafft seinen Anhängern heilige Schriften,[11] Lehren, Lieder, Rituale, Gebote und Übungspraktiken. Für diese Bewegung ist die Kraft des Geistes äußerst wichtig: Die Konzentration spielt eine tragende Rolle, wie auch das Visualisieren, das Entspannen, das positive Denken, Bekräftigungen und Gebete. Zahlreiche Empfehlungen und Übungen wurden von der Naturheilkunde übernommen: vegetarische Ernährung, Darmentleerung und Drüsenmassage – *gland stirring* (verschiedene Übungen die darauf abzielen, durch Bewegungen und auf sie angesetzte Vibrationen die Drüsen zu stimulieren). Hanish schlägt außerdem Übungen zur bewussten Atmung vor – »Yima« und »Airyama« – und Bewegungsübungen, die in den siebziger Jahren als Yogaübungen populär geworden sind. Alle diese Techniken scheinen aus heutiger Perspektive sehr zusammengesucht: Wie kann man, zum Beispiel, sowohl Darmentleerung als auch Gebete empfehlen? Um das zu verstehen, müssen wir an die Hygienebewegungen der ersten Hälfte des zwanzigsten Jahrhunderts denken: Geistige Gesundheit, Körperhygiene und auch »Rassenhygiene« – oder Eugenik – waren damals in derselben Bewegung vereint (Simonnot 1999).[12]

Was gibt es jedoch für einen Zusammenhang zwischen den Rassentheorien und dieser vom Zoroastrismus inspirierten Neuen Religiösen Bewegung? Die »Entdeckung« des Sanskrit und des Zend, der Sprache, in der das Avesta verfasst wurde, und die darauf folgende Entdeckung der Verwandtschaft zwischen den indoeuropäischen Sprachen waren die Prüfsteine der akademischen Diskussionen, aus denen der Mythos der arischen Rasse geboren wurde. Auf der Suche nach dem geografischen Ursprung dieser vermuteten antiken Rasse lokalisierte eine Theorie die Arier im alten Iran. Schon 1860 war der Glaube an den arischen Ursprung der Europäer ein durch die Arbeiten von Max Müller und Ernest Renan etabliertes Dogma in den gebildeten Kreisen der abendländischen Gesellschaft (Goodrick-Clarke 1998). Für die Anhänger von Mazdaznan, die sich mit dieser arischen Rasse identifizierten, wurde die Rasse das lebende Gefäß der Bewegung und Hanish der lebende Vertreter einer ursprünglichen, von alters her überlieferten und unveränderten Religion. Mazdaznan wird von seinen Mitgliedern als ein System gesehen, das die »in der arischen Rasse verkörperten essentiellen Wahrheiten« umfasst.[13]

Bevor wir auf das Verhältnis von Geschlecht und Eugenik bei Mazdaznan eingehen können, müssen wir einen Blick auf die Stellung der eugenischen Motive im Umfeld der Bewegung werfen. Die »Regeneration« ist ein Schlüsselbegriff im Eugenik-Diskurs und in der Erlösungslehre von Mazdaznan. Da die eugenischen Theorien die Degeneration der Rassen durch Vermischung anprangern, bilden »Degeneration« und »Regeneration« ein wichtiges rhetorisches Paar. Mazdaznan schlägt folglich vor, zum einen das Individuum, zum anderen die »Rasse« zu regenerieren. Auf ähnliche Weise bedeutet Eugenik für Hanish auch zweierlei: Zum einen umfasst

---

11 Für die Werke von Hanish siehe Stausberg (2002).

12 Zum Beispiel war die erste Audienz von Ha-

nishs Schüler David Amman bei der deutschen Hygienegesellschaft, Linse (2001).

13 *Mazdaznan*, April 1944, 3/2, 80.

sie für ihn »die Gesetze, die die Regeneration des eigenen Körpers regeln« und zum anderen auch die Gesetze, welche die Fortpflanzung bestimmen.[14] Bei der eigenen Regeneration inkarniert der Geist im Körper, das Fleisch wird vergeistigt und die Zellen verändern sich:

> First the old unconscious tissues must be burnt out, and cleared away, then the cells must become so pure, so receptive, so fine in substance that the spirit can permeate every part and thus operate.[15]

Durch die Erneuerung des Fleisches kann der Gläubige mindestens eines der von Hanish versprochenen Ziele erreichen: Er wird zu einem neuen Menschen, der von ihm »superman« oder manchmal »perfect man« genannt wird. Eines der anderen Ziele war die Unsterblichkeit, die man ebenfalls durch eine Vergeistigung des Körpers zu verwirklichen hoffte.

Die zweite Regeneration gilt der arischen Rasse. Hanish erarbeitete eine Rassenlehre, die viele Ähnlichkeiten mit den theosophischen und anthroposophischen Rassenlehren aufweist: Die Rassen sind das Ergebnis eines Evolutionsszenarios. Jede entstand aus einer ihr vorausgehenden und entwickelte ein höheres Bewusstsein als diese. Der perfekte Mensch steht am Ende dieser Entwicklung, die durch sechs verschiedene Rassen führt. Diese sind durch eine Abstufung der Hautfarbe[16] unterteilt, welche unterschiedliche Stadien der Evolution widerspiegeln. Für Hanish ist die »weiße Rasse« die jüngste und somit die am weitesten entwickelte: »die weiße Rasse ist der Höhepunkt aller dunkleren Rassen«.[17] Ihre Aufgabe sei es, sich neu zu erschaffen, sich zu regenerieren, um schließlich die letzte und vollendete Rasse hervorzubringen. Diese siebte Rasse entsteht aus der sechsten, dank den Regenerationsmethoden von Mazdaznan. Hanish nennt diese neuen Menschen die »perfekte Rasse« oder auch die »transparente Rasse«:

> But let it be remembered, that those who have chosen to travel over the Highway, called MAZDAZNAN, as built by the Master, will, through the planes of their Higher Consciousness, pass into the new Seventh Race or Race Transparent, and be numbered among the one hundred and forty-four thousand souls in the fulfilment of Divine prophecy. The curious, critical, questioning, doubters, misdirected, indifferent worldly paraders, will tread in the flood of human blood and reap what they have sown for »Vengeance is Mine, I shall repay, saith the Lord«.[18]

---

14 »A Study in Eugenics«, *Mazdaznan*, March 1944, 2/15, 42.

15 »Our Resurrection Here and Now«, *Mazdaznan*, April 1942, 2/2, 77.

16 Er unterscheidet die schwarze, die braune, die olivgrüne, die dämmerungsfarbene, die gelbe und die weiße Rasse. Diese teilt er weiter in Unterrassen ein und referiert über deren Unterscheidung. »Raciology. Submerged Continents«, *Mazdaznan*, October 1942, 2/8, 388.

17 Aus dem Englischen übersetzt. »Raciology:

The origin of the American Indian«, *Mazdaznan*, December 1942, 2/10, 514. Seine Rassenlehren sind nicht immer einheitlich, doch meistens vertritt er einen spirituellen und rassischen Elitismus. Er behauptet sogar: »When the New Race appears, all thought of race will disappear, winged in to one vast fellowship«, »World Fellowship«, *Mazdaznan*, April 1942, 2/2, 89.

18 Fesmire, Ruth, »The ninetieth birthday of Rev. Dr. Otoman Zar-Adusht Ha'nish«, *Mazdaznan*, November 1942, 2/9, 458.

Die spirituelle Technik, die Mazdaznan propagiert, um die siebte Rasse hervorzubringen, wird wegen der für sie charakteristischen Vermischung von geistigen und rassischen Überlegenheitsgefühlen treffend Eugenik genannt. Die Eugenik nimmt in den Lehren der Gruppe keine Randstellung ein: Fast jede Nummer der Zeitschrift »Mazdaznan«, die ich lesen konnte, beinhaltete einen Artikel über die Eugenik, oft gefolgt von einem Artikel über das Wesen der Frau.[19] Mazdaznan spezialisiert sich auf das Wissen um die Zeugung mit Hilfe seiner geistigen Kräfte. In einem Paradigma der Vererbung erworbener Merkmale wird dem Paar nach der Zeugung empfohlen in sich zu kehren und sich die wichtigsten körperlichen Merkmale und den Charakter des Kindes vorzustellen.

> It should be the aim of parents not only to consider certain traits they wish to have perpetuated, but above all things, to direct their thot-waves into channels of success, and, as much as possible, to determine the particular avenues, in which success is to be attained. Moulding of character and characteristics must be defined before conception, and reaffirmed during the period of gestation (...)[20]

2.3 Die Überhöhung der weiblichen Natur

Zusätzlich zum Gott Ahura Mazda sind auch zwei andere übernatürliche Wesen von großer Bedeutung für Hanish: Jesus Christus[21] und Ainyahita.[22] Hanish nennt Ainyahita abwechselnd Prophetin von Mazda, Muttergöttin,[23] Erhalterin des Lebens[24] oder Mutter der arischen Rasse.[25] Die Rassenlehren sind also selbst im Pantheon der Gruppierung zentral. Ainyahita wird nicht nur als Symbol dargestellt, sondern auch als Beispiel für die Frauen, wenn sie Mother Gloria als »the most outstanding Woman of all time«[26] bezeichnet. Als Mutter der arischen Rasse ist sie ein Symbol für das »arische Volk«, aber sie ist auch ein Beispiel für die Frauen in ihrer Eigenschaft als Mutter. In den von Bombay aus verbreiteten Lehren von Mazdaznan ist die Eugenik Frauensache. Vor allem liegt sie in der Verantwortung von Frauen, denn diese haben »die Macht die Menschheit zu segnen«:

> Woman holds the destiny of the world in her hands; she is the »mother of all living«. Woman is the principle through whom God manifests His divinity. She has the power to bless humanity. But if she remains unconscious of her great responsibilities, then when in the

---

19 1942–1944. Also nach dem Tod von Hanish (1936).

20 »A Study in Eugenics«, *Mazdaznan*, March 1944, 2/15, 42 f.

21 Obwohl Hanish die Autorität der Kirche ablehnt, benutzt er oft ein christliches Vokabular und zitiert aus der Bibel. Eine genaue chronologische Analyse seiner Vorträge und Predigten könnte vielleicht eine Entwicklung seines Pantheons zum Vorschein bringen.

22 Ainyahita ist eine Variation des Namens von Anahita, einer antiken persischen Göttin.

23 Hanish, »Ainyahita«, *Mazdaznan*, May 1942, 2/3, 107. Hanish erstellte den Text am 14. Februar 1909.

24 Banaji, Gool, »Saviour's Night«, *Mazdaznan*, June 1942, 2/4, 169 f.

25 »Ainyahita«, *Mazdaznan*, January 1943, 2/11, 568.

26 Mother Gloria, »Our 21st June Issue«, *Mazdaznan*, June 1942, 2/4, 200.

holy state of maternity how can she bestow her blessings upon that which lies under the heart?[27]

Die Voraussetzung dieser Wahl der Frauen für die Rolle der »Erlöserin« besteht in der vermeintlichen Affinität zwischen den Frauen und der Natur in ihrer Eigenschaft als Mutter.[28]

> When the intelligence of woman co-operates with the intelligence of mother-nature, then great and wonderful results are attained and all the beneficent powers and forces held within the bosom of mother-nature are poured out upon her with a spontaneity as does water flow from a fount.[29]

Wenn die Mutter Natur und ihre Affinität zu Frauen erwähnt wird, dann oft in Verbindung mit dem Begriff der »Intelligenz« oder auch der Weisheit.[30] Die Aufzählung weiblicher Qualitäten erlaubt es den Anhängerinnen eine traditionelle Frauenrolle zu übernehmen, ihr aber zugleich neue Eigenschaften hinzuzufügen. Die Erwähnung der Intelligenz scheint kein Zufall zu sein. Mother Gloria appelliert damit an die Intelligenz der Frauen, ihre Schwangerschaft gemäss dem vorhandenen Wissen zu kontrollieren. Zuerst müssen die Frauen die Macht des Geistes über die Materie begreifen. Nach dieser Erkenntnis ist die Frau bereit, »die verborgenen Kräfte des Geistes und der Seele zu studieren und Wissen einer höheren Bildung zu empfangen, wie Genetik und Eugenik und alles, was den Menschen und den Übermenschen betrifft«.[31] Die Eugenik wird verstanden als eine höhere Lehre für die Frauen, die es ihnen erlaubt, ihre Kenntnisse zu verbessern und ihr Handlungsfeld zu erweitern. Besonders Mother Gloria legt die Betonung auf die Bildung. Sie hat 1942 als Präsidentin der Frauensektion an der *All-India Educational Conference* teilgenommen, wo sie einen Vortrag über »The Place of Cookery in the curricula of Girl's and Women's Education« hielt.[32] Die Ernährung ist in der Tat ein anderer Bereich, mit dem Mazdaznan glaubt, die heilbringende Transformation der Zellen herbeiführen zu können. Die Eugenik gilt also als eine Wissenschaft für die Frau und als ein Teil der »häuslichen Wissenschaften«.[33]

Nach der Verinnerlichung dieser Lehren von Mazdaznan werden die Frauen zu besonders spirituellen Wesen, die dazu geeignet sind, die Verantwortung zu übernehmen für die Erschaffung der neuen Rasse, »(children) conceived, gestated and born freed and emancipated«.[34] Für Mother Gloria ist die Emanzipation der Frauen

27 Mother Gloria, »Woman's Sphere«, *Mazdaznan*, November 1942, 2/9, 475.
28 Die Fähigkeit der Männer zur Zeugung wurde durch die Möglichkeit der Frauen zur Schwangerschaft in den Schatten gestellt.
29 »Women's Responsibility«, *Mazdaznan*, December 1942, 2/10, 536.
30 Mother Gloria, »Woman's Sphere«, *Mazdaznan*, November 1942, 2/9, 474.

31 »Conscious Womanhood«, *Mazdaznan*, April 1944, 3/2, 103.
32 *Mazdaznan*, January 1943, 2/11, 595.
33 Englisch »Science of the Home«. *Mazdaznan*, January 1943, 2/11, 601
34 »Woman Awake«, January-February 1944, 2/14, 38.

ein Teil von Mazdaznan und eine Folge der Erkenntnis ihrer spirituellen Natur, ihrer Übernatur:

> [When] lowered to serve man's selfish nature, woman turns foe to herself. She then becomes subject to the buffetings of the adverse one and thus soon becomes entangled in a network of inextricable meshes; she feels the hopelessness of it all; wondering how she is to wrest her life from the misapplied use made of this divine element of her higher nature. However, thousands and tens of thousands of women are linked with her in the same unfortunate condition and each one has the work of reconstruction to do; therefore, woman need not fear to take her stand; arise, strong in the consciousness of faith, sure and positive that success and victory are yours.[35]

Durch die Anweisung, die mütterliche Rolle bewusst auszuüben, setzt Mazdaznan die Frauen zurück auf ihre Fähigkeit zur Reproduktion. Bei Mazdaznan war die ideale Mutter aber gleichzeitig eine gebildete Frau und sich ihres Wertes bewusst. Ohne Zweifel hat diese doppelte Botschaft zahlreiche Frauen zum Beitritt verleiten können.

3   Schlussfolgerungen

Wir stoßen hier zum Kern eines Paradoxon vor, wie es von den Historikern und Historikerinnen der Frauengeschichte hervorgehoben wurde. Die Konstruktion der religiösen Qualifikation von Frauen beruht oft auf einer widersprüchlichen Neudefinierung der hierarchischen sozialen Struktur und bewegt sich in komplexen »emanzipatorisch-konservativen« Bahnen.[36] Auch die spirituelle Eugenik ist ein Diskurs, der den Anhängerinnen religiöser Bewegungen esoterischer Herkunft eine Möglichkeit bietet, ihren sozialen und religiösen Status neu zu definieren und dies ohne in Widerspruch mit der Gesellschaft geraten zu müssen. Die Anhängerinnen können so ohne zu rebellieren ihre traditionelle Rolle verneinen und zu einer neuen Identität finden. Die Übernaturalisierung erlaubt es ihnen nicht nur, die religiöse Hierarchie umzustoßen, sondern sogar die Überlegenheit der Frauen im Bereich der Religion zu rechtfertigen. Denn die weiblichen Anhänger werden mit einer übernatürlichen Entität in Verbindung gebracht: mit der Mutter der Rasse, Ainyahita, oder mit dem intelligenten Prinzip der Mutter Natur. Diese Identifikation führt zu einer Umkehrung der Werte der Gesellschaft: Anstatt sich einem passiven weiblichen Prinzip zuzuordnen, das in enger Verbindung zur Natur steht, gleichen sich die Anhängerinnen einem weiblichen Prinzip an, das intelligent und stark, das übernatürlich ist. Die Anhängerinnen von Mazdaznan werden aufgerufen, in ihnen dieses göttliche Prinzip zu erkennen. Die spirituelle Eugenik erlaubt es dann, diese Übernaturalisierung in Handlungen zum Ausdruck zu bringen. Indem sich Mother Gloria die Eugenik aneignet, um aus dieser rassischen Technologie einen Teil der

---

35 Mother Gloria, »Woman's Sphere«, *Mazdaznan*, November 1942, 2/9, 474 f.

36 Zu diesem Ausdruck inspirierte mich das »emancipatory-regressive« von Hewitt (1993).

»häuslichen Wissenschaft« zu machen, gleich wie aus jeder Mahlzeit eine ernäh-rungswissenschaftliche Berechnung wird,[37] erhebt sie die traditionelle Rolle der Frauen – die aus Reproduktion, Erziehung und Haushalt besteht – in den Rang der Wissenschaft. Wie die Ausführungen von Mother Gloria zeigen, war damit der Weg frei für die Aushandlung einer neuen sozialen Identität oder für eine Erweiterung der sozialen Rollen. In diesem Sinne waren die mit Hilfe der Eugenik formulierten Absichten eine historische Etappe auf dem Weg zur Konstruktion einer weiblichen religiösen Autorität.

Im Falle der Mazdaznan-Bewegung der vierziger Jahre ist es vor allem der Andro-zentrismus der Religionen und der Gesellschaft, der mit Hilfe der Eugenik zum Ge-genstand einer symbolischen Neudefinierung wird.[38] In den »emanzipatorisch-kon-servativen« Religionen wird die Spiritualität daher zur Rechtfertigung einer zaghaf-ten Emanzipation der Frauen, indem sie ihre Identität dadurch konstruieren, dass sie sich über andere soziale Kategorien stellen, wie über die der sogenannten »niede-ren Rassen«.

4   Literatur

Quellen

Mazdaznan (1942–1944), published monthly by Mazdaznan Association in Bombay, Mazdaz-nan Headquarters, India.
Blavatsky, Helena Petrovna (1888–1897), The Secret Doctrine, London, Theosophical Pub-lishing Society.

Weitere Literatur

Bourdelais, Patrice, dir. (2001), Les hygiénistes: enjeux, modèles et pratiques (XVIII–XXe s.), Paris, Belin.
Despland, Michel (2005), The Supernatural, in: Jones, Lindsay, Hg., Encyclopedia of Religion, Bd. 13, Detroit u. a., Thomson Gale, 8860–8864.
De Giorgio, Michela (2002), La bonne catholique, in: Fraisse, Geneviève/Perrot, Michelle, Hg., Histoire des femmes en Occident, Bd. 4, Paris, Plon, 203–239.
Goodrick-Clarke, Nicholas (1998), Hitler's Priestess: Savitri Devi, the Hindu-Aryan Myth, and Neo-Nazism, New York u. a., New York University Press.
– (1985), The Occult Roots of Nazism: The Ariosophists of Austria and Germany 1890–1935, Wellingborough, Aquarian Press.
Götz von Olenhusen, Irmtraud (1995), Die Feminisierung von Religion und Kirche im 19. und 20. Jahrhundert, in: Dies., Hg., Frauen unter dem Patriarchat der Kirchen. Katholikin-

---

37 Erinnern wir uns daran, dass die Ernährung ein wichtiger Bestandteil der Lehren von Mazdaz-nan ist.
38 Nach King (1995) sind der Androzentrismus,

die Polarisierung der Geschlechter und der biolo-gische Essentialismus drei »scripts« sexistischer Vorstellungen über das Geschlecht.

nen und Protestantinnen im 19. und 20. Jahrhundert, Stuttgart/Berlin u. a., Kohlhammer, 9–21.

Hermand, Jost (1984), All Power to the Women: Nazi Concepts of Matriarchy, in: Journal of Contemporary History 19, 649–668.

Hewitt, Marsha (1993), Cyborgs, DragQueens and Goddesses: Emancipatory-Regressive Paths in Feminist Theory, in: Method and Theory in the Study of Religions, 5, 135–154.

King, Ursula, Hg. (1995), Religion and Gender, Oxford/Cambridge, Blackwell.

Lauwers, Michel (1995), L'institution et le genre. A propos de l'accès des femmes au sacré dans l'Occident médiéval, in: Clio 2, 279–317.

Langlois, Claude (1991), Féminisation du catholicisme, in: LeGoff, Jacques/Rémond, René, Hg., Histoire de la France religieuse 3, Paris, Seuil, 292–310.

Linse, Ulrich (2001), Mazdaznan – die Rassenreligion vom arischen Friedensreich, in: von Schnurbein, Stefanie/Ulbricht, Justus H., Hg., Völkische Religion und Krisen der Moderne, Würzburg, Königshausen & Neumann, 268–291.

Mottier, Véronique (2000), Narratives of National Identity: Sexuality, Race and the Swiss Dream of Order, in: Revue suisse de sociologie, 26/3, 533–558.

Simonnot, Anne-Laure (1999), Hygiénisme et eugénisme au XXe s. à travers la psychiatrie française, Paris, Seli Arslan.

Singleton, Mark (2006), From Superman to Shaktiman: Yoga, Eugenics and Spiritual Darwinism, paper presented at the *Modern Yoga Postgraduate Workshop* at Cambridge, 22.–23. April 2006.

Stausberg, Michael (2002), Eine Sonderentwicklung: Mazdaznan, in: Ders., Die Religion Zarathushtras. Geschichte, Gegenwart, Rituale, Bd. 2, Stuttgart/Berlin u. a., Kohlhammer, 378–400.

– (1998), Faszination Zarathushtra: Zoroaster und die Europäische Religionsgeschichte der Frühen Neuzeit, Berlin/New York, de Gruyter.

Welter, Barbara (1976), Dimity Convictions: The American Woman in the Nineteenth Century, Athens, Ohio University Press.

Wessinger, Catherine, Hg. (1993), Women's Leadership in Marginal Religions: Explorations Outside the Mainstream, Urbana/Chicago, University of Illinois Press.

Jüdin sucht Jude
Differenz und Geschlechterfrage im Dokumentarfilm
MATCHMAKER (CH 2005) von Gabrielle Antosiewicz

Marie-Thérèse Mäder

1 Einleitung

Gabrielle Antosiewicz möchte in ihrem Dokumentarfilm MATCHMAKER[1] herausfinden, wie man sich als jüdische Braut wohl fühlt. Deshalb geht sie in Eigenregie – wie sie es selbst nennt – auf die Suche nach jüdischen unverheirateten jungen Männern. Ihr Vater hat ihr nämlich eine großzügige Hochzeit versprochen, falls sie jüdisch heiratet. Die Antwort auf die einleitende Frage erfahren wir gleich zu Beginn des Films: Gabrielle Antosiewicz fühlt sich überhaupt nicht wohl in ihrer Haut als jüdische Braut. Schon im Vorspann werden die Bilder von Antosiewicz im Brautgeschäft mit dem jiddischen Stummfilm JEWISH LUCK (Regie: Alexander Granowsky, Russland 1925) in der Montage miteinander in Relation gesetzt, sodass ihr Unwohlsein als Braut unmissverständlich klar wird. Wie diese Wirkung genau zustande kommt, werde ich im Analyseteil differenziert diskutieren.

MATCHMAKER kann als Beispiel gesehen werden, wie Religion in den Medien beziehungsweise im Dokumentarfilm repräsentiert wird. Alf G. Linderman unterscheidet in seinem Aufsatz *Approaches to the Study of Religion in the Media* (2004, 306) zwei Arten sich mit Religion in den Medien auseinanderzusetzen: Einerseits kann die Darstellung von Religion in den Medien im Zentrum der Untersuchung stehen,[2] andererseits kann der Film selbst eine Religion darstellen, insofern als er eine Botschaft und Werte vermittelt. Ich möchte diesen zwei Parallelisierungen von Religion und Film als Ergänzung noch eine dritte hinzufügen: Der Film verfügt über die Möglichkeit religiös konnotierte Themenfelder zu bearbeiten. In diesem Fall gilt es, die Sprache und Symbole im Film gezielt auf religiös konnotierte semantische Felder zu untersuchen. Für Fritz Stolz sind religiöse Symbole Teile der religiösen Botschaft, die immer auch mit der Wirklichkeit in Verbindung stehen: »Religiöse Symbole können als Elemente der religiösen Botschaft bezeichnet werden; das religiöse Symbolsystem

---

1 »Matchmaker« (englisch) oder »shadkn« (jiddisch) bedeutet Heiratsvermittler. Bei den orthodoxen Juden ist es Brauch, dass ein Heiratsvermittler Braut und Bräutigam zusammenführt. Siehe Hoberman (1991), 318.

2 »Religion is then typically defined with reference to those groups and movements who through their beliefs, rites and practices one way or the other fall under the religion category«. Siehe Linderman (2004), 306.

kommt als Kommunikationssystem zur Wirkung, welches einen Orientierungsrahmen vor dem undurchsichtigen Horizont der Welt absteckt. Symbole haben häufig einen Doppelcharakter: Sie bilden Ausschnitte der Wirklichkeit ab und wirken gleichzeitig als deren Vorbild« (Stolz 2004, 67).

Versteht man unter Religion und Film symbolische Kommunikationssysteme, so kann für beide Systeme gefragt werden, welche Botschaften in welcher Form transportiert werden. Im vorliegenden Aufsatz wird deshalb aufgezeigt, wie der Film religiös konnotierte Themen transportiert. Gerade im Film ist es wichtig zwischen den »Ausschnitten der Wirklichkeit« und der Konstruktion des Filmes zu unterscheiden, weil erst dadurch die Botschaft als Ganzes wahrgenommen werden kann. Insbesondere der Dokumentarfilm verleitet sehr schnell dazu, das Gezeigte als Wirklichkeit zu verstehen. Die gezeigten Bilder entstammen zwar der Realität, wie sie zum Zeitpunkt des Drehens meistens stattgefunden hat. Sie sind jedoch durch die Inszenierung, den Schnitt, die Nachvertonung und noch vieles mehr bearbeitet worden und können nur noch als »Ausschnitte der Wirklichkeit« verstanden werden.

MATCHMAKER konstruiert ein Bild des zeitgenössischen Judentums in Zürich (CH) und seinen vielfältigen Erscheinungsformen. Es wird eine bestimmte religiöse Gruppierung dargestellt, die mit dem Thema der Partnersuche konfrontiert wird, nicht aber um die in der Eingangssequenz gestellte Frage, ob Gabrielle Antosiewicz als jüdische Braut denkbar wäre; diese kann nur rhetorisch interpretiert werden. Gabrielle Antosiewicz zeichnet vielmehr ein vielseitiges Porträt jüdischer Frauen und Männer und konfrontiert diese in unterschiedlichen Situationen mit dem Problem der Partnersuche. Ich werde im Folgenden der filmischen Konstruktion der jüdischen Frau, aber auch des jüdischen Mannes und ihrem/seinem Verhältnis zur Partnersuche und Heirat nachgehen. Im Zentrum steht dabei die These, dass MATCHMAKER durch die Darstellung unterschiedlicher Frauen- und Männertypen und deren spezifischer Verknüpfung in der Montage ein vielseitiges Menschenbild kreiert, das dem Begriff der Differenz Rechnung trägt und stereotype Aussagen dadurch verhindert.

2 Differenz, Geschlecht und Montage

2.1 Differenz und Geschlecht

Laura Mulvey führte mit ihrem bahnbrechenden Aufsatz *Visual Pleasure and Narrative Cinema* aus dem Jahr 1975 die Gender-Frage in den filmwissenschaftlichen Diskurs ein. Sie fragte nach einer weiblichen Zuschauerposition, und inwiefern der Film ein weibliches Publikum anspricht. Mulvey benützt die Methode der Psychoanalyse um präexistente Muster im Film nachzuweisen und zu zeigen, wie das Unterbewusste der patriarchalischen Gesellschaft den Film strukturiert. Ihr Aufsatz löste eine Welle von weiterführenden Überlegungen im Bereich der feministischen Filmtheorie aus und wurde bezüglich ihres psychoanalytischen Ansatzes Ende der 80er Jahre auch aufs heftigste kritisiert. Trotzdem kann man ihr zugute halten, dass sie die feministische Filmtheorie in den akademischen Diskurs einführte und einen neuen Denkansatz ins Rollen brachte. Ich werde an dieser Stelle keinen Überblick über diesen Diskurs wiedergeben,[3] sondern möchte im Folgenden auf einen Kritikpunkt der feministischen Filmtheorie eingehen und als weiteren Ansatz diskutieren, da dieser in MATCHMAKER eine wichtige Rolle spielt.

Die psychoanalytische Filmtheorie wurde für die Theoretikerinnen bald zu eng, weil sie das binäre Denkmuster Frau-Mann zementiert und damit das Weibliche auf eine Einheit reduziert. Damit bewegt sie sich aber im genau gleichen Rahmen, in dem sich das patriarchalische Denken befindet; der Frau wird als Gegenpol zum Mann genau eine Position zugesprochen. Auch wenn sie eine Gegenposition zur psychoanalytischen Schule einnimmt, bleibt die Frau im binären Muster von weiblich-männlich gefangen.[4] Sowohl die Suche nach positiven Frauenbildern, als auch die Einnahme einer ästhetischen Gegenposition ändern daran nichts, wie Teresa de Lauretis in ihrem Aufsatz *Rethinking Womens Cinema: Aesthetics and Feminist Theory* feststellt.[5] Der Feminismus hat die Aufgabe ein neues soziales Subjekt zu erschaffen, das kulturelle Prozesse formt. Das Frauenkino soll eine neue Sicht auf Themen herausarbeiten und darf sich nicht nur auf Defizite in der Darstellung weiblicher Lebenswelten beschränken. Es wird nicht nur die Beteiligung der Frauen am Produktionsprozess von Filmen gefordert, sondern es sollen auch Filme für Frauen gemacht werden. Im Zentrum steht dabei, dass die Darstellung von Frauen nicht auf ihre sexuelle Differenz reduziert wird, sondern die Differenz unter Frauen betont wird.[6]

De Lauretis stellt über die Differenzierung männlich-weiblich die Kategorisierung durch Klasse und Rasse um eine fehlerhafte Verallgemeinerung des Weiblichen zu verhindern. Das Verhindern einer binären Logik von männlich und weiblich soll durch andere Unterschiede ersetzt oder zumindest ergänzt werden. Durch die Darstellung unterschiedlicher Perspektiven und eines heterogenen Bildes von Weiblichkeit können auch die Zuschauer individuell angesprochen werden. De Lauretis schließt von der Frage der Darstellung der Frauen im Film auf die Frage wie die Frau vom Film angesprochen wird: Da sich auch das Publikum aus vielen unterschiedlichen Individuen zusammensetzt, kann nur ein Film, der verschiedene weib-

---

3 Einen guten historischen Überblick zur feministischen Filmtheorie bietet der Aufsatz *Feminism and Film* (1998) von Patricia White oder der Aufsatz *Film and Psychoanalysis* (1998) zum psychoanalytischen Ansatz von Barbara Creed.
4 Judith Butler hat sich in ihrem Buch *Das Unbehagen der Geschlechter* (1990) diesem Thema ausführlich und kritisch gewidmet.
5 »The project of women's cinema, therefore, is no longer that of destroying or disrupting man-centred vision by representing its blind spots, its gaps, or its repressed. The effort and challenge now are how to effect another vision: to construct other objects and subjects of vision, and to formulate the conditions of representability of

another special subject«. Siehe De Lauretis (1987), 135.
6 »But I believe that radical change requires that such specification not be limited to ›sexual difference‹, that is to say, a difference of women from men, female from male, or Women from Man. Radical change requires a delineation and a better understanding of the difference of women from Women, and that is to say as well, the differences among women. For there are, after all, different histories of women. There are women who masquerade and women who wear the veil; women invisible to men, in their society, but also women who are invisible to other women, in our society«. Siehe De Lauretis (1987), 136.

liche Perspektiven zeigt, ein heterogenes Publikum ansprechen.[7] Die Zuschauerin muss sich nicht unbedingt mit einer der Figuren identifizieren, sondern die Heterogenität des Publikums soll sich im Film spiegeln.

Der von De Lauretis vertretene Ansatz wurde auch von anderen Theoretikerinnen aufgenommen und zum Teil erweitert.[8] Der Begriff der Differenz bleibt bis zum heutigen Tag für den Film und die Theorie relevant und kann als Maßstab für eine differenzierte Darstellung von Figuren in bestimmten Filmen verwendet werden.

2.2   Differenz unter den Heiratskandidaten

Auch in MATCHMAKER spielt der Aspekt der Differenz offensichtlich eine zentrale Rolle. Antosiewicz porträtiert eine breite Palette von jüdischen Männern und Frauen, die sie mit dem Thema der Partnersuche konfrontiert. Alle Personen werden mit eingeblendeten Titeln vorgestellt, auf denen ihr Name und ihre religiöse Haltung mit einem Stichwort geschrieben stehen. Meistens werden sie von Antosiewicz interviewt. Insgesamt werden zwanzig Personen eingeführt, woraus sich ein differenziertes Personengeflecht ergibt: Etwa vier jüdische Junggesellen, die Antosiewicz nacheinander zum Challabacken – eine typisch jüdische Spezialität – bei sich zu Hause einlädt; die jüdisch orthodoxe Ehefrau, die gerne viel erzählt und ihr Mann, ihre beiden der Tradition verpflichteten Töchter; die beiden Cousinen aus säkular jüdischen Verhältnissen; der jüdisch orthodoxe Vater und sein Sohn, die eine koschere Lebensmittelproduktion unterhalten. Von den zwanzig Personen werden siebzehn mit eingeblendeten Titeln vorgestellt; die gewählten Titel verweisen auf die dargestellte Vielseitigkeit des Judentums.

Zentral für die Struktur des gesamten Films sind die vier heiratsfähigen Kandidaten. Der Ablauf des Challabackens ist bei allen vier Kandidaten exakt der gleiche: Antosiewicz unterhält sich mit den jungen Männern über ihr Verhältnis zum Judentum sowie zur Rollenteilung zwischen Frau und Mann und möchte von ihnen wissen, wie wichtig für sie die religiöse Prägung ihrer zukünftigen Partnerin ist, währenddessen die jungen Männer am Eier aufschlagen und Teig kneten sind. Die vier heiratsfähigen Kandidaten strukturieren den Film, indem sie thematisch geschickt in die Dramaturgie eingebunden werden und als wiederkehrendes Element dominant wirken. Die von den Kandidaten erforderte Mehrfachkonzentration sorgt für viel Komik, bewirkt aber auch, dass die Antworten spontan und direkt bleiben.

Den Anfang bei den jüdischen Junggesellen macht David. Im Titel (2:59) erscheinen folgende Kurzangaben: »David, 28, Radiomoderator, säkular« (Abb. 1). David gesteht gleich zu Beginn, dass er ein »Küchendepp« sei.[9] Für ihn stehe in einer Be-

---

7 De Lauretis (1987), 141

8 Jacky Stacey in »Desperately Seeking Difference« (1987) und Penley Constance in »A certain Refusal of Difference: Feminism and Film Theory« (1989) argumentierten unter anderem mit dem Begriff der Differenz.

9 Der Off-Kommentar und die Dialoge sind auf schweizerdeutsch gesprochen. Ich verzichte aus Einfachheitsgründen auf Originalzitate des Dialoges und des Offkommentars und übersetze die Aussagen direkt ins Deutsche.

Abb. 1: David, 28, Radiomoderator, säkular.

ziehung die Liebe im Zentrum und nicht die Religion. Trotzdem gerät er im Gespräch über die jüdischen Festtage ins Schwärmen und gänzlich bedeutungslos scheint für ihn die jüdische Tradition doch nicht zu sein.

Der zweite Kandidat folgt nach einem gut dreiminütigen Exkurs, in dem sich die jüdisch orthodoxe Familie Amiache auf das Pessachfest vorbereitet. Die Mutter, Corinne Amiache, schrubbt die Küche von oben bis unten und ihr Mann, Albert Amiache, wäscht mit den Kindern das Auto. Familie Amiache lebt die perfekte Rollenteilung vor: Die Frau kümmert sich um das Haus, der Mann um die finanziellen Einkünfte. Passend zu diesem Thema, lädt Antosiewicz den zweiten Kandidaten, einen modern orthodoxen Junggesellen, in ihre Backstube ein. Der eingeblendete Titel (8 : 44) lautet: »Beni, 31, Anwalt, modern orthodox« (Abb. 2).

Abb. 2: Beni, 31, Anwalt, modern orthodox.

Schon nach wenigen Sätzen zeigt es sich, dass sich das »modern« im Titel darauf bezieht, dass es für Beni kein Problem darstelle, wenn eine Frau arbeite, aber die Rollenteilung müsse sein, er sei kein Hausmann. Corinne Amiache verteidigt darauf in einer Interviewsituation die Rollenaufteilung im Judentum zwar als richtig, plädiert aber für die Gleichwertigkeit der Partner. Die Frau sei sogar spirituell tragend und müsse sich den Fragen der modernen Emanzipation genauso stellen.

Nach dem Besuch bei einem konfessionell gemischten Ehepaar – sie ist für ihren Ehemann zum Judentum übergetreten – lässt Antosiewicz der thematischen Logik

Abb. 3: Salvatore, 33, Student, römisch-katholisch.

folgend den römisch-katholischen Salvatore zum Backen kommen. Der Titel (23:24) lautet: »Salvatore, 33, Student, römisch-katholisch«.

Wie säkular, modern oder streng gläubig er ist, ist in diesem Fall offenbar nicht erwähnenswert. In der Küche macht er eine gute Figur, und er würde sogar zum Judentum übertreten, wenn Antosiewicz ihn davon überzeugen könnte. Salvatore ist kein weiteres Mal in der Backstube zu sehen im Gegensatz zu den übrigen Kandidaten. Was wohl damit zu tun hat, dass für ihn die Fragen zum Jüdischsein nicht relevant sind, und er nicht mehr viel zum Thema des Films beizutragen hat. Im Anschluss an Salvatore wird das koschere Essen thematisiert, indem die Koscherproduzenten Simon Bollag und Sohn Simon mit der Kamera bei der Arbeit begleitet werden.

Der vierte und letzte Kandidat stammt aus dem näheren Umfeld der Regisseurin. Inspiriert vom orthodoxen Ehepaar Bollag, das sich – wie viele orthodoxe Paare – auch schon von klein auf kennt, versucht sie ihr Glück auf diese Weise. Sie lädt Philippe ein, dessen Titel (36:10) wie folgt lautet: »Philippe, 41, Atheist jüdischer Prägung« (Abb. 4). Philippe ist jeglicher religiösen Tradition gegenüber kritisch. So findet er, dass eine Religion, die Esswaren wegschmeiße, wie dies zum Beispiel bei den Eiern der Fall ist, die Blutspuren enthalten, per se in Frage gestellt werden müsse.

Abb. 4: Philippe, 41, Atheist jüdischer Prägung.

Für ihn würde allein die Vorstellung reichen, was koscheres Essen bedeutet; was aber tatsächlich gegessen werde, sei nicht von Bedeutung. Philippe wirkt in seiner Haltung gegenüber dem Judentum klar und eine Umkehr zur Tradition scheint bei ihm ausgeschlossen.

Im Anschluss an Philippe wird auf die orthodoxe Ehefrau Corinne Amiache geschnitten: Sie kontrolliert Reiskörner, die sie auf den Tisch gestreut hat, einzeln von Hand auf mögliches Ungeziefer. Für Corinne ist es keine mühsame Arbeit, sie findet die Beschäftigung sogar angenehm, weil sie dabei sitzen könne und außerdem kenne sie nichts anderes. Weiter kommen die Cousins Benjamin und Daniel Neufeld zu Wort, die sich eine Currywurst kaufen und dies, obwohl sie jüdisch sind, für normal halten. Ihr Titel (39:02) lautet: Benjamin & Daniel Neufeld, Cousins, säkular. Darauf folgt Corinne, die überzeugt ist, dass es auch einen Weg zurück zur Tradition gebe, wenn jemand noch »für das Judentum vibriere«. Auch Corinne wird beim Challabacken gezeigt, ihr Sohn übt im Hintergrund auf dem Keyboard, und sie wirkt bei ihrer Tätigkeit äußerst zufrieden.

Der erste Kandidat David kommt ein weiteres Mal zu Wort. David und die Regisseurin sind mittlerweile beim Flechten der Challa angekommen. David erwartet von seiner zukünftigen Frau, dass sie typisch jüdische Spezialitäten kochen kann oder dies zumindest lernt. Es ist erstaunlich, wie sehr der als säkular bezeichnete junge Mann die jüdische Tradition verteidigt. Der Film wechselt zum Kocherproduzenten Simon Bollag, der sich im Büro sein Mittagessen kocht. Er erzählt von den hundert täglich ausgesprochenen Segenssprüchen und den 613 Ge- und Verboten, die das religiöse Leben prägen. Er ist überzeugt davon, dass nicht religiöse Juden nicht deshalb nicht religiös seien, weil sie nicht an Gott glauben würden, sondern weil die Religion schwer einzuhalten sei. Die Frage, ob dies bei einem jungen Mann wie David der Fall ist, bleibt unbeantwortet, steht aber als subtile Unterstellung im Raum. Unterstrichen wird diese Aussage auch noch durch die vorangegangene Äußerung von Corinne Amiache, in der sie die Möglichkeit der Umkehr zum Judentum betont. David wird im Kontext der Aussagen der orthodoxen Personen Simon Bollag und Corinne Amiache zum noch nicht ganz verlorenen Sohn stilisiert.

Auch Beni wird ein zweites Mal beim Zöpfeflechten gezeigt. Er erwartet ein bestimmtes Verantwortungsgefühl gegenüber der Tradition, ist aber der Meinung, dass dies jeder so machen soll, wie er möchte. Doch Beni ist nicht so tolerant, wie diese Aussage vermuten lassen würde. Denn auf die Bemerkung von Antosiewicz, sie verfüge wenigstens über eine jüdische Gebärmutter[10] und gebe nur schon biologisch einen Teil ihrer jüdischen Identität weiter, reagiert er leicht abschätzig. Beni hält das für ein dummes Argument, wie er sagt. Ein solches Denken führe eben dazu, dass spätestens ihre Enkelkinder nicht mehr jüdisch sein würden. Die Regisseurin äußert sich im Off-Kommentar, während sie Beni im Bild erklärt, wie man Eier aufschlägt, dezidiert zu diesem Thema (1:01:02). Sie halte das Rezept von Beni für zu einfach,

---

10 Im Judentum wird die Religionszugehörigkeit matrilinear weitergegeben (Figl 2003, 395–410).

denn so lapidar sei die Frage nach Identität nicht. Wie viel brauche es, dass eine Tradition weiterlebe, und ab wann gehe eine Tradition ganz verloren? Sie sei gerne jüdisch, aber auf die Art, wie sie es sei oder eben nicht sei, mit allem, was dazugehöre, mit allen ihren Widersprüchen und dem Spagat, den sie immer mache. Im Anschluss an dieses klare Statement fragt sie die säkularen Cousinen Nadine und Deborah Neufeld, ob sie auch bereit wären einen orthodoxen Juden zu heiraten. So modern und emanzipiert die beiden bis anhin gewirkt haben, antworten die jungen Frauen überraschenderweise mit einem klaren Ja, denn mit Kindern fänden sie es gut die Tradition zu bewahren. Beni würde also auf offene Ohren stoßen mit seiner Forderung zur Erhaltung der Tradition, erstaunlicherweise auch bei so modernen Frauen wie Nadine und Deborah es sind. Benis religiöse Haltung wird von den beiden Frauen indirekt unterstützt.

Den Schluss im Junggesellen-Reigen macht Philippe. Er scheint Antosiewicz beeindruckt zu haben. Der Zopf ist fertig und sie fragt Philippe, wie es denn weitergehen würde mit ihnen beiden, sie seien sich ja soweit sympathisch. Philippe meint, dass sie sich ohne Kamera treffen müssten und dann auch noch ein bisschen schmusen. Antosiewicz lässt diesen Vorschlag unbeantwortet. Die Szene wird ins Black ausgeblendet und im Off-Kommentar erzählt sie, dass aus dem Schmusen nichts geworden sei. In der folgenden Szene ist Antosiewicz alleine in der Küche zu sehen. Die Kamera zoomt auf die Regisseurin zu, bis sie halbnahe im Bild erscheint. Es ist dunkel geworden und vor ihr liegen mehrere Challa. Verliebt habe sie sich nicht, dafür habe sie jetzt Unmengen von Challas. Sie stellt einen Vergleich zwischen den Challan und den Männern an: »Die jüdischen Männer sind genauso verschieden wie die Challa es sind und jüdische Männer eben erst recht«. Der Film endet damit, dass sie sich ein paar Turnschuhe kauft, die Brautschuhe auszieht und im Hochzeitskleid mit Turnschuhen über die Stadthausbrücke zum Limmatquai flüchtet. Die Kamera zeigt die Flucht als Totale bis die Regisseurin als weißer Punkt aus dem Bild verschwindet. Das Ende des Films folgt seiner dramaturgischen Logik und überrascht nicht, da von Anfang an klar war, dass Antosiewicz nicht wirklich an einer jüdischen Hochzeit interessiert ist.

Die Backstubensituation zeigt vor allem die Verschiedenheit jüdischer junger Männer und lässt der Regisseurin viel Spielraum zur Selbstinszenierung. Der Begriff Differenz bezieht sich also in MATCHMAKER auch auf die Differenz unter Männern oder unter jüdischen Männern wie es die Regisseurin am Schluss auf den Punkt bringt.

2.3 Differenz und Montage

Um nochmals auf die eingangs gestellte Frage einzugehen, wie die Geschlechter in diesem Film konstruiert werden, möchte ich einen weiteren thematischen Strang näher untersuchen. Ähnlich wie bei den Junggesellen geht es dabei um das Thema der Partnersuche und die Frage, wie man die Richtige/den Richtigen findet und wie wichtig dabei die religiöse Einstellung der/des Zukünftigen ist. Im Film werden drei jüdische Ehepaare interviewt, bei denen die getroffene Wahl funktionierte und vier junge Frauen, die diese Entscheidung noch vor sich haben und sehr unterschiedlich darüber denken. Die Regisseurin zeigt sich mit den Fragen sehr zurückhaltend und ist auch nicht im Bild zu sehen. Meistens ist die Frage herausgeschnitten und nur die Antwort zu hören. Die Regisseurin äußert sich verbal nur im Off-Kommentar und in der Bildsprache, die sich in einer auffälligen, ausdrucksstarken Montage zeigt und im Kontext eines Dokumentarfilmes von großer Bedeutung ist. Die Zuschauer werden durch die Art der Montage psychologisch durch den Film geführt. Auch wenn den einzelnen Personen im Gespräch viel Raum zugestanden wird ihre Meinung zu äußern, werden die Aussagen durch die nachfolgenden Sequenzen beeinflusst, wenn nicht sogar beurteilt.

Die Montageästhetik hat formalistische Züge, die den Zuschauern die Leseart der einzelnen Interviews genauestens vorgeben. Als Stilmittel werden oft Sequenzen aneinandermontiert, die als Gegenthesen funktionieren, wie dies zum Teil schon bei den Sequenzen mit den Heiratskandidaten in der Backstube praktiziert wurde. Diese Art der Montage erinnert an den Montagestil im sowjetischen Film der 20er Jahre, bei dem die Montage zum Hauptausdrucksmittel des Filmes zählt und nicht der Handlung untergeordnet ist, wie dies im Kontinuitätsverfahren[11] im klassischen Hollywoodkino[12] der Fall ist. Zu den Hauptvertretern des sowjetischen Formalismus gehören Sergej Eisenstein und Wsewolod Pudowkin.[13] Pudowkin ist der Meinung, dass der Film zwischen den Bildern keine Brüche vermitteln darf.[14] Er unterscheidet zwei Arten der Verknüpfung: Ein abstrakter Gedanke entsteht bei der *ideell-philosophischen Verknüpfung*. Diese Form von Verknüpfung ist an keine zeitlich-räumliche Kontinuität gebunden. Sie fügt zwei nicht-kontinuierliche, ausschließlich durch einen inneren Bezug verbundene Einstellungen zusammen. Dagegen ist bei der *äußerlichen, formal-deskriptiven Verknüpfung* der raum-zeitliche Bezug elementar. Dies ist zum Beispiel der Fall, wenn in der ersten Einstellung gezeigt wird, wie ein Fußballstürmer den Ball Richtung Tor schießt und in der folgenden, wie der Ball das Tor trifft.[15]

---

11 »Continuity editing: A system of cutting to maintain continuous and clear narrative action. Continuity editing relies upon matching screen direction, position, and temporal relations from shot to shot. (...)« (Bordwell 1997, 477f).
12 Siehe Bordwell (1997), 284–300.
13 Siehe Monaco (2000), 428–434.
14 Siehe Pudowkin (1972/1940), 113–131.
15 »Zwischen der tiefen ideell-philosophischen Verknüpfung und der Verknüpfung äußerlich-formaler Art kann eine zahllose Menge von Zwischenformen von Verknüpfungen bestehen, doch müssen sie alle in den vereinigten Teilstücken unbedingt vorliegen, damit die Montage (oder das cutting) auf der Leinwand einen kontinuierlichen, sich entwickelnden Begriff und eine sinnerfüllte Handlung hervorbringt. Zwei Teilstücke können, wenn eines von ihnen nicht in irgendeinem Sinne oder von irgendeiner Seite her die unmittelbare Fortsetzung des Anderen darstellt, nicht zusammengeklebt werden. Hier ist natürlich die weiteste Spanne von Verknüpfungsformen bis hin zum scharfen Kontrast und Widerspruch gemeint, die mitunter die treffendste Form der Vereinigung zweier oder mehrer[er] Teilstücke in der kontinuierlichen Entwicklung einer einheitlichen Idee ist« (Pudowkin 1972/1940, 115).

Für Pudowkin deckt der Regisseur mit der Montage innere Zusammenhänge auf »zwischen Erscheinungen des realen Lebens in Filmkunstwerken« (Pudowkin 1972/1940, 116). Deshalb sollte ein Regisseur das Leben auch wirklich verstehen und die Fähigkeit besitzen selbständig darüber nachzudenken, so »dass die Montagehandlung und die Aufnahme der Szene das Resultat ihrer genau bestimmten gedanklichen Erfassung ist. Die Montage ist nicht zu trennen vom Denken, vom zusammenfassenden und verallgemeinernden Denken« (Pudowkin 1972/1940, 121). Auch wenn die Vorstellungen Pudowkins von den Fähigkeiten der Regie geradezu idealistisch wirken, lohnt es sich, seine theoretischen Überlegungen in die Analyse von MATCHMAKER einfließen zu lassen.

Dass gerade durch den Kontrast in der Montage viel Wirkung erzielt werden kann, ist in MATCHMAKER offensichtlich; die verschiedenen Personen werden kontrastreich zu einem Ganzen verknüpft. Die gegensätzlichen Statements und Bilder spiegeln neben den Ansichten der befragten, respektive gezeigten, Personen auch deutlich die Meinung der Regisseurin. Antosiewicz spielt mit der Differenz zwischen den Personen, indem sie bestimmte, thematisch zusammenhängende Szenen aufeinander folgen lässt, sodass dabei ihre persönliche Aussage entsteht. Dies fällt bei den Interviews mit den Ehepaaren und den jungen Frauen besonders auf. Ich werde im Folgenden einzelne, repräsentative Filmausschnitte diskutieren.

2.4   Differenz zwischen Ehepaaren und jungen Frauen

Im Film werden drei Ehepaare interviewt: zwei orthodoxe Paare und ein modernes. Sie werden jeweils gefragt, wie sie sich kennen gelernt haben. Während des Interviews wird bei allen drei Paaren ein Hochzeitsbild mit dem Hochzeitsjahr eingeblendet. Die Interviews verfügen dramaturgisch alle über den gleichen, wieder erkennbaren Ablauf. Die Paare haben sich jedoch auf unterschiedliche Art und Weise kennen gelernt. Das erste Ehepaar Corinne und Robert Amiache kam über einen Heiratsvermittler zusammen. Das zweite Ehepaar, Rachel und Simon Bollag, kannte sich schon mit drei Jahren und wurde von ihren Eltern verkuppelt. Ronnie und Ariane, die einzige Mischehe, trafen sich beim Autokauf das erste Mal und arrangierten weitere Treffen selber. Ariane ist wegen Ronnie zum Judentum übergetreten und passte sich der jüdischen Tradition an. Ihr Schwiegervater habe entschieden, dass sie zum Judentum übertreten solle, damit die Kinder jüdisch seien. Alle drei Paare scheinen mit ihrer Ehe sehr zufrieden zu sein. Die Geschichten des Kennenlernens und die Art, wie sie erzählt werden, haben einen hohen Unterhaltungswert. Alle drei Paare sitzen dabei auf dem Sofa in ihrem Wohnzimmer. Nach der Szene mit Ronnie und Ariane bäckt Antosiewicz passenderweise mit einem Nichtjuden eine Challa. Die Anschlussszenen an die beiden anderen Interviews sind weit weniger harmonisch und bedienen den von Pudowkin genannten Kontrast; es folgen Ausschnitte aus dem Stummfilm JEWISH LUCK (Regie: Alexander Granowsky, Russland 1925), aus dem Ausschnitte im Vorspann zu sehen sind als Einleitung in das Thema[16] von MATCHMAKER und den Film als Umklammerung mit einem Ausschnitt in der vorletzten Szene beenden, bevor Antosiewicz in Brautkleid und Turnschuhen die Flucht ergreift. Die eingefügten Stummfilmszenen sind für die Aussage und die Ästhetik des Gesamtfilms zentral, deshalb werde ich auf JEWISH LUCK kurz eingehen.

JEWISH LUCK handelt von der Armut einer jüdischen Familie kurz vor der russischen Revolution (1917–1922) in einem kleinen Dorf in Russland. Der Vater (Menakhem Mendl) einer unterernährten jüdischen Familie verlässt das Dorf, um in Odessa mit dem Verkauf von Korsetten Geld zu verdienen. In Odessa stolpert er über ein Verzeichnis mit heiratswilligen Männern und Frauen. Das bringt ihn auf die Idee als *matchmaker* sein Glück zu versuchen. Der Erfolg bleibt ihm verwehrt, doch träumt er davon ein international erfolgreicher Heiratsvermittler zu sein. In seinem Traum verschifft er »kontainerweise« jüdische Bräute von Russland nach Amerika, weil dort ein Manko an jüdischen, heiratsfähigen jungen Frauen besteht.[17]

In MATCHMAKER werden die Szenen aus Menakhem Mendls Traum verwendet; die Traumsituation wird mit einer Irisblende (runder Ausschnitt) markiert. Die heiratswilligen Bräute werden wie Vieh verschifft und wirken verständlicherweise verängstigt. Dieser Ausschnitt folgt – wie in der Einleitung schon erwähnt – auf die Anfangsszene im Brautgeschäft; Antosiewicz probiert Brautkleider an und will wissen, wie sie sich als Braut fühle. Mit den nachfolgenden Bildern aus JEWISH LUCK kann die Antwort nur negativ ausfallen (Abb. 5 und 6). Nach dem gleichen Muster sind die Ausschnitte, die auf die Interviews mit den orthodoxen Paaren folgen, montiert.

Die beiden Szenen, die zwischen und am Ende der Interviews folgen, zeigen, wie die Bräute mit Seilen aufs Schiff gehievt werden und wie männliche Zaungäste und die restlichen Bräute dies vom Land aus beobachten. Auch Corinne und ihr Mann Robert, das erste orthodoxe Paar, kamen über einen Heiratsvermittler zusammen. Für Corinne war es nicht das erste Treffen mit einem Mann, und sie hatte eigentlich schon fast keine Lust mehr an solche Treffen zu gehen. Wider Erwarten hat ihr aber ihr zukünftiger Mann gefallen.

Beim Interview mit dem zweiten orthodoxen Paar – Simon und Rachel Bollag – zeigt sich, dass Antosiewicz nichts mit dieser Form von Partnervermittlung anfangen kann: Im Anschluss daran folgt eine Szene aus JEWISH LUCK, die eine traditionelle jüdische Hochzeit zeigt; die Hochzeitsgesellschaft tanzt ausgelassen und fröhlich. Nur das Brautpaar steht verloren in der Mitte der feiernden Hochzeitsgesellschaft, sie scheinen nicht wirklich glücklich zu sein. Der Kontrast zum glücklich wirkenden Ehepaar Bollag ist auffällig; ihre eheliche Idylle wird durch den Einschub von JEWISH LUCK relativiert. Doch auch den Heiratsvermittler ereilt ein unglückliches Schicksal; kurz nachdem er auf dem Dach des Dampfers mit den verschifften Bräuten verkün-

---

16 Die zu Beginn gezeigte Treppenszene aus JEWISH LUCK inspirierte Sergej Eisenstein zu seiner berühmten Treppenszene in PANZERKREUZER POTEMKIN (Russland 1925) (Hoberman 1991, 100, Fussnote 5).

17 Tatsächlich herrschte in den 20er und 30er Jahren durch die rege Auswanderung von vorwiegend jüdischen, jungen Männern nach Amerika ein Männerüberschuss, sodass die Partnersuche zum Problem werden konnte (Hoberman 1991, 87–101).

Abb. 5 Anfangsszene im Brautgeschäft.

Abb. 6 Verschiffung heiratswil-
liger Bräute in JEWISH LUCK.

dete: »Ich, König aller Heiratsvermittler beider Hemisphären, habe Amerika gerettet« (1:07:26), stürzt er auch schon ins Meer. Nach dieser Szene bleibt Antosiewicz
nur noch die Flucht übrig.

Eine andere Montageästhetik mit ähnlicher Wirkung wird bei den Interviews mit
den jungen Frauen verwendet. Die Gegensätze zwischen den orthodoxen Schwestern
Chawa und Judith Amiache (18 und 16 Jahre alt) und den säkularen Cousinen Deborah und Nadine Neufeld (22 und 21 Jahre alt) werden durch die Verwendung einer Wischblende[18] betont. Die Regisseurin lässt die Bilder sprechen und gleichzeitig
haben die jungen Frauen das Wort. Sie führen unbewusst, geführt über die Montage, einen Dialog miteinander, der die einzelne Aussage in einen neuen Kontext stellt.
Die Interviewsequenz mit den jungen Frauen (1:01:22–1:05:55) folgt am Schluss
des Films und wirkt durch die auffällige Montage wie eine Art Finale. Jede Einstellung wird konsequent über eine Wischblende (im Ganzen sind es acht) mit der

---

18 »Wipe[:] A transition between shots in which
a line passes across the screen, eliminating the
first shot as it goes and replacing it with the next
one« (Bordwell 1997, 482).

Abb. 7 Die Interviewsequenz mit den jungen Frauen (1:01:22–1:05:55) folgt am Schluss des Films und wirkt wie eine Art Finale.

nächsten verbunden. Die Schwestern sitzen in ihrem Zimmer auf dem Bett, die Cousinen im Wohnzimmer auf dem Sofa. Einstellung und Bildkomposition sind in jeder Szene identisch. Die Szenen sind – mit Ausnahme der Wischblende und der letzten Szene (als Schnitt) – als *long take* ungeschnitten. Den Anfang machen die Cousinen Neufeld. Nadine meint, dass sie mit Kindern das Bewahren von Tradition gut fände.[19] Nach einer Wischblende auf die Schwestern Amiache sagt Chawa, dass sie sich immer freue, wenn eine verlorene Seele den Weg wieder zurückfinde. Doch sie gesteht ein: »Ihre eigenen Leute machen es den nicht orthodoxen manchmal schwierig, weil sie nichts mit anderen zu tun haben möchten«. Die Szene wechselt (2. Wischblende) zu den Cousinen. Deborah erzählt vom Konflikt als zu wenig jüdisch zu gelten, weil ihre Mutter nicht jüdisch sei. Sie ärgert sich darüber, da sie noch nie gehört habe, dass es ein richtiges oder falsches jüdisch gebe. Chawa dagegen (3. Wischblende) ist froh, dass es in ihrer Religion so viele Gebote gebe. Nadine möchte ihre Kinder gerne jüdisch erziehen (4. Wischblende, Abb. 7), weil sie das Judentum eine schöne Religion finde und sie diese ihren Kindern mitgeben möchte. Ihr zukünftiger Mann müsse das akzeptieren.

In den folgenden drei Einstellungen geht es um den Kontakt mit Jungen. Antosiewicz fragt (im Off, nicht im Bild sichtbar) die orthodoxen Schwestern, ob sie überhaupt Kontakt zu Jungen hätten (5. Wischblende). Judith bejaht, worauf sie von ihrer älteren Schwester gerügt wird, die ihrerseits die Frage verneint, denn es gebe immer eine Trennung zwischen Männern und Frauen, sogar an Festen. Sie versuche einfach nicht, falls ihr einer aufgefallen sei, über den charmanten Mann nachzudenken. Deborah (6. Wischblende) bemerkt, dass sie schneller von Jungs angesprochen werde als umgekehrt. Chawa (7. Wischblende) hat ihre Vorstellung über ihren zukünftigen Ehemann ihren Eltern schon mitgeteilt. Details dazu gebe es aber erst in zwei Jahren. Judith möchte ihren zukünftigen Mann länger als eine halbe Stunde sehen, wie dies bei den ganz frommen Juden üblich ist.

---

19 Zugunsten der klaren Verständlichkeit habe ich mich bei der Wiedergabe der Aussagen auf das Wesentliche beschränkt.

In der Gegenüberstellung der jungen Frauen fällt einerseits bei den säkularen Neufeld-Cousinen auf, wie wichtig im Zusammenhang mit der Familiengründung der Bezug zur Tradition wird und andererseits die völlige Anpassung und Unterwerfung der Amiache Schwestern gegenüber den Regeln im orthodoxen Judentum. Dadurch, dass der Film keine Aufnahmen aus der Freizeit oder dem Alltag von Chawa und Judith zeigt, sondern beide nur in der Interviewsituation dargestellt werden, wirken sie sehr ernst und kontrolliert. Dieser Effekt wird durch die Montage zusätzlich unterstrichen und löst Mitgefühl gegenüber den jungen Frauen aus; der Verzicht auf alltägliche Konsumgüter der Modeindustrie scheint nicht immer ganz einfach zu sein. Dagegen wirkt die Aussage der beiden Cousinen, dass sie sich vorstellen könnten orthodox zu heiraten, unglaubwürdig. Ihre lebensfreudige und unternehmenslustige Haltung kommt in verschiedenen Szenen deutlich zum Ausdruck: Sie suchen im Internet nach jüdischen, heiratswilligen Männern und unterhalten sich dabei prächtig (16:42–18:32), schminken sich für den Ausgang (49:03–49:45) und gehen trotz Sabbat trainieren (55.01–56:19).

Zum Schluss meiner Analyse möchte ich noch auf ein letztes Beispiel eingehen, das die Gegensätze zwischen säkular und orthodox betont (51:13–53:02). Elieser, der achtjährige Bruder von Chawa und Judith, zieht sich für die Synagoge um und zeigt, was er anziehen muss. Eine Wischblende wechselt zu den Neufeldcousinen wie sie gerade vom Kleidereinkauf zurückkommen und ihre Einkäufe anprobieren. Deborah schlüpft in ein enges Korsett, das nicht wirklich bequem aussieht. Sie findet, dass es stressiger sei, sich für den Ausgang umzuziehen als in die Schule zu gehen. Es folgt ein Splitscreen,[20] der auf der linken Hälfte unscharf die Cousinen beim Kleiderprobieren zeigt und auf der rechten Seite in der Schärfe Elieser, der sich für die Synagoge umzieht. Die Schärfe zwischen den beiden durch einen Splitscreen getrennten Szenen wechselt siebenmal hin und her (Abb. 8 und 9) und zeigt zum Schluss noch kurz die Schwester von Elieser, die sich auch für die Synagoge bereit macht.

Die Sequenz endet auf Deborahs Oberkörper in Grossaufnahme und als ganzes Bild, die ihr Korsett wieder auszieht, weil sie keine Schuhe besitzt, die dazu passen. Die »Verkleidungszeremonie« für den Ausgang wird mit dem Umziehen für die Synagoge parallelisiert. Die Kleiderprobe der Cousinen wirkt dadurch genauso kontrolliert und erzwungen wie die Kleidervorschriften für den Sabbat. Im Anschluss folgen Interviews mit den Schwestern Amiache, ihrer Mutter und den Neufeld Cousinen zum Thema Kleidung. Bei diesem Thema ist es nicht auszumachen, wer den strengeren Regeln unterworfen ist: die säkularen, modebewussten Cousinen oder die streng-gläubigen Schwestern und deren Mutter.

---

20 Bei einem Splitscreen wird das Bild in zwei oder mehr Teile aufgeteilt, die unterschiedliche Einstellungen gleichzeitig zeigen.

Abb. 8 Splitscreen, links die Cousinen beim Kleideranprobieren (unscharf); rechts der kleine Elieser, der sich für die Synagoge umzieht (scharf).

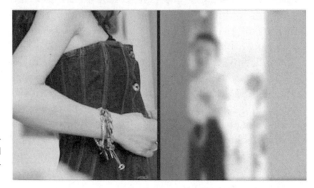

Abb. 9 »Verkleidungszeremonie« Deborahs (scharf) parallel mit dem Umziehen für die Synagoge (unscharf).

3 Sinngebung durch die Montage und die Inszenierung

Nach der ausführlichen Analyse und Diskussion möchte ich im Folgenden zu einem kurzen Fazit bezüglich Geschlechterkonstruktion im Film MATCHMAKER kommen. Der Begriff der Differenz bezieht sich in MATCHMAKER sowohl auf Männer wie auch auf Frauen. Vielseitigkeit ist zentral für die Darstellung der Geschlechter, doch auch da braucht es einen kritischen Blick; die Geschlechter werden trotz der repräsentierten Differenz durch den Film konstruiert. Der Film MATCHMAKER kann deshalb nicht als objektive Darstellung des Judentums gelesen werden; die gezeigten Zusammenhänge werden durch den Film hergestellt und dürfen nicht mit der Wirklichkeit verwechselt werden. Der Film verfolgt in diesem Sinne keinen Wahrheitsanspruch. Im Gegenteil, die Regie transportiert subtil ihre persönliche Ansicht zum Judentum und zum Thema der Partnersuche durch die verbindende Form der Montage und dem Kollidieren verschiedener Meinungen. Antosiewicz arbeitet dabei auf zwei unterschiedlichen Kommunikations-Ebenen:

Die erste Ebene bedient sich des Dokumentarischen, indem jüdische Frauen und Männer in der Schweiz gezeigt werden. Die einzelnen Szenen unterscheiden sich durch unterschiedliche Inszenierungskonzepte: Die jungen Männer führen vorgegebene Handlungsmuster aus, die durch das Challabacken szenisch klar strukturiert sind. Die Präsentation der Heiratskandidaten in Grossaufnahme durch die Überblendung mit Schrifttafeln wirkt zusätzlich stilisierend und streng choreografiert. Ihr Handlungsspielraum und individueller Gestaltungsraum wird durch den Bildrahmen, die Bildgestaltung und die Inszenierung auf ein Minimum reduziert. Die Fragen Antosiewiczs und ihre physische Präsenz im Bild lassen wenig Freiraum zu. Dagegen verzichtet die Regisseurin bei den Interviews mit den jungen Frauen darauf, selber im Bild zu erscheinen. Den Frauen wird mehr Raum und Präsenz zugestanden; sie werden seltener durch die Fragen der Regisseurin unterbrochen und sind an keine Handlungsmuster gebunden. Dabei nimmt die Kamera in der Halbtotalen eine beobachtende Position ein, und auf eine Grossaufnahme wird gänzlich verzichtet. Die Ehepaare werden zusätzlich außerhalb der Interviewsituation gezeigt. Auch ihnen werden keine Handlungsmuster vorgegeben; sie werden bei alltäglichen Tätigkeiten gezeigt wie unter anderem beim Kochen, beim Putzen, beim Autowaschen, bei der Singprobe.

Die zweite Ebene bezieht sich auf Bedeutungszusammenhänge, die in der Postproduktion geschaffen werden, indem die Bilder und die Aussagen in Relation zueinander gesetzt werden. Durch bewusst gewählte Verbindungen von bestimmten Szenen in der Montage werden auch die weniger streng geführten Szenen zu einer deutlichen Aussage verarbeitet. Während die Junggesellen beim Backen eine »Prüfung« bestehen und sich den Fragen der Regisseurin stellen müssen, treten die jungen Frauen in einen konstruierten Dialog miteinander ein. Die Aussagen der Frauen in den Interviews werden über die Montage thematisch miteinander verknüpft.

MATCHMAKER vermittelt ein Weltkonzept, das die weibliche, individuelle Sicht der Regisseurin auf das moderne Judentum in Zürich darstellt. Antosiewicz stellt die Gegenthese zum Bild der orthodoxen Jüdinnen und Juden in MATCHMAKER auf, indem sie den Spiess lustvoll und verspielt umdreht: Die Frauen diskutieren und die Männer betätigen sich in der Küche nach vorgegebenen Regeln. Die Regisseurin kreiert und kommuniziert mit ihrem Film ihr persönliches jüdisches Weltkonzept, indem sie Rollen und Aufgaben neu verteilt.

Literatur

Bordwell, David/Thompson, Kristin (^{5}1997), Film Art, An Introduction, New York u.a., The McGraw-Hill Companies, Inc.

Butler, Judith (1991/1990), Das Unbehagen der Geschlechter, Frankfurt a.M., Suhrkamp.

Creed, Barbara (1998), Film and Psychoanalysis, in: Hill, John/Church Gibson, Pamela, Hg., The Oxford Guide to Film Studies, Oxford u.a., Oxford University Press, 77–90.

Dexinger, Ferdinand (2003), Judentum, in: Figl, Johann (Hg.), Handbuch Religionswissenschaft. Religionen und ihre zentralen Themen, Innsbruck/Göttingen, Tyrolia-Verlag/Vandenhoeck und Ruprecht, 395–410.

Eisenstein, Sergej (1988/1929), Das dynamische Quadrat: Schriften zum Film; aus dem Russischen von Bulgakova, Oksana/Hochmuth, Dietmar, Hg., Köln, Röderberg-Taschenbuch.

Frishman, Judith (1991), Als Mann und Frau erschuf sie sie. Feminismus und Tradition, in: Nachama, Andreas/Schoeps, Julius H./van Voolen, Edward, Hg., Jüdische Lebenswelten. Essays, Frankfurt a. M., Jüdischer Verlag/Suhrkamp, 86–107.

Hoberman, James (1991), Bridge of Light. Yiddisch Film between two Worlds, New York, Museum of Modern Art.

Lauretis, Teresa de (1987), Rethinking Women's Cinema: Aesthetics and Feminist Theory, in: Dies., Technologies of Gender. Essays on Theory, Film and Fiction, Basingstoke, Hampshire u. a., Macmillan Press, 127–147.

Linderman, Alf G. (2004), Approaches to the Study of Religion in the Media, in: Antes, Peter/ Geertz, Armin W./Warne, Randi R., Hg., New Approaches to the Study of Religion, Bd. 2: Textual, Comparative, Sociological and Cognitive Approaches, Berlin, De Gruyter, 305–319.

Monaco, James (2000), Film verstehen, Kunst, Technik, Sprache, Geschichte und Theorie des Films und der neuen Medien, Reinbek bei Hamburg, Rowohlt Taschenbuch Verlag.

Penley, Constance, (1989), A Certain Refusal of Difference: Feminism and Film Theory, in: The Future of an Illusion: Film, Feminism and Psychoanalysis, London, University of Minnesota Press, 41–54.

Peters, Jan Marie (1999), Theorie und Praxis der Filmmontage von Griffith bis heute, in: Beller, Hans, Hg., Handbuch der Filmmontage, Praxis und Prinzipien des Filmschnittes, München, TR-Verlagsunion, 33–48.

Pudowkin, Wsewolod (1972/ca. 1940), Über die Montage, in: Ders., Theorie des Kinos: Ideologiekritik der Traumfabrik, Frankfurt a. M., Suhrkamp, 113–131.

Stacey, Jackey (2000), Desperately Seeking Difference, in: Kaplan, E. Ann (Hg.), Feminism and Film, New York, Oxford University Press, 450–465, (Orginalausgabe: Screen, Bd. 28, Nr. 1, 1987.)

Stolz, Fritz (2004/1994), Religiöse Symbole in religionswissenschaftlicher Rekonstruktion, in: Ders., Religion und Rekonstruktion, ausgewählte Aufsätze, Göttingen, Vandenhoeck & Ruprecht, 62–83.

White, Patricia (1998), Feminism and Film, in: Hill, John/Church Gibson, Pamela, Hg., The Oxford Guide to Film Studies, Oxford u. a., Oxford University Press, 117–130.

Religion, Geschlecht und Religionsunterricht
Eine quantitativ-empirische Untersuchung des Verhältnisses von Geschlechterrollen und Religion

Rafael Walthert

1 Einleitung

Geschlecht wird in der Religionssoziologie vor allem bei der Untersuchung seines Einflusses auf Religiosität thematisiert. Die meisten Studien, die sich empirisch damit beschäftigen, kommen zum Schluss, dass Frauen religiöser sind als Männer. Diese Feststellung wird meist mit geschlechtsspezifischer Sozialisation oder der unterschiedlichen Position von Frauen und Männern in der Sozialstruktur erklärt. Auch die vorliegende Untersuchung widmet sich der Frage des Einflusses von Geschlecht auf Religiosität, wobei der Datensatz, auf den sich die Ausführungen stützen, sich insofern von den in anderen Studien verwendeten unterscheidet, als dass die Befragten sich in sehr ähnlicher Stellung in der Sozialstruktur befinden – alle sind Lehrerinnen bzw. Lehrer der Mittelstufe der Primarschule im Kanton Zürich.[1] Da die Variablen wie Beruf, Einkommen und Wohnort in Stichprobe und Grundgesamtheit wenig variieren, ist ein direkter Blick auf Einflüsse der Variable Geschlecht auf Religiosität möglich. Zudem ermöglicht es die Stichprobe, die Frage nach Geschlechtsunterschieden in der religiösen Erziehung, in diesem Fall bei der Erteilung von Religionsunterricht zu untersuchen.

Im ersten Abschnitt werden die Konzepte »Geschlecht« und »Religion« diskutiert. Von dieser Begriffsklärung ausgehend widmet sich der zweite Abschnitt der Frage nach dem Verhältnis Geschlecht-Religiosität und der dritte dem Einfluss von Geschlecht auf die Erteilung von Religionsunterricht. Ein Schlusskapitel fasst die Ergebnisse zusammen.

---

1 Die Mittelstufe wird von Kindern im Alter von 10 bis 13 Jahren besucht.

2   Geschlecht und Religiosität

2.1   Geschlecht

In den meisten soziologischen Fragebögen dürfte eine Frage dem Geschlecht gewidmet sein. Über standardisierte Fragebögen wird es als zweiwertige Variable erfasst, wobei von einem nicht explizierten Verständnis von Geschlecht ausgegangen wird, das dem Alltagsverständnis in westlichen Gesellschaften nahe kommen dürfte. Die Selbstverständlichkeit dieser Dichotomie und die Eindeutigkeit der Zuordnung kann jedoch in Frage gestellt werden. So berichtete mir ein Mitarbeiter des indischen Census über Hijras, einer vor allem in Bombay wohnhaften Gemeinschaft von im Jungenalter kastrierten Menschen, die in der Befragung ihr Geschlecht als weiblich angaben. Nach längerer Diskussion unter den Interviewern sei dies als Antwort akzeptiert worden, da man den Hijras selbst die Entscheidungsfreiheit zugestehen wollte, unter welchem Geschlecht sie aufgeführt werden wollten.[2]

Soziologisch ist »Geschlecht« (auch im Sinne des englischen *sex*) als soziales Merkmal zu betrachten. Wird Geschlecht als Deutung und nicht als biologische Tatsache aufgefasst, kann die Unbedingtheit der zweiwertigen Unterscheidung hinterfragt werden. Bei der Feministin Christine Delphy beispielsweise erfolgt dies durch Einführung des Konzeptes »Gender«. Sie fasst Geschlecht (Sex) nicht als die biologische Grundlage für die Unterscheidung Gender auf, sondern sieht Gender als kulturellen Wert und Teil einer hierarchischen Sozialstruktur und damit als Ausgangspunkt für die ebenfalls sozial konstruierte Bedeutung von Geschlecht (Delphy 1996, 38). In dieser Betrachtungsweise lassen sich schließlich »Sex« und »Gender« nicht mehr mit dem einfachen Hinweis voneinander unterscheiden, dass das eine biologisch, das andere sozial konstruiert sei.[3] Der Gewinn des von Delphy gewählten Verständnisses von »Gender« besteht darin, auch »Geschlecht« analytisch von einem vereinfachenden Konzept seiner Übereinstimmung mit biologischen Merkmalen loszulösen.

Auch aus einem nicht feministischen, systemtheoretischen Blickwinkel sind biologische Merkmale, auf die bei der Unterscheidung »Geschlecht« referiert wird, nur als ein Gegenstand der Beobachtung der Unterscheidung männlich/weiblich zu sehen. Diese Beobachtung und damit verbundene Kommunikation über Geschlecht ist arbiträr – d. h. sie könnte sich auch etwas Anderem widmen. »Sie (Unterscheidungen, Anm. R. W.) ergeben sich nicht aus der Sache selbst, im Falle von Männern und Frauen zum Beispiel nicht aus einem anthropologischen Grundtatbestand. Sie sind Konstruktionen einer Realität, die auch auf ganz andere Weise im Ausgang von

---

2 Vgl. zu weiteren Informationen über Geschlecht bei Hijras: Agrawal (1997).
3 Bezeichnenderweise kommt Darlene Juschka in ihrem empfehlenswerten Artikel zu Gender nach ihrer Diskussion der Begriffe »Sex« und »Gender« und der Feststellung, dass beides sozial konstruiert sei, nicht mehr darum herum, jeweils »sex/gender« gleichzeitig zu schreiben. Vgl. Juschka (2005).

ganz anderen Unterscheidungen konstruiert werden könnte« (Luhmann 1988, 49). Biologische oder anthropologische Merkmale sind nicht Teil der Kommunikation über Geschlecht, sie sind vielmehr ihr Gegenstand. Kommunikation über Geschlecht ist selbst die Bedingung, dass über solche als Unterschiede wahrgenommene Merkmale kommuniziert werden kann. Es bleibt nichts anderes übrig, als an bisherige Diskussionen und Verständnisse von Geschlecht anzuknüpfen, wenn über Geschlecht gesprochen und damit beispielsweise biologische Merkmale, die in dem Zusammenhang jeweils typischerweise im Deutschen als »Geschlechtsteile« bezeichnet werden, beobachtet werden sollen. Die Hijras – um das bereits genannte Beispiel zur Illustration aufzugreifen – bezeichneten sich, anschließend an die Unterscheidung »weiblich/männlich« als weiblich. Andere, im genannten Fall die Interviewer, hätten sie zunächst eher als »männlich« bezeichnet. Auf jeden Fall ist es ein sozialer und damit kontingenter Prozess, an dessen Ende sie schließlich als »männlich« bzw. »weiblich« Teil der Volkszählung wurden, wobei bereits die Tatsache, dass überhaupt so etwas wie »Geschlecht« thematisiert wurde, kontingent und Teil eines sozialen, bzw. kulturellen Zusammenhanges war.

Geschlecht und seine Thematisierung sind Gegenstand fortlaufender sozialer Definitionsprozesse. Geschlecht ist darin eine Eigenschaft von Personen, mit der gewisse Erwartungen und Interpretationen dieser Erwartungen im Handeln verknüpft sind. Geschlecht wird in der Folge in diesem Sinne als »Geschlechterrolle« aufgefasst. Eine Rolle ist im Anschluss an die soziologische Rollentheorie »a comprehensive pattern of behavior and attitudes, constituting a strategy for coping with a recurrent set of situations, which is socially identified – more or less clearly – as an entity« (Turner 1990, 87). Der Inhaber der Rolle ist mit verschiedenen Rollenerwartungen konfrontiert, die er durch sein Handeln und im Umgang mit konkreten Situationen interpretiert. Die Rolle und die damit verknüpften Erwartungen hat zudem einen Einfluss auf das Handeln der Personen im Umfeld des Rollenträgers.

2.2 Religiosität

Im Folgenden richtet sich der Fokus auf Religiosität und ihren Bezug zum Geschlecht. Aus Religiosität wird in standardisierten empirischen Erhebungen durch Operationalisierung ein empirisch erhebbarer Sachverhalt. Die Schwierigkeiten liegen dabei im begrenzten Umfang der Fragebögen und in praktischen Problemen wie der Notwendigkeit, einen für alle Befragten größtenteils verständlichen Fragekatalog zu verwenden. Bei solchen Befragungen wird spätestens seit Glocks Studien (Glock 1969) davon ausgegangen, dass Religiosität sich in verschiedene Dimensionen wie Glaube, religiöse Praxis, religiöses Erleben und religiöses Wissen unterteilen lässt. Faktoranalytisch konnten Glock und andere nach ihm diese Mehrdimensionalität daran festmachen, dass verschiedene Items zu Religion höhere Korrelation miteinander als mit anderen aufwiesen. Die daraus gebildeten Gruppen von Items ließen sich mit »Glaubensüberzeugungen«, »religiöser Praxis« usw. beschreiben. In Befragungen werden Fragen zu verschiedenen dieser Dimensionen gestellt, um ein Bild der Religiosität der Umfrageteilnehmer zu erhalten.[4]

Aktuelle religionssoziologische Studien begnügen sich nicht damt Religiosität ausschließlich über Kirchgang und Mitgliedschaft zu religiösen Organisationen zu operationalisieren, auch eine zunehmende Ablösung der Einschränkung auf eine christlich-kirchliche Religiosität kann festgestellt werden. Vermehrt wird versucht, auch andere, sogenannte »neue« Religiosität oder mit Begriffen wie »New Age« und »Esoterik« gefasste Überzeugungen zu erfassen, wie beispielsweise in Studien zur Religion in der Schweiz (z.B. Dubach/Campiche 1993; Campiche 2004; ISSP 1999). Dies erweist sich jedoch als schwierig, da es in dieser »neuen Religiosität« keine von einer religiösen Organisation standardisierten Vorgaben, beispielsweise in Form eines Kanons oder eines Katechismus gibt, welche die Formulierung von Frageitems vereinfachen würden. Ein Blick auf die in den genannten Studien gestellten Fragen zu den Glaubensüberzeugungen zeigt, dass sie sich weiterhin vor allem im Kontinuum christlich-areligiös bewegen.[5] Zwar wird mit Items, in denen beispielsweise nach dem Glauben an Wiedergeburt gefragt wird, eine gewisse Erweiterung des Blickfeldes erreicht, die mit der Operationalisierung einhergehende Fokussierung auf jeweils bestimmte Arten von Religiosität dürfte jedoch grundsätzlich nicht zu vermeiden sein.[6] Diese Einschränkung sollte jeweils in der Datenanalyse und den Schlussfolgerungen diskutiert werden. Auch die in dieser Untersuchung vorgenommene Operationalisierung konzentriert sich auf einen ganz bestimmten Ausschnitt von Religiosität: Christliche Religiosität, die über die Fragen nach Kirchgang, Gebet und Einstellung zu Glaubensaussagen erhoben wird (s.u.).

3   Einflüsse von Geschlecht auf Religiosität

3.1   Theorie und Hypothese

Empirische Studien zeigen tendenziell eine größere Religiosität bei Frauen auf, die Resultate sind im Detail jedoch verschieden, vor allem wenn auf den Einfluss verschiedener weiterer Variablen wie Berufstätigkeit kontrolliert wird: Volz (2000) stellt beispielsweise stabile Geschlechterunterschiede fest. Im Gegensatz dazu identifiziert Stolz (2001) die Variable Berufstätigkeit als eigentliche Ursache für diese Unterschiede, während Fellings, Peters und Schreuder (1987, 79) in den Niederlanden und

---

4 Welches genau die Dimensionen sind, ist jedoch über verschiedene empirische Untersuchungen hinweg gesehen umstritten. Vgl. *Dimensionen der Religiosität*, Huber (1996).

5 Auch bestimmten Formen christlicher Religiosität, vor allem den institutionell wenig verankerten, wird kaum Rechnung getragen. So sind die Fragebogen der Studien, auf die eben verwiesen wurde, eher auf den Protestantismus ausgerichtet, was sich beispielsweise darin zeigt, dass dem gerade im Katholizismus wichtigen Marienglauben keinerlei Rechnung getragen wird.

6 Campiches Studie zeigt dieses Schema christlich/areligiös sehr deutlich: Clusteranalytisch identifiziert er neben den »exklusiven Christen« eine Gruppe der »Nichtglaubenden«, der Rest unterteilt sich in »allgemein-religiöse Christen«, »nichtchristlich Glaubende« und »Laue« (Campiche 2004, 115).

Deutschland überhaupt keine nennenswerten Geschlechterunterschiede feststellen. Diese verschiedenen Ergebnisse überraschen höchstens auf den ersten Blick: Wenn Geschlecht als sozial und damit kulturell konstruiertes Konzept verstanden wird, muss mit einem unterschiedlichem Verständnis von Geschlecht in verschiedenen Gesellschaften gerechnet werden. Nicht überkulturelle biologische Eigenschaften machen das Geschlecht aus, sondern soziale Deutungsprozesse. Auch wenn die dichotome Einteilung männlich/weiblich in den meisten westlichen Gesellschaften zu finden ist, kann diese Unterscheidung mit verschiedenen Deutungen einhergehen. Da zudem sowohl innerhalb einer Gesellschaft, als auch im Gesellschaftsvergleich davon auszugehen ist, dass verschiedene religiöse Traditionen bestehen und auch einzelne Aspekte wie beispielsweise Kirchgang in verschiedenen christlichen Gemeinschaften verschieden konzipiert sein dürften, kann nicht ohne Weiteres von einer Vergleichbarkeit der Interaktion Religiosität-Geschlecht über verschiedenste gesellschaftliche Kontexte hinweg ausgegangen werden.

Einer der prominentesten soziologischen Ansätze zur Erklärung von Geschlechtsunterschieden bezüglich Religion ist die sogenannte »Structural Location« Theorie, die von De Vaus und McAllister formuliert wurde (De Vaus/McAllister 1987). Die Autoren erklären ihren empirischen Befund, dass Frauen in verschiedenen Dimensionen religiöser sind als Männer (operationalisiert durch Beten, Kirchgang, Glaube an Gott) durch deren Position in der Gesellschaft. Diese ist zunächst durch eine geringere Beteiligung am Arbeitsmarkt geprägt. In westlichen Gesellschaften, so De Vaus und McAllister, gehen deutlich weniger Frauen als Männer einer bezahlten Erwerbtätigkeit nach. Dadurch nahmen sie weniger an der modernen Industriegesellschaft, die durch die Verhältnisse bezüglich Berufstätigkeit gekennzeichnet ist, teil und seien damit weniger mit zu Religion alternativen Werten, Legitimationen, Interessen und Zielen konfrontiert. Für Religion bleibt, so die Annahme De Vaus und McAllisters, bei Frauen auch mehr Zeit übrig (De Vaus/McAllister 1987, 480). Auch ihre Aufgaben in der Familie liessen Religion für sie wichtiger werden. Mütter wurden im Verlauf der religiösen Sozialisation ihrer Kinder miteinbezogen und versuchten dabei auch bezüglich Religion als Vorbild zu fungieren. Generell, so De Vaus und McAllister, überschneiden sich Werte der Familie und der Religion stärker als die von Arbeit und Religion. Im Gegensatz zur Unterprivilegierung in der Erwerbsarbeit könnten sich Frauen in religiösen Gemeinschaften zudem stark engagieren und einflussreiche Positionen erlangen.[7] Von einem impliziten Deprivations-/Kompensationsmodell von Religion ausgehend, werden Frauen als »religionsbedürftiger« gesehen, da sie in wichtigen Lebensbereichen, dabei vor allem im Beruf, im Vergleich zu Männern relativ depriviert seien. Dass Frauen Kompensation in Religion finden, sei zudem kulturell nahe liegender als bei Männern.[8]

---

7 Dies gilt aber nicht für die Positionen in der formalen Hierarchie. In den meisten Religionen sind Frauen in der Hierarchie weder in oberen, noch in mittleren Rängen vertreten. Vgl. Walter/Davie (1998).

8 Solche Argumente tendieren, wie Walter und Davie (1998), 647 feststellen, jedoch dazu, zirkulär zu sein: Frauen sind religiös, da dies kulturell vorgesehen ist – genau Letzteres gilt es aber zu erklären.

Rollentheoretisches Vokabular einbeziehend gelangt Campiche zu einem ähnlichen Schluss: »(…) les femmes s'avéreraient plus religieuses que les hommes non pour des raisons de nature mais pour des motifs liés à leur rôle prescrit et à leur statut social« (Campiche 1996, 76). Auch wenn, wie Campiche zeigt, diese Vorgaben in Richtung zunehmender Gleichheit der Partner abgeschwächt wurden, besteht sowohl auf kirchlicher Seite als auch in Teilen der Bevölkerung die Vorstellung einer klaren Aufgabenteilung von Mann und Frau weiter. Selbst wenn sie nicht in einem kirchlich-traditionellen Umfeld stehen, dürften Frauen mit Rollenerwartungen, die von ihnen die Hingabe an Kinder, Ehemann und Haushalt fordern, von verschiedenen Seiten der Gesellschaft konfrontiert werden.

Die Argumentation bei Thomas Luckmann, auf den De Vaus und McAllister verweisen, ist ähnlich, bezieht sich aber explizit auf Kirchlichkeit. Während die Plausibilität von kirchlicher Religion und ihren Werten bei Frauen in ihren alltäglichen Aufgaben gestützt würden, seien Männer eher mit Alternativen zu einer mit Kirche verbundenen Religion konfrontiert. Die geringere kirchliche Religiosität bei Männern wäre damit eine Folge ihrer Berufstätigkeit – sind Frauen berufstätig, ist zu erwarten, dass sie sich den Männern angleichen (Luckmann 1991, 64).

Bei der Erklärung von Geschlechterunterschieden wird auch in der »Structural Location Theory« zumindest implizit von der These einer säkularisierenden Wirkung der Moderne ausgegangen. Das Berufsleben als Teil der funktionalen Differenzierung der Moderne, die damit einhergehende Trennung von Arbeit und Familie, der Primat von Leistungskriterien und Sekundärbeziehungen ist mit einer geringeren Wichtigkeit von Religion verbunden. Entscheidend ist dabei, was unter »Säkularisierung« verstanden wird. In der Religionssoziologie wird spätestens seit Luckmann kaum mehr von Säkularisierung als universalgeschichtlichem Prozess des durch die Moderne bedingten Verschwindens von Religion und Religiosität ausgegangen – beispielsweise unterscheidet sich die amerikanische Situation wesentlich von der europäischen (Warner 1993). Die empirische Forschung liefert jedoch Hinweise darauf, dass in Westeuropa von »Säkularisierung«, im engeren Sinne als »Entkirchlichung« verstanden, weiterhin die Rede sein kann. Quantitative Studien zur Situation in der Schweiz zeigen im Zeitverlauf einen Rückgang von Kirchenmitgliedschaft, Gottesdienstteilnahme und der Zustimmung zu christlich-kirchlichen Glaubensaussagen (Campiche 2004, 309 ff). Insofern kann der These einer wie bei Luckmann in diesem Sinne verstandenen »säkularisierenden Wirkung« von Berufsarbeit eine gewisse Plausibilität nicht abgesprochen werden.

Die Hypothese für den Zusammenhang Geschlecht-Religiosität gilt es spezifisch für die untersuchte Grundgesamtheit, in diesem Fall Primarschullehrerinnen und -lehrer, zu formulieren. Die strukturelle Position der befragten Personen ist unabhängig vom Geschlecht ähnlich: Beruf, Einkommen, Arbeitsort unterscheiden sich nicht bezüglich Geschlecht. Daher kann unter Anerkennung der Argumente der »Structural Location Theory« angenommen werden, dass keine Unterschiede zwischen den Geschlechtern bestehen (Nullhypothese). Bestünde dagegen ein hier theoretisch nicht erklärter Einfluss sozialer oder »natürlicher« Art von Geschlecht auf Religiosität, dürfte er auch durch die strukturelle Homogenität der Grundgesamtheit nicht verschwinden und müsste statistisch erkennbar sein (Alternativhypothese).

3.2 Überprüfung

Die im Folgenden verwendete Datenbasis bildet eine vom Autor im Jahr 2003 durchgeführte schriftliche Erhebung unter Lehrpersonen der Mittelstufe im Kanton Zürich, Schweiz, wobei 807 Personen an der Umfrage teilnahmen.

Bestandteil der Überprüfung sind die Variable Geschlecht (operationalisiert durch die Frage »Geben Sie bitte Ihr Geschlecht an« mit den Auswahlmöglichkeiten »weiblich« und »männlich«) und der Index »Christliche Religiosität«. Dieser wird aus Fragen zu christlichen Glaubensüberzeugungen, der Gebetshäufigkeit und der Häufigkeit des Gottesdienstbesuches zusammengestellt (vgl. Tabelle 1).[9]

Tabelle 1:
Items, aus denen sich der Index »christliche Religiosität« zusammensetzt.

Wie oft nehmen Sie am Gottesdienst (dazu gehören auch Hochzeiten, Beerdigungen usw.), die von Kirchen oder Religionsgemeinschaften organisiert werden, teil?
Wie oft ungefähr beten Sie?
»Es gibt einen Gott, der sich in Jesus Christus zu erkennen gegeben hat«.
»Die Auferstehung von Jesus Christus gibt meinem Tod einen Sinn«.
»Das von Jesus Christus verkündete Gottesreich ist die Zukunft der menschlichen Gesellschaft«.
»Es gibt keinen Gott«. (Umkehrung)

Dem ordinalen Skalenniveau des Index ist der U-Test von Mann-Whitney angemessen, der untersucht, ob sich die Verteilungen zweier Stichproben (hier: Männer/Frauen) hinsichtlich ihrer zentralen Tendenz auf einem ordinalen Merkmal (Index christliche Religiosität) unterscheiden (Bortz 1993, 141 ff). Der Signifikanzwert zeigt an, wie hoch die Wahrscheinlichkeit ist, dass der vorgefundene Unterschied ein reines Zufallsresultat ist. Liegt der Wert unter 0.05 (Signifikanzniveau 5 %), gilt hier der festgestellte Zusammenhang als zuverlässiges Resultat, das auf die Grundgesamtheit hin verallgemeinert werden kann (vgl. zur Frage der Signifikanz: Schnell/Hill/Esser 1999).

9 Eine Reliabilitätsanalyse des Index ergab ein Cronbachs Alpha von .9036. Dieser hohe Wert bedeutet, dass die Bestandteile des Index tatsächlich eine dahinter liegende Dimension messen, gewissermaßen »zusammenpassen«.

Tabellen 2a und b:
Mann-Whitney-U Test der Variablen chra_idx (christliche Religiosität) und Sex (Geschlecht).[10]

Ränge:

	Sex	N	Mittlerer Rang	Rangsumme
chra_idx	weiblich	414	371.45	153781.00
	männlich	310	350.55	108669.00
	Gesamt	724		

Statistik für Test(a):

	chra_idx
Mann-Whitney-U	60464.000
Z	−1.331
Asymptotische Signifikanz (2-seitig)	.183

a Gruppenvariable: Sex

Die Alternativhypothese muss verworfen werden: Der Test (vgl. Tabellen 2a und b) ergibt keinen signifikanten Einfluss von Geschlecht auf Religiosität. Wie erwartet muss deshalb die Nullhypothese angenommen werden. Ein weiterer Blick auf die Beziehung Geschlecht-Religiosität erfolgt im folgenden Abschnitt über die Frage nach dem Zusammenhang zwischen Geschlechter- und Lehrerrolle im Religionsunterricht.

4   Geschlecht und Religionsunterricht

4.1   *Theorie und Hypothese*

Die in dieser Studie befragten Lehrer erteilen neben den anderen Fächern Religionsunterricht (das Fach »Biblische Geschichte«) im Kanton Zürich für Kinder in der vierten bis zur sechsten Klasse (10–13 Jahre alt). In seiner Anlage ist dieser Unterricht vor allem christlich ausgerichtet, wobei eher Religionskunde und weniger religiöse Erziehung und Identifikation das Ziel sind. Ein Blick auf die institutionellen Vorgaben in Form von Schulgesetz, Lehrplan und Leitbild der Volksschule des Kantons Zürich zeigt jedoch verschiedene, teils eher ambivalente Vorgaben – so ist von der Weitergabe von »christlichen, humanistischen und demokratischen Wertvorstel-

---

10 Auch eine zusätzliche Überprüfung unter der Annahme einer Intervallskalierung mit dafür geeigneten Zusammenhangsmassen ergab keinen signifikanten Einfluss der Variable Geschlecht auf den Index »christliche Religiosität«.

lungen« im Schulgesetz (Kanton Zürich 1899, §1) und der Weitergabe des »religiösen Erbes« im Leitbild (Bildungsdirektion des Kantons Zürich 2002, 4) die Rede, während andererseits »Glaubens- und Gewissensfreiheit« gewahrt werden müsse (Kanton Zürich 1899, §1). Damit besteht auf der Ebene der Vorgaben eine Spannung zwischen einer Verpflichtung zur Weitergabe des »religiösen Erbes« und dem Recht auf Religionsfreiheit in der Schule (Hafner/Loretan/Schwank 2000).

Diese Uneindeutigkeit erhöht den Spielraum für Einflüsse von Variablen wie Religiosität, Alter oder das hier in erster Linie interessierende Geschlecht auf die Ausgestaltung der Lehrerrolle. Beispielsweise korreliert christliche Religiosität bei den befragten Lehrerpersonen relativ stark mit dem Ziel eine »Verinnerlichung von Religiosität« bei den Kindern anzustreben.[11] Die Religionsunterrichtserteilung kann damit als Teil dessen bezeichnet werden, was Glock als die »consequental dimension of religion« bezeichnet hat, also als eine Konsequenz von Religiosität im Handeln (Glock 1969, 152). In der Folge gilt es zu diskutieren, ob und wieso Geschlecht auf diese »consequental dimension« einen Einfluss haben könnte.

Geschlechterrollen unterscheiden sich bezüglich der Erziehung von Kindern: Auch wenn die Zahlen sich immer stärker angleichen,[12] sind Männer nach wie vor eher erwerbstätig, während vor allem Frauen mit Kindern eher keiner bezahlten Erwerbstätigkeit nachgehen und die Erziehung von Kindern stärker in den Vordergrund stellen. Beruf ist demnach immer noch eine eher männliche Kategorie, die bei Frauen, so die Erwartungen, der Kindererziehung unterzuordnen sei.[13] In diesen Erwartungen nehmen Frauen die Rolle des »expressive virtuoso and ›cultural‹ expert« ein – so die etwas eigentümlich anmutende Formulierung bei Parsons/Bales (1955, 51), welche die eben geschilderte Rollenerwartungen jedoch durchaus treffend zusammenfassen dürfte. Die Erwartungen an Männer sind in dieser Terminologie die eines »technical expert« (1955, 51). Solche »traditionellen« Rollenzuweisungen sind zwar »aufgeweicht und entwertet«, jedoch keineswegs verschwunden (Höpflinger/Charles/Debrunner 1991, 11; auch Volz 2000) – und es muss mit ihrer Wirksamkeit gerechnet werden.

Im Religionsunterricht dürften die eben geschilderten Erwartungen an die Rolle »Frau« mit Erwartungen eines identifikatorischen, also auf persönliche Anteilnahme und Bezug auf Lebensführung ausgerichteten Religionsunterrichts einhergehen. Auf Familie ausgerichtete Erwartungen bezüglich der Geschlechterrolle »Frau« dürften bezüglich der Lehrerinnenrolle gerade deshalb bestehen, weil es in beiden Bereichen um Kindererziehung geht. Gleichzeitig zeigt sich in einem solchen Religionsunterricht die, so Kecskes (2000), gegenüber Mädchen stärkere »Religionserwartung« auch in der Lehrerinnenrolle. Von den »technical experts«, den Männern, wird in

---

11 Der Pearson-Korrelations-Koeffizient beträgt .601 und ist auf dem 1 %-Niveau signifikant.
12 Die standardisierte Erwerbsquote der Frauen zwischen 1971 und 2005 stieg von 42.5 auf 59.3 % an, die der Männer ging von 85 % auf 75 % zurück. Vgl. SAKE (2006).

13 So sahen dies 1988 41 % (mit geringem Geschlechterunterschied) der Schweizerinnen und Schweizer. Vgl. Höpflinger/Charles/Debrunner (1991), 120.

diesem Modell ein Ausrichten auf eine an Fakten orientierte, stärker mit Beruf als mit Familie verbundene, von der Person losgelöste Ausbildung, die in Richtung »Religionskunde« geht, erwartet. Überspitzt formuliert stehen in diesem Bild objektive Experten kulturellen, expressiven Virtuosinnen gegenüber und erteilen einen diesen Bildern entsprechenden Religionsunterricht. Wenn davon ausgegangen wird, dass diese Rollenerwartungen auf den Vollzug der Rolle bei Lehrerinnen einerseits und Lehrern andererseits einen Einfluss haben, dürften also Frauen ihren Unterricht eher auf eine »Verinnerlichung« des Christentums bei ihren Schülerinnen und Schülern ausrichten als Männer.

Die Nullhypothese verneint einen solchen Einfluss: »Traditionelle« Rollenerwartungen dürften zwar tatsächlich bestehen, damit verbunden ist jedoch nicht unbedingt, dass sich Lehrerinnen und Lehrer davon beeinflussen lassen. Die Rolle ist nicht die Summe der Rollenerwartungen; vielmehr ist sie ein Produkt ihrer stetigen Gestaltung durch die Rollenträger. So betont Kickhöfer dass »(…) normative Erwartungen immer situationsspezifisch interpretationsbedürftig sind. Sie werden Wirklichkeit nur durch subjektive und interaktive modifizierende Deutungen« (Kickhöfer 1981, 154). Rollenerwartungen, wobei neben den oben ausgeführten auch andere, ihnen widersprechende nicht-traditionelle Erwartungen bestehen dürften, werden von den Lehrerinnen und Lehrern stets interpretiert, ausgewählt, verschieden gewichtet und unter Einbezug anderer Faktoren umgesetzt. Die genannten traditionellen Erwartungen an die Geschlechterrollen dürften dabei gerade von den befragten Lehrerinnen als überkommen eingeschätzt werden. Sie üben denselben Beruf aus wie die Lehrer und sind mit denselben Herausforderungen konfrontiert, also ist zu erwarten, dass sie keinen spezifisch »weiblichen« Religionsunterricht erteilen. Durch Geschlecht begründete Unterschiede der Lehrerrolle dürften ihnen dabei wenig plausibel erscheinen.

4.2   Überprüfung

Die Operationalisierung des Ziels religiöser Erziehung im Religionsunterricht als Gegensatz zur »objektiven« Religionskunde erfolgte über die Frage, inwiefern die Lehrpersonen mit ihrem Unterricht zur »Verinnerlichung des Christentums« beitragen wollten. Die Analyse der Daten (vgl. Tabellen 3 a und b) zeigt, dass auch hier die Nullhypothese angenommen werden muss: Die oben erwähnten »traditionellen« Erwartungen auf die Geschlechterrollen haben keinen Einfluss auf den Vollzug der Lehrerinnen- und Lehrerrolle. Die bei der Formulierung der Alternativhypothese aufgeführten Wertvorstellungen und Rollenerwartungen beeinflussen die Lehrerinnen und Lehrern in ihrer Ausgestaltung der Lehrerrolle nicht; Lehrerinnen wollen nicht eher zur »Verinnerlichung des Christentums« beitragen als Männer.

Tabellen 3 a und 3 b:
Mann-Whitney-U Test der Variablen Verinnerlichung (Verinnerlichung des Christentums als Unterrichtsziel) und Sex (Geschlecht).

Ränge:

	Sex	N	Mittlerer Rang	Rangsumme
3.1.4	weiblich	268	250.55	67148.50
	männlich	220	237.13	52167.50
	Gesamt	488		

Statistik für Test(a):

	Verinner- lichung
Mann-Whitney-U	27857.500
Z	−1.081
Asymptotische Signifikanz (2-seitig)	.280

a Gruppenvariable: Sex

Die Erteilung von Religionsunterricht kann im Kanton Zürich von den Lehrerinnen und Lehrern an Aushilfskräfte abgegeben werden. In dem eben durchgeführten statistischen Test wurden nur diejenigen einbezogen, die Religionsunterricht auch tatsächlich erteilen. Ein Versuch, die Alternativhypothese zu retten, könnte darüber argumentieren, dass Religion und damit Religionsunterricht generell eher den Erwartungen an die Frauenrolle entspricht und deshalb viele Männer, die dem Bild des »technical experts« entsprechen, den Unterricht gar nicht erteilen und so den männlichen Teil der Stichprobe nicht beeinflussen. Da in der Umfrage auch die Lehrerinnen und Lehrer erfasst wurden, die keinen Religionsunterricht erteilen, kann überprüft werden, ob sich tatsächlich eher Frauen als Männer für die Unterrichtserteilung entscheiden. Dem ist jedoch nicht so: Eine Korrelationsrechnung ergibt keinen signifikanten Zusammenhang der beiden dichotomen Variablen »Geschlecht« und »Entscheidung für/gegen Religionsunterrichtserteilung«.[14] Ob eine Lehrperson sich für oder gegen die Erteilung von Unterricht entscheidet, hat nichts mit ihrem Geschlecht zu tun. Frauen scheinen keine größere »Affinität« zum Thema Religion zu haben.

Hier nicht berücksichtigte Faktoren wie Religiosität, Zeitmanagement, Lehrmittel, Austausch unter Kolleginnen und Kollegen, berufliche Pragmatik und die Dynamik kollokaler Interaktion beeinflussten die Gestaltung der Lehrerrolle im Religi-

---

14 Der Korrelationswert ist mit .036 sehr tief und nicht signifikant.

onsunterricht, nicht aber Geschlecht über die genannten, geschlechtsspezifischen Rollenerwartungen.

5   Schluss

Geschlecht hat gemäss den Ergebnissen weder eine Auswirkung auf persönliche christliche Religiosität, noch haben geschlechtsspezifische Rollenerwartungen eine Auswirkung auf die Gestaltung von Religionsunterricht. Geschlechtsspezifische Rollenerwartungen dürften in der Gesellschaft durchaus bestehen – das kann anhand der vorliegenden Daten zumindest nicht ausgeschlossen werden und liegt mit Blick auf andere empirische Untersuchungen sogar nahe (Volz 2000; Höpflinger/Charles/ Debrunner 1991) – diese Erwartungen werden von den Lehrpersonen jedoch offensichtlich beim Vollzug ihrer Rolle nicht umgesetzt. In traditionelle, an der Differenz der Geschlechter ausgerichtete Rollenbilder lassen sich weder Lehrerinnen noch Lehrer in ihrem Vollzug der Lehrerrolle drängen.

Die Erfassung von Geschlecht als »Geschlechterrolle« erweist sich als ergiebig, zumal sich mit der rollentheoretischen Unterscheidung zwischen Erwartungen und Vollzug eine weitere Differenzierung ergibt, mit welcher der Komplexität der sozialen und kulturellen Konstruktions- und Interpretationsprozesse, deren Gegenstand Geschlecht ist, auf der theoretischen Ebene näher gekommen werden kann. Die Bedeutung von Geschlecht für das Handeln im untersuchten Kontext konnte als gering erwiesen werden.

Literatur

Agrawal, Anuja (1997), Gendered bodies: The case of the ›third gender‹ in India, in: Contributions to Indian Sociology Bd. 32, Nr. 2, 273–297.

Bildungsdirektion des Kantons Zürich (Hg.) (2002), Lehrplan für die Volksschule des Kantons Zürich URL: www.vsa.zh.ch (verschiedene Dokumente).

Bortz, Jürgen (1993), Statistik. Für Sozialwissenschaftler, Berlin/Heidelberg/New York, Springer-Verlag.

Campiche, Roland J. (1996), Religion, statut social et identité féminine, in: Archives de Sciences Sociales des Religions 95, 69–94.

– (2004), Die zwei Gesichter der Religion. Faszination und Entzauberung, Zürich, Theologischer Verlag Zürich.

Delphy, Christine (1996), Rethinking Sex and Gender, in: Leonard, Diana/Adkins, Lisa, Sex in Question: French Materialist Feminism, London/Bristol, Taylor & Francis.

De Vaus, David/McAllister, Ian (1987), Gender Differences in Religion. A Test of Structural Location Theory, in: American Sociological Review 52, 472–481.

Dubach, Alfred/Campiche, Roland J. (1993), Jede(r) ein Sonderfall? Religion in der Schweiz, Zürich/Basel, NZN Buchverlag/Friedrich Reinhardt Verlag.

Felling, Albert/Peters, Jan/Schreuder, Osmund (1987), Religion im Vergleich: Bundesrepublik Deutschland und Niederlande, Frankfurt a. M., Peter Lang.

Glock, Charles Y. (1969), Über die Dimensionen der Religiosität, in: Matthes, Joachim, Kirche und Gesellschaft. Einführung in die Religionssoziologie II, Reinbek bei Hamburg, Rowohlt.

Kecskes, Robert (2000), Religiosität von Frauen und Männern im internationalen Vergleich, in: Lukatis, Ingrid/Sommer, Regina/Wolf, Christof, Religion und Geschlechterverhältnis, Opladen, Leske + Budrich.

Kohler-Spiegel, Helga/Loretan, Adrian (2000), Religionsunterricht an der öffentlichen Schule, Orientierungen und Entscheidungshilfen, Zürich, NZN Buchverlag.

Hafner, Felix/Loretan, Adrian/Schwank, Alexandra (2000), Gesamtschweizerische Bedingungen des Religionsunterrichts, in: Kohler-Spiegel, Helga/Loretan, Adrian, Religionsunterricht an der öffentlichen Schule, Orientierungen und Entscheidungshilfen, Zürich, NZN Buchverlag.

Hinnells, John R. (2005), The Routledge Companion to the Study of Religion, London/New York, Routledge.

Höpflinger, François/Charles, Maria/Debrunner, Annelies (1991), Familienleben und Berufsarbeit. Zum Wechselverhältnis zweier Lebensbereiche, Zürich, Seismo.

Huber, Stefan (1996), Dimensionen der Religiosität: Skalen, Messmodelle und Ergebnisse einer empirisch orientierten Sozialpsychologie, Bern, Universitätsverlag Freiburg (Schweiz).

Juschka, Darlene M. (2005), Gender, in: Hinnells, John R., The Routledge Companion to the Study of Religion, London/New York, Routledge, 229–242.

Kanton Zürich (1899), Gesetz über die Volksschule und die Vorschulstufe (Volksschulgesetz), Aktualisierungsstand 20. Januar 2004, http://www.zhlex.zh.ch/Erlass.html?Open&Ordnr=412.11 (gesehen am: 1.2.2004).

Kickhöfer, Botho (1981), Rolle und Handeln. Beispiel: Lehrer. Zum Erkenntnispotential rollentheoretischer Ansätze, Weinheim/Basel, Beltz.

Leonard, Diana/Adkins, Lisa (1996), Sex in Question: French Materialist Feminism, London/Bristol, Taylor & Francis.

Luckmann, Thomas (1991), Die unsichtbare Religion, Frankfurt a. M., Suhrkamp.

Luhmann, Niklas (1988), Frauen, Männer und George Spencer Brown, in: Zeitschrift für Soziologie 17/1, 47–71.

Lukatis, Ingrid/Sommer, Regina/Wolf, Christof (2000), Religion und Geschlechterverhältnis, Opladen, Leske + Budrich.

Matthes, Joachim (1969), Kirche und Gesellschaft. Einführung in die Religionssoziologie II, Reinbek bei Hamburg, Rowohlt.

Parsons, Talcott/Bales, Robert F. (1955), Family, Socialization and Interaction Process, New York/London, The Free Press/Collier-Macmillan Limited.

SAKE (2006), Brutto- und standardisierte Erwerbsquote nach Geschlecht und Nationalität, http://www.bfs.admin.ch/bfs/portal/de/index/themen/03/02/blank/data/03.html (gesehen am: 24.10.2006).

Schnell, Rainer/Hill, Paul B./Esser, Elke (1999), Methoden der empirischen Sozialforschung, München, R. Oldenbourg Verlag.

Stolz, Jörg (2001), Individuelle Religiosität, Kirchenbindungen und Einstellungen zu den Kirchen im Kanton Zürich und in der Schweiz, Zürich.

Turner, Ralph H. (1990), Role Change, in: Annual Review of Sociology Bd. 16, 87–100.

Volz, Rainer (2000), Über die Hartnäckigkeit des »kleinen« Unterschieds – Religiosität und Kirchlickeit im Vergleich der Geschlechter und Rollenbilder, in: Lukatis, Ingrid/Sommer, Regina/Wolf, Christof, Religion und Geschlechterverhältnis, Opladen, Leske + Budrich.

Walter, Tony/Davie, Grace (1998), The Religiosity of Women in the Modern West, in: British Journal of Sociology Bd. 39/4, 640–660.

Warner, R. Stephen (1993), Work in Progress toward a New Paradigm for the Sociological Study of Religion in the United States, in: American Journal of Sociology 98/5, 1044–1093.

Autorinnen und Autoren

Beinhauer-Köhler, Bärbel, Prof. Dr., ist Professorin für Religionswissenschaft an der Johann Wolfgang Goethe-Universität in Frankfurt am Main. Ihre Forschungsschwerpunkte sind der Islam aus religionswissenschaftlicher Perspektive, religiöse Institutionen der Bildung und Wohlfahrt, Gender und Religion sowie *visible religion.*

Bielman Sánchez, Anne, Prof. Dr., ist Professorin für Alte Geschichte an der Universität Lausanne. Sie arbeitet über sozialhistorische und gender-spezifische Aspekte von Religion mit besonderem Augenmerk auf epigraphischen Dokumentationen, v. a. Steininschriften. Ihr besonderes Interesse gilt dabei dem römischen Reich sowie der griechischen Welt zur Zeit des Hellenismus.

Brunotte, Ulrike, apl. Prof. Dr., ist seit 2008 Gastprofessorin an der Universität Göttingen. Sie hat Religionswissenschaft, Philosophie und Literaturwissenschaften (Germanistik/Nordamerikanistik) studiert. Seit 2004 ist sie Mitglied des Graduiertenkollegs »Geschlecht als Wissenskategorie« an der Humboldt-Universität zu Berlin. 2006/2007 war sie Gastprofessorin am Genderkolleg der Universität Wien, 2007/08 Senior Fellow am IFK in Wien. Ihre Forschungsschwerpunkte sind amerikanische Religionsgeschichte, Puritanismusforschung, Religionstheorien, Gender, *masculinity studies,* Religion und Kolonialismus, Literatur und Religion sowie kulturwissenschaftliche Anthropologie.

Bühler, Pierre, Prof. Dr., ist Professor für systematische Theologie, insbesondere Hermeneutik und Fundamentaltheologie an der Universität Zürich, und Mitleiter des Instituts für Hermeneutik und Religionsphilosophie. Seine Forschungsgebiete sind Luther- und Kierkegaardforschung, theologische und philosophische Hermeneutik (vor allem Ebeling und Ricoeur), der Dialog zwischen Theologie, Philosophie, Natur- und Humanwissenschaften, die Beziehungen zwischen Theologie und Literatur (insbesondere bei Dürrenmatt), Text und Bild sowie Hermeneutik und Ethik.

Desponds, Séverine, lic. en lettres, hat Religionswissenschaft an der Universität Lausanne studiert und schreibt eine Dissertation über »Histoire et herméneutique des Congrès de l'Union européenne de Yoga à Zinal«. Ihre Forschungsschwerpunkte sind zeitgenössischer Yoga, Kulturkontakte, Gender und Religion sowie Religionsgeschichte.

Ferrari Schiefer, Valeria, Dr. theol., hat Theologie studiert und über die Anthropologie der Geschlechter bei François Poullain de la Barre promoviert. Seit 2005 ist sie Forschungs- und Lehrbeauftragte am Institut Universitaire Kurt Bösch in Sion. Ihre Spezialgebiete sind die philosophische und theologische Anthropologie unter der Berücksichtigung der Gender-Frage, Mariologie, Tod und Jenseits, Eschatologie.

Gilfillan Upton, Bridget, Dr., hat ein PhD des King's College, London, und ist Lecturer für Neues Testament am Heythrop College, University of London. Ihre Lehr- und Forschungsschwerpunkte liegen im Bereich neustestamentlicher Exegese sowie der Traditionsgeschichte des Neuen Testaments und im Bereich feministischer Hermeneutik des Neuen Testaments. Sie interessiert sich außerdem besonders für Anwendungsmöglichkeiten von Film- und anderen Theorien auf biblische Texte.

Heimerl, Theresia, Prof. Dr. phil. Dr. theol., hat Deutsche und Klassische Philologie und katholische Fachtheologie studiert. Sie ist Professorin am Institut für Religionswissenschaft der Katholisch-Theologischen Fakultät Graz. Ihre Forschungsschwerpunkte sind Körper-Gender-Religion, Religion und Medien sowie die europäische Religionsgeschichte.

Heller, Birgit, Prof. Dr., hat Philosophie, Theologie, Altorientalistik und Indologie studiert. 1988 folgte die Promotion in Theologie, 1998 die Habilitation in Religionswissenschaft an der Fakultät für Sozial- und Geisteswissenschaften der Universität Hannover. Seit 1999 ist Birgit Heller außerordentliche Professorin am Institut für Religionswissenschaft der Universität Wien.

Höpflinger, Anna-Katharina, lic. sc. rel., hat Religionswissenschaft studiert. Seit 2004 ist sie Doktorandin im Fach Religionswissenschaft an der Universität Zürich. Ihre Forschungsschwerpunkte sind Bild und Text als Kodierungsformen religiöser Botschaft, Religionsgeschichte der Antike, Drachenkampf, Gender und Religion, Kleidung und Religion.

Jeffers, Ann, Dr., hat ein PhD des University College, Dublin, und ist Senior Lecturer am Heythrop College, University of London. Davor lehrte sie ab 1990 am Trinity College Dublin *Biblical Studies* (Altes Testament und Frühjüdische Religionsgeschichte). Ihre vielfältigen Forschungsinteressen sind angesiedelt im Bereich biblischer Exegese und ganz besonders in der frühjüdischen Religionsgeschichte. Insbesondere ist sie an Themen wie Schöpfung und Gender sowie Raum im hebräischen Schrifttum interessiert.

Jödicke, Ansgar, Dr., hat Religionswissenschaft, Philosophie und Soziologie studiert. Er promovierte 1997 im Fach Religionswissenschaft und arbeitete als Assistent in Zürich und München. Seit 2006 ist er Lehr- und Forschungsrat am Lehrstuhl für Religionswissenschaft der Universität Fribourg. Seine Forschungsschwerpunkte sind

Religionsgeschichte Europas, soziologische Theorie und qualitative Methoden der empirischen Sozialforschung.

King, Ursula, Prof. Dr., Dres.h.c., hat Theologie, Philosophie und vergleichende Religionswissenschaft studiert. Von 1989–2002 war sie Professorin an der Universität Bristol, wo sie von 1989–1997 Leiterin der Abteilung »Theology and Religious Studies«, und von 1996–2002 Direktorin des »Centre for Comparative Studies in Religion and Gender« war. Sie hatte mehrere Gastprofessuren in den USA sowie in Norwegen und hielt Vorlesungen in Indien, Australien und mehreren europäischen Ländern. Ursula King war verantwortlich für die Gender-Artikel in der zweiten Auflage der *Encyclopedia of Religion*, die 2005 erschien. Ihre jetzigen Forschungsschwerpunkte sind Gender und Religion, vergleichende Studien der Spiritualität und das Werk Pierre Teilhard de Chardins.

Knauß, Stefanie, Dr. dipl. theol., hat Anglistik und Theologie in Freiburg im Breisgau und Manchester studiert. Sie promovierte über die Rolle des Körpers in Film und Religion in Graz. Derzeit ist sie Research Fellow am Centro per le Scienze Religiose in Trento mit einem Projekt zu Film, Sex und Religion. Ihre Forschungsschwerpunkte sind Gender und Religion, Film, Medien und Theologie sowie jüdische Studien.

Lanwerd, Susanne, PD Dr. phil., ist Dozentin für Religions- und Kulturwissenschaften an der Freien Universität Berlin, mit Gast- und Vertretungsprofessuren in Deutschland und im Ausland. Ihre aktuellen Forschungsschwerpunkte sind neue Bilder im Orientalismus-Diskurs, Geschlechterforschung, ästhetische Theorie und Praxis sowie europäische Religionsgeschichte im 18.–20. Jahrhundert.

Légeret, Katia, Dr., hat Philosophie studiert. Sie promovierte im Fach Kunstgeschichte. Gleichzeitig startete sie eine internationale Karriere als Tänzerin des Bharata-natyam, des südindischen Tanztheaters. Ihre Interessensbereiche sind Philosophie, Bewegungsästhetik, indischer Tanz sowie indische Religionen und Theater.

Lehnert, Martin, Dr. phil., hat Sinologie, Indologie und Musikwissenschaft studiert. 1990–1992 folgten Studien in Taiwan als Stipendiat des DAAD, 1999 die Promotion an der Universität Freiburg im Breisgau. Seit 2000 ist er am Ostasiatischen Seminar der Universität Zürich tätig. Seine Forschungsschwerpunkte sind Ritual und Sprache sowie Moralpragmatik im vormodernen China.

Mäder, Marie-Thérèse, lic. phil., hat Philosophie, Filmwissenschaft und Religionswissenschaft an der Universität Zürich studiert. Sie ist außerdem ausgebildete Schauspielerin mit einem Diplom der Hochschule für Musik und Theater in Zürich. Seit 2006 ist Marie-Thérèse Mäder Assistentin im Fach Religionswissenschaft in Zürich und arbeitet an ihrer Dissertation im Bereich »Film und Religion«.

Moser Nespeca Carmen, lic. phil., hat Sinologie, Religionswissenschaft und Geschichte studiert. Ihre Interessengebiete sind Bild und Text als Kodierungsformen religiöser Botschaft, Religionsgeschichte Chinas, Tod und Erinnerung, Begräbnisrituale, Religion und Kleidung.

Pezzoli-Olgiati, Daria, Prof. Dr., hat Theologie in Fribourg/CH und Zürich studiert. 1996 folgte die Promotion in Theologie, 2002 die Habilitation in Religionswissenschaft an der Universität Zürich. Seit 2004 ist sie SNF-Förderungsprofessorin für Religionswissenschaft an der Universität Zürich. Ihre Forschungsschwerpunkte sind Bild und Text als Kodierungsformen religiöser Botschaft, Religion und Medien, Jenseitsvorstellungen in der Antike, Religion und Film, Religion und Gender sowie Johannesapokalypse und Apokalyptik.

von Stuckrad, Kocku, Dr., hat vergleichende Religionswissenschaft, Philosophie und Judaistik in Bonn und Köln studiert. 1999 folgte die Promotion mit einer Arbeit zur Astrologie im antiken Judentum und Christentum, 2002 die Habilitation an der Universität Bremen mit einer Studie zur Genese des modernen westlichen Schamanismus. Seit 2003 ist er Assistenzprofessor für Religionswissenschaft an der Universität von Amsterdam.

Walthert, Rafael, lic. phil., hat Soziologie, Religionswissenschaft und Philosophie studiert. Seit 2004 ist er Assistent für Religionswissenschaft an der Universität Zürich. Gegenwärtiger Forschungsschwerpunkt ist neben systematischen Fragen der Religionssoziologie die Thematik »Konflikt in religiösen Gemeinschaften«.

Widmer, Caroline, lic. sc. rel., hat Religionswissenschaft und Indologie studiert. Seit 2004 ist sie Assistentin für Religionswissenschaft an der Universität Zürich. Momentan arbeitet sie an einem Dissertationsprojekt im Bereich des frühen Buddhismus. Ihre Forschungsschwerpunkte sind Hinduismus, früher Buddhismus, interreligiöse Räumlichkeiten, Gender und Religion, Reisen und Reiseberichte im religiösen Kontext.

Wenn Sie weiterlesen möchten ...

Christiane Burbach / Peter Döge (Hg.)
Gender Mainstreaming
Lernprozesse in wissenschaftlichen, kirchlichen und politischen Organisationen

Gender Mainstreaming zielt auf die Veränderung von Organisationskulturen, um Chancengleichheit für Frauen und Männer herzustellen. In einem gemeinsamen Lernprozess sollen Frauen und Männer ihr Alltagshandeln auf unterschiedlichen Ebenen reflektieren und gegebenenfalls korrigieren.

Das Buch gewährt Einblicke in Umsetzungsprozesse von Gender Mainstreaming in staatlichen, nichtstaatlichen und kirchlichen Einrichtungen: in Landeskirchen, Kommunalverwaltungen, Gewerkschaften und an Volkshochschulen. Darüber hinaus zeigen die Autoren Perspektiven auf, wie Gender Mainstreaming in Hochschule, Wissenschaft, Technik, im Gesundheitswesen und in der Justiz konzeptuell angelegt und inhaltlich ausgestaltet werden kann. Zudem werden Standards von Gendertrainings und Bausteine zur Umsetzung von Gender Mainstreaming vorgestellt.

Gerahmt werden die Beiträge von theoretischen Reflexionen, die Gender Mainstreaming in aktuellen Debatten um Gerechtigkeit sowie um einen benachteiligungsfreien Umgang mit Unterschiedlichkeiten von Menschen verorten.

Beiträger

Christiane Burbach, Heike Dieball, Peter Döge, Brigitte Fenner, Heike Kahlert, Ingeborg Kersenfischer, Joachim H. Klett, Markus Krämer, Brigitte Lohff, Manfred Ostermann, Gudrun Schenk, Thomas Schollas, Ilona Schulz-Müller, Ingelore Seifert.

Christiane Burbach / Heike Schlottau (Hg.)
Abenteuer Fairness
Ein Arbeitsbuch zum Gender-Training

Institutionen, Organisationen und Betriebe befinden sich seit einigen Jahren im Übergang von männlich orientierten Monokulturen zu geschlechtergemischten Arbeitswelten. Diese Übergangssituation enthält die Chance, neue Potenziale zu erschließen, neue Ziele zu entdecken und eine neue Kultur der Zusammenarbeit zu verwirklichen.

Eingeschliffene Strukturen und Rollenmuster werden dabei fragwürdig, Konflikte brechen auf, neue Verhaltensweisen und Orientierungen werden erprobt. Hier leisten Gender-Trainings, Seminare und Workshops Hilfestellung; sie wollen freiwillige Lernprozesse in Gang bringen, ohne neue Normen zu setzen.

Das Arbeitsbuch führt in die verschiedenen Aspekte der Gender-Thematik ein und gibt Anleitungen für alle, die sich mit Fragen der Geschlechterrollen beschäftigen oder selbst Gender-Trainings durchführen wollen.

Fritz Stolz
Religion und Rekonstruktion
Ausgewählte Aufsätze

Herausgegeben von Daria Pezzoli-Olgiati, Katharina Frank-Spörri, Anna-Katharina Höpflinger, Margaret Jaques, Annette Schellenberg.

In dieser postum erscheinenden Aufsatzsammlung werden zentrale Momente aus dem Werk von Fritz Stolz vorgestellt. Diese Auswahl bietet einen Einblick in Aspekte religionswissenschaftlicher Theoriebildung um das Problem der Definition und der Rekonstruktion von religiösen Symbolsystemen in Geschichte und Gegenwart. Der erste Teil beleuchtet primär theoretische Probleme religionswissenschaftlicher Rekonstruktion, im zweiten Teil stehen Themen der Religionsgeschichte und der Religionen der Gegenwart im Mittelpunkt, während die Beiträge des dritten Teils die facettenreiche Beziehung der Fächer Religionswissenschaft und Theologie diskutieren. Die ausgewählten Aufsätze leisten einen Beitrag zum spannungsreichen Prozess der Identitätsfindung eines komplexen Faches.

Johann Figl (Hg.)
Handbuch Religionswissenschaft
Religionen und ihre zentralen Themen

Überblicksartikel informieren über einzelne Religionen wie Islam, Buddhismus und andere Religionen, aber auch das Christentum; dabei sind nicht nur heute bestehende Religionen, sondern auch sogenannte »ausgestorbene« Religionen (wie die ägyptische oder keltische Religion) berücksichtigt. Themen, die die Religionen verbinden oder trennen, die ihnen gemeinsam sind oder die sie unterscheiden (wie Vorstellungen über das Leben nach dem Tod oder Wiedergeburtslehren), sind ausführlich behandelt. Sie verfolgen die Intention, eine Darstellung bzw. Grundlegung der Religionswissenschaft als akademische Disziplin in wesentlichen Aspekten zu geben.

Alexander Deeg / Stefan Heuser / Arne Manzeschke (Hg.)

Identität

Biblische und theologische Erkundungen

Identität ist eine Herausforderung – für Einzelne wie für Kirche und Schule. Heute vielfach kursierende Begriffe wie Traditionsabbruch, Anonymisierung, Individualisierung oder Fundamentalismus zeigen, dass diese Herausforderung aktuell ist. Die Sehnsucht nach beheimatender Identität begegnet ebenso wie die Angst vor Identitätszwang und vereinnahmender Eindeutigkeit. Im Zentrum des vorliegenden Bandes steht die Frage, wie Identität erkannt, bewahrt und mitgeteilt wird. Spezifisch christliche Identität versteht sich als empfangene. In der Beziehung zu Gott, und nicht durch die Entfaltung eines Personkerns im Inneren, konstituiert sich das, was das »Ich« ausmacht. Sie ist Identität »extra nos«, die wir nicht besitzen, sondern auf die hin wir geschaffen werden. Die Beiträge verbinden biblische und theologische Gedanken mit aktuellen pädagogischen, praktisch-theologischen und sozialen Fragestellungen. Sie zeigen, wie Identität jenseits diffuser Unbestimmtheit und absoluter Fixierung gefunden, gelebt und in verschiedenen Lebenswelten vermittelt werden kann.

Silvia Schroer (Hg.)

Images and Gender

Contributions to the Hermeneutics of Reading Ancient Art

Orbis Biblicus et Orientalis, Band 220.

Bilder sind wie Texte von ihrem kulturellen Umfeld beeinflusst. Ihren Code zu entschlüsseln und sie zugleich von der Vormundschaft der Textinterpretation zu befreien, haben sich die Autorinnen und Autoren dieses Bandes zur Aufgabe gemacht. Sie gehen der Frage nach, welche Rolle Bildern zur Rekonstruktion der Frauengeschichte in der Antike zukommt.

Die Antworten reichen von grundsätzlichen Interpretationen antiker Bilder aus einem gender-orientierten Blickwinkel bis zu der Auseinandersetzung mit spezielleren Themen wie der Inszenierung der Nacktheit oder der Frau als Herrscherin, Mutter oder Priesterin. »Images and Gender« ist eine einzigartige bahnbrechende Sammlung neuester Genderforschung zum Thema Ikonographie Ägyptens, Palästinas und Israels sowie der griechischen und römischen Antike.

Sarit Paz
Drums, Women, and Goddesses
Drumming and Gender in Iron Age II Israel
Orbis Biblicus et Orientalis, Band 232.

Anhand von archäologischen Funden von Frauenfigurinen, die Trommlerinnen darstellen, und Texten des Alten Testaments untersucht diese Studie den Gender-Kontext der
Trommelspieler in der Zweiten Eisenzeit Israels.
Die musikalischen Aktivitäten und ihr Kontext in der israelitischen Gesellschaft werden
charakterisiert. Mit Ausnahme des kanaanäischen Orchesters, zu dem auch die Trommel
gehörte, aber ausschließlich von Männern gespielt wurde, war die Trommel ein traditio-
nelles Fraueninstrument. Einerseits wurde es von Frauen im Kontext der Fruchtbarkeits-
kulte der Nebengöttin Jahwes, Ashera, in Israel benutzt. Andererseits spiegelt sich die
Trommeltradition der Frauen in den Triumphliedern – nach einer gewonnenen Schlacht
– wider, die von Frauentrommelspiel und Tanz begleitet wurden. Dies wird sowohl durch
archäologische Funde, als auch durch alttestamentliche Texte bestätigt.
Anhand der archäologischen, biblischen und ethnographischen Daten über die Trommelspieler und -spielerinnen wird ein Gender-Modell vorgeschlagen: Der Unterschied zwischen der populären (folk) Trommlerinnentradition und dem kanaanäischen Orchester
spiegelt die sozialen Unterschiede zwischen Männer und Frauen, der öffentlichen und
der privaten, der offiziellen und der inoffiziellen Sphäre wider.

Gunther Wenz
Religion
Aspekte ihres Begriffs und ihrer Theorie in der Neuzeit

Studium Systematische Theologie (StST), Band 1.

Band 1 erörtert im Kontext der neueren evangelischen Theologie in Deutschland Aspekte des modernen Begriffs der Religion und ihrer Theorie. Wenz geht davon aus, dass die Spaltung der westlichen Christenheit ein Ereignis mit epochalen Fragen für Begriff und Verständnis von Religion ist. Nach einer Skizze der nachreformatorischen Entwicklung entfaltet Wenz die Religionstheorien der Sattelzeit der Moderne unter Konzentration auf Kant, Hegel und Schleiermacher. Auch religionskritische Strömungen finden Berücksichtigung. Eingeleitet wird der Band mit einer an Niklas Luhmann und Jürgen Habermas orientierten Analyse zur religiösen Lage der Gegenwart.

Gunther Wenz
Offenbarung
Problemhorizonte moderner evangelischer Theologie

Studium Systematische Theologie (StST), Band 2.

Unter dem Aspekt der Offenbarungsthematik bietet der zweite Band Fallstudien zur Problemgeschichte evangelischer Theologie in Deutschland während des 19. und 20. Jahrhunderts. Herangezogen werden die kritischen Rezipienten Schleiermachers, Hegels und Kants, wobei Erweckungstheologen, der späte Schelling und Ritschl samt seinen Schülern besondere Berücksichtigung finden. Erwägungen zu den Versuchen einer kulturprotestantischen Synthese sowie zum Historismus und seinen Problemen leiten über zur Theologie der Krise bei Karl Barth. Ihre Krise wiederum wird an Brunners und Bultmann, Elert, Althaus und Hirsch sowie an Tillich dargestellt.

Gunther Wenz
Kirche
Perspektiven reformatorischer Ekklesiologie in ökumenischer Absicht

Studium Systematische Theologie (StST), Band 3.

Im Mittelpunkt von Band 3 steht die Entwicklung von Grundzügen evangelischer Ekklesiologie. In Zusammenhang mit der ökumenischen Bewegung skizziert Wenz Geschichte und gegenwärtige Verformung unter Bezug auf den Ökumenischen Rat der Kirchen, die Konfessionellen Weltbünde, die Leuenberger Kirchengemeinschaft sowie auf die EKD und die VELKD. Besondere Aufmerksamkeit gilt der Lehre vom Kirchlichen Amt und dem Dialog mit der römisch-katholischen Kirche. Den Hintergrund der Darstellung bilden die Geschichte der Konfessionalisierung der westlichen Christenheit und das Problem ziviler Befriedung von Religionsgegensätzen.

Gunther Wenz

Gott

Implizite Voraussetzungen christlicher Theologie

Studium Systematische Theologie (StST), Band 4.

Nach den Bänden über Religion, Offenbarung und Kirche findet die Reihe zum Studium Systematische Theologie mit den Themen Gott, Christus und Geist ihre Fortsetzung. Der vorliegende Band »Gott« bietet keine allgemeine Gotteslehre in der überkommenen Form sogenannter natürlicher Theologie, sondern rekonstruiert die impliziten Voraussetzungen christlicher Theologie auf historisch-traditionsgeschichtliche Weise. Thematisiert werden zunächst die religiösen Überlieferungen Israels und die Gehalte der hebräischen Bibel. Der Entstehung des Monotheismus kommt dabei besondere Aufmerksamkeit zu. Sodann bietet Gunther Wenz eine Darstellung antiker griechischer Philosophie unter besonderer Berücksichtigung der Ontotheologie. Theologie bedarf der kritischen und orientierenden Reflexion der Philosophen. Die Philosophie kann ihrerseits nicht zu einem umfassenden Verständnis des Menschen in der Welt gelangen ohne Berücksichtigung der Bedeutung des Religiösen für die menschliche Natur. Der Folgeband »Christus« wird Jesus und den Anfängen christlicher Theologie gewidmet sein. Das trinitarisch-christologische Dogma der Alten Kirche, in dem das christliche Gottesverständnis seinen klassischen Ausdruck gefunden hat, soll im Band »Geist« erörtert werden.

Johann Figl (Hg.)
Handbuch Religionswissenschaft
Religionen und ihre zentralen Themen

Überblicksartikel informieren über einzelne Religionen wie Islam, Buddhismus und andere Religionen, aber auch das Christentum; dabei sind nicht nur heute bestehende Religionen, sondern auch sogenannte »ausgestorbene« Religionen (wie die ägyptische oder keltische Religion) berücksichtigt. Themen, die die Religionen verbinden oder trennen, die ihnen gemeinsam sind oder die sie unterscheiden (wie Vorstellungen über das Leben nach dem Tod oder Wiedergeburtslehren), sind ausführlich behandelt. Sie verfolgen die Intention, eine Darstellung bzw. Grundlegung der Religionswissenschaft als akademische Disziplin in wesentlichen Aspekten zu geben.

Ian Barbour
Wissenschaft und Glaube
Historische und zeitgenössische Aspekte

Aus dem Amerikanischen von Sabine Floer und Susanne Starke-Perschke.
Religion, Theologie und Naturwissenschaft / Religion, Theology, and Natural Science (RThN), Band 1.

Wie kann man heute noch an Gott glauben? Welchen Stellenwert hat die Religion im Zeitalter der Naturwissenschaft? Welcher Gottesbegriff ist mit einer naturwissenschaftlichen Sicht der Welt vereinbar? Durch Jahrhunderte gab die christliche Überlieferung das Weltbild vor und bestimmte die Grenzen der Wissenschaft. Seit der Aufklärung hat die Religion für viele Menschen an Einfluss verloren, nicht zuletzt, weil sie im Widerspruch zu den Erkenntnissen der modernen Naturwissenschaft zu stehen schien.
1989–1991 in der berühmten Vorlesungsreihe Gifford Lectures in Aberdeen als Religion in an Age of Science präsentiert, bestimmt Barbour in diesem Buch den Ort der Religion im Zeitalter der Naturwissenschaft neu.
Am Beispiel von Galilei, Newton, Hume, Kant, Darwin u. a. beschreibt der Theologe und Physiker die Wechselwirkungen zwischen Naturwissenschaft und Religion seit dem 17. Jahrhundert. Der aktuelle Dialog zwischen Naturwissenschaft und Religion und die Diskussion um naturwissenschaftliche Methoden und Theorien sowie deren Bedeutung für die Vorstellung von Gott und von der Natur des Menschen (z.B. Urknalltheorie/Schöpfungsvorstellungen) werden ausführlich dargestellt.
Barbour erarbeitet fünf Herausforderungen des naturwissenschaftlichen Zeitalters für die Religion: die Naturwissenschaft als Methode, das neue Naturverständnis, den neuen theologischen Kontext, den religiösen Pluralismus im Zeitalter der Globalisierung und die Bedrohung der Umwelt. Dabei gelingt es ihm, selbst komplexe Sachverhalte wie z.B. die Quanten- oder die Relativitätstheorie zu erklären und ebenso verständlich wie anschaulich zu theologischen Inhalten wie z.B. der Schöpfungslehre in Beziehung zu setzen.
Übersetzung von Religion and Science, San Francisco 1997.

Udo Schnelle

Einleitung in das Neue Testament

UTB 1830
6., neubearbeitete Auflage 2007. 607 Seiten mit
6 Karten, kartoniert
ISBN 978-3-8252-1830-0

Udo Schnelles Einleitung behandelt die
Entstehungsverhältnisse der 27 neu-
testamentlichen Schriften und stellt
die theologischen Grundgedanken
jeder Schrift und die Tendenzen der
neuesten Forschung dar. Darüber
hinaus werden Themen wie die Chronologie des paulinischen Wirkens, die
Paulus-Schule, methodische Überlegungen zu Teilungshypothesen, die
Gattung Evangelium, Pseudepigraphie
und das Werden des neutestament-
lichen Kanons ausführlich erörtert.

»Umfassend und beeindruckend.«
Theologische Literaturzeitung

»Ein ausgezeichnetes und kompe-
tentes, auch didaktisch sorgfältig
gestaltetes Einleitungswerk.«
Zeitschrift für Katholische Theologie

»Das Buch wird sicherlich für lange
Zeit ein Standardwerk bleiben.«
Ordenskorrespondenz

Udo Schnelle

Theologie des Neuen Testaments

UTB 2917
2007. 747 Seiten, kartoniert
ISBN 978-3-8252-2917-7

Dieser Band erschließt alle theologischen Entwürfe des Neuen Testaments auf dem aktuellen Stand der
internationalen Forschung. Nach
einem hermeneutischen Kapitel bildet
die Darstellung der Verkündigung Jesu
den Ausgangspunkt. Es schließen sich
umfangreiche Kapitel über Paulus,
die Logienquelle, die synoptischen
Evangelien, die Apostelgeschichte,
die Deuteropaulinen, alle späteren
Briefe sowie die johanneische Literatur
an. Dabei werden jeweils die Theologie, Christologie, Pneumatologie,
Soteriologie, Anthropologie, Ethik,
Ekklesiologie und Eschatologie des Ver-
fassers/der Schrift behandelt. So kann
dieses Lehrbuch auch als Christologie,
Pneumatologie, Soteriologie usw. des
Neuen Testaments gelesen werden. In
einem abschließenden Kapitel wird der
theologiegeschichtliche Standort der
jeweiligen Schrift herausgearbeitet. In
die Darstellung sind vertiefende Abschnitte über die entscheidenden Wei-
chenstellungen im frühen Christentum
integriert.

Vandenhoeck & Ruprecht

Jan Christian Gertz (Hg.)
Grundinformation
Altes Testament
Eine Einführung in Literatur, Religion und
Geschichte des Alten Testaments

In Zusammenarbeit mit Angelika Berlejung,
Konrad Schmid und Markus Witte.
2., durchgesehene Auflage 2007. 557 Seiten mit
16 Abbildungen und zahlreichen Tabellen, kartoniert
ISBN 978-3-8252-2745-6

Das Lehrbuch führt in die Literatur,
Religion und Geschichte des Alten Testaments ein und eröffnet ein vertieftes
Verständnis des Alten Testaments für
Studium und Praxis. Beginnend mit
der Erläuterung der Quellen des Alten
Testaments und der verschiedenen Methoden ihrer Untersuchung, zeichnen
die Autoren Geschichte und Religionsgeschichte des antiken Israels ausführlich
nach. Der zweite Teil des Buches widmet sich der Literatur des Alten Testaments: Die einzelnen Bücher werden
bibelkundlich erschlossen, es werden
literar- und forschungsgeschichtliche
Probleme aufgezeigt und ihre Entste-
hungs- und Wirkungsgeschichte sowie
ihre Theologie vorgestellt. Abschließend
werden Grundfragen einer alttesta-
mentlichen Theologie geklärt.

Peter Fischer
Philosophie der Religion
UTB 2887
2007. 236 Seiten, kartoniert
ISBN 978-3-8252-2887-3

Das Buch bietet eine profunde Einführung in klassische Themenfelder der
Religionsphilosophie: Gottesbeweise,
Theodizee und Religionskritik. Verschiedene Deutungen der Religion
werden systematisch dargestellt und
besprochen. Diese reichen von ge-
schichts- und moralphilosophischen,
sprach- und kulturphilosophischen
über anthropologische Auslegungen
bis zur philosophischen Reflexion von
soziologischen, systemtheoretischen,
psychoanalytischen und neurologischen
Erklärungen der Religiosität.
Schließlich diskutiert der Autor das
Verhältnis von Religion und Politik.
Das Profil des Buches besticht durch
seine Verständlichkeit und seine positiv
distanzierte und differenzierte Betrachtungsweise. Der Autor schreibt
aus einer dezidiert philosophischen
Perspektive heraus, die sich keiner
theologischen Richtung verpflichtet
weiß, sodass die Inhalte einer breiten
Leserschaft zugänglich werden.

Vandenhoeck & Ruprecht